中国工商管理
CHINA BUSINESS ADMINISTRATION

案例精选
SELECTED CASES

——◂ 第二辑 ▸——

王瑞华 ◎ 主编

王玉霞　贾晓菁 ◎ 副主编

中国财政经济出版社

图书在版编目（CIP）数据

中国工商管理案例精选．第2辑/王瑞华主编．—北京：中国财政经济出版社，2010.11

ISBN 978-7-5095-2594-4

Ⅰ．①中… Ⅱ．①王… Ⅲ．①工商行政管理－案例－中国 Ⅳ．①F203.9

中国版本图书馆 CIP 数据核字（2010）第 213029 号

中国财政经济出版社 出版
URL：http：//ckfz.cfeph.cn
E-mail：ckfz@cfeph.cn
（版权所有　翻印必究）
社址：北京市海淀区阜成路甲 28 号　邮政编码：100142
发行处电话：88190406　财经书店电话：64033436
北京富生印刷厂印刷　各地新华书店经销
787×960 毫米　16 开　25.25 印张　390 000 字
2010 年 11 月第 1 版　2010 年 11 月北京第 1 次印刷
定价：56.00 元
ISBN 978-7-5095-2594-4/F·2208
（图书出现印装问题，本社负责调换）
本社质量投诉电话：010-88190744

中央财经大学 MBA 教育中心
拥有本书案例的版权，
未经书面许可，禁止以任何方式
复制、传播和使用本书案例

前 言

案例教学是管理教育中最为常用的方法,案例研究和教学水平的高低也是衡量一个学校工商管理学科办学质量的重要指标。案例教学对MBA教育尤为重要,MBA学生通过身临其境地分析案例,学到的不仅仅是管理知识,更重要的是学会如何去发现问题、分析问题、解决问题。案例教学不重视是否得出正确答案,重视的是得出结论的分析过程。案例教学法"强迫"学生参与课堂讨论、师生互动以及学生与学生之间互动。要求学生从真正"当事人"的角度去考虑问题,把学生置于实际经营者的立场上,从实战的环境出发,来学习什么是经营和怎么经营。案例分析教学法不靠死记硬背消化知识,而是要求学生全身心投入、"换位思考",不断地向自己的智力、知识、思辨、演讲、分析、协调尤其是解决问题能力的极限挑战,把自己培养成为高级管理人才和未来的"工商领袖"。

中央财经大学被称为"中国财经黄埔"。中央财经大学MBA教育的使命是培养具备全球视野和战略思维能力,精通金融、财务会计知识,能够引领社会发展的职业经理人。在MBA培养当中,中央财经大学非常重视案例教学,自2006年开始,学校每年向教师、学生征集案例和学术论文,评选、奖励优秀案例和案例教学学术论文,每年召开案例教学研讨会,组织教师相互观摩、讨论、交流案例教学和研究的心得、体会,极大地推动了MBA案例教学,教学水平日臻提高。

特别值得一提的是,2010年全国MBA教育指导委员会在全国范围内开展了规模较大、过程严谨、结果客观真实的首届全国"百篇优秀教学案例"评选活动。参评案例必须是 2007 年 1 月 1 日至 2009 年 12 月 31 日之间各 MBA 培养院校实际采编的原创案例，每所院校限交 5 篇案例，由学校统一提交。本次评选共收到 93 所 MBA 培养院校提交的 299 篇案例，本着从严的原则，最终共有 95 篇案例入选首届全国"百篇优秀教学案例"名单。在这次评选活动中，中央财经大学共有 4 篇案例入选"百篇优秀教学案例"，入选比例在全国名列前茅，充分说明了我校在案例教学和案例开发方面取得的成果。

呈现在各位读者面前的《中国工商管理案例精选》第二辑，来自于中央财经大学第三届（2008 年度）、第四届（2009 年度）案例教学研讨会应征、入库优秀案例。本案例集的特点是收集了国内其他案例集较少涉猎到的有关中国企业成本核算、财务制度重整、平衡计分卡设计、审计、税务、统计评价等具有财经类院校学科特色的教学案例，为工商管理教育工作者、学生和实际工作者提供了新鲜的营养。

王瑞华

中央财经大学 MBA 教育中心　主任

2010 年 10 月

目 录

教学案例篇

洗碗机租赁：是利基还是蓝海？ ………………………………… 3
"好孩子"的国际化经营之路 …………………………………… 13
文新文学网 …………………………………………………………… 23
蓝湾网络的扩张战略 ………………………………………………… 34
寂寞的体育馆 ………………………………………………………… 46
Q 餐饮集团发展战略 ………………………………………………… 54
要不要自建分销渠道？ ……………………………………………… 65
本土化？全球化？——E 公司品牌营销战略始末 ……………… 73
《玲珑塔》为什么这样红？ ………………………………………… 83
社会责任与劳动关系的和谐——来自 SAS 公司的启示 ……… 92
北京银行的股权激励机制 …………………………………………… 102
ATA——增强员工凝聚力的典范 …………………………………… 113
国际工程承包项目当地员工的管理 ……………………………… 122
三个男人之间的故事 ………………………………………………… 129
不被关注的费用管理方案 …………………………………………… 139
零风险创业能否成功？ ……………………………………………… 146
从 50 万元人民币到 200 亿美元——阿里巴巴资本运作之路 … 157
中视传媒：打造优秀传媒上市公司 ……………………………… 167
宏达海运公司的困惑 ………………………………………………… 178
中国长安汽车集团并购整合之路 ………………………………… 191
HY 钢厂 ABC 案例 …………………………………………………… 202

九发股份上市十年的变故及其内部控制分析 ………………………… 213
德兰公司财务制度的重整 ………………………………………………… 226
基于平衡计分卡的亚新科运营系统 ……………………………………… 236
教育考试机构财务管理方案的设计 ……………………………………… 249
东方公司年报审计中风险评估和计划审计工作 ………………………… 262
北京城市可持续发展能力综合评价 ……………………………………… 277

研究案例篇

固执的宜家 ………………………………………………………………… 303
PPG 兴衰 …………………………………………………………………… 311
文理学院的岗位分级改革 ………………………………………………… 321
公司变革环境下的团队建设 ……………………………………………… 328
陈天桥与盛大网络 ………………………………………………………… 339
旺季来临时的资源短缺问题 ……………………………………………… 352
H 陶瓷有限责任公司运营管理案例 ……………………………………… 360
惠民连锁股份公司税收筹划方案 ………………………………………… 368

学术交流篇

案例教学的要素、过程与组织 …………………………………………… 383

内容分类索引

战 略 管 理

洗碗机租赁：是利基还是蓝海？ ………………………………… 3
"好孩子"的国际化经营之路 …………………………………… 13
文新文学网 ……………………………………………………… 23
蓝湾网络的扩张战略 …………………………………………… 34
寂寞的体育馆 …………………………………………………… 46
Q 餐饮集团发展战略 …………………………………………… 54
固执的宜家 ……………………………………………………… 303

市 场 营 销

要不要自建分销渠道？ ………………………………………… 65
本土化？全球化？——E 公司品牌营销战略始末 …………… 73
《玲珑塔》为什么这样红？ ……………………………………… 83

人 力 资 源 与 组 织 行 为

社会责任与劳动关系的和谐——来自 SAS 公司的启示 …… 92
北京银行的股权激励机制 ……………………………………… 102
ATA——增强员工凝聚力的典范 ……………………………… 113
国际工程承包项目当地员工的管理 …………………………… 122
三个男人之间的故事 …………………………………………… 129

— 1 —

不被关注的费用管理方案 …… 139
文理学院的岗位分级改革 …… 321
公司变革环境下的团队建设 …… 328

运营管理

PPG 兴衰 …… 311
旺季来临时的资源短缺问题 …… 352
H 陶瓷有限责任公司运营管理案例 …… 360

金融证券

零风险创业能否成功？ …… 146
从 50 万元人民币到 200 亿美元——阿里巴巴资本运作之路 …… 157
中视传媒：打造优秀传媒上市公司 …… 167
宏达海运公司的困惑 …… 178
中国长安汽车集团并购整合之路 …… 191
陈天桥与盛大网络 …… 339

财务审计

HY 钢厂 ABC 案例 …… 202
九发股份上市十年的变故及其内部控制分析 …… 213
德兰公司财务制度的重整 …… 226
基于平衡计分卡的亚新科运营系统 …… 236
教育考试机构财务管理方案的设计 …… 249
东方公司年报审计中风险评估和计划审计工作 …… 262

其他

北京城市可持续发展能力综合评价 …… 277
惠民连锁股份公司税收筹划方案 …… 368
案例教学的要素、过程与组织 …… 383

教学案例篇

洗碗机租赁：是利基还是蓝海？[①]

[案例摘要] 万恩化学制品公司是一家生产宾馆饭店用商务洗涤剂的专业公司，成立于1993年，主要目标顾客是三星级以上的宾馆饭店。经过15年的发展，万恩公司的销售收入已经达到8 100万元，员工也从创业之初的18人增加到300人以上。面对商务洗涤剂市场的激烈竞争，万恩通过分配器的研发和产品创新保持了在行业内的领先地位，销售收入保持着稳定增长。但是，公司要想再上一个台阶，仅靠现有业务是很难实现的。董事长兼总经理杨君宇意识到企业要再上一个台阶，必须拥有自己的核心竞争力，因此建议依托已有技术和产品优势开拓洗碗机租赁业务，并责成副总经理黄明福进行调研并拿出方案。

北京万恩化学制品有限公司（以下简称万恩化学）成立于1993年，总部设在北京，是生产宾馆、饭店用商务洗涤剂的专业公司，其目标市场定位是三星级以上的宾馆饭店。以香港独资企业的形式在工商局注册，注册资金为20万美元。经过15年的发展，万恩化学已在广东、上海等17个省市设立了分支机构，员工队伍也从创业初期的18人发展到2008年的300余人。同时，万恩化学还在北京和广州佛山建立了两个现代化的生产基地。基地内有先进的商务洗涤剂生产线；液体、粉剂车间、原料、包装储存库，大型成品库，并设有现代化的产品研发中心。2000年万恩化学通过了"ISO 9001－2000 国际质量管理体系认证"，2005年通过了"ISO－14001 国际环保体系认证"和"OHSAS－18001 国际安全体系认证"。目前，总资产已超过8 000万人民币，2007年度销售收入达到8 100万元人民币，实现年利润1 500万元。

[①] 本案例由中央财经大学研究生部副主任周卫中副教授和北京万恩化学制品公司董事长杨军编写。案例根据被考察企业真实情况编写，仅对人名进行了掩饰处理。

一、万恩化学的业务范围和市场概况

万恩化学生产的产品包括工业化学品和商务洗涤剂,商务洗涤剂在销售收入中所占比例达到85%以上。商务洗涤剂为宾馆饭店用的洗涤剂,其配方构成和使用对象与通常的家用洗涤剂截然不同,其配方中有效物含量高、去污力强,必须配合专业设备使用,主要目标客户为宾馆饭店、大厦写字楼、医院、社会洗衣厂、食品厂、饮料厂等。万恩化学的商务洗涤剂品种包括客房及公共区域专用洗涤剂、餐饮专业洗涤剂以及洗衣房专用洗涤剂等三大类数十个品种。

商务洗涤剂隶属于工业及公用设施清洗(I&I)行业,包括旅馆、饭店、公共建筑、酿造厂、医院的餐具、玻璃杯、银器和一些其他食品器皿的清洗;商业及公共设施清洗;食品加工设备的清洗;交通运输工具的清洗;金属处理工具的清洗以及门房和内务整理操作的清洗[1]。

国内I&I洗涤剂市场上,企业大致可以分为三个梯队:第一梯队是美国艺康和庄臣,其特点是:国际知名品牌、品质优、价格高、服务质量好;第二梯队集中了20多家国内外的生产厂商,其产品特点是:质量较好、价格适中、服务质量较好,万恩化学凭借着持续的技术创新、优质的产品和服务一直走在第二梯队的前列;第三梯队的小企业在全国大概有近千家,这些公司的产品价格低、产品品质和服务水平参差不齐,多数属于地方性小公司。

二、商务洗涤剂的市场特点

15年的发展已经让万恩化学从一个名不见经传的小企业发展成为今天行业内的龙头企业。但是面对竞争日益激烈的市场,万恩化学要想在现有的基础上实现跨越式的发展还要面临诸多困难。

20世纪90年代商务洗涤剂迅速形成了一个独立的市场,不少小型合资、独资、个体公司都加入到商务洗涤剂制造行业。但绝大部分的清洁剂公司都只是单纯的在清洁剂的品种、功能上下工夫,许多企业的产品品

---

[1] 汤姆克拉·乌滋克(美)著,武小玲译:"工业及公共设施清洗剂市场现状及展望",《市场纵横》,1999年第6期。

种、包装甚至产品的名称都很相似,"同质化"竞争十分激烈。

总体来讲,商务洗涤剂市场呈现出以下三个特点:

1. 洗涤剂质量不稳定。商务清洁剂生产企业都在清洁剂方面下功夫,模仿现象严重,造成同质化竞争和价格竞争。

2. 缺乏评价标准。清洁本身是"模糊"模式,所有的清洁剂都是人来使用,操作工人的工作态度、手法等都可能影响对产品的评价。企业为了维系与客户的关系不得不在加大培训力度的同时与酒店的各个环节的人员维系良好的人际关系,造成业务费用高居不下。

3. 人为因素导致洗涤质量不稳定。洗涤质量的好坏不仅受洗涤剂本身质量的影响,而且与使用方法有关。如果操作工不按正确的使用方法或不按标准用量添加,就可能造成洗涤效果不佳。

三、万恩化学的产品创新

在分析国内商务洗涤剂市场中存在问题的基础上,万恩化学提出了以研发分配器为突破口促进洗涤剂使用的标准化,降低人为因素的影响,实现产品差异化和销售模式差异化的思路。

(一)分配器的研发

每一家三星级以上酒店的餐饮部门都要使用商务洗碗机,洗出来的餐具既清洁又能达到国际餐具卫生清洁标准,餐具的破损率低,而且大大降低工人的劳动强度。在餐饮部门使用的清洁剂中绝大部分都是由工人手工操作使用,而只有洗碗机所使用的两种清洁剂是使用一种叫"分配器"的化学洗涤剂自动添加系统。

分配器的原理是自动测试洗碗机主洗水缸中的洗涤剂的化学浓度,当浓度不够时分配器会自动添加化学品至设定的浓度,当浓度达到设定值时自动停止添加化学品。分配器最大优势就是"把人为因素降到最低、保证餐具的洗涤质量稳定、卫生达标"。由于商务清洁剂本身就是从国外进口而来的,所有分配器全世界也只是由几家公司生产,价格很贵,进口分配器配件更是麻烦。

根据上述情况,万恩化学确定了全力开发适用于液体洗碗机专用清洁剂的分配器的策略。伴随着液体型分配器的开发成功,配套推出的液体洗碗机专用清洁剂也一同推向了市场。这一新奇、反传统的品种彻底消除了使用固体清洁剂的弊端而很快被广大客户所接受，差异化的营销战略获得了很好的结果。以北京为例，2007年，使用万恩清洁剂的洗碗机由132台发展到778台，这一数字还在持续增加。之后，万恩化学又开发出专用于固体清洁剂的"分配器"，并配套开发出晶体块状的洗碗机专用清洁剂，依然保持着在餐饮系列专用洗涤剂和"分配器"在技术方面的领先地位。

目前全自动药液"分配器"已经成为万恩化学的竞争武器，也使万恩品牌被国内外多家著名的酒店管理集团所接受。全自动药液分配系统的研制成功，对万恩化学整体战略目标的实现增加了技术保证①。

（二）万恩化学的产品创新

在研发分配器的同时，万恩化学创造性地将分配器应用于星级酒店的洗衣房用系列化学品，实现了产品创新。

万恩化学依托技术优势开发出洗衣房专用的"全自动下药系统"——洗衣专用分配器并配套生产8种液体的洗衣房洗化产品。全液体系列产品完全不同于传统上的粉体系列产品，其最大的创新点是：除释氯漂白剂、释氧漂白剂、柔软剂、中和剂、上浆剂5个特别功能产品，其余3个产品是众多洗涤原材料的组合，这三个产品每一个单独使用都不能成为洗涤剂，但是如果按不同的比例复配就能成为各种主洗剂，如强力洗衣粉、全能洗衣粉、皂化洗衣粉等，而要实现这些复杂的配方组合则必须使用万恩化学专用的洗衣分配器才能够实现。

万恩化学的洗衣分配器可以预装99个不同的洗衣程序，如毛巾洗涤程序、床单洗涤程序、台布洗涤程序等，选择程序并按下启动键，分配器就会根据洗衣机工作情况在不同阶段添加预先设定好的品种及数量的化学品。这样就避免了人为造成洗涤质量不稳定的问题，也通过分配器实现了产品的捆绑销售。

四、围绕洗碗机租赁业务的争论

万恩化学一直从事商务洗涤剂的生产与销售，客户所用的洗碗机、洗衣机都是由客户自行购买，万恩化学只需配上分配器就可以。洗碗机租赁业务的想法来自杨君宇的一次经历。

---

① 万恩公司内部资料。

（一）消毒餐具运输车的尴尬

2008年是奥运年，北京的夏天似乎比往年来得更早。5月的一天，骄阳似火，杨君宇走在朝阳门外大街上，看到一辆封闭式轻型小货车急驶而过，车厢上标有醒目的"保洁餐具消毒公司"的字样，货车后门箱半开，车内装满了大大小小的塑料箱，里面放满了各种餐具，汩水顺着车厢向外渗出，洒落了一地，车厢外边也是脏兮兮的。杨君宇感到阵阵恶心，真不敢相信这就是运送消毒餐具的车辆！

回到家里上网一查，杨君宇才知道：尽管卫生局对餐厅卫生方面有着十分严格的规定，但对餐具消毒公司的资质却没有任何限制。要是换了其他人，这事情可能自我解嘲似地叹一口气，就不会有下文了。但杨君宇却不然，他看到了商机：由于洗碗机初期投入高，维护困难，一般社会餐厅对洗碗机缺乏了解，加上使用洗碗工成本低廉，所以普及程度很低，如果能够普及洗碗机，势必对商务清洗剂的销售产生积极影响。在发达国家，具有一定规模的餐厅都要求安装洗碗机，而在我国尽管没有类似强制性规定，但一些中高档餐厅也安装了洗碗机。于是，一个念头油然而生：通过洗碗机租赁开拓市场！

（二）黄明福与胡兴洲

经过调查，杨君宇发现：北京有20万家以上的餐饮网点，按90%的餐馆没有洗碗机算，万恩化学面对的是一个180 000家餐饮网点的市场。由于租赁模式主要是针对那些经营好、档次高、规模大和信誉度好的餐饮企业，过滤下来大约有五分之一会是万恩化学的潜在客户，即36 000家餐馆。如果万恩化学能占有1/3的市场，客户就能达到12 000家，以一家安装一台计算，那就是12 000台。即使按照小型洗碗机平均租金2 000元/月计算，该业务的年营业额将达到2.88亿元左右。可见，洗碗机租赁市场潜力巨大，有望从利基市场发展为"蓝海"。杨君宇按捺不住心中的兴奋，立即找来副总经理黄明福，跟他说了做洗碗机业务的想法，并要求他在两周以内拿出方案在高管会议上讨论。

黄明福现年35岁，是2年前万恩化学通过猎头公司招聘过来的高层管理人员，不仅有着加拿大多伦多大学MBA学位，在商务洗涤剂销售行业也有5年以上的从业经验，颇受杨君宇器重。但是，来到公司出任副总经理，职位仅次于杨君宇和副总经理胡兴洲。但黄明福却很快发现工作难以开展，主要原因是虽然销售额接近1亿元，但管理相当落后，高管多为当初一起与杨君宇创业的元老，这些人虽然熟悉公司业务，却没有系统的管理理论知识。当初，杨君宇聘用黄明福时，胡兴洲就明确表示反对，认为"万恩的小庙养不起大方丈"，还是杨君宇再三做工作才勉强同意。

然而，黄明福来到公司后却处处感到难以施展才能，主要原因就是万恩化学的创业元老们不买他的账。2006年夏天，当黄明福在一次销售工作会议上谈到"波士顿矩阵"时，胡兴洲立即打岔说："万恩能发展到今天，不是靠什么波士顿矩阵，而是我们与杨总一起打拼的结果。我只知道有波斯登羽绒服，但现在穿太早点了吧？"惹得大家哄堂大笑，还是杨君宇和稀泥解了围。事后，黄明福向杨君宇表达了辞职意向，杨君宇挽留，称："公司需要你的新思维，老同志资格比较老，有时候说话不注意，你多谅解。我再想想办法。"

杨君宇说的"想办法"就是让黄明福保留副总经理职务，但暂时离开总部到百万金公司任总经理。百万金是万恩化学2006年刚刚收购的一家公司，也生产商务洗涤剂。杨君宇的意思是给黄明福搭建一个平台，等作出业绩后在总部的话语权也就增加了。功夫不负有心人，通过黄明福的努力，短短两年间百万金公司的年销售收入从并购前的不足80万元骤增到2 400万元。黄明福的能力也得到了高管们的认可，不仅在2008年重返总部，连胡兴洲也对黄明福刮目相看了。

黄明福接到任务后，立即与总工程师程晓勇、市场总监谭丽开展了调研，形成了一份工作报告。杨君宇看后，觉得有必要召集高管和相关技术人员认真讨论。

（三）洗碗机租赁：是利基还是蓝海？

2008年10月8日，杨君宇正在万恩化学总部办公室主持高管会议，参加会议的除黄明福外，还有副总经理胡兴洲，市场总监谭丽，财务总监王梦岚，总工程师徐晓勇，人事经理汪涛，以及技术顾问、原北京日化厂总工程师聂正荣等，中心议题是是否上洗碗机租赁业务。黄明福介绍了洗碗机租赁业务的市场前景后，提出了具体构想：先针对那些经营状况好，档次高，客流量大，规模大和信誉度高的餐饮企业，如大型连锁餐饮公司等。

杨君宇要求大家畅所欲言。

同往常一样，胡兴洲第一个发言："我认为洗碗机租赁业务不可行，理由有三条。第一，商务洗涤剂业务每年都保持着15%以上的增长速度，没有必要贸然进入新领域；第二，我们的技术优势在洗涤剂和分配器上，做洗碗机不是强项，再说进口洗碗机价格昂贵，国产洗碗机质量又难以保证。所以，盲目地做洗碗机租赁等于烧钱；第三，洗涤剂业务提升空间很大，我倒是建议提高洗涤剂的售价，以万恩化学的品牌和质量，完全可以提价10%。总之，我反对！"

听到自己精心设计的方案一下子遭到否决，黄明福也有点挂不住了。刚要发言，杨君宇说话了："我解释一下，胡总主张坚持发展商务洗涤剂业务，其实大家并不矛盾。洗碗机业务不可能一下子取代商务洗涤剂成为支柱业务，其市场前景大家可以讨论。但我不主张提价，为什么客户愿意用万恩的产品？除了质量和售后外，一个重要原因是价格合理。万恩这么多年也是这么过来的，今天我们要讨论的是要不要上洗碗机，还是请大家多提建议。"

短暂的沉默后，市场总监谭丽发言："从商务洗涤剂与洗碗机租赁的业务关系上看，二者并不矛盾。洗碗机租赁如果做得好，洗涤剂的销量有望进一步扩大。黄总主张先在北京试点，然后扩大市场。我倒是认为，万恩设在国内的17家销售公司都有很好的客户资源，不如一开始就全面铺开。"

财务总监王梦岚问："那资金如何考虑？洗碗机每台要多少钱？"

黄明福："德国产普通洗碗机售价在6万元左右，如果能够自主研发成本有望进一步降低。"

胡兴洲一听就不耐烦了："我说就是烧钱嘛！按照公司的能力，怎么可能做租赁呢？"

杨君宇问："徐工的意见呢？"。

徐晓勇："我们拆解过一台德国洗碗机，其实技术上没有什么，关键是自动控制部分。如果我们能够自主研发，成本应该能够降低到1万5千元左右，如果能够形成一定的批量，有可能降低到1万元以下。不过，咱们现在缺乏自动控制方面的人才。"

聂正荣："我倒是有自动控制方面的朋友，咱们可以外包。关键还是商务模式能否成立。"

黄明福再次介绍了洗碗机的前景，认为国家可能进一步加强餐具卫生管理，使用洗碗机是大势所趋，如果能够推出租赁业务，并保证洗涤剂供应和售后服务，用户应该可以接受。胡兴洲马上要反驳，杨君宇一看架势不对，宣布休息一下继续讨论。

……

短暂的休息过后，胡兴洲发言了，这次火气更大了："洗碗机租赁根本不可行，你的前提都是假设，前提不成立怎么有市场？再说了，万恩能有今天靠的是我们这帮人一起团结努力的结果。我承认我肚子里没有多少墨水，也没有什么洋文凭，但这事儿肯定不行。"

黄明福也坐不住了："这些跟业务有什么关系？大家都是为了万恩的发展，何必说这样的话呢？胡总对我个人有什么看法，可以在其他场合当面指出，没有必要在这里含沙射影……"

杨君宇："大家别激动。黄总说说项目的可行性吧。"

黄明福喝了一口水，开始讲述项目的市场前景。大意是，洗碗机租赁市场前景十分广阔，而且是不被大家看好的利基市场。现在大家不做是因为不具备这方面的技术，而万恩既有自己的洗涤剂，又有分配器，又具备洗碗机的研发能力，在业内独一无二。可以先从北京开始做起，等到商业模式成型后，可以与租赁公司或银行进行合作。加上一台洗碗机3年就能收回成本，所以初期投资并没有想象的高。

黄明福讲话时，胡兴洲一直是一种满不在乎的样子。杨君宇看得出来，胡兴洲并不认可黄明福的方案。如果继续讨论下去，不仅不能有好的结果，而且有可能伤和气……看来今天不能决定这件事了。还是先给大家一点时间思考一下吧。

想到这里，杨君宇说："今天的会议，大家都发表了看法，我知道都是为了公司好。因为准备比较仓促，我事先也来不及征求胡总和大家的意见。这样，我看大家会后再冷静地思考一下，一周后咱们再讨论。"

……

会后，杨君宇独自在办公室待了很久。当他走出办公楼的时候，北京的夜空已经是漫天星辰。这时，他想起了自己多年的好友，在北京某著名财经大学商学院任教的周正翔，为什么不听听专家的意见呢？如果能够做下来聊一聊，也许能够碰撞出一些火花呢？……

想到这里，杨君宇掏出了手机……

 **案例使用说明**

（一）教学目的与用途

本案例适用于"战略管理"、"企业伦理"、"市场营销"等相关课程，使学生了解战略的制定过程，学会使用多种战略分析工具；了解企业经营中的企业伦理问题；以及决策中应该注意的人的因素。

（二）启发思考题

1. 万恩化学在管理上存在哪些问题？
2. 企业在制定价格时需要考虑哪些伦理问题？
3. 如果你是周正翔，你会给杨君宇哪些建议？
4. 如果你是杨君宇，你是否会决定上洗碗机租赁业务？理由是什么？

（三）分析路径

采用 PEST 模型对企业面临的宏观环境进行分析，结合案例信息对企业进行 SWOT 分析，从而确定企业的营销组合和差异化营销战略的可行性。结合案例信息分析企业在决策时如何考虑人际关系，以及定价中的企业伦理问题。

（四）理论依据与分析

理论依据：PEST 模型、SWOT 分析、差异化营销战略、企业伦理

企业面临的宏观环境分析：政治环境方面，国家加强对餐饮卫生管理已经成为大势所趋，关于餐具卫生管理的相关制度正在制定过程中；经济环境方面，随着国民收入的提高，对餐饮卫生的需求增加；社会环境方面，消费者卫生意识、安全意识的提高；技术方面，餐饮卫生方面的技术已经成熟。

SWOT 分析：万恩化学开拓洗碗机租赁业务的优势、劣势、机遇和风险。

差异化营销战略：以洗碗机、分配器和洗涤剂为依托的差异化营销

战略。

企业伦理：企业在制定价格时应该考虑利益相关者的利益。

（五）背景信息

案例企业已经完成洗碗机的研发，成本控制在 9 000 元左右，而且已经在北京开始租赁业务，租出 200 台洗碗机。而且，万恩化学已经与租赁公司在开拓租赁业务方面达成一致，正在尝试开拓上海、广州等市场。

（六）关键要点

案例分析中的关键点在于：能否把握案例中提供的信息，结合战略管理、市场营销的相关理论进行决策，同时结合中国的企业文化说明推动变革时应该考虑的因素。

本案例主要考察学生的以下能力：运用战略管理、市场营销理论的能力；企业运营能力。

（七）建议课堂计划

建议使用 3~4 课时进行讨论，事先发放案例材料。案例教学过程中，主持人要保持中立立场，组织同学开展讨论，尤其是站在决策者的立场上进行讨论。可以采用模拟高管会议的形式进行角色扮演。

由于本案例为真实案例，建议讨论结束时邀请当事人之一的万恩化学董事长兼总经理到课堂与同学们交流。

"好孩子"的国际化经营之路[①]

[**案例摘要**]"好孩子"集团是中国最大、世界领先的儿童用品企业，自1996年开始国际化经营以来，取得了良好的市场表现。本案例着重从该企业的技术创新活动及国际营销活动两个角度，介绍了"好孩子"的经验和做法，希望通过本案例的分析，能够为其他中国企业顺利实施"走出去"战略提供借鉴和启示。

一、案例背景

1988年，江苏省昆山陆家中学41岁的副校长、数学老师宋郑还受上级之命，接手濒临倒闭的校办工厂。一开始，他到处跑上海的工厂，拉一些小活干，做玩具，做小汽车轮子，只要能做的就做。后来，一位学生家长所在的军工企业给了他们一批童车的加工订单。从接这批订单开始，他逐渐将原来的小工厂打造成了国际化的大企业——"好孩子"集团，并成为童车市场无可争议的领袖。

目前，"好孩子"集团是中国最大、世界领先的儿童用品企业，旗下拥有好孩子、Goodbaby、Geoby、小小恐龙、奇妙鸭、高比、乔比等一系列自有品牌，为消费者提供着包括童车（婴儿车、儿童电动车、自行车、学步车、三轮车等）、汽车安全座、餐椅、童床、床上用品、儿童服饰、哺乳用品、卫浴用品、安全用品和婴儿纸尿裤等儿童产品。其童车产品不仅连续15年处于国内市场占有率的首位，而且还销往北美、欧洲、日本、东南亚等70多个国家和地区。在北美、欧洲和中国这三个主要市场，平均每销售1 000辆婴儿车，就有435辆来自"好孩子"。

在全球金融危机的影响下，国际市场需求普遍下降，但2008年"好

---

① 本案例由中央财经大学商学院王生辉副教授编写。

孩子"销售收入仍增长18%，达41亿元，利润1.62亿元，增长23%。在经历了金融危机、人民币升值、信贷紧缩多重压力之后，这家出口主导型企业不仅没受经济衰退态势的影响，反而逆市上扬，续写了新的辉煌。

到目前为止，"好孩子"的国际化经营应该说是成功，而这种成功的背后，是其有效的国际化经营战略在发挥着重要作用。

二、"好孩子"的技术创新活动

在困境中接手校办工厂后，宋郑还为了寻求企业的产品方向，经常自己琢磨着搞一些产品模型。1989年，他比照着一张躺椅的图片，自己动手用钢管搞出一个小模型，摆在办公室里。结果一个年轻工人看到后说蛮像一个童车。这句话启发了宋郑还，他为模型装上两个轮子，使之成了一辆既可以推又可以摇的多功能童车。因为企业当时缺乏投产的资金，宋郑还在申报专利之后出让了专利权，获得4万元的专利转让费，这成为他掘到的"第一桶金"。首次创新的成功坚定了宋郑还靠创新谋发展的信念。后来他又研制出了集推、摇、坐、行各种功能于一身、可以陪伴孩子成长到十岁的新款童车，并申请了专利。在一次订货会上，他设计的这款同城被炒到了15万元的天价。宋郑还猛然意识到自己设计的东西是市场上真正不多见的创新产品，于是打定了主意不再卖专利，而是自己生产，并将这款产品命名为"好孩子"。扛着这款产品，宋郑还和他的员工走南闯北，在全国的各种展会和百货商店柜台向感兴趣的人进行介绍。产品独特而新颖的功能加上他们的热情和执着终于取得了回报，大批的订单滚滚而来，名不见经传的"好孩子"也自此正式走上了快速发展的道路，由于设计新颖，全是"原创性"的产品，"好孩子"童车的销量逐年递增。到1993年，"好孩子"获得了国内市场占有率第一的地位，这一地位也一直保持至今。

在国内市场牢牢站稳脚跟之后，宋郑还开始放眼海外，寻求进入国际市场的机会。1995年，"好孩子"有机会接到了美国Toy's "R" US公司10万童车的订单，宋郑还如获至宝，希望通过它打开美国市场。"我们报出了最低的价格，以让美国人有利可图，从而确定牢固的合作关系。谁想，这一招失灵了，对方看了这个价，不屑一顾：这么低的价格，能把东西做好吗？一笔订单就此黄了。"宋郑还说。"好孩子"从此领悟出一个道理:进入国际市场,不能仅以低价取胜。既然打开中国市场靠的是开发创新,那么敲开美国的大门也要靠开发创新。于是,"好孩子"开始潜心研究美国市场,以求创新制胜。

1996年,"好孩子"研发了世界上第一款秋千式的童车,他们巧妙设计的童车架结构可以让婴儿在车里像在秋千上一样摇摆,包括平行摇摆和弧形摇摆,宋郑还称之为"爸爸摇、妈妈摇",让婴儿躺在推车内就像躺在爸爸妈妈的怀抱里一样温馨舒适。同时他们还创造了一种流线型的车架,非常富有现代感和温馨感。当这款拥有五项美国发明专利和外观设计专利的婴儿车展示在美国 Cosco 公司的总裁面前时,其独特的魅力立刻吸引住了对方,当场就和"好孩子"确定了合作关系。1996年秋,这款神奇的童车迅速风靡美国所有的主销售渠道。之后,"好孩子"又以更强大的新产品阵容连续地冲击美国市场,在短短3年的时间在美国的市场占有率就达到了34%,成为美国市场的冠军,这个记录一直保持到今天。现在,"好孩子"平均每天都有4 000多辆的婴儿车销往美国市场。

继美国市场后,进入欧洲市场是"好孩子"面临的更大挑战,因为欧洲市场是时尚的发源地,对商品的艺术品位、文化风格和设计品质等要求是第一位的,这对于一个该市场的新进入者而言,门槛就显得尤其高。"好孩子"与合作伙伴联手三年磨剑,终于在2005年取得了在欧洲市场实质性的突破,他们设计的三款婴儿车被客户一致地誉为是欧洲时尚的代表作,在欧洲所有的高档商店里面都被作为商店品位的标志性商品隆重陈列,单价超过700欧元。不到一年,在欧洲就销售了20多万辆。

成功地进入海外市场只是第一步,要牢牢地站稳脚跟,则需要针对不同国家消费者的需求进行有针对性的产品开发。对此,"好孩子"深有体会。他们的创新不是闭门造车,而是始终坚持以市场为导向,以研究消费者行为、发掘消费需求为前提,以研究市场信息为基础。这可以用宋郑还的观点来概括,那就是:"创新设计的源头不在我的脑子里,不在办公室里,而在市场上"。实际上,"好孩子"进入美国市场的第一款童车就是源于对市场需求的敏锐把握。

在掌握市场需求方面,"好孩子"创造了一些新招。除了各国外分公司商品经理跟踪市场、研发中心的设计骨干经常出国学习、直接进入商场请销售人员介绍产品销售情况外,他们还聘请美国当地大卖场的退休人员担任业余信息员，定期收集、汇总情况，付给他们一些佣金。这一招的效果很好，公司决定在各地市场推广，产品卖到哪里，就在哪里请当地人作信息员。

另外，"好孩子"还非常注重通过分析竞争对手的产品，敏锐地把握海外消费者需求的动向。在"好孩子"的样品间里，来自沃尔玛、玩具反斗城或者塔吉特的一年内美国几乎所有童车产品都陈列在一比一打造的货架上。这些都是国外分公司寄回的竞争对手的最新产品，或者国内有人出国的时候顺便买回来。新旧产品被拍成照片、编上号，归成厚厚一本目录，设计人员可以随时查找，并在这些产品中搜寻有关消费者需求的蛛丝马迹。

儿童用品、特别是童车属于中低技术产业，具有更新换代快、易被仿造的特点，如何保护创新成果、保持自己的竞争优势一直是"好孩子"面临的一个难题。在这方面，"好孩子"主要采取了两个方面的措施。首先是加强知识产权的保护。同时，宋郑还也认识到，"……要靠知识产权法律来保护（知识产权）特别难，特别是在中国，真正起保护作用的是自己的不断创新，你仿造我的第一代，我第二代就出来，自己把自己能够打倒，也同样有能力打倒你的对手。"这也就是在"好孩子"的一句人人皆知的口号：自己打倒自己，其含义是用新一代创新的产品来不断更替老一代的产品。在这种理念的推动下，到1997年，"好孩子"已经能够做到每半天出一个新设计，强大的研发能力使一般的竞争对手即使想抄袭和模仿都很困难。

在"好孩子"卓越创新活动背后起支撑作用的是大量的研发支出和强大的研发机构作支撑。目前，"好孩子"每年用于研发投入的资金，是销售收入的4%。他们在在美国波士顿、日本东京、荷兰阿姆斯特丹及昆山建有四大研发中心。昆山的研发中心正在被打造成世界级的儿童系列用品研发、制造基地。"好孩子"的目标是把目前以童车为主的研发中心，扩建、提升建成与各地区市场紧密结合的、有效整合国际研发资源的、以消费者需求为导向的原发性创意中心和集多学科、多领域为一体的研究机构及新产品试制基地。

三、"好孩子"的国际营销策略

中国企业进入国际市场，面临的一个重要难题往往就是缺乏合适的营销渠道。"好孩子"也曾经面临这样的问题。早在1995年,宋郑还就开始想要开拓美国市场,当时"好孩子"已基本完成工业布局,国内市场经过几年的开拓也逐步稳固下来,他急切地想进军海外市场。一开始,"好孩子"和一位美籍华人成立了一家合资公司,利用后者在美国的网络进行销售。但事情的进展却并不顺利,"好孩子"的产品在当地没打开局面,公司还为此损失了几十万美元。宋郑还进行了总结,认为问题出在公司只向美国的一些小型零售店出售童车,市场空间很有限,要打开美国市场,就必须进入当地那些大型的童车公司。但"好孩子"当年还默默无闻,要让这些大公司销售"好孩子"的童车并不容易。

宋郑还曾经主动找过美国最大的几个儿童用品集团,他回忆道:"差距太大,人家根本就不感兴趣和中国小企业合作。特别是,他们自己也有自有品牌的童车。后来经过行业里的朋友介绍,知道美国一家有上百年历史的老牌儿童用品销售商——COSCO公司因为自己的童车卖得不太好,经营有问题,已经退出了这一细分市场。"但COSCO这个品牌还是美国一个家喻户晓的品牌,品牌信誉度高,并拥有庞大的营销网络。宋郑还认为这将是一个非常好的能够合作的伙伴。如前面所述,利用"爸爸摇妈妈摇"这一创新性的产品,"好孩子"打动了COSCO,也打开了自己通往美国市场的大门。通过借船出海、借用COSCO的渠道,"好孩子"的产品迅速实现在美国市场的渗透。而"好孩子"和COSCO的分销代理关系,也一直延续至今。

渠道问题解决之后,"好孩子"还面临着如何在海外市场树立品牌的问题。在与COSCO公司合作之初,对方要求"好孩子"代工生产他们所看中的童车,用COSCO的品牌,并保证一定的销量。宋郑还没有因销量妥协,他认为自己拥有知识产权,拥有技术,和来样加工是完全两回事,要求用"好孩子"的品牌,由COSCO代销。双方在品牌问题上一度陷入了僵局。据宋郑还回忆,"后来考虑到欧美国家几乎不认同第三世界的品牌。出于市场、销量的考虑。我提议用'COSCO by Geoby'名称共同打品牌。美国人是很重视知识产权的,他们觉得我们拥有自有的知识产权、技术,掌握了主动,并不是来样加工。所以大家各让一步,达成共识。"Geoby是"好孩子"在国外的注册商标,采用"COSCO by Geoby"这一联合品牌的形式,虽是无奈之举,但"好孩子"的自有品牌与国外知名品牌共同出现在消费者面前,却在无形中对自有品牌的宣传和推广起到了积极的推动作用,为最终独立打造自主品牌积蓄了实力、创造了机会和可能。宋郑还将这一品牌塑造方式推广到了集团的其他儿童产品,例如儿童自行车及童装,所联合的都是国外儿童用品的主要品牌。在进入美国以外的其他国家市场时,这一策略也得到了有效利用。

"'好孩子'并不急于将目前在国内市场的做法复制到国际市场。"宋郑还说,"在海外市场'好孩子'的总体营销策略是,品牌和渠道主要通过国外合作伙伴来做,自己只做好消费者研究和产品研发设计。"

四、目前面临的主要问题

虽然"好孩子"在技术创新和海外市场开拓上取得了令人瞩目的成绩,但是该公司也面临着一些突出的问题。

在技术创新上,"好孩子"目前的设计力量和技术优势主要集中于机械结构设计,在造型和外观方面上还无法满足国际市场的需求。由于"好孩子"无法提供欧美市场更为看重的"外部"设计,它的议价能力显著降低。在与COSCO的合作中,COSCO并不为它看中的每一款"好孩子"的设计支付费用,买下其知识产权,而是由"好孩子"集团在量产定价时通过成本加价摊入设计费用,这种局面对"好孩子"集团实际上是不利的。

另外,在海外营销渠道的构建上,采用"借船出海"的模式,虽然节省了前期渠道开发的成本、有利于在短期内迅速实现市场渗透,但"好孩子"也面临着对渠道的控制力弱、自身的营销构想难以得到完全实现的难题。

案例使用说明

(一)教学目标与用途

本案例适用于《企业战略管理》、《跨国经营与管理》、《市场营销学》等课程使用。通过本案例的分析和讨论,可以使学生对于企业成长问题、企业国际化经营问题、国际营销渠道与国际品牌问题产生深入的思考,并加深学生对中国企业走向海外市场问题的认识和理解。

本案例可供 MBA 学生、企业管理硕士研究生、本科生进行课堂讨论，也可供企业高层经理研讨培训。

（二）启发思考题

1. 在国际化经营的过程中，"好孩子"的技术创新战略有什么鲜明的特点？
2. 什么是联合品牌？"好孩子"的联合品牌战略有什么优点？
3. 对于"好孩子"在技术创新和海外营销渠道上面临的问题，你有什么对策建议？
4. "好孩子"的国际化战略模式和国内其他企业的贴牌生产模式有什么显著的区别？

（三）背景信息

1. 中国儿童用品市场前景背景信息。中国每年有2 000万~3 000万婴儿出生，8~36月龄的婴儿约为4 500万，儿童为3.2亿，开拓这一市场，不但具有良好的社会效益，同时也将获得可观的经济效益。

近几年，随着经济水平的不断提高和新生婴儿数量的增加，婴儿用品的需求量越来越大。目前，婴儿护理用品每年的增幅约8.5%，童车、自行车和骑乘车每年的增幅分别约13.8%、9.2%和6.5%，童装每年的增幅约16.7%。虽然市场规模处于不断增长之中，但绝大部分市场份额会被品牌企业所占有，因此，目前鱼龙混杂的市场局面将会得到显著改变，持续的洗牌已经开始。为了抢占中国儿童用品市场这块硕大的蛋糕，Nike Kids、NUBY、Cake Walk、COSCO、Huffy Sports、Maxi Cosi、Miniman、Parrot、Quinny、Safety 1st、Tommee Tippee 等一些全球知名的儿童用品品牌企业已经竞相涌入中国。

2. "好孩子"集团背景信息。"好孩子"集团的背景信息在本案例的第一部分"案例背景"中已有所涉及，以下是对案例背景的补充。

从1993年开始建第一家北京分公司，到如今，"好孩子"在全国已有35个分公司、3 000多名销售人员管理着百货商店、大卖场、批发市场、专卖店和网上购物等5种渠道，有一支稳定而经验丰富的销售队伍。在中国大陆市场，"好孩子"取得了80%以上的市场占有率，但只占其年销售总额的35%。

目前，位于离上海市中心50公里的昆山经济技术开发区、占地1 800亩的"好孩子"工业园区，拥有世界最大的婴儿车厂、儿童自行车厂、电动车厂，以及塑胶制品厂、木制品厂、缝纫厂、铝合金厂等世界一流的配套工厂，有员工约2万人。

（四）分析路径

1. 技术创新简单地可以划分为两类，即技术推动型与市场拉动型，两种类型的基本思路如图1和图2所示。

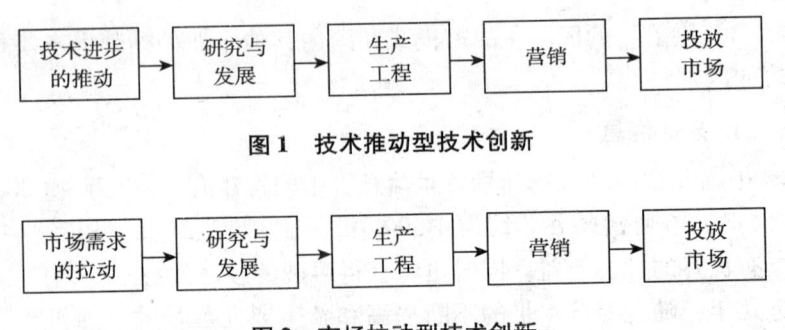

图1 技术推动型技术创新

图2 市场拉动型技术创新

在国际化经营的过程中，"好孩子"的技术创新是建立在对国外客户的需求信息进行广泛调查分析的基础之上的，是一种典型的市场拉动型技术创新。正是这种以市场需求作为驱动力的创新模式，才带来了"好孩子"在海外市场的优异表现。

2. 联合品牌是指分属不同公司的两个或更多品牌的短期或长期的联系或组合。从直观上看，联合品牌主要表现为在单一的产品或服务中使用了多个品牌名称或标识等，如由索尼公司和爱立信公司联合生产的手机使用"Sony Ericsson"作为品牌名称，联想公司的个人电脑上印有"Intel Inside"的标识等。联合品牌是一种重要的品牌资产利用方式，对于联合品牌的发起方来说，实施品牌联合的主要动机是希望借助其他品牌所拥有的品牌资产来影响消费者对新产品的态度，进而增加购买意愿，并借以改善本品牌的品牌形象或强化某种品牌特征。

联合品牌很早就被应用于商业实践中。早在1961年，美国著名食品厂商贝蒂妙厨公司（美国通用磨坊食品公司）和新奇士公司就曾成功地执行了一项品联合牌。而福特汽车和凡世通轮胎的合作则可追溯到1908年。20世纪80年代以来，联合品牌在管理实践中得到了越来越广泛的应用。麦肯锡咨询公司1994年的一项研究表明，全球范围内实施联合品牌的品牌数量正以年均40%的速度递增。Nutra Sweet、Microsoft、Intel等品牌都曾通过联合品牌取得了巨大成功。

就"好孩子"集团而言，在自有品牌尚缺乏足够的国际影响力、国际市场对中国品牌普遍存在负面原产地评价的条件下，通过与海外市场的知名品牌联袂形成联合品牌，一方面可以争取到海外品牌的配合，为渠道开拓奠定基础，另一方面，与海外知名品牌并肩而立，也为"好孩子"争取海外消费者的认同、积累品牌资产进而打造自身的国际知名品牌提供了可行的途径。

3. "好孩子"在技术创新上存在的主要问题是外观和造型创新的能力相对偏弱，而这又主要是由东西方之间在文化、审美等方面客观上存在的差异造成的。要解决这一问题，单靠国内的设计人才效果有限，"好孩子"可以考虑采用两种方法：第一，直接引进国外知名的设计师加入自己的研发队伍，形成跨文化、多元性的研发团队，在进行产品开发的时候就充分考虑到文化和审美方面的差异；第二，与各个目标市场的商家、设计公司通过各种形式的合作来完成产品的本土化设计。上述两种方法可以结合起来，最终形成以自己的研发部门为核心，以国外设计公司为外援的工作体系。

就渠道而言，"好孩子"在美国的销售长期依靠COCOS有合理的成分，在这种渠道模式下，双方持久的合作关系有助于培养彼此的信任，形成稳固的关系资本，降低交易费用。但是这种模式的缺点也是显而易见的，那就是过度依赖一家代理商进行分销工作，会降低自身对于渠道的控制力，有可能出现在面临代理商目标与企业自身目标不兼容时、企业束手无策的局面。要解决这一问题，"好孩子"可以考虑建立多渠道并存的模式，即一方面维持与COSCO的合作关系，另一方面可以利用在美国市场上已经建立起来的品牌声望，寻求与其他有实力的分销商签订分销合约，也可以考虑直接与沃尔玛等大的零售终端直接合作。多渠道并存的结果，是强化渠道上彼此之间的竞争，进而使"好孩子"在渠道运营的过程中，获得更大的话语权。

（五）关键要点

1. 在全球经济一体化的大背景下，"走出去"已经成为中国国内诸多企业的必然选择。但是在"走出去"的过程中，很多企业的走过的道路并不平坦，甚至付出了高昂的学费。"好孩子"集团在海外市场、特别是西方发达国家市场的表现，对中国企业制定合适的"走出去"战略，无疑具有积极的启示作用。

2. 中国企业在进入海外市场的过程中，普遍面临着技术能力低下、知名品牌匮乏、销售渠道不畅的问题。"好孩子"国际化经营的道路告诉我们，要开辟海外市场，企业并不一定要进行重大的技术突破，认真收集整理海外市场的需求信息、有针对性地对产品结构进行调整，一样可以创造出无限的市场空间。同时，在品牌和销售渠道策略方面，企业可以灵活采用联合品牌、借船出海等多种方式，在自身营销能力相对较低的条件下，充分借用外力，既满足眼下开拓市场的需要，又为未来的长远发展积蓄实力。

（六）建议课堂计划

本案例可以作为专门的案例讨论课来进行。以下是按照时间进度提供的课堂计划建议，仅供参考。

1. 整个案例课的课堂时间控制在 100 分钟。
2. 课前计划：提出启发思考题，请学生在课前完成阅读并写出分析报告。
3. 课中计划：简要的课堂前言，明确主题（5 分钟）

　　　　　　分组讨论（40 分钟），告知发言要求

　　　　　　小组代表发言（控制在 35 分钟）

　　　　　　引导全班学生就小组代表发言进一步讨论（15 分钟）

　　　　　　教师归纳总结（5 分钟）

（七）参考文献

1. 宋郑还："自主创新，走向世界——好孩子的成功之道"，《玩具世界》，2006 年第 12 期。
2. 宋华颖："宋郑还：世界的好孩子"，《中国对外贸易》，2007 年第 10 期。
3. 刘雪梅："好孩子：贴近市场需求的技术"，《IT 经理世界》，2006 年 11 月 20 日。
4. 李秀珍："'好孩子'自创品牌走向世界"，《中国品牌》，2007 年第 6 期。
5. 三金："'好孩子'的四次'洋务运动'"，《上海商业》，2008 年第 5 期。

文新文学网[①]

[**案例摘要**] 文新网是一家成立于2005年10月份的小型文学网站，主要业务包括网络原创小说基地、女性读者交流社区、网络图书版权代理、出版、广告等业务。经过创始人刘璟三年来的倾心经营，文新网在文学类网站行业中已占据一定的地位，尤其在原创作品的版权交易以及与传统机构的合作出版方面，领先于同类的小型网站。但是，同很多创业企业一样，文新网一方面面临行业发展所带的各种机会，另一方面，也受到诸如新产品开发、资金、人才、竞争、业务推广等方面的挑战，特别是在宏观环境不景气的今天，文学网站行业的两家大型网站地平线文学网和理想网又燃起竞争的战火，作为新生创业网站的文新网面临的压力愈发沉重，刘璟该如何面对这种局面呢？

文新网成立于2005年，作为文新网的创始人，刘璟已经伴随文新网走过了整整三个年头，直到今天，文新网成立时的情景仍历历在目。应该说，文新网是"生逢其时"，尽管2005年已经不是一个令互联网创业者们热血沸腾的时代了，但在2000~2002年泡沫破灭后，经历了几年的休养生息，中国互联网企业已经完全从伤痛中恢复过来了，2005年仍然是一个不错的互联网创业时期。2004~2005年这段时间内，不仅中国互联网行业的三大门户网站新浪、搜狐和网易走上了稳健发展之路，还相继涌现出一批新生的互联网佼佼者，其中，盛大、51JOB等七家中国互联网企业更是成功登陆美国纳斯达克市场，并且表现出色，更多的中国互联网企业则在资本市场入门处整装待发、准备上市，或正跃跃欲试地向资本市场扬帆起航。可以说，当时的互联网行业呈现出一派生机勃勃的景象，甚至有分析

---

① 本案例由中央财经大学商学院胡宗良副教授编写。本案例以真实企业为背景撰写，应提供资料的企业要求，本案例隐去相关企业的真实名称，以虚构名称代替。

家高呼，网络概念股上市的"黄金时代"又回来了！

那时，刘璟已经从某名牌大学文科专业毕业五年了，早已褪去学生时代的稚气，在一家互联网门户网站的文学频道任骨干编辑已有三年多的时间。三年的时间并不长，但对于新兴的互联网行业来说，刘璟可以说是一名老资格的职业人士了，她已经对互联网文学的方方面面了如指掌，驾轻就熟。况且，从大学时代开始，刘璟就是一个活跃在各文学论坛上人气颇高的资深网友，对互联网文学有着与众不同的敏感和热爱。正是基于对自己能力的自信和对互联网文学事业的热爱，当然，不可否认的是，也是受到众多互联网企业成功故事的诱惑，在2005年那个夏天，刘璟作出一个令周围亲朋好友大吃一惊的决定，毅然放弃了待遇优厚的职位，投身到互联网创业的大潮中。

事实证明，刘璟的选择不是一时的头脑发热，2005年仍然是一个令人对互联网充满憧憬的年代，所以刘璟一举起创业大旗就得到一位相识已久的天使投资者的支持，他毫不犹豫地为刘璟投资了最初的30万元启动资金。此外，长期以来刘璟认识的一些作者和网友也给予了刘璟极大的支持，令刘璟十分感动的是，当她一宣布准备成立自己的网站时，他们纷纷表示要将自己的网上之家搬到刘璟的网站，所以，刘璟的网站甫一面市，很多作者就上传了自己的作品，网站得到了相当的浏览量，因此，仅就头两年来看，网站的发展没有遇到太大的障碍。

- 2005年10月，在一个做技术的好友的支持下，正式推出文新网论坛：http://bbs.wenxin.com。
- 2006年3月，刘璟携另外两位好友组建北京文新魔方科技有限公司，正式主营文新网。
- 2007年2月，文新网在原论坛的基础上推出了文新原创网：http://www.wenxin.com，自此，文新网初具规模，在国内文学网站业内开始崭露头角，建立了一块不大不小的阵地。
- 到2008年，文新网已经发展为拥有4名专职员工和4名兼职员工的小型女性文学网站，拥有数项业务，包括了一个网络原创小说基地、一个女性读者交流社区，同时，文新网在网络图书版权代理方面也取得了不错的业绩。截至2008年9月，文新网原创小说基地拥有正式提交过作品的作者2 000余位，其中优秀的驻站作家，亦即在互联网上有一定知名度的作者有约 200 位。这些作者三年内共计上传原创作品约 10 000 部，其中长篇作品有 8 500 余部；在读者交流社区中，文新网拥有活跃用户 56 000 千余名，其中大部分是女性，他们提交各类评论和信息近 100 万条，尽管刘璟并不刻意向女性读者倾斜，但文新网自然而然地形成了以白领女性为主的读者和作者群，而且她们中的很多人往往集读者和作者身份于一体，她们视网站为自己的精神家园，对网站有较高的忠诚度；在图书版权代理交易方面，文新网迄今代理出版的小说有近 200 余本。总体来看，文新网在文学类网站行业中占据一定的地位，尤其在以原创作品的版权交易方面，已经具有一定的影响力。

这两年，随着互联网的普及，越来越多的机构和个人已经完全接纳了互联网这个新生事物，开始将互联网作为企业经营和个人生活的一部分，这为文新网的发展提供了难得的机会，刘璟在经营文新网的过程中也真切感受到这些可喜的变化。因此，她总是在想，今后应该怎样充分地利用这些机会？比如，越来越多的读者能够接受收费阅读的业务，这在过去是难以想象的，以前无论多好的内容，只要提到收费总会激起读者的强烈反感和拒绝，但现在很多人已经意识到，只要付少量的费用，就可以享受到更加优质的服务是一件合算的事情，同时，为互联网收费服务提供支持的机构也越来越多，网络银行、第三方支付（如快钱、支付宝）、手机银行，甚至上门收费都已经发展成熟。此外，传统出版市场的激烈竞争也为文学网站提供了机会，过去，出版机构以正统自居，对文学网站，尤其是小型文学网站不屑一顾，但现在，他们发现文学网站在挖掘作者和稿源方面有其无法取代的优势，特别是在与读者互动的过程中，能够通过读者评价有效预测市场，这令很多出版者非常感兴趣，刘璟也感觉到传统出版商在合作过程中的积极性也越来越高。还有，随网站的用户越来越多，他们对网站的要求也越来越高，有些用户建议能不能为他们提供更多的服务，比如组织社区活动、组织讲座、代购新版图书等等，对此，尽管刘璟还没有想清楚如何去做，但她还是隐隐感觉到其中蕴涵着很大的商业机会。

但并不都是好消息，在机会出现的同时，压力也从来就没有减轻过，甚至有与日俱增的趋势，其中最令刘璟担心的是这个行业的竞争越来越激烈。由于文学网站行业发展空间越来越显现，自从 2007 年下半年以来，文学网站的竞争开始加剧,行业里领先的两家文学网站地平线文学网和理想网,据说从风险投资商那里各自融到了数百万美元的风险资金,它们从2007年下半年开始突然在市场上发力,展开了咄咄逼人的竞争攻势。尽管它们的竞争主要指向对方,并不是针对文新网的,但是城门失火,殃及池鱼,像文新网这样偏安一隅的特色文学网站又岂能独善其身?两家领先的网站各自利用重金广泛挖掘有价值的作者,并开展各种活动宣传网站,吸引读者,直接给文新网带来经营的压力。首先是在一定程度上动摇了文新网的作者基础,通过调查,刘璟发现有些作者已经不再在文新网上发布新作品,转而在这两家网站上发布,因为这让作者有可能获得地平线文学网和理想网给予的丰厚稿酬,另外一些作者尽管没停止在文新网上更新作品,但他们也同时将作品发布在地平线文学网和理想网上,现在来看,这些作者的人数还不多,但不断扩大的趋势却令人担忧;其次,读者也在一定程度上有所流失,从2008年5月以后,文新网读者的日访问量已经停止增长,并呈微弱下降之势,而同时,地平线文学网和理想网的访问量在同期是上升的,文新网的读者流失是不言而喻的。

面对地平线文学网和理想网的竞争,刘璟自然想到立即展开反击,计划采取一系列的措施保持自己的市场份额,甚至将份额有所扩大,这些措施包括:(1)提高对作者的奖励,鼓励他们将原创的好作品上传到文新网;(2)将网站进行改版和美化,使网站页面更加美观,并使阅读和上传作品的流程更加易用,从而方便读者和作者使用文新网提供的各种功能;(3)加大市场宣传活动的力度,提高知名度,吸引一些新的读者和作者加入文新网。从2008年初开始,这些活动已经陆续展开,进度已经将近一半,不过效果却差强人意,刘璟分析其中的主要原因是地平线文学网和理想网在同时期也加强了投入,文新网的市场活动没有激起预想中的效果,并且,更为不利的是,今年整个的经济环境也开始恶化,出版市场不景气,很多合作出版业务都被出版社压缩,甚至取消,文新网的资金也面临比过去更大的压力。由于前期经营状况还不错,文新网除了在创办时吸纳了投资人的资金外,一直没有再募集资金,公司现金并不充裕,如果将上述计划一一实施完毕,则这些现金基本上会消耗殆尽,有效果则还好,如果没有效果,那么刘璟将不得不大幅度压缩文新网的经营活动,到那时，能保持基本的运营就不错了，肯定谈不上发展了。因此，事情进展到这个程度反而让刘璟心里惴惴不安，是坚持把这些计划完成？还是悬崖勒马？这个问题时时困扰着刘璟，成为她这些天来挥之不去的梦魇。

俗话说，屋漏偏逢连夜雨，正当刘璟为网站如何突破发展瓶颈而殚精竭虑地想办法之际，网站的技术骨干解东凯却在前几天提出辞职的请求。对于解东凯的辞职，刘璟是有预感的，因为近几个月网站改版过程中，解东凯对刘璟的网站改版方案一直颇有微词，认为很多地方都是刘璟想当然的，实际上没有必要的，白白浪费了技术人员的力量，而且，解东凯对于改版方案的频繁调整也一直很有意见，认为方案总是改来改去，技术人员做起来太费劲了。对于网站是否要改版，刘璟根据自己对读者和作者的了解，自认为是非常有必要的，而对于方案的频繁调整，刘璟其实也不愿意如此，但文科出身的她与工科出身的解东凯似乎存在天然的思维差异，很多事情总也说不透，她实在想不出有什么好的解决方法。尽管已有预见，刘璟还是没有料到解东凯会这么快就提出辞职，本来，她还想去问问他什么原因，看看能不能挽回，转念一想，以解东凯的性格，他决不会随便提出辞职的，估计已不可能改变他的想法，并且，也不一定能问出辞职背后的真实原因。多少可以肯定的是，解东凯的辞职与工资有些关系，按照解东凯目前的技术水平，由于资金有限，文新网给他的工资只能说是中等偏下的水平，不足部分刘璟承诺用股份加以弥补，显然，解东凯现在已经对这部分股份没有太大兴趣了。好在，解东凯念及文新网一直比较重视他，说还可以在文新网继续工作一个半月，以便刘璟能在这段时间内想办法找到人手来替换他。现在，要紧的是赶快找到合适的技术人员。此外，还有一个问题，也让刘璟颇费思量，就是本来打算在下一年1月份启动的"文新网网络文学大赛"还要不要继续？这个项目的前期工作已经准备完毕，有几家媒体也准备到时候帮助发一些宣传的新闻稿，但这个项目大约要花费6万元左右的资金，在目前一分钱恨不得掰成两瓣花的时候，还有必要继续吗？

10月份的天气一天比一天冷，文新网与北京的天气一样也渐渐步入冬天，文新网应该怎样度过这个冬天呢？

附件 1：文新网近年来的收支情况（表1）

表1　　　　　　　　　　文新网收支情况　　　　　　　　　　单位：元

	项目	2006 年 3～12 月	2007 年	2008 年 1～9 月
资本	股东投入	300 000	0	30 000
	借款	0	10 000	-10 000
经营收入	版权代理	444 671	513 880	534 980
	合作出版	120 000	142 000	168 400
	广告收入	500	3 780	5 600
	其他	1 090	2 560	12 910
	付费阅读	0	0	3 110
	收入合计	566 261	662 220	725 000
经营支出	邮递费	1 316	1 629	2 108
	工资及劳务	56 400	183 685	198 065
	稿酬	477 114	442 187	418 043
	管理费	8 899	9 274	9 100
	房租	22 352	31 500	43 800
	服务器托管	13 500	18 000	18 000
	购买固定资产	13 120	20 766	32 060
	差旅费	3 018	4 792	4 808
	保险	18 694	17 663	16 322
	税	6 656	6 735	7 288
	其他		5 215	0
	支出合计	621 069	741 446	749 594
现金流入		245 192	-69 226	-4 594

附件2：文学网站的读者

2007年，电子图书读者总数为5 900万人，比2006年增长37%，增长强劲，但是增长比率小于同年中国互联网用户的增长数53.3%（根据CNNIC《第21次中国互联网络发展状况统计报告》）。原因是因为随着网络带宽的增长和网络内容的丰富，中国网民拥有了更多选择，许多人的兴趣趋向于音乐、电影、在线游戏等宽带应用上面。根据CNNIC的调查，中国网民按年龄和学历的分布情况分别如表2和表3所示：

表2　　　　　　按年龄分布的中国电子图书读者

年龄	2006年比例	2007年比例
18岁以下	17.3%	18.10%
18~24	25.6%	29.80%
25~31	31.7%	29.70%
32~38	10.9%	11.10%
39~45	7.1%	7.10%
46~51	3.9%	3.70%
52~58	2.8%	1.40%
58以上	0.7%	0.50%
合计	100.0%	100.00%

表3　　　　　　按学历分布的中国电子图书读者

学历	2006年比例	2007年比例
高中（中专）以下	13.4%	12.70%
高中（中专）	24.3%	25.10%
大专	30.9%	30.40%
本科	28.3%	28.90%
硕士	2.6%	2.50%

续表

学历	2006年比例	2007年比例
博士	0.5%	0.40%
合计	100.0%	100.00%

根据表2和表3的数据显示，中国电子图书的阅读人群在年龄上主要集中在18~31岁之间（合计占59.5%），在学历上主要集中在高中至大学学历之间（合计占84.7%），这部分人群年青活跃、知识素质较高，多数掌握计算机及网络知识，且以计算机作为他们的主要学习工具以及工作工具，这些人群是中国电子图书网站的核心人群，也是文学网站的核心人群。对比2006年和2007年数据，我们可以发现，这些核心人群集中趋势还在继续发展。

附件3：文学网主要竞争对手

从整体规模来看，地平线文学网和理想网无疑是这个行业内规模最大的两家网站，此外，比文新网规模大（综合收入、上网图书数据、读者数量等指标比较）的网站还有3~4家，与文新网规模不相上下的大约有10家左右，其他均比文新网规模小。下面重点比较地平线文学网、理想网和文新网的相关数据（表4）。

表4　地平线文学网、理想网与文新网规模比较（2008年6月）

	地平线文学网	理想网	文新网
日访问人数	65 000	72 000	4 900
上网作品数	60 000	80 000	10 000
注册作者人数	16 000	22 000	2 000
活跃用户人数	700 000	750 000	56 000
网站全职人员（兼职人员按2比1折合成全职人员）	58	66	6

但是文新网是一个清晰定位于女性读者和作者的文学网站，在整体规

模上与综合性的地平线文学网和理想网相比并不合理,如果将文新网的竞争范围缩小为女性文学网站,那么在规模上比它大的将只有4~5家,文新网的竞争地位将明显提高。下面列举一些典型的女性文学网站。

1. 理想网女性频道。理想网女性频道目前的访问量在22 000人左右,该网站是在理想中文网的基础上成立的,自成立以来,以强大的资金后盾和理想网的人气为依托,提供稳定平台,吸引女性读者和作者。由于它充分利用了理想中文网的各种平台及资源,因此其优势非常明显,发展的势头也一直非常稳定,牢牢占据着女性文学网站的头把交椅,是文新网重要竞争对手之一。理想网女性频道的业务收入以网站在线阅读业务和广告收入为主,版权交易服务是为了吸引作者提供的一项免费的服务,据说,理想网女性频道将在近期开始收费的版权交易业务,丰富其业务种类。由于理想网女性频道起源于理想中文网,其作者也多为男性作者,作品风格明显异于文新网以"女性写女性"的作品风格。

2. 香江原创网。香江原创网目前的访问量在2万人左右,拥有注册作者5 000人,作品数10万部(其中有一半以上为非原创作品)。2003年8月香江原创网成立,其前身为香江文学城,成立于1996年,其中大多数图书为扫描图书,这些图书在版权上不具有合法性,但对读者有较大的吸引力,因此拥有大量忠实的女性读者群。后来成立的香江原创网仍然以女性作品为主,并且依然保持在女性读者市场上强大的号召力。目前,香江原创网拥有大量优秀写手,基层管理模式合理,其业务主要以广告收入和版权交易业务为主。2008年1月份,还获得风险投资的投入,香江原创网也因此加快了其商业化的进程,2008年5月,网站开始实行收费阅读,并加大其版权交易业务的力度,2008年9月香江原创网还开始涉足网上商城的业务。

3. 叶子文学网。叶子文学网目前访问量为3 800人。与其他女性文学网站相比,叶子文学网的作品更侧重于文学性,在注重长篇作品积累开发的同时,也保留了较大比重的各类体裁的短篇作品,如散文、杂文、诗歌等。该网是网络上比较知名的女性文学网站,其优点在于有资金支持,宣传比较到位,具有一定的知名度,已经出版了自己的书系。叶子文学网的用户主要以传统文学爱好者为主,与文新网的用户在很大程度上并不重合,但是要考虑到长远发展,叶子文学网仍然是一个潜在的竞争对手。2007年10月份,叶子文学网也获得了200万元的风险投资,并且有可能通过合并的方式与其他一些中文文学网站整合在一起。

4. 知网。知网目前的访问量为 2 600 人左右。知网从出现伊始，就以偏向女性读者的言情玄幻小说版权代理为主营业务，其针对的用户人群和文新网有较大的重合，是文新网近期最直接的竞争对手。知网的缺点在于社区建设水平不够，管理人员中缺乏有经验的论坛基层管理者，无法形成具有向心力的社区，这使得知网近来的发展有所衰退。

5. 心雨文学网。心雨文学网是源自传统出版机构的老牌言情小说网站，其作品主要面对女性，具有相当一致的风格，网站拥有自己的固定品牌和作者团队，成熟的发行渠道，也拥有一定的读者群。心雨文学网的主要作用是发布公司出版的图书以及公司签约作者，因此，心雨文学网在网络读者中的影响力有限。心雨文学网有一个与众不同的特点，就是它的每部作品都有非常深度的开发，这使得它对作者的吸引力大大加强。在优秀作者的支持下，心雨文学网的发展尽管不快，但非常稳健，近年来，它的 10 万字左右的中长篇作品已经对很多文学网站形成一定的威胁。

6. 五月网。五月网的前身也是一家以扫描作品为主的面向女性读者的文学网站，并形成了日均 2 万人的流量，由于扫描作品在版权上的缺陷，五月网在 2005 年以后逐步转向原创文学。成立原创网站后，因管理团队没有原创网管理经验，因此原创网发展速度缓慢，直到 2006 年接受一笔投资后，五月网重点进行了网站的作者建设，网站的人气才有所提升。目前，其原创网站已经达到日均 4 000 人的访问量（原来没有版权的扫描作品仍然被五月保留）。五月网虽然有较强的资金支持，但是其最大的不足还是缺少有经验的女性原创网站的管理人才，因此其网站内容一直没有突破，缺乏整体竞争力。

 案例使用说明

（一）教学目的与用途

帮助学生更好地理解创业公司面临的战略问题以及所涉及的相关知识，提高学生对创业公司管理能力。此外，本案例的分析方法和结果是开放性的，会出现不同的分析方案，这也有助于训练学生之间的理解和沟通能力。

（二）案例适用范围和所需要的准备性知识

本案例是一个关于新兴产业（互联网文学产业）中创业公司战略管理的综合性案例，适合与"新兴产业战略"、"公司发展战略"等章节配套使用，亦可用于创业类的相关课程。

学生必须具备的准备性知识包括：战略管理概念性知识、宏观环境分析、新兴产业行业分析、业务战略、公司战略、多元化、创业管理、财务管理、营销管理、人力资源管理等。由于案例以互联网行业为背景，要求学生对互联网应用技术有一定的熟悉，完全不熟悉互联网行业的学生将不适合本案例。

（三）启发思考题

假设你是刘璟，试分析回答：
1. 你认为文新网应该制定怎样的发展战略？
2. 你将怎样应对来自地平线文学网、理想网以及其他同类网站的竞争？
3. 你将怎样建立自己的竞争优势？

注：对于熟悉案例分析的学生，也可以让他们自己从案例中总结出要讨论的问题，增加案例分析的难度。

（四）分析及评价要求

在案例过程中，可根据下面三个层次的要求，逐层展开。这三个层次的要求是不断提高的，能否达到，也是判断学生案例分析成绩的主要标准。

第一层次要求（对问题的识别）：学生要能够识别出文新网目前面临的问题，要表述全面，将加以适当的归纳和汇总。

第二层次要求（对战略管理的整体把握）：能根据所识别出来的问题提出合适的战略管理方案，方案评价标准是：能否把握文新网内外部环境；能否较全面地解决文新网的问题；所提出的战略方案是否适合文新网实施；战略目标是否有利于目前公司投资者和管理层的利益。

第三层次要求（对战略的深入理解，并能与他人理性沟通）：在讨论过程中会产生若干个可行战略方案，学生要能理解产生各种方案的原因是什么。这些原因可能会与文新网的某些外部环境和内部条件的假设前提、所依据的分析原理，以及所运用的战略分析工具有关。优秀的学生能合理理解战略方案之间区别，并能与不同观点持有者进行理性的沟通。

蓝湾网络的扩张战略[①]

[**案例摘要**] 蓝湾网络有限公司成立于2000年8月，是在国际风险投资和国内风险投资共同支持下发展的高科技企业。公司专注于电信网络市场，拥有研发、生产、销售、服务等多个部门。公司创立以来实现了连续两年销售额翻番增长，取得了令人瞩目的经营业绩。但是伴随着公司的发展壮大，面临的竞争也越来越激烈，众多同行企业也把公司列为主要竞争对手。为了进一步发展，提高核心竞争力，管理层制定了建设研发基地、扩大产品规模、收购其他公司等战略决策。管理层一致认为，这个战略决策的实施结果将成为公司能否保持高速发展的关键因素。

2002年7月2日上午11点，北京海淀区某写字楼801办公室，公司总经理李大强神情严肃地看着市场总监陈勇发来的邮件：我公司主要区域市场河北、江苏、浙江、山西等客户多次反映公司产品线不全，满足不了电信业务快速发展的需求，从电信和网通总部收集来的信息显示，今年下半年建设项目将大幅减少，产品销售压力将迅速增大。李大强看完邮件后陷入深思，公司目前的销售收入主要集中在中低端市场，竞争对手日益增多，厂商互相大打价格战，导致产品利润大幅下降，如果公司再不开发新产品并进入高端设备市场的话，明年的销售业绩将很难继续保持大幅增长。公司管理层和投资方签订了对赌协议，如果每年不保持80%以上的增长速度，投资方将有权影响公司的决策以及加强对公司的控制，这样势必对公司的发展造成重大影响。完善产品线和进入新市场的工作要尽快展开，只有这样才可能保持增长速度。李大强决定召开公司发展战略研讨会，就目

[①] 本案例由中央财经大学2009MBAP2班欧志刚同学编写，指导老师为王玉霞教授。本案例是作者根据真实经历和实际调研编写的，相关信息在忠于事实基础上进行加工，出于保密起见，作者隐去了某些名字和其他可以识别的信息资料。

前面临的严峻竞争形势进行大讨论，从而形成公司未来几年的发展方针和政策……

一、公司背景

蓝湾网络于2000年8月在风险投资的支持下成立，总经理李大强之前担任业界规模最大的企业华威公司的副总裁。由于起点高，公司在成立之初就走上了高速发展的道路，原来在华威公司跟随李大强的老部下也纷纷加入了蓝湾网络。公司成立之初是代理销售华威公司产品，后来开始研发自己的产品，主要集中在中低端的以太网交换机、VOIP语音设备和ADSL接入设备，填补了市场空白。由于采用了最新的研发技术，同时以客户需求为导向，产品推出之后受到了广大客户的欢迎。发展至2001年年底，基本形成了自己的品牌效应，进入了广东、江苏、浙江、山东、河北、山西等主要的电信市场，成立了20多个省级办事处。2002年上半年，公司市场业绩继续高歌猛进，实现了超过1.8亿元的销售收入，同时ADSL产品成为市场著名品牌。华威、斯科、中星等业界著名公司纷纷表示将时刻关注蓝湾网络的发展情况。与此同时，公司的发展被越来越多的投资商看好，不少机构甚至预测公司将在未来三年之内实现海外上市。从高层到基层，包括李大强本人都非常坚信公司即将到来的美好前景，相当一部分员工认为公司应该扩大经营规模，实现持续高速发展，争取早日实现海外上市。

二、战略研讨会

2002年7月5日上午9点，蓝湾网络公司部门经理以上领导包括各省办事处负责人共60多人聚集在会议室里，这里马上要开始关于公司面临的问题以及发展对策的大讨论。

总经理李大强开始发言："相信各位已经看过了上半年的销售报表，我和大家一样为我们取得的出色业绩感到高兴。但是大家也要看到，现有设备市场已经变得饱和，各大运营商都在削减投入，很多公司开始和我们正面交锋，甚至不惜打价格战，这样势必影响未来的销售额增长速度。我们能不能把眼光放长一点，是不是应该考虑如何在今后的两年内继续保持较高的发展速度呢？投资方也非常关注我们的业绩，在上个月召开的董事会成员会议上,投资方明确要求公司在 2003 年、2004 年必须达到每年 80% 以上的增长速度,这也是公司将来进行海外上市的重要前提。因此我们必须认真考虑未来两年的发展方向和经营策略。第一个问题是,我们的产品目前都是中低端产品,产品价格逐步走低,以前我们卖一台设备赚的钱现在需要卖两台才能赚回来。如何研发高端设备完善产品线,进入高附加值市场,这是大家必须立刻考虑的问题。第二个问题是我们是否要进入其他市场,我们在光网络传输设备,路由器设备方面都缺乏相应的产品,这两个潜力较大的市场值得我们去开拓。我们该如何找到切入点?第三个问题是,研发高端设备或者进入其他市场,都需要投入财力、物力、人力,我们是应该全部自主研发还是通过收购其他公司的方式来完成?怎样扩大研发规模?如何进行收购?大家就这三个问题进行讨论,一定要畅所欲言,开阔思路,不要怕争论,争论越多越好,众人拾柴火焰高,一起为公司的发展献计献策吧。"

市场总监陈勇站起来说道:"产品线不够完善这确实是个问题,我们缺乏高端设备,现在运营商都要求设备厂商提供高中低三个层次的一体化解决方案,在这方面我们明显处于劣势,有可能失去很多市场参与机会。据我的了解,以江苏市场来说吧,上周我刚刚和江苏办主任黄一虎拜访江苏电信的一位负责人,这位负责人告诉我们,明年上半年很可能启动以 IP 网络为核心的多业务网络平台的建设,这个建设项目涵盖了交换机、路由器、光网络传输设备等,而设备层次的需求大部分集中在高中层设备、低端设备的需求量非常少。因此为了满足客户需求,我们要尽快推出交换机高端设备、路由器设备以及光网络传输设备,形成一个具有竞争力且技术领先的全网解决方案。至于如何进入,可以加大研发投入,招收高技术人才,尽快研发出可试用产品,客户这边的工作我们可以完全做好"。"市场形势确实是这样,我非常同意陈总的意见,江苏市场一直是公司的重点市场,我们必须要重视我们的客户需求。"黄一虎站起来补充道。会议室气氛顿时活跃起来,江苏办事处的销售额一直是名列前茅,他们的意见具有很强的说服力和较大的参考性。一时间,河北、浙江、山东等市场的负责人也表达了类似的看法。

"我认为不要急于扩大产品线,而是应该开拓现有产品的其他潜在用户市场,比如企业网市场就完全可以成为我们的第二个主战场。"广东办事处主任范志强站起来说道。"目前我们的客户主要是运营商,虽然能够产生品牌效应,但是由于项目成本高昂,贡献的利润却并不多。而企业网市场则不一样,采购量虽然比不上运营商市场,但是却可以卖一个比较好的产品价格。伴随着经济的发展,企业网市场规模增长速度非常快,特别是在广东一带,每天都有新公司成立,这些公司必然要建设办公网络,带来了大量的中低端层次的设备需求。另外一个市场就是海外市场,我们的设备成熟稳定,开拓海外市场具有技术领先优势,海外市场利润高,回款周期短,非常适合我们公司。所以我建议为了保持增长速度,我们应该把重点放在开拓企业网市场和海外市场。另外,竞争对手华威公司加大了与我们的竞争力度,多次计划挖走我们办事处的骨干力量。如果这个时候我们扩充产品线,进入光网路传输市场或是路由器市场,相当于和华威公司展开全面竞争,华威公司实力比我们强十几倍,我们公司必然受到强烈冲击和打压。因此,我认为公司不应该急于进行人员扩张和产品扩张,而是应该巩固现有市场,同时开发潜在用户市场,另外要加强人力资源管理以提高公司的综合竞争力。"

"刚才老范提到的关于竞争对手挖走我们骨干人员的事情,实际上我们研发部也遇到了类似的问题。"研发总监刘洪波站了起来。"由于我们的研发技术领先于竞争对手,我们的产品成为了市场上的明星产品。经过这两年的发展,研发团队也从无到有,到现在已经发展到了400多人,形成了以项目经理为核心的技术骨干力量。研发团队是一个公司最为宝贵的财富,对一个公司的核心竞争力的提高起着重要作用。竞争对手们正是看中了这一点,频繁对我们的员工进行鼓动,今年上半年以来,人员流动率一下子提高到了18%,这是非常不好的现象。我们公司是典型的创业型公司,大家都是奔着公司海外上市的美好情景而来,相对来说公司的凝聚力有待于提高,员工的稳定性需要加强。如果要扩充产品线的话,不管是组建新的团队还是收购其他公司,都会增加人员规模,这就会带来很大的管理压力。因此首先要先完善公司的管理制度,加强企业文化建设。我们的员工工资待遇与福利待遇在业界处于中上水平,按照这个标准,将需要大笔资金用以扩充人员,另外人员增加,办公场地必然要扩大,这对公司也是一个挑战。"

"关于资金需求大家不要担心。"财务总监张亚飞说道。"我可以非常乐观地告诉大家,目前公司的财务状况很好,业务收入成倍增长,净利润也在逐年增加。投资方对公司的发展速度和经营成果很满意，也对公司未来两年的发展寄予了厚望，多次表示希望公司的规模和经营业绩能再上一个台阶，并承诺会在资金方面予以支持，甚至还提出了明年底开始启动海外上市的计划。目前公司现金流状况良好，有大约 2 亿元的现金可以用于公司的发展，这笔钱可以用来扩充人员，可以投入到高端设备的研发和推广。至于其他市场，比如路由器、光网络，我们可以采用收购的方式。采用收购的方式，一是可以节约大量研发时间，用收购的产品迅速开拓市场；二是能提高资本运作能力，节约成本，减少公司现金支出。我们吸收合并其他公司还可以增加公司的知名度和品牌效应。收购计划所需要的资金我们可以采用再融资的方式获得。"

"说得对，对我们公司来说，钱不是问题，最重要的是发展前景。有了好的发展前景，自然有机构对我们提供资金支持。"李大强提高了声音说道。"听了这么多的意见，大家都说的很有道理。但是核心只有一个，扩大经营规模，保持销售增长，这是我们必须要完成的。否则，投资方将会对公司施加压力，甚至会改变公司结构。为了公司全体员工的利益，必须认真考虑公司发展方向，制定正确的发展策略。刚才谈到的资金问题，我们可以有办法解决，一是我们还拥有几个亿的现金流，另外还可以向投资方再融资，可以向看好我们公司前景的银行申请低息贷款。公司重视自主研发，取得了很多专利权和知识产权，我们可以参加国家的高新技术发展项目以获得支持，中关村科技园也希望我们进驻，并表示将提供必要的帮助和一些优惠条件。虽然公司在市场方面遇到了一些问题，发展出现了瓶颈，但是也有很多有利于我们做大做强的外部条件，再结合我们在研发能力、市场拓展能力上的优势，公司进行产品线扩充，扩大经营规模，持续保持高速发展是完全可以实现的。"

讨论一直持续到下午六点，焦点主要集中在是否通过进行产品和人员的扩张来实现销售额增长这个问题，气氛非常热烈，发言异常踊跃，也提出了其他的一些问题和建议，比如如何防范市场竞争，如何加强自主知识产权建设，如何提高员工忠诚度等等。会议结束时，扩张战略得到了大部分人的支持，最后共同形成了一个决议：公司采用扩张战略，建设研发大楼，扩充研发和市场人员，并购一家路由器公司和一家光网络公司以完善公司的产品线。

三、战略方案

经过一个月的反复讨论和认真研究,2002年8月上旬,蓝湾网络制定了再融资、新建研发大楼、扩大人员规模以及收购其他公司的扩张战略计划,通过这个计划的实施,公司将基本形成高中低三个层次的产品,覆盖以太网交换机、VOIP设备、ADSL设备、路由器、光网络传输等多个产品系列,形成基于IP技术的下一代综合业务解决方案,使公司经营规模扩大一倍,争取2003年实现销售额8亿元,2004年实现销售额18亿元,并计划在2004年底实现海外上市。

(一)资金预算以及融资方案

公司现有的投资方为华新和龙平两家投资机构,总共拥有不超过35%的蓝湾网络公司的股份。公司最大的股东为总经理李大强,其他高管人员和普通员工也持有一定数额的股份。由于此次方案的资金需求非常庞大,除了采用向投资方增发股份的方式外,还需要向银行申请低息贷款。具体的实施方法为:

1. 制定资金预算方案,总投入资金不超过6亿元,其中2亿元用来建设研发大楼,0.2亿元用来扩充研发和市场人员,0.8亿元用来收购路由器公司,1亿元用来收购光网络公司,另外2亿元用作公司日常经营所需现金流。

2. 总经理李大强让出约20%的股份,其他高管人员让出总计5%的股份。出让的这25%股份由投资机构以不低于2亿元人民币进行认购。

3. 公司拿出2亿元,用来作为扩充方案的一部分资金来源。由投资方作为担保人,向某国有商业银行申请低息贷款,金额为2亿元人民币。

(二)新建研发大楼

公司重视自主研发和科技创新,除了享受高科技企业相关待遇之外,还作为国家重点支持行业的创业企业,得到了中关村科技园区的大力扶持。在这样的有利条件下,公司决定在新成立的中关村软件园建设一座现代化的研发大楼,计划2003年12月底建成并交互使用。大楼建设方案:

1. 选好大楼地址,位于上地中关村软件园,面积约为1 000亩,大楼建设面积约为 6 万平方米，总共 3 层。

2. 投资总额控制在 2 亿元人民币，要求 1 年半时间基本完工并可以正式投入使用。

3. 大楼建成后，设立专门的产品展厅，现有位于总部的办公人员全部入住，预计最大容纳 3 000 人同时办公。

（三）人员扩充计划

人员扩充主要是集中在研发部门和市场部门。扩充的人员用来研发高端交换机和推广市场。由于高端交换机技术体系结构相对于低端产品要复杂，市场投入要求高，产品研发周期也比较长，要求尽快启动招聘工作，重点招收工作经验丰富的技术人才和具有客户资源的市场人员。详细的方案如下：

1. 遵循公司现有的人力资源配比结构，研发部占总人数的 70%，市场部约为 20%，还有 10% 分配给其他部门。

2. 计划招收研发人员约为 70 人，市场部人员为 20 人，其他部门约为 10 人。总人数 100 人左右。

3. 人员薪资水平保持行业中等水平，平均每人税前年薪 7 万元左右。总体费用控制在 0.2 亿元之内。

（四）收购路由器公司

路由器设备是电信网络中最为核心的设备，对研发能力要求比较高，因此业界能生产路由器的公司并不多。奥信达网络技术公司在研发方面拥有较强的实力，核心团队成员来自于华威公司，已经形成高中低端三个层次的产品，技术优势比较明显。该公司由于产品销售不理想，目前面临比较大的压力。从产品、市场、管理等角度来分析，奥信达公司成为最佳的收购对象，具体的计划如下：

1. 成立一个专门的小组，负责与奥信达公司的协商和沟通，全面收集和整理公司的信息，并及时与公司管理层沟通，负责人为研发总监刘洪波兼任。

2. 由于奥信达公司成立时间不长，还没有实施员工持股计划，股份只集中在投资方和少数高管手中，因此采用现金收购和股权置换的方式相结合。

3. 收购完成后蓝湾网络公司拥有奥信达公司全部资产和债务，奥信达公司注销。6个月内完成收购基本工作，成立一个单独的路由器产品事业部，奥信达公司员工整合进事业部。收购总费用不超过0.8亿元。

（五）收购光网络公司

在现有的光网络市场格局中，华威公司占据主导，中星公司紧随其后，其他众多小厂商占据一部分市场。耐特科技有限公司拥有技术领先的全系列光网络传输设备，覆盖高中低三个层次，核心团队成员也来自于华威公司。目前中星公司为了提高在光网络市场的竞争力，正在与耐特公司进行收购谈判。虽然遇到了实力强大的竞争对手，但是公司对于耐特科技志在必得，制定了详细的收购计划：

1. 成立专门委员会，由市场、研发、财务各部门派人组成，李大强负责总体协调。委员会对收购工作全权负责。

2. 对耐特科技进行资产评估，公司状况摸底等，形成收购策略和工作进度安排。收集中星公司和耐特科技的谈判情报和信息，及时改进和调整收购方案。

3. 以换股吸收合并的方式收购耐特科技。收购完成后公司拥有耐特科技的全部资产和债务，耐特科技注销。成立光网络产品事业部，耐特科技公司员工整合进事业部。总的收购费用不能超过0.8亿元。在2003年年底完成收购工作以及人员、产品的整合工作。

四、扩张战略能成功么？

扩张战略得到了董事会和管理层的认可与支持，公司的全体员工也为新的目标而振奋，大家都积极地投入到战略实施的各项准备工作中，所有事情都朝着预定的发展方向前进。蓝湾网络的战略计划真的能一帆风顺地实现么？能否顺利完成融资？研发大楼能如期完工么？新产品能不能顺利推出？并购的公司能不能带来预期效果？市场竞争会不会更加激烈？然而这一切都是未知数，也许只能等待时间来证明了……

案例使用说明

（一）教学目的与用途

本案例是一个综合案例，主题描述的是一个高速发展的创业型企业为了做大做强而采用扩张战略。适合 MBA 课程中的《战略管理》、《市场营销》、《收购兼并与财务重组》等课程参考使用。通过案例的分析和讨论，可以了解如何从企业管理、公司融资、市场营销管理、人力资源管理等多个方面对战略决策进行可行性分析、结果预估、风险预测等，培养复杂环境和多因素分析能力，训练决策思维和培养决策能力。本案例难度为中等偏上。

（二）启发思考题

1. 公司制定的战略方案具备哪些风险？如何防范这些风险？如何进行优化和调整？

2. 除了实施基于产品扩张的战略之外，有没有其他更适合公司发展的战略方案？如果有，请说明方案基本内容以及执行计划等。

3. 公司在管理机制方面存在什么样的问题？如何进行优化？在执行战略的过程中，如何调整组织架构？

4. 华威公司对蓝湾网络的竞争影响有哪些？怎样才能使公司在与华威公司的竞争中占据主导地位？

5. 风险投资支持下的企业如何避免投资方过多地影响公司的决策？在与投资方签订对赌协议的情况下，如何避免投资方获得公司实际控制权？

（三）分析路径

战略决策关系到企业的长期发展，正确的决策可以提高企业的核心竞争力，使经营水平和盈利水平更上一台阶。反之，错误的决策会带来很多问题，甚至造成重大损失，使企业陷入困境。因此，应该从行业机会，竞争格局，企业经营状况等进行综合分析和全面评估，从而制定切实有效的战略决策。

蓝湾网络的启示：

公司成立以来经过高速发展，拥有一定规模核心团队，具备了保持良好发展势头的基础和条件。参考公司前两年的发展速度以及现有产品的市场优势，如果能制定正确而有效的战略方案，要实现销售额年增长 80% 是完全没有问题的。

公司以追求短期效应为目的，管理跟不上企业快速发展趋势。公司大部分员工来自华威公司，其产品也与华威公司的产品同质化现象较为明显，华威公司给公司造成了非常大的竞争压力。因此公司在制定战略的时候，必须意识到华威公司作为一个重要的外部因素将会对公司的战略计划的执行造成重大影响。

以现有的经营状况分析，要实现战略目标，有两个方案可供选择。一是进入企业网市场和海外市场。由于产品技术领先，所需资金投入规模小，这是比较稳健的方案。二是研发新产品和并购其他公司，这样需要投入大量资金，新产品也不能马上贡献销售额。融资需求增大，不得不过度依赖投资方，对公司的未来发展增加了不稳定因素。另外，并购的两家公司均与华威公司有一定的因缘关系，必然引起华威公司的强烈反应。

公司在战略决策具体执行的时候，应适应经营环境的变化和发展，当具有重大影响的因素出现时，必须进行调整。公司计划在 2003 年并购光网络公司，这一计划不是非常合理。由于 2003 年年底才能完成并购，光网络产品进入市场的时间推迟，对当年的销售贡献很小。因此应该从资源优化的角度出发，合理配置资源，使最重要的任务优先完成，适当地调整时间安排，把融资、并购等工作放在前面，而新建研发大楼放在后面。

战略决策执行成功与否，关系到企业的生存和发展，需要对战略执行的效果进行预估，而公司显然忽视了这一方面。对进入新市场的投入产出比估计不充分，存在一定的盲目性。采用融资方式筹集资金，带来财务风险，股权结构调整又带来了经营风险，而人员规模的扩大带来了管理风险，产品市场的扩大加大了竞争风险。蓝湾网络缺乏足够的风险预测和风险评估，也没有足够的预计措施用来规避风险。当危机和压力来临时，由于抵抗能力不足，有可能会使公司陷入困境。

（四）理论依据

本案例主要涉及战略管理、市场营销、企业并购等方面的理论：
1. 波特五力分析模型。
2. ECIRM 战略模型。
3. SWOT 竞争分析模型。

4. 企业并购基本理论。

（五）关键要点

1. 风险投资以追求利润为目的，投资周期一般为 7 年左右，被投资企业的日常经营必然受投资方影响，向投资方再融资的时候必须考虑股权结构以及公司控制权问题。

2. 良好的管理机制和企业文化对公司发展至关重要，以领导者魅力凝聚起来的企业一般缺乏向心力，容易产生员工流失问题，从而影响公司的经营和发展。

3. 技术型创业团队在创业的时候，不可避免地会利用在原有公司积累的资源，这样容易引发知识产权纠纷以及市场恶意竞争。

4. 电信网络行业研发成本高，产品利润低，回款周期慢，要求企业必须保持一个稳定的现金流水平。企业如果出现资金短缺，那么将是灾难性的后果。

5. 在与竞争对手实力相差巨大的情况下，企业不能轻易与其展开全面竞争，而应该采用市场差异化策略，进入竞争对手忽略的市场。

6. 一个企业进入新市场，除了扩张产品线之外，还可以采用挖掘已有市场和潜在用户市场，或者进入海外市场。

7. 因扩张战略带来的管理问题必须重视，人员扩充必然带来管理问题，如何调整组织架构非常重要，必须加强人力资源管理。

（六）补充信息

蓝湾网络公司制定的扩张战略按计划执行，2002 年 11 月投资方追加约 2 亿元投资，变成公司实际控制人。2002 年 12 月，收购奥信达网络公司，路由器产品进入市场，公司销售达到 4.2 亿元，与华威公司市场争夺进一步加剧。2003 年 5 月，高端交换机研发成功并投入市场，同年 12 月，成功收购耐特科技公司，进军光网络市场，全年销售额达到 6.8 亿元，与华威公司展开全面竞争。2004 年，在华威公司狙击下，同年销售额仅实现 7.8 亿元。业界和媒体开始出现不利于公司的传闻与言论，大批骨干员工离职。2004 年 12 月中，华威公司向蓝湾网络出具知识产权侵权律师函，公司后又因举报信遭受调查，海外上市申请失败。2005 年年初，失去国内运营商市场，被迫转向企业网市场和海外市场，由于负债压力和回款不力，出现现金流短缺现象。2005 年 8 月，在投资方的主导下，与某外资公司 SMZ 商谈出售资产事宜。2005 年 12 月，与 SMZ 合作事项在华威公司干预下终止。2006 年 10 月，核心资产被华威公司以 13 亿元收购，蓝湾网络历时 6 年的创业传奇正式终止。

（七）建议课堂计划

课堂时间安排为 120 分钟。

案例预读：学生在上课以前先要对案例进行阅读，并查阅相关的理论知识和相关企业的案例。

小组讨论：学生在上课之前进行分组讨论，以 4~6 人为一组，讨论需要得出观点和建议。

成果汇报：70 分钟，每个小组推选一个人员，代表本组发言，以 PPT 方式进行演示。

问题与回答：30 分钟，学生可以对任何小组的观点进行提问，各小组应该予以回答和说明。

老师总结：20 分钟，老师进行总结，重点要说明案例的关键要点，归纳理论与实践结合在一起的应用情况。

（八）参考文献

1. 中央财经大学 MBA 教育中心：《管理案例编写指导手册》，2007 年。
2. 项保华、李庆华："企业战略理论综述"，《经济学动态》，2000 年第 7 期。
3. 黄灿："基于财权配置的企业边界理论：并购理论新表述"，2007 年。

寂寞的体育馆[①]

[**案例摘要**] A市某高校体育系副主任黄永浩被任命为该市四海体育馆馆长。四海体育馆是A市几年前为承办世界柔道锦标赛而建设的一座大型现代化体育馆，计划在赛事完成后用于市民健身体育活动中心，但由于四海体育馆地处城市边缘，市民来馆健身的积极性并不高，因此，体育馆投入使用三年来，除了偶尔有些赛事外，一直冷冷清清，收入寥寥，设备维护和职工待遇都没有保障，职工士气低落，人心思迁，馆长也换了两任了，面临如此景况，新官上任的黄永浩该如何规划四海体育馆未来的发展呢？

尽管已是初秋，下午太阳光依然非常强烈，散发着耀眼的光芒和灼热的温度，让黄永浩几乎感到有些眩晕。窗外有几个半大小子在起劲地踢足球，时不时地还大声嚷嚷着，好像不知疲倦，不过，他们的喧闹反而使偌大的体育馆显得愈加空旷。已经不知过了多久了，黄永浩就这样一直安静地凝视着他们，不过思绪却像走马灯一样转个不停。

这段时间的变化太突然了，也就在几周前，他还是本市某高校的体育系副主任，刚刚参加完市党校的学习。能够参加党校学习，对于很多年轻人来说是一个好兆头，预示着有更大的事业发展机会。这不，机会马上就来了，在他回到学校没几天，组织部门就找到他，希望他能到本市四海体育馆任馆长。

作为土生土长的A市人，黄永浩对于四海体育馆的来龙去脉再清楚不过了：A市是中部地区一个较大规模的城市，人口约为500万人，其中城市人口约为150万人，由于加工工业、旅游业发达，与周边地区比，经济

[①] 本案例由中央财经大学商学院胡宗良副教授编写。本案例是以绵阳市九州体育馆为原型编写，主要资料来自媒体报道，人物、情节均作重新安排。

水平相对较高，尤其是近几年，A市市民的生活水平提高很快，这也使得本市居民对文体娱乐活动的呼声越来越高。为此，前几年市政府借承办2004年第十二届世界柔道锦标赛之际，在市郊的体校附近兴建了这座四海体育馆，本来希望在赛事以后将这里建成市民健身体育活动中心，一来可以满足市民的文体需求，另外，也可以借机给这块A市历史上就一直比较冷清的地区注入人气，进而带动这个地区的经济发展。但不曾想，四海体育馆投入使用快三年了，除了偶尔有些赛事外，一直冷冷清清，收入寥寥无几，连日常设备维护都得不到保障，职工待遇也不高，士气低落，人心思迁，就连馆长也都换了两任了。

尽管并不十分情愿，但黄永浩最终还是接受这项任命，立即来到任上。除了作为党员的觉悟使他自觉服从了组织的安排外，从个人角度来看，由系主任升任馆长毕竟也是事业上的一次跳跃。此外，还有一个黄永浩没有告诉过任何人的原因，那就是这个使两任馆长都铩羽而归的四海体育馆激起了他的征服欲望：一定要让这个不景气的体育馆在自己的手里成为一个欣欣向荣的体育活动中心。不过，上任一周来，体育馆的境况之糟出乎他的意料，给他当头浇了一瓢冷水：体育设施年久失修，活动市民稀稀拉拉，职工上班无精打采，账户上的资金也几近枯竭。就在刚才，财务部赵经理向他汇报，下个月的工资款还没着落，让他想想办法。他诧异地问道，怎么连工资款都不够呢？以前的体育馆是怎么运营的？赵经理回答说，这种情况已经有相当长一段时间了，经常到发工资前，馆长就要到市里有关部门去化缘，因为总不能让国家职工饿着肚子吧，但中间免不了要受些冷漠和讽刺，现在，这个不讨好的工作要由黄永浩来做了。一直在高校当教师的黄永浩实在想不出如何厚着脸皮去市里化缘，这让他新官上任的热情愈发凉了下来，原来的雄心壮志在事实面前似乎显得苍白无力，以至黄永浩不由得愣愣陷入深思，甚至不知道赵经理何时走出了他的办公室。

叮铃铃，一串电话铃声冷不丁将黄永浩从天马行空的思绪中拉回到现实中，他拿起电话，熟悉的声音马上传过来：

"黄馆长吗？"

"是，哪位？"

"哈哈，贵人多忘事啊，刚提升就把老同事给忘了？"

"是天宝啊,你少来,以后少馆长馆长的。"

"馆长就是馆长嘛,有什么不好意思的,噢,是要告诉你一个事,现在市电视台正在播你们馆的事,你赶紧看看,我有事,先挂了,有空再去你那儿。"

我们馆的事?我怎么不知道?是以前做的吗?黄永浩满腹狐疑地打开电视,调到本市频道,节目已经开始了:

演播室主持人:健身锻炼已经成为很多老百姓的重要生活方式,伴随着健身热,体育场馆也火爆起来。现在很多地方周六、周日要想打场羽毛球比赛,往往要提前好几天预约场馆才行。我市也不例外,市民们的健身热情很高。2004年10月,我市竣工了一座国际一流的国际体育馆——四海体育馆,可是市民们基本上不去这里健身,这是为什么呢?

解说:在我市市郊体校附近,有一座2004年10月竣工的四海体育馆,这座体育馆建筑高度30多米,建筑面积24 000多平方米,中间设有标准足球场,设计新颖,结构美观,还采用了许多高科技技术,看上去气派而又漂亮。该馆投资是1.5亿元左右,占地面积是205亩,其规模在华中地区也是一流水平的。

演播室主持人:那也就是说四海体育馆是我市一个标志性的建筑。

李琦(市体育局副局长,嘉宾):对,我们是这样认为,应该是这样的。

解说:记者在现场看到,这座高大气派的体育馆虽然引人注目,与附近的环境却有些不大协调。体育馆建在一片农田之中,显得孤零零的,除了保安、保洁人员和值班的工作人员外,即使是双休日在这里也很少看到外人。体育馆冷冷清清,附近的村子里倒是挺热闹,简陋的乒乓球桌前孩子们玩得挺高兴。

附近村民1:只有在外头看一下,里面无法进去,进不去。

记者:比赛的时候能进去吗?

村民1:比赛,反正我是没有进去过,他们进没进去过我就不清楚了。

附近村民2:开体育运动会,几百块钱一个人一张票,看都看不起。

解说:像这样漂亮的体育馆,村民们收入不高,消费不起似乎可以理解,但是城区里的人为什么也很少来呢?在市区的北亚体育中心,记者采访了几位正在这里锻炼的居民。

记者：四海体育馆你知道在哪？
市民1：我知道。
记者：去过没有？
市民1：没有。
记者：为什么？
市民1：主要是太远了。
市民2：知道，没去过，太远了，在高新区那边。
市民3：太远了，自己没车，过去很不方便的。

解说：市民们说，四海体育馆离市区有十多公里远，目前还不通公交车，乘出租车一次得花费二三十块钱，来往很不方便，他们更愿意在离家近，而且便宜的地方锻炼。公共体育设施的主要功能是满足群众健身的需求和举办文化体育活动。到四海体育馆健身的群众不多，而这里举办的活动怎么样呢？

记者：你在这有多长时间了？
安保人员：体育馆修好就来了。
记者：体育馆今年举办了几次活动？
安保人员：今年举办三次了。

解说：记者了解到，四海体育馆建成后除了开展过几次稍大型的活动，还有一些部门在这里举办过系统内的小型赛事，目前还没有营利。那么，我市为什么要耗巨资在离市区十多公里的偏远地方建设这样一个大型的体育馆呢？据我市的有关部门负责人介绍，四海体育馆主要是为了举办2004年第十二届世界柔道锦标赛而建设的，当时我市对十二届世界柔道锦标赛十分重视，还专门成立了以市长为组长，相关部门负责人为成员的领导小组。

李琦（市体育局副局长，嘉宾）：因为当时要承办第十二届世界柔道锦标赛，我们全市上上下下所有的人员精力全部都投入到那边。

陈海（市建设局副局长，嘉宾）：本身在20世纪90年代末已经建了一个体育设施，就是我们的射击场，和我们的体校就在那儿，那么这个体育馆根据城市规划建到那个地方，可以把我们现有的，把我们原有的一些体育设施可以整合起来，综合利用。

解说：我市有关部门这样考虑也许有一定道理，但是据一些市民反映，1999年为了举办全国农运会，我市投资了几千万元建设的射击场等设施，因为距离城区太远无法有效利用，六七年来一直闲置着，只能把部分场地租赁给他人。现在又把体育馆建在了这里，这些市民担心，体育馆会重复同样的命运。既然我市希望通过四海体育馆的发展来盘活原来闲置的射击场和奥林匹克体校等体育设施，那么为什么在建设四海体育馆时不对赛后如何综合利用进行认真的规划呢？

记者：当时建四海体育馆的时候，因为时间紧，任务比较大，对这个规划当时没时间去考虑了？

李琦：也不是没时间考虑，只是说在工作中间分一个轻重缓急，那这个呢，我们办这个比赛也进一步地宣传了我们市，提升了我们市的美誉度。

解说：2004年的11月20日，第十二届世界柔道锦标赛圆满结束，但是这里的负责人说，在这之后的体育馆如何利用却成了棘手的难题，每年还要拿出上百万元的资金用于工人工资和场馆的维护。财政花了钱，老百姓却无法享用，体育馆的功能也没有完全发挥，一些市民对这种现象有自己的看法。

市民4：不能综合利用就等于闲置，闲置就等于浪费，你建得再好，闲置了，闲置不就浪费社会资源吗？

胡清源（市北亚体育中心主任）：国家花几个亿投资了，然后国家每年需要再拿几十万元，甚至上百万元来养这帮人，再维护这个场馆，我觉得这个就没有必要了，国家出钱投资了，人民群众出钱投资了，不能再叫国家和人民背着一个包袱。

解说：胡清源一直担任北亚体育中心的主任，对目前四海体育馆的困境深有感触。因为北亚体育中心就是前车之鉴。据他说，1992年，我市耗资3 600多万元建成了北亚体育中心，因为没有考虑到赛后利用的问题，一场赛事过后就闲置了下来，经过多年的努力情况才有所好转，但也是勉强维持而已，现在许多设施已经严重老化。

胡清源：我们现在就是收入支出相低，基本持平，我收入接近两百万元，我支出接近两百万元，水电维修这一块应该说是很大的，逐年在加大，特别这个水管现在可以说已经破烂不堪了。当时跟市领导说，大型维修我们没有这个能力的话，财政上可以拨一部分钱，我们报告打了，还没有进行维修。

解说：胡清源说，如果北亚体育中心不是靠近城区的话，肯定还要继续闲置一段时间，因此，当时他参与四海体育馆的前期规划时，就曾建议要搞好赛后的利用规划，把体育馆尽量建在交通便利的地方。

胡清源：当时设计时，我们还在城区选了几个点，我总觉得，离城近一点，起码上下班方便，第二个，经营起来相对地说要好一些。

解说：四海体育馆竣工到现在快一年了，我市有关部门正在抓紧制定方案，准备建设供群众健身的配套设施，但是这既需要资金，也需要时间。

记者：这后续的一批建设投资需要多少钱？

李琦：我看大概要一千多万元吧。

李琦：那么一方面我们争取再征地，第二个，如果不行的话，我们根据体育馆的实际情况，比如说这一块和那一片绿地，在不破坏原有的布置的情况下，我们可以搞一些园林式的场地。

解说：据专家介绍，像我市这样体育场馆闲置的现象在其他的地方也不少见。北京体育大学孙朋教授认为，只为比赛而建设，是导致体育场馆闲置的主要原因之一。

孙朋（某体育大学教授，嘉宾）：一个最典型的后果，就是这个场馆像一个孤岛一样，就是我这个场馆建完了，运动会办完了很热闹，但是它离城区很远，也没有旅游设施，利用非常差，所以人们都把它忘记了，使它成为一个孤岛。

解说：实际上，老百姓对体育设施的建设也并不反对，只是他们希望在修建体育设施的时候，除了各种大型赛事之外，多考虑一些普通群众的需要。体育场馆的综合利用问题已经引起越来越多人的关注，像举世瞩目2008年奥运会在场馆建设的同时，就十分重视对赛后可持续利用的规划。不久前，奥运会后设施可持续利用论坛在北京市举行，许多地方都派人来参加，他们希望能够学到一些好的经验。

孙朋：体育场馆的建设一定要充分考虑赛后的利用，赛后的可持续发展，这两者之间并不矛盾，尤其是对于中小城市而言，必须注意到这一点。

周伟（奥运经济研究会副会长，嘉宾）：尽量少建大型的综合的体育场馆，大型的综合体育场馆赛后利用都是一个难题，如果一旦建造这个大型综合体育场馆，必须要和建设奥运场馆一样，要在规划、筹备、建造之前要把优势、劣势分析清楚。

演播室主持人：记者采访时得知，我市有关部门正在抓紧制定四海体育馆的综合利用方案，下个季度，还会有一场大型的国际性的赛事在我市四海体育馆举行，通向四海体育馆的公交车不久也要开通了，随着城市的发展，或许困扰我市的这个问题会逐步得到解决。其实大型综合体育场馆的赛后使用问题已经成为一个国际性的话题，各地在进行这样的体育场馆建设的时候，一定要周密地考虑后期利用的方案，不要等体育馆建成了以后，再回过头来重新规划，这样会耗费更多的财力、物力和时间。

节目播完了，黄永浩关上电视，奇怪的是，心里好想豁然开朗了许多，年轻人的好胜心又萌发出来，他在思索，下一步我应该做点什么……

案例使用说明

（一）教学目的与用途

帮助学生更好地理解公共事业部门如何进行战略规划，训练学生理解公共事业部门战略规划所面临的环境特征和内部条件特征，尤其是在中国目前阶段如何根据利益相关者的要求建立合适的战略目标。

（二）案例适用范围和所需要的准备性知识

本案例是一个关于体育产业公共事业部门战略管理的综合性案例，适合于"公共事业部门战略"，亦可用于事业单位培训的相关课程。

学生必须具备的准备性知识包括：战略管理概念性知识、宏观环境分析、体育产业特征、利益相关者分析、营销管理、人力资源管理等。由于案例以公共事业部门为背景，学生如何熟悉政府部门工作特点将更有利于使用本案例。

（三）启发思考题

假设你是黄永浩：
1. 你如何考虑四海体育馆不同利益相关者的要求？
2. 你将为四海体育馆制定怎样的战略？

3. 你将怎样克服战略实施中的困难？

（四）分析及评价要求

本案例分析的关键是：

1. 能够清晰识别利益相关者（如政府、市民、媒体、周边社区）的要求，并在此基础上制定合理的战略。

2. 所制定的战略规划应该具有全面性，包括战略目标设置、业务类型、关键流程、组织体系等。

3. 由于四海体育馆条件不足，学生应该充分理解实施过程中的困难，能够因地制宜地为战略实施设计合适的解决方案。

4. 公共部门战略制定过程中会涉及多方面的参与者，这些参与者的背景和目的可能有较大的差异，学生要能够设身处地地与不同的方案建议者进行沟通。

教师可以根据学生掌握以上分析关键的程度进行综合评价，越全面、越透彻越好。

Q 餐饮集团发展战略[①]

[**案例摘要**] Q 中国控股集团有限公司（简称 Q 餐饮集团），是一家以经营餐饮服务管理及相关周边行业为主的外商独资企业。该公司成立于 1994 年，总部设在北京，主营业务主要集中在华北、东北和华东等环渤海湾和长三角地区。随着餐饮行业竞争的加剧，Q 餐饮集团试图确定新时期公司总体发展战略：围绕强化公司主营团膳业务，延伸上下游产业链、发展公司高档肉牛产业，以质量、品牌、文化为主线的产品战略以及人才战略展开了一场热烈讨论。

2009 年 11 月 1 日，Q 餐饮集团董事长 Lucy 在她的办公室里面来回地走着，想着几天来一直思索的事情，心情又兴奋又沉重。前几天刚参加完中国餐饮连锁发展研讨会，又目睹了 28 家中小公司在创业板的优异表现，Lucy 思绪万千！近几年中国餐饮业市场活跃，餐饮消费实现历史性的跨越，特别是 2007 年，全年零售额首次突破 14 000 亿元大关，同比增长 16.4%，不过，餐饮行业是一个完全竞争的行业，市场空间巨大的同时，行业壁垒低，在新的机遇和挑战面前，Q 餐饮集团如何完善下一步的企业发展战略，如何借助资本市场来提升公司发展潜力等一系列问题摆在了 Lucy 的面前。

一、行业背景

在改革开放 30 年历程中，与国计民生息息相关的餐饮产业链，向纵横两方面扩展延伸，成为国民经济振兴、人民生活改善、与国际市场接轨、

---

① 本案例由中央财经大学 2006 级 MBA 学生张在华，2008 级 MBA 学生张华东、代桂春、刘文硕共同编写，指导老师为王玉霞教授。该案例是作者在调研公司资料的基础上经过适当加工编写而成，出于保密起见，作者隐去了某些名字和其他一些可识别的信息资料。

融入全球一体化的一个重要的经济体系。餐饮消费是当今居民生活消费中必不可少并且支出很大的一部分。从发达国家的发展轨迹看，当一个国家人均 GDP 达到 800 美元以后，恩格尔系数降低到 40% 左右，餐饮产业将迅速发展，迎来一个非常重要的战略机遇期。市场表现为消费结构变化加快，消费者由追求数量向营养、多样、便捷、安全转变，餐饮产业的增速将保持在 10% 以上，一般会持续 15~20 年，中国目前恰恰处于这样一个发展阶段。

据商务部资料显示，2007 年中国餐饮业市场活跃，餐饮消费实现历史性的跨越，全年零售额首次突破 14 000 亿元大关，达到 14 345.5 亿元，同比增长 16.4%，比上年净增 1 458 亿元，比同期社会消费品零售总额增速高出 2.7 个百分点，比 GDP 增速高出 5.7 个百分点，连续 16 年实现两位数高速增长，与改革开放初期的 1978 年相比增长了 188 倍。餐饮消费继续成为拉动消费需求快速增长的重要力量①。

不过我国餐饮企业也存在三个方面的主要问题。一是餐饮企业的个体差异进一步加剧。营业额最高的重点企业与营业额最低的企业相差 167 亿元，说明龙头企业潜力巨大，而规模较小的企业发展相对缓慢；二是企业品牌战略、资本运作和连锁发展质量有待进一步提高，大部分企业在市场扩张、规模发展和管理创新等方面还缺乏有效手段。三是从北京、上海、广州，再到内陆的武汉、成都、西安等，中国庞大的人口基础和市场前景，让外国餐饮巨头无不跃跃欲试，我国餐饮业竞争更加激烈，适者生存，众多餐饮企业经营模式的转型成为必然。

二、公司背景

Q（中国）控股集团有限公司（简称 Q 餐饮集团），其前身为背景 Q 食品工业有限公司，是一家以经营餐饮服务管理及相关周边行业为主的外商独资企业。Q 餐饮集团很早引入欧美和中国台湾地区先进的餐饮团膳管理经验，走出了一条不同于国内传统餐饮的新路子，经过 14 年的打拼，从最初的盒饭配送，发展到现在拥有 5 家主要分公司，餐饮服务项目百余家，40 余家送餐客户，三个生产供餐中心，两个培训基地，3 800 多名职员，

---

① 数据来源：国家统计局《中国统计年鉴 2007》。

日均供餐量16万人次的以团膳为主，集物业管理、中央物流、畜牧养殖、商贸结合的大型、综合性集团公司。

Q餐饮集团有5个战略经营事业部，其业务组织结构如图1所示。

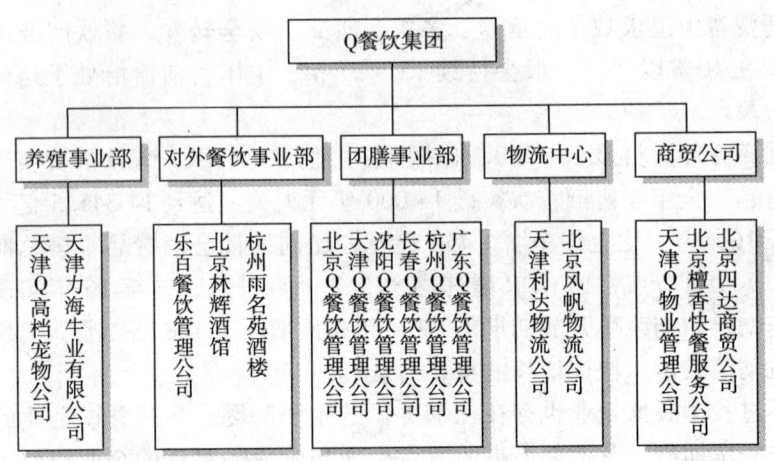

图1　Q集团业务组织结构图

Q餐饮集团的产品和服务状况如下：

1. 团膳业务。Q餐饮集团目前核心业务为大型中外企业、政府机关、高校写字楼等提供全面的餐饮现场制作服务。集团投放大量资源于现场进驻制作和周边配送业务，并指定明确发展战略，以迎合全国各大企业餐厅外包以及商务午餐外送服务的需要，重点专注于京津、沈阳长春、长三角、珠三角、西安河北等工业和周边地区成立战略据点。

2. 物流配送业务。为了应对餐饮行业激烈的竞争，保证食品安全，降低采购成本，Q餐饮集团围绕中心城市和甲方项目密集区成立了物流采购和配送中心。目前在北京和天津成立两家物流公司，集团成立采购部对其统一采购、统一管控，按需求和订单对甲方各项目实行定点定线粮油肉禽蛋菜等原辅料的快捷配送。同时对外兼营商超、社区等服务机构的大宗配送交易。

3. 中餐馆业务。北京赛尔百合餐饮管理有限公司，是在Q餐饮集团团膳餐饮优良的基础平台上进行延伸发展，采取多元化、多品牌的策略进军餐饮零售市场，成为Q餐饮集团事业的第二跑道，并对集团主业形成良好的补充和促进。

该公司成立于2007年4月，地处活动最密集的复合型商圈"北京万达广场"，是中档的精品家常菜餐厅，午餐以快节奏的商务餐为主，晚餐突出中式酒肆小酌文化，从各方面满足目标顾客同事会餐、亲朋聚会的感性需求。

4. 养殖业务。力海牛业有限公司是由Q餐饮集团控股，与天津兴农发展集团共同设立的一家大型中外合资企业，在已饲养优质肉牛的基础上，计划建设饲养中高档肉牛1.5万头规模的肉牛养殖项目，并建立年屠宰、加工、分割5 000头肉牛的加工厂，带动周边农户养殖肉牛2万至3万头，抓住我国扩大内需的宝贵机遇，培育更多经济增长点，进一步实施资源整合、产业升级、增加总量、构建和谐的战略。今年计划完成固定资产投资4.9亿元，比去年增长29%，打造我国北方最大肉牛养殖基地。企业发展思路为，先分八组试养高档肉牛，再扩大规模产供销一条龙（部分产品由Q餐饮集团全国团膳系统消化），通过未来5~7年规范运作，实现在A股或香港联交所上市，建设成为与团膳业务并行的另一大支柱产业。

5. 商贸业务。"四达"成立于2003年，主营业务为大型商场超市主食厨房食品现场制作与配送，2008年被Q餐饮集团绝对控股，其品牌已在北京市各大商场超市成功推广，分别在华堂商场、美廉美超市、京客隆超市、洋华堂商场、华联商场和乐天玛特等大型商场超市投资设立直营店面近20家。

三、公司发展战略会议

面对公司蓬勃发展的现状，Lucy回想起自己走过的路，思绪万千。作为南洋理工大学工商管理专业的一名高材生，当年看准了中国快餐市场发展的空白和机遇，告别了新加坡的亲人和朋友，带着300万美金来到了中国，开始了艰难的创业之旅。经过几年的发展，公司规模逐步发展壮大，但也存在诸多问题，企业竞争力的下降，公司规模的受限，行业竞争者的增多，毛利润的下降等等摆在了自己的面前。想到这里，Lucy决定上午10点集团高层在中心会议室开会！

Lucy首先说道："最近公司发生的好多事情，相信大家有很深的感触，我们集团经过几年的快速发展，已经进入了战略调整期，现在的发展后劲明显不足，发展速度有所减缓。随着全球经济一体化进程的加快，中国餐饮市场竞争日趋激烈，并呈现出新的特征：大企业不惜血本争夺市场，低成本竞争日益加剧，餐饮行业进入微利时代，部分成本过高的企业和众多不具备特色优势的小企业的生存受到严重威胁，企业破产速度加快，重组频频发生，优胜劣汰进程加剧。总体而言，行业利润呈现向大企业集中的趋势。作为可替代性极强的快速消费品行业，大部分餐饮企业基本上处于完全竞争，在市场份额的激烈争夺中利润空间普遍被挤压得非常狭小，因此公司自身的管理水平和营销水平对公司的业绩影响可能比行业态势的影响更明显。

经过20多年的发展，中国的餐饮产业诞生了一批"数十亿"规模的餐饮集团，目前已经有百胜餐饮集团、锦江国际酒店、福成餐饮公司、福记食品服务控股有限公司、西安饮食集团、上海领先管理公司、全聚德等7家企业成为上市公司，内蒙古小肥羊餐饮连锁公司、金百万等也正在积极筹备上市。我们公司也应该借助资本市场的力量，扩大规模完善，产业结构，实现集团主营团膳业务的快速扩张，以此来完善我们集团的治理结构，优化集团业务模块，充实资本金，做大做强公司团膳业务！大家看看，有什么好的建议和方案？"

大家议论纷纷，"我认为这是可行的，"大家把目光转向了集团的财务总监张丰，身为中央财经大学 MBA 毕业的他，有着稳健又激进的做事风格，思维缜密，大家对他都充满了期待！张丰扶了扶眼镜，说道"我认为集团把主要人力、财力放在发展主营团膳业务上是非常正确的。我们集团公司应该大力发展公司的团膳主营业务，加快营业网点的全国布局，尽快形成较大的经营规模，在此基础上我们可以吸引部分 VC、PE 资金来加速集团的规模化发展。在公司团膳业务形成相当的规模以后，我们可以走在A股主板市场、中国香港或者新加坡上市的路子！从另外一个角度，我建议财务战略采用中央化集团控制体系，对下属的各个事业部的财务管理严格控制，各地财务负责人除了受直接公司老总的领导，还受集团财务的监管。在产业链的每一个环节都采用内部独立的预算和核算体系，整个集团公司总的利润核算依据各个事业部的年度目标进行核算和考核，做到整体利润的最大化。对于即将开展的项目，能够控股的就控股，能够收购的就收购，国内没有的就自己建。对外投资或并购项目，结合集团发展战略的需要，采用风险基金管理模式以资本的回报率作为核算的依据，实行低成本扩张而滚动发展，加强公司对团膳业务的资金投放力度，这样既提高专业化的水平，避免了资金在使用上的风险和分散带来的低效率，又为未来公司团膳业务整体上市做好规范铺垫！"

"我们为什么不把主要资金用于去完善我们的上游产业链，去发展我们的肉牛养殖业务啊？"集团的董事、总经理王凌提出了新的发展思路，"现在是我们加强产业链整合的最好时机了，由于我国巨大的人口总量，餐饮业的市场潜力一直为海内外投资者所看好。但长期以来，中国的餐饮产业链受到行业分割的困扰，产业集中度较低，布局分散，市场潜力的释放速度较慢。以伊利、蒙牛、双汇为代表的工业企业开始构建'养殖—加工—制造—流通'一体化的产业链条。餐饮零售企业也频频发力，以上海福记集团为代表，2004年就确立了'上控资源、中控物流、下控网络'的战略模式构想，精心打造以资源和网络为基础、物流配送和电子商务为手段、并购加盟相结合的'五位一体'产业链。力海牛业有限公司是由Q餐饮集团控股，大力发展肉牛养殖业务，培育高端客户市场，抓住我国扩大内需的宝贵机遇，培育更多经济增长点，进一步实施资源整合、产业升级、增加总量、构建和谐的战略，再扩大规模产供销一条龙（部分产品由Q餐饮集团全国团膳系统消化），提高市场的运作效率。我们可以通过未来5~7年对力海牛业规范运作，实现在A股或香港联交所上市，建设成为与团膳业务并行的另一大支柱产业。"

听到这里，集团负责力海牛业运营的葛总站了起来，葛总是刚从日本留学工作归来。葛总一直关注国内外高档肉牛的发展状况，热爱肉牛养殖事业，"我很赞同大力发展公司的肉牛养殖业务，这样做正是为了应对餐饮行业激烈的竞争，保证食品安全，降低采购成本，整合公司的上游产业链，并且围绕中心城市和甲方项目密集区成立了物流采购和配送中心。我们公司目前在北京和天津成立两家物流公司，集团成立采购部对其统一采购、统一管控，按需求和订单对甲方各项目实行定点定线粮油肉禽蛋菜等原辅料的快捷配送。同时对外兼营商超、社区等服务机构的大宗配送交易。如果，我们公司的高档肉牛养殖业务发展起来，通过整体产业链的纵向扩张，调整集团的有效资源配置和利用，实现整体产业链的利润最大化,从而餐实现了从食品原料的养殖、采购、加工到成品的销售、物流以及售后服务等产业一条龙,每一个环节都是利润中心,为顾客提供一揽子的食品餐饮服务,进而扩大产业规模,降低成本。通过高档肉牛的引入,我们在行业竞争的过程中,就可以采用差异化的战略,差异化方面的来源最持久的就是中餐馆的菜单与众不同,通过新型高档牛肉的使用,餐馆主厨有能力进行独特的调味技术创新,产品的定位主要是着重于高中档的菜色和高档舒适的餐厅服务以及优雅的进餐环境,在快餐配送和生鲜食品方面提高消费者对于商标的形象的认知度和认可度,密切同主要食客和单位团体就餐者的关系,并加强在广告方面的成本优势。通过提高市场份额,使得竞争对手复制该优势的成本非常大,从而达到保持持久性竞争优势的目的。鉴于高档肉牛在国外的消费市场已经成熟,而国内还是空白,这是公司难得的发展良机!为此我建议,目前,公司应该把主要的人力和财力投放到高档肉牛养殖和加工项目上,迅速抢占市场而不是继续发展我们的团膳业务,以期在未来激烈的市场竞争中保持优势!"

Lucy看到集团公司市场总监刘总一直在沉思,便说道"刘总,你有什么看法?"

"我觉得,我们公司当前及以后的战略发展中心应当放在公司的品牌建设上,以塑造市场品牌为重点,以提升公司的品牌价值为发展方向,公司无论重点发展团膳还是团膳,肉牛、中餐馆业务并重都要基于品牌价值的提升为基础。

营销和品牌建设是企业内部价值链中关键的一环,对于我们集团已占一定市场份额、有稳定的客户群和市场份额的团膳业务和送餐业务,我们的营销策略是依照标准化低成本竞争的原则和创造产品差异性的方法来稳定市场份额,并逐渐扩大市场份额。通过这类产品创造集团优质和合理价格的企业品牌。对于新开发的高档肉牛食品,我们的营销策略是瞄准高端的市场,价格和质量同时最优,创造高附加值和高利润,在高端市场开拓领进。尤其在京津、沪杭等发达地区,生鲜便利店的位置定在高薪收入人群,主要面向城市白领和双职工中高收入的年轻家庭。

公司在差异化的战略方面,中餐馆和团膳配送业务为了满足食客的需求,对菜单进行精心设计和创新,使公司获得高比例的独特菜肴和高级的调味技术,同时加上在配料选择和准备方面的认真细致,使产品的外表和内在的质量一样富有吸引力。在和便利店和送餐服务方面,优质的原料选配、精美的外包装、最好的食用外观和及时便利的服务和广告宣传都使我们集团的产品与其他的竞争对手相比更具有竞争力。

我们主要的营销策略是直销,可以保证产品的质量、安全、卫生、成本、利润、品牌效益。送餐业务近期的营销模式是依靠公司的营销队伍进行客户找寻、甄选和谈判。当形成一定规模后,主要依靠集团的产品质量、规模优势、价格优势、食品安全管理来赢得顾客的信任和认可,通过品牌形象来占领市场。从而形成行业的垄断地位。"

看到大家争论的很激烈,人力资源李总笑了笑,"我们公司以后的战略是以团膳为主,还是肉牛、团膳业务并重,都离不开人才的加入,人才是企业永续发展的根本保证。未来几年我建议集团应该加强集团培训部门的力量,对企业的全体员工进行全方位、多层次、高频率的培训。培训的目的就是要提高集团全体员工企业文化的认知度和综合能力。培训内容涵盖:企业文化理念、价值观、道德观、工作技能和管理技能等多个方面。绩效考评、利益分配是Q餐饮集团人力资源管理的原则。人力资源部门需努力建设和完善人才引进制度,按照新加坡、欧美先进餐饮行业国际惯例进行人力资源的管理。目前对于高层管理人员,除了高薪、车补等待遇之外,集团还应该完善股权和年度服务奖、梯队奖等绩效考核体系;对于中层管理人员,平均工资要高于行业平均水平的20%;对于基层员工,注重培训和标准化管理,以及晋升渠道的畅通。通过高薪引进人才,通过培训储备人才,通过家庭式人性化管理以及股权和长期服务奖留住人才,是集团人才战略的具体体现。

集团应该努力为各类人才创造发展的空间,以良好的工作环境和巨大的发展平台吸引专业化的人才。同时,努力建设和完善员工绩效考评奖惩制度,特别需要对企业非数字化的考评指标和考评办法进行科学化实效化的设计,这样才能为集团后续发展战略的实施提供保障。"

人们议论纷纷,各抒己见,公司战略、发展方向、资本运营、团膳、肉牛、人才……一个个词汇在Lucy的脑海中闪过。Lucy慢慢地思考着,应该成立集团专门工作小组,聘请专业管理咨询公司,对这几种方法进行深入研究,并制定一套切实可行的实施方案。时值中午,温暖和煦的阳光透过宽大的落地窗洒满了会议室,Lucy心想,定好企业的下一步发展战略,踏实走好每一步,企业就一定能在行业内发展如日中天……!

案例使用说明

(一)教学目的与用途

本案例适用于学生对《企业战略管理》、《营销管理》课程中企业外部环境分析(包括宏观环境、产业环境、经营环境分析)、企业内部条件分析(企业核心竞争力、SWOT框架)、品牌定位和品牌营销管理等理论的课程学习,并能应用相关理论工具进行分析。本案例使用者应具备基本的战略管理和市场营销知识。

(二)启发思考题

1. Q餐饮集团是继续扩大团膳业务还是积极发展肉牛养殖业务?
2. 上游产业链的优化对企业降低成本的影响是什么?
3. Q餐饮集团市场品牌营销的重点是什么?
4. Q餐饮集团如何借助资本市场提升公司发展潜力?

(三)分析路径

本案例是一个典型的开放式决策案例,企业发展战略是着眼长远、适应企业内外形势而作的总括性发展规划,它指明了企业的发展方向,是对企业长远发展的全局性谋划。所以本案例分析的关键在于学生应用理论框架和相关知识点进行分析,并作出决策。

1. Q餐饮集团面临的外部环境分析;
2. Q餐饮集团主营业务的界定和选择问题;
3. Q餐饮集团品牌营销和人才战略问题。

(四)可供参考的案例分析报告——福记模式简介

福记依靠独特的商业模式,创造了餐饮行业营业额增长的新纪录,在短短4年时间里成长为最大的本土快餐企业。"福记模式"可以概括为:第一,率先将机构客户作为主要目标客户;第二,实行高度集中的中央管理机制,形成中央源头采购、集中初级加工、工业化规模化生产;第三,送餐服务、高档酒楼和方便食品三项业务资源共享,优势互补,"福记模式"既可享受国内劳动力成本低的优势,又充分利用工业化、规模化和标准化节省了人力成本。

标准化生产是"福记模式"可复制性强的关键,也是其能够得到风险投资机构认可的重要原因。福记的业务包括送餐服务、中餐馆及方便食品。其中,送餐服务的营业额复合增长率为294.26%,占公司总营业额的比率逐年上升,2005年已达到52.09%,到2006年中期更达到65.6%。福记模式实行高度集中的中央管理机制,形成中央源头采购、集中初级加工、工业化规模化的生产模式,支持公司所有业务。这种机制要求相同的业务工序在各区域统一集中进行,建立地区源头采购和初加工中心,所需的所有用料不通过中间商直接在原产地直接采购,经简单加工后运送至各地区加工中心和高档酒楼。

在福记模式下,送餐服务成为推动营业额的强劲增长点,开展送餐服务后公司4年平均纯利率高达32.1%(表1)。在推出送餐服务前的2002年,公司收入总额仅为0.75亿元,此后短短的4年里,送餐服务的项目收入增长到5.55亿元,代替高档酒楼成为公司主业。从开始送餐服务起,福记的经营盈利率和纯利率就呈明显的逐年上升趋势,当送餐服务成为公司主业后,2006年公司的经营盈利率和纯利率分别高达38.7%和31.6%,比未开展送餐业务时的2002年增长了91.6%和79.5%,使福记成为目前国内最大的本土快餐企业。

表1　　　　　　　　福记历年主要财务目标　　　　　　　　单位:万元

项目	2002年	2003年	2004年	2005年	2006年
送餐服务	0	1 524	9 837	23 686	55 538
中餐馆	7 497	11 568	14 947	18 124	20 045
方便食品	0	0	505	3 660	2 243
其他	0	0	0	0	1 850
营业总额	7 497	13 091	25 290	45 470	79 675
经营利润	1 511	4 641	10 381	20 191	30 819
净利润	1 321	3 634	8 261	16 542	25 139

续表

项目	2002年	2003年	2004年	2005年	2006年
经营盈利率	20.2%	35.5%	41.1%	44.4%	38.7%
纯利率	17.6%	27.8%	32.7%	36.4%	31.6%
流动资产	599.20	1 567.40	10 097.90	34 629.90	47 276.80
固定资产	9 777.00	12 415.70	20 527.20	55 128.30	136 621.70
总资产	10 376.20	13 983.10	30 625.10	89 758.20	183 898.50

（五）补充背景信息

1. 大众消费成为餐饮消费的主要力量，科学化、营养化成为餐饮业的重要指向标。
2. 饮食文化成为餐饮竞争的分水岭，品牌成为餐饮企业的核心竞争力，餐饮企业的连锁化、集团化是我国餐饮业发展的主流。
3. 中国的餐饮业面临着国际著名品牌的竞争和挑战，国外大型餐饮公司以丰富的菜品和独特的文化进入中国，必将给国内的餐饮企业带来极大的冲击。

（六）要　点

1. 本案例分析的关键是对企业战略管理、营销管理课程中相关知识要点的学习和掌握，加强对理论知识的理解，强化解决实际问题的能力。
2. 能够应用相关理论工具（SWOT、PEST）进行分析。

要不要自建分销渠道?[1]

[**案例摘要**] 本案例虚拟设计了一个关于分销渠道决策的情景。案例通过空调生产厂商GL公司总裁朱云群在面对家电零售商M公司北京总部向全国销售分支发布"把GL公司产品清场、清库存"的决定时关于分销渠道决策过程的描述,分析了营销管理中渠道控制与反控制的现象,以及GL公司在渠道冲突管理中决定自建分销渠道、建设有GL公司特色的价值一体化分销渠道体系的决策。本案例为决策案例,主要用于关于分销渠道管理理论学习时讨论。

风云乍起

在GL公司的总裁办公室里,朱云群坐在宽大的办公桌前,正在看一份经营部提交的报告。只见她一边看着,一边在报告上写着什么,脸上露出一种焦虑的情绪,不时发出一声轻微的显然是略带愤懑的叹气声。无疑,报告带来的消息是不容乐观的。报告上说,全国最大的家电零售商M公司作出了把GL公司的产品清理出M公司的各大商场和仓库的决定。这就意味着,M公司将不与GL公司合作,再不为GL公司销售产品,即M公司不愿意成为GL公司的零售经销商。显然,这将意味着GL公司将失去一个具有全国分销网络的分销渠道。情况是严峻的。怎么办? 朱总的眉头拧成了一个疙瘩。

朱总是一个看似温柔的女性。只见她一头短发,脸庞清秀,眼含微笑,有着典型中国女性的温柔气质。但从她的着装则可以看出她是一个工作作风严谨、认真,要求严格,富有原则的人。此时的她穿着公司统一配发的职业装,整齐合体,脚穿一双半高跟没有任何装饰的黑皮鞋,洁净典

---

[1] 本案例由中央财经大学商学院周利国教授编写。本案例为场景式案例。作者在对某公司进行调查中获得本案例的第一手资料。案例中的人物和场景都是基于案例要求虚构的。

雅。典型的职业装束使她显得干练而成熟。眉宇间透着一股英气。

看完报告，她端起了放在桌子上的茶杯，缓缓地抿了一口茶。她是江苏人，喜欢喝绿茶。尽管工作人员在她来到办公室时，已经为她沏好了一杯清脆的绿茶，她却没有兴趣品味。她的心思全被这份报告搅乱了。她在想，M公司也有点太霸道了。她不能忘记，就在前不久她在北京开会的时候，M公司成都商场在未经GL公司允许的情况下，做了一个小动作。他们将GL公司的空调私自降价销售。当得知M公司擅自降低GL公司的空调价格进行销售时，当时在北京开会的她感到非常吃惊，不过，她很快就作出了反应，断然下令：停止向M公司供货。她知道，这一次肯定是M公司针对她上次的决定的反应。

M公司是一家全国家电零售连锁企业，在全国各地有数百家零售商场，零售网点遍布全国，被称为家电销售的龙头老大。M公司向来秉承"薄利多销"的经营原则，在业界以低价销售家电产品著称。由于其规模大、网点多，在消费者当中又有相当的知名度，因此许多家电生产企业的产品都依赖其进行销售，是我国家电销售的主渠道之一。

今天M公司作出对GL产品清货的决定是对GL公司停止对M公司供货决定的反击。在M公司看来，向来是只有他们"欺负"别人得份，没想到这次碰到了一个不买账的"刺头"。所以M公司北京总部向全国销售分支发布了"把GL公司产品清场、清库存"的决定。

见到这样的报告，朱总的愤怒可想而知。虽然你M是有着130多家连锁商店的全国最大的家电零售商，但我们也是一家连续9年占据国内空调销售量第一的生产商啊。M公司怎么能这样简单而粗鲁地作出决定呢？

朱总在想，既然M公司如此绝情，我们也不能手软。我们何不从此断绝与他们的合作关系，自己建设自己的分销渠道网络呢？

朱总陷入了沉思。

渠道控制与反控制

其实，对于朱总来说，建设完全有自己主导的销售渠道的想法由来已久。

话说1996年，因为华东大水，气温低，空调销售艰难，许多经销商要求降低空调产品售价。朱总当时还是GL公司的经营部部长。她考虑到GL公司的信誉和政策的稳定性，没有同意经销商们的降价的要求，决定维持原来的价格不变。

由于公司不准降价，在一定时期内GL的货就不好卖，经销商就要受到损失，于是经销商不乐意了。GL公司的第一经销大户Q直接飞到珠海，口出狂言："朱云群，你要明白，我们才是你真正的后台。你把我们搞好了，你这位置才能做得稳。想一下吧，如果大经销商都说你不好，你后果会怎样呢？"

朱总是业务员出身，对销售业务相当熟悉。过去，Q与朱总有过愉快的合作，但这些话说明Q根本就不了解朱总。如果朱总在当时是冲着权利或者金钱而工作的话，那么早就有别的公司以几百万元的年薪将她挖走了，但是她没有走。即使是做一个普通的公司业务人员，朱总在当时的工资也要比做经营部长多得多。她之所以当时能够在经营部长这个位子上工作，不是为了自己，而是为了公司。在她的眼里，部长、经理都不是她的人生目标。她的目标要比权力、金钱大得多。她要的是GL公司的健康发展。她认为降价销售会影响到公司的声誉，影响到公司产品的品牌声誉，因此他毅然决定，不准各经销公司降价销售GL公司的产品。对于Q的要求，朱云群毫不犹豫地拒绝了。

不过，Q的活动能力很大，作为公司的第一大经销商，Q和GL公司的某些高层有着千丝万缕的联系，这些人或者不了解情况，或者经不住Q的游说，或者本来就立场不稳，现在经Q一闹，纷纷表示，大户经销商们是GL公司的衣食父母，得罪不起，还是满足对方的要求算了。

当时的朱云群完全处于孤立无援的地步。但是她没有妥协。她对Q的经营情况进行了调查。她发现，Q虽然看起来做得很大，但并不是以向社会提供优质空调的心态、以提供到位的服务来做大的。这一年来，他主要是以低价倾销，然后掉过头来与公司讲条件，逼公司降价。这样一来，他做得越大，对公司的损害也就越大。如此冲击市场，不仅对公司的产品本身是个威胁，对GL公司各地的经销商也是个威胁。

根据这些调查，朱云群说服了公司的决策层。公司的决策层在最关键的时候倒向了朱云群。朱云群认为她是对的，是对公司有利的。

事情本该到此结束，但Q不甘心，他的要求没有得到公司的支持，却有能力欺负下游二级经销商。不久，朱云群得到宜昌一位二级经销商的投诉，说他和Q做了2 000万元的GL公司的空调业务，Q甚至连正常安装费都没有给人家结。如此欺负二级经销商，令朱云群感到气愤，她认为 Q 的做法是非常不道德的，在同行中应该受到谴责。

朱云群决定封杀 Q。她下令，任何人不准给 Q 供货，谁供就制裁谁。

这件事给朱云群很大的启发。她想，为什么经销商总是以各种借口给公司谈条件，对公司的产品不加爱惜，动不动就降价销售。原因在哪里呢？显然，就在于公司没有掌握销售的主动权，分销渠道被别人控制了。

鉴于这种情况，朱云群在 1997 年就开始尝试如何控制经销渠道问题。

1997 年，朱云群大胆尝试，决定与湖北经销商合资，成立一家以资产为纽带、以公司品牌为旗帜、互利双赢的经济联合体，"湖北 GL 空调销售公司"。这是 GL 公司独创的中国第一家由厂商联合组成的区域性销售公司。这种以股份制组成的销售公司模式是：统一渠道、统一网络、统一市场、统一服务，统一价格对外批货、共同开拓市场、共谋发展。

朱云群的想法很清晰，与其控不住价格令厂家商家消费者三方受冲击，不如将三者的利益维系在一起，大家以入股的形式共同创立一个销售公司，由 GL 公司控股，各商家联合共组销售公司，这样各自的利益就变成了大家的共同利益，可以实现价格的自律、服务自律。

开始的时候，有人对这一模式持怀疑态度，他们认为 GL 公司控制价格也就是摆摆姿态，真要是价格大战一开始，肯定还是控制不住，这一营销模式还是要流产。

然而，事实胜于雄辩。销售公司一旦正常运作，就大大规范了湖北地区 GL 公司空调的市场，使销售公司成为 GL 公司在当地市场的二级管理机构，从而保障了经销商的合理利润。那些二三级经销商都惊喜地发现，就目前所定的价格，只要销售 GL 公司的空调就都能赚钱。1998 年，湖北 GL 销售公司进的 GL 空调全部销在湖北，没有一台外流的，销售额达到了 5.1 亿元，各股东的分红度超过了红利。

随后，这种模式被 GL 迅速地推向全国，成立了 32 家区域性销售公司，成为 GL 空调参与激烈市场竞争的"杀手锏"。

此次的 M 公司"清货"事件，又一次让朱云群感受到渠道的重要性。看来有必要进一步变革分销渠道模式，而能够控制分销渠道的最好的途径是自建分销渠道。

困难的抉择

虽然朱云群已经有了建设自己的销售渠道的想法。但一旦要下决心的时候，她还是有一些犹豫。她不能确定，自建流通渠道好还是继续利用如M这样的大型零售分销商渠道好。她决定召开一个会议，让大家对这件事发表意见。

会议很快就召开了，参加会议的人员包括董事长、各部门经理和营销部的负责人。

会议一开始，朱云群就把M公司的决定告诉了大家，然后她又谈了自己的想法。她说："我的意见是，既然M公司这样对待我们，这说明M公司根本就没有把我们放在眼里，他们觉得，所有厂商都要依靠他们才能够生存和发展。我就不信这个邪。我们要和他们对着干，我们要证明，离开像M公司这样的大型零售商，我们也能够存活和发展，甚至会发展得更好。因此，我们要组建完全由我们自己主导的分销渠道网络，以摆脱那些大型零售商的控制。"说完以后，她请大家发表意见。

对于M公司的决定，几乎所有与会成员都感到气愤。因此，会议一进入讨论，大家都不由得表达出对M公司的愤慨。不过，对于是否应该自建分销网络渠道，彻底摆脱像M公司这样的大型零售商分销渠道，大家沉默了。因为一般人都知道，利用别人的渠道销售自己的产品是一种传统的、也非常有效的办法。大部分企业都是这么做的。如果要建设自己的分销渠道，第一，成本较高；因为要有一些固定资产的投资，还有一些经营管理费用要开支；利用他人的渠道，至少可以减少固定资产的投入，经营管理费用相对也比较低。第二，渠道的控制也是一个问题。许多企业由于控制不了自有渠道，导致很多中间商在获得一些经验后，纷纷利用现有的客户，做别的企业的业务，这就大大削弱了渠道的分销能力，反而成就了其他企业。于是，很多人对自设销售渠道感到了担忧。

有人给朱云群提出质疑，你抛开M公司的真正原因是什么？是不是因为M公司降了你的价，你以停止合作作为一时的报复。以后还要与他们合作，利用他们的渠道。是不是你原来以为你的竞争对手都是生产厂商，现在M公司突然闯进来了，构成了新的竞争对手。你觉得M公司实际上是通过销售霸权来改造你这个行业，你不服它。或是你真正看到了M这个商业模式的威力，如果让他走下去，你们这个行业必死无疑。与会人员希望朱云群作出一个解释，因为这毕竟是影响企业发展的最重要的决策，马虎不得，尤其不能斗气。

朱云群给出的答案是：不，都不是。她认为，不管是借用大型经销商渠道还是自设销售渠道，关键是要看自己的产品是否适合哪种方式。如果你的产品品质好，M公司不卖，别人一样卖。消费者最终会来追寻你的产品。但是我们很多企业就是没有意识到这个问题，仅注重在交易过程中把产品推出去。为了推出去，不断地在价格进行较量，最后怎么办？那就偷工减料，进入一个恶性经营环境当中。GL之所以要退出M公司等一些大卖场，最重要的是朱云群根本就不认同某些大卖场的销售理念。她说："我的销售理念是'共赢'，消费者要赢，经销商要赢，企业也要赢。"她对大卖场的销售模式提出质疑，"它肯定有问题。他们以强欺弱，以为全国我最大，想把其他的店面都吞掉。这不现实，也不符合客观规律，更不可能得到成功。"

在朱云群看来，一些大卖场兼并联盟，垄断销售终端，逼家电生产商降价让利，操控市场价格，有可能使家电企业变成卖场的厂房。如果企业的发展以对方不盈利为前提，因为店大欺客的原因导致其他企业关门，其做法就值得商榷。"GL和经销商合作的原则是忠诚、友善、合作、共同致富，但绝不允许一家经销商利润通吃的局面存在。"

她强调指出，M公司虽然实力雄厚，销售网络遍布全国，但在GL的销售额中，它不过仅占了不到1%的份额。即使没有跟M公司的合作，GL的销售额也能保持了40%的增长率。朱云群非常清楚，在与M公司的对抗中自身所占的优势。更关键的事，她对GL产品有十分的信心，"更关键的是，企业的产品品质要好，不在这里卖，消费者也要"。

朱云群最后阐述了自己关于自建分销渠道的设想。她说，我们自己的分销渠道应该是这样的，第一，通过我们现有的股份合作的销售公司掌握一级分销商，利益共享；第二，通过一级分销商与二级经销商合作，掌控各地市场，保持价格的稳定。同时，通过他们，发展专卖店和专业店，向汽车销售4S店体系学习，成立4S+1专业店，加强对顾客的服务。这样就可以建立自己的具有连锁经营特色的专业销售服务体系，既可保证销售渠道的畅通，又可以加强对顾客的服务。我们可以把这种销售体系定义为价值一体化合作分销渠道体系。这既有连锁体制的特点，又有别于一般的连锁体制,各级经销商都在价值一体化理念的基础上合作共赢。

听完朱云群的阐述,许多心存担忧的人放心了。他们感到朱总看来不是一时的冲动,她是深思熟虑的。显然,在她的阐述中,她那种不认输的个性也得到了充分的展示。

会议要结束了,GL公司的创始人江洪涛、江董事长,发表了自己的意见。他是一位极其和善、有着学者气质的一心一意埋头于空调研制的专家,但他深知分销渠道建设对于GL公司的重要性。也正是他发现了朱云群的营销才能,朱云群才能在主管营销的岗位上一路拼杀至今。江董事长最后说:"我赞同朱云群同志的意见,看来进一步变革我们的销售渠道模式势在必行。让我们以掌声给朱总以支持吧!"

会议室里响起了一片热烈的掌声,朱云群的脸上露出了欣慰和自信的笑容。

GL公司决定建立自己的价值一体化合作共赢分销渠道体系。

案例使用说明

(一) 教学目的与用途

本案例是为MBA《营销管理》课程而创作的,适于在《营销管理》课有关营销渠道管理章节中使用。通过对案例的分析和讨论,了解有关营销管理实践的相关问题,本能就实践中的问题进行理论分析,从而提高对渠道管理理论的认识,学会将理论用之于实践,达到提高决策能力的目的。

(二) 启发思考题

(1) GL公司与脱离M公司销售渠道是否明智?

(2) GL公司自设分销渠道体系的理论依据和实践价值如何?

(3) GL公司的分销渠道体系可否成为一套独特的营销渠道模式推广到其他行业和企业?

(三) 分析路径

首先,就案例提供的场景进行仔细阅读和分析,找出案例中需要解决的重要问题。

其次,运用《营销管理》关于营销渠道管理理论分析不同分销渠道模式及其实用性。

再次,对照 GL 公司的营销渠道模式的现状及其变革的选择进行分析,充分讨论决策选择可能的结果,进一步完善渠道决策方案。

(四)理论依据

分析本案例主要涉及营销渠道管理的相关理论,它包括渠道结构理论、渠道控制理论、渠道冲突理论等。

(五)关键要点

案例分析的关键是渠道结构、渠道掌控、渠道冲突等知识要点。本案例训练学生掌握理论知识的程度、应用理论分析实际问题的能力及相应的决策能力。

(六)建议课堂计划

时间安排为 100 分钟。

预读 学生在上课以前先要对案例进行阅读,并查阅相关的理论知识和相关企业的案例。

分小组讨论(30 分钟):上课后先分两个小组进行讨论,一小组为正方,一小组为反方。

小组辩论(50 分钟):每个小组推举出代表进行辩论,各自阐明自己的观点。

点评(10 分钟):主持人根据辩论情况点评。

老师总结(10 分钟):老师总结时重点要说明理论的应用情况。

# 本土化？全球化？[①]
——E 公司品牌营销战略始末

[**案例摘要**] E 公司是一家在化妆品行业有着较高声誉和品牌影响力的跨国公司，总部设在美国洛杉矶。以好莱坞电影为媒介进行品牌推广的方式在业界已有许多成功案例，而辛格女士作为 E 公司的全球市场总监，亦打算借助一部好莱坞电影在全球首映的机会，采取绑定销售的方式进行 E 公司的产品促销和全球品牌推广活动。针对辛格女士这一提议，E 公司各营销大区的市场总监反应各异，是支持、反对，还是保持中立？是坚持本土化，还是尝试全球化？辛格女士坚信，消费者消费理念的更新速度是日新月异的，甚至超过市场经营者预期的，无论是大城市还是小城镇，消费者的消费理念总是日趋国际化的，因此，市场营销者的营销理念也应当跟得上时代步伐，全球化品牌营销战略是大势所趋。基于此，E 公司的品牌营销战略该何去何从？

一、故事背景

辛格女士是在唇彩和指甲油市场享有盛誉的全球最著名化妆品公司——E 公司的副总裁兼全球市场总监，正值本夏季最受欢迎的好莱坞大片《反恐行动》回顾版的首映式，她在超级演播室工作、一手炮制了这部大片的朋友们坚持她一定要与 E 公司的主席兼 CEO 约翰逊先生一同出席。

先前，利用《反恐行动》续集的首映进行品牌推广的一款由著名设计

[①] 本案例由中央财经大学 MBA 教育中心郭晓煜老师和 2008 级 MBA 学生王东生共同编写。本案例是在对 2003 年 6 月刊登于 Harvard Business Review 第 35 页的英文案例（原作者系 Anand P. Raman）正文翻译基础上，结合中国本土化实际需要经过再创作而成。原案例蓝本的故事情节和公司名称、当事人姓名等信息均系虚构，根据实际情况，本案例作者在翻译和改编过程中依然对原案例蓝本中涉及的公司名称和当事人姓名等信息作出了一定修改。

师托马斯·里德先生设计的太阳镜取得了巨大成功。连约翰逊先生都对这种通过好莱坞大片进行促销的手段作出了高度评价，说里德现在"在全世界都享有一股狂潮"，这多亏了电影的帮忙——影片中的男女主角佩戴的太阳镜正是里德进行品牌推广和促销的新作。

正是因为受这个成功案例的启发，辛格也对通过好莱坞大片进行品牌推广和促销产生了兴趣，并且早早就开始了行动。她通过跟超级演播室的工作人员积极沟通，为E公司争取到了一次化妆品赞助的机会。赞助对象是那部好莱坞巨片——黛安娜主演的电影《女人心海底针》第二部，鉴于第一部曾取得的巨大成功，人们自然对第二部的市场影响力抱有很高期望。而这次邀请约翰逊一同出席派对，目的也是为了让他亲眼见证利用好莱坞大片进行品牌推广的巨大影响力，并以此说服他同意自己先前的构想——用即将推出的E公司夏季新产品线来赞助《女人心海底针》第二部，并借助该影片的全球首映来造势，以达到在全球范围内推广E公司品牌的效应。

"以前也有人向我们表达过类似的意向，"约翰逊指出，"不过我们一直认为不值得付出一笔钱来做这个，尤其是仅仅针对我们的夏季产品线做文章。"

"不过我认为有必要考虑这次的机会，"辛格打断他，"首先，我们需要尝试一些与传统营销方式区别开来的品牌推广方式。影片中的三位明星来自欧洲、亚洲和南美洲，为三位明星量身设计产品，再把明星和产品同广告联系起来。借电影在各个国家首映之际，我们正好可以用特别设计的产品组合方式把我们的新产品投入市场。"

约翰逊插话道："那就把新产品线叫做E品牌年度纪念版。有意思，但是从哪里筹集宣传推广费用及相关的广告费用呢？你有足够的预算么？"

辛格轻轻皱了一下鼻子，说道："暂且没有，但我知道怎么筹集到。我上周和布莱恩·戴维斯（E公司北美区市场总监）共进午餐，他喜欢我这个提议。在他看来，影片中的两位明星刚好能够为美国多数民族的市场代言，所以他相当愿意支付其中的一部分费用。现在我只需说服其他几个大区的市场总监出钱就行了，这应该不会太难。"

约翰逊皱了皱眉，慢慢说道："我没那么乐观。如果美国的经济加剧衰退的话，并且这也是很有可能发生的，那么我就必须再度削减市场预算了。这样的话，在支付了用于全球品牌推广的费用后，各地区的市场总监原计划用于当地宣传和推广的资金就所剩无几了，他们不会喜欢这种结果的。倘若你的推广方案没有达到预期的目标，他们肯定会归咎于你。如果我是你，就会在采取下一步行动前与各大区市场总监进行进一步商讨。"

"我下周就分别前往欧洲和南亚几个大区，亲自征询几位市场总监的意见"，辛格用玩笑的口吻打圆场道。约翰逊表示同意："很好，等你回来我们再细谈。"

二、舌战群雄

西欧区：

E公司西欧区的总部设在浪漫之都巴黎，市场总监是法国人杜先生。让辛格深感欣慰的是，这位年轻的法国小伙对于这个以大片为手段的品牌推广方案很感兴趣，并认为这会为公司的黄金周年庆活动增色不少。他认为，公司的主要竞争对手R公司始终注意将产品与电影联系起来，例如2002年的007电影《择日而亡》，而且收效颇丰。他随时准备就这个方案的具体实施与操作层面等问题与辛格展开激烈讨论。

——首战告捷。辛格的心情轻松愉快，并随之踏上了此行的下站。

东欧区：

E公司东欧区的总部设在乌克兰首都基辅，市场总监马先生是辛格的老朋友，也是她早年事业起步阶段曾经并肩作战的老战友。忆往昔，那段与马先生就市场经营管理理念"煮酒论英雄"的峥嵘岁月让辛格对此次与马先生的重逢和会谈充满了期待。

然而，情非所愿。马先生认为利用电影进行宣传造势不会对品牌推广有任何帮助。根据东欧市场的特点，把像俄罗斯小姐或乌克兰小姐这样的选美冠军作为品牌代言人会对东欧的消费者有更大的刺激作用。这样做不光一本万利，也能够以选美比赛为契机展开促销活动。

辛格却一直反对利用选美比赛进行促销的方案，因为选美小姐无法诠释E公司品牌的内涵。选择E公司品牌的女性是睿智的、自立的、勇于担当的，选美小姐跟她们毫无可比性。并且，为了开展全球品牌推广活动，辛格已经选好了适用于东欧地区的产品颜色。她建议马先生展开市场测试，并根据测试结果对拟开展的全球品牌推广活动作出任何必要的调整。

然而马先生认为，总公司并不了解东欧市场的特点，站在总公司的角度，只看到全球化方案的合理性，采取国际活动，一切都从国际角度出发，然而这些对东欧市场的工作没有一点实际作用。必须以他认为最好的方式来管理这个市场才符合公司利益。

辛格却坚持，不论在哪个市场大区，全球化战略都能起作用。比如以前在印度市场，起初只发行了本土化的产品颜色，然而后来却不得不发行了国际版的颜色，因为顾客们一直在问为什么他们买不到国际版的产品。在东欧市场实施全球化品牌推广方案，完全可以先进行市场切割，把很多顾客从便宜但仅局限于本地区发行的产品吸引到更贵但却是国际化的产品系列中。这样循序渐进，越来越多地使用全球版的品牌推广方案为主，并根据本土市场的具体情况作出必要调整，但总归是以全球版为蓝本的。

但这些依然说服不了固执的马先生，"无论如何，我完全不会采纳全球品牌推广方案，适用范围太窄了，而且也没有为市场适应期留出余地。此外，这项宣传活动占用了我的市场预算，我负担不起。我需要对本地顾客的需求负责，要有战略性眼光，并且要随机应变。全球化的标准模式和营销规则只会影响我的进度。将来在E品牌成为东欧区的市场领头羊后，还需要权衡我的本土化营销战略怎样和全球化营销战略保持协调。

南亚区：

南亚市场是辛格"出道"和事业腾飞的地方，在升任E公司全球市场总监之前，辛格曾经做过E公司南亚区的市场总监，现在，接替她担任南亚区市场总监的是雷先生。

在印度，除了随处可见的E品牌宣传和广告让辛格看到了雷先生在宣传和品牌推广方面作出的努力，更值得称颂的还有在激烈的市场竞争下，雷先生为保持E品牌的市场占有率和利润率取得的骄人成绩。当然，印度的变化不止这些，作为现任南亚区市场总监，善于进行实地市场调研的雷先生的体会是颇为深刻的。

"我觉得民众消费理念的变化速度远远超出我们的想象。"雷先生说，"我在一个乡村小镇的加油站停了会儿，到旁边一家小商店转了转。货柜上排满了化妆品专柜，起码有三个本地的牌子和两个国际的牌子，包括E品牌。两个年轻女孩正在挑选指甲油，但没找到她们想要的。她们一直在找前一天晚上在一本英国杂志上看到的正在打广告的那款最新颜色的产品,两人在店主承诺会帮她们订货之后才愿意离开。更让我震惊的是自始至终那两个女孩就没问过那款最新款指甲油的价格。"

"看来现在小城镇的市场情况与大城市越来越接近了,很符合成本—收益等式的理论",辛格指出,"我们所有的顾客都在追求更好,至少是通过一种更好的途径展示自我。早年的时候,一般会把大城市作为市场推广的重点,可现在,一切都越来越全球化了。而且,在德里能接收的100频道的卫星信号,小城市也能接收了。互联网的普及使民众随时随地都能够了解到外面的世界发生了什么,而且现在出国旅游的民众也越来越多了。这就是我为什么一直坚信对于这种类似印度的市场,我们完全可以采取更加全球化的营销战略。"

听到辛格对于全球化品牌推广战略的雄心壮志,雷先生却质疑地看了她一眼,"全球化战略在印度实施的话,可能会在某些情况下奏效,但忽略本土市场的本质特点来做全球战略还是欠妥当的。印度的收入差距太大了,所以要看你想针对哪部分人群来进行市场开发了。此外,克服文化意识方面的差异也挺难的。你在美国一年多了,但你现在喝的是红茶,而不是咖啡(意思是你现在的目标市场是印度,而不是美国)。但不管怎么说,听听你的具体想法,再作决策也无妨。"

三、艰难权衡

三天后,辛格走进约翰逊位于洛杉矶市中心 E 公司总部的办公室,就此次与几大区会战的结果与约翰逊进行总结陈述。

"对于这个全球化品牌推广方案,我现在也是五味杂陈了。西欧区表示支持,东欧区坚决反对,南亚区说试试无妨。"辛格如实汇报,"当然了,我也知道原因。每个大区的市场总监都觉得自己掌管的市场有独特的地方,因此在他们看来,采取他们从没尝试过的全球化品牌推广方案来企图扩大销售就有一定的风险。但是,如果不加以利用全球化过程中由于杠杆作用带来的机遇,我们的全球市场营销战略还有什么意义呢?"

"我先唱一次黑脸吧。据我所知,很多尝试过全球化方案的公司都失败了。"约翰逊告诫道,"全球化战略似乎有些,怎么说呢,要么就是过于标准化,要么就是过于简单化,而且全球化战略无疑会削弱本土化战略的改革创新。更重要的是,我还不确定我们的品牌是不是在全球各地区都使用相同的名称和标识。何必急于在一个最后有可能把我们的顾客搞糊涂的全球化活动上浪费钱财呢？"

"我们采用全球化战略来打出品牌，然后利用各个地区的本土特点来促进销售，这样可以节省成本。"辛格指出。"各大区市场的大多数管理者也不得不承认，我们的全球化品牌推广方案，质量比那些本土化的好多了。"

"我要等看了调研报告，结果证明全球化方案能给 E 公司节约成本再说。不排除有一系列的例外情况，但我还在等，看看全球化战略能不能产生规模经济效应，"约翰逊说，"而且这里也存在一些组织实施方面的问题，在年度纪年版生产线成功投放市场之后，指派谁去专门负责呢？你？还是其他大区市场总监？全球化品牌推广方案仅仅靠自发运转是无法为我们带来收益的。"

"这些问题都不难解决，实际上，我一直以来也想跟你深入探讨一下关于我们应当如何构建全球化品牌推广的管理机制的问题，"辛格说，"但这次，我们应该尝试一下同这次的电影结合起来。最好，是它能为我们的品牌带来增值，再不济，我们也能检验出哪些区域全球化战略行不通，也算增长了经验值。既然能促进北美市场的销售，我们还有什么好顾虑的呢？"

四、辛格其人

当年，辛格在德里参加 E 公司面试的时候，尽管她的回答让这家跨国公司的高层们感到不悦，她还是得到了这份工作。回想起来，那段日子无疑是令人兴奋的。辛格从位于印度艾哈迈达巴德的著名的印度管理学院毕业后，便从两家位于印度的英国跨国公司的工作中逐渐学会了做市场推广。她降低了商品的价格，减小了包装的型号，而且运用了在 E 公司看来很不寻常的零售业策略。例如，以往在印度，E 品牌仅仅通过位于四个最大的一线城市中数量有限的百货商店来销售商品。因此辛格降低了商品的价格、采用小包装，并且确保在城市中甚至以后在很多小城镇的小商店里都能买到 E 品牌的产品。在这些店铺里放不下 E 公司的大柜台，所以唇彩和指甲油的专柜都放在收银台旁，让顾客很有购买的冲动。这就是一种甚至连 E 公司高层都没有想到过的营销策略。在短短五年时间里，E 公司就成为了印度市场的佼佼者之一。

约翰逊对辛格的能力印象深刻,又过了三年,就让她坐上了全球市场总监这把新交椅。到那时,E公司在西欧区、远东区和南亚区的销售量增长速度超过了北美区。大约一年前,约翰逊在辛格的升职仪式上说:"我们需要建立一种更有凝聚力的品牌认同感,这就需要我们协调各个市场大区的本土营销战略并利用杠杆的作用使各大区相互借鉴、配合和优势互补。""你是这个职位的理想人选,大家都觉得你能行,好好干吧。"

另外,在担任南亚大区市场总监的时候,辛格与E公司总部的分歧向来是同事们茶余饭后的谈资。她曾坚持向一部分网上随机抽取的顾客发放指甲油试用装,以此来鼓励消费者尝试E品牌。她力持种种理由,并且坚持E品牌同以前一样,在全世界只销售一种包装型号的产品。第二年,辛格坚持让E公司开发一套紫色产品系列,因为那一年印度的传统服装,比如沙丽和裹裙,都流行紫色。这种色调对于向来以米黄色和红色为主打的E公司来说是从未尝试过的,但却为E品牌在印度的销售创造了奇迹。

案例使用说明

(一) 教学目的与用途

本案例是一个综合案例,适用于三年级以上本科生、普通研究生及MBA学生在《市场营销管理》、《跨国经营与管理》等课程中使用,既可以作为营销战略和品牌管理的综合案例使用,考察学生对战略分析相关工具的使用及对市场营销学相关知识和理论的综合应用;也可以在讨论产品定位、营销组合、渠道策略等具体问题时使用,让学生就某一个具体问题提供详尽的解决方法,以提高其理论联系实践的能力。

由于案例内容复杂,信息量较大,需要考虑的因素较多,因此本案例的使用者最好是系统学习过市场营销管理相关知识,并且具备一定实务基础的学生。通过对案例的分析掌握市场营销的基本理论和主要分析工具,了解跨国、跨文化营销的基本思路和方法。

(二) 启发思考题

1. E公司所处的市场环境是怎样的,面对市场竞争,你认为公司应该怎么做？

2. 如果你是辛格，应当如何设计全球化品牌推广的管理机制，从而推动全球化战略的顺利执行？

3. 跨国企业的国际营销方式有哪些？如何处理全球化与本土化的关系？面对案例中的冲突，辛格应该如何面对和解决？

4. 什么是品牌管理，它与产品营销有什么关系？应该如何解决企业全球化对品牌管理的挑战？

5. 请运用学过的理论知识和分析工具，对E公司的产品或品牌进行市场定位。

6. 请以辛格的角度出发，制定一份《女人心海底针》植入式广告推广计划。

（三）分析路径及理论依据

作为一个综合型营销案例，本案例涉及多个方面的理论内容，可以从多个方面进行分析，使用时教师可以根据使用案例的目的引导学生集中到某一方面进行探讨。在组织案例分析时，可以参照以下思路进行：

1. 对案例进行分析，提炼其中的重要信息，正确理解公司所处的行业状况、竞争环境及公司内部管理状况。可以使用SWOT模型、波特五力模型、PEST模型综合环境分析模型、行业竞争结构、产品生命周期、品牌生命周期等理论和工具进行分析。

2. 根据公司所处的环境，明确公司任务和目标，提出解决问题的思路和原则。可以应用STP、消费者购买行为分析、消费者价值元素分析、跨文化营销等方面的理论和知识确定解决E公司面临的问题的思路和原则，尤其是要处理好全球化与本土化、标准化与差异化、品牌发展与现实利润等方面的关系。

3. 按照"赞助活动的目标—不同区域的政策—全球品牌组织的搭建—赞助活动时间安排—总部及区域人、财、物匹配—活动控制及反馈"的步骤，结合"品牌全球化、营销本土化"的思想，参照图1所示的要素制定执行方案。

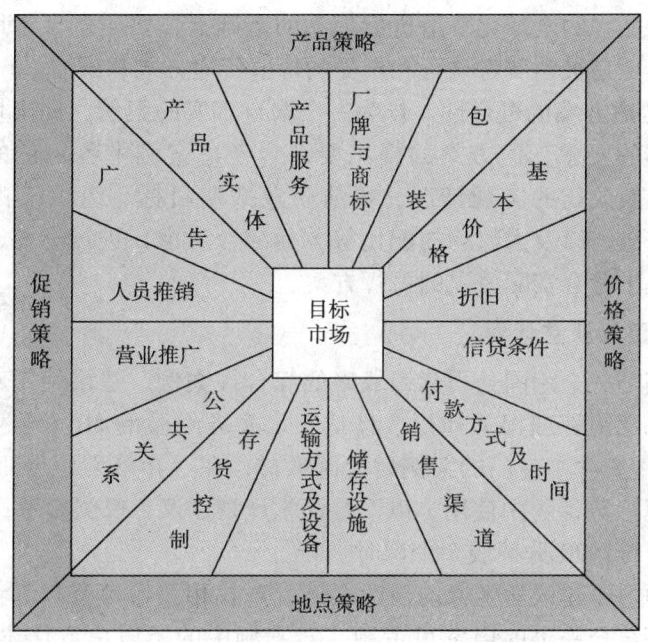

图1

(四) 关键要点

打造全球化品牌、"建立一种更有凝聚力的品牌认同感"是任何一个优秀企业的共同梦想，但是在培育全球化品牌的过程中，企业不得不面对来自各方面的挑战，在激烈的竞争中，稍有不慎就会惨遭淘汰。在这个案例中，破解辛格面临的难题，需要重点关注以下几个方面的问题：

1. 优秀品牌是企业长盛不衰的根本。进入21世纪，品牌已经成为优秀企业最有价值的核心资产之一，优秀品牌的号召力和影响力可以为企业带来非常大的经济利益。由于品牌属于动态的无形资产，维系一个品牌需要在保持既定的价值元素的基础上持续投入，因此要从一次植入式营销活动引起的冲突这一表面现象看到品牌推广这一持续的行为，并且要明确并维系这一品牌清晰的价值定位，而不要陷入追逐短期利益的误区。

2. 正确对待全球化带来的消费偏好趋同和各地区本土文化的差异。在经济全球化的背景下，消费理念、消费行为有趋同的趋势，但是，这与全球统一市场的距离还很远，作为一个时尚品牌，要正确认识和看待这一趋势,在传递品牌的全球化普适价值理念的基础上,要注意参考地域文化的不同,选择更易被消费者认可和接受的价值传递方式和渠道。

3. 要考虑方案的可行性。作为一个取自现实的案例,提出切实可行的方案是基本的要求,但方案的提出要综合考虑案例中各角色的职位、能力、经历以及公司的客观情况,要从企业战略目标、组织架构和沟通渠道、时间安排、以及人财物的配比等方面综合考虑,进行全面、系统的分析,进而提出符合实际情况的可行方案。

(五) 建议课堂计划

本案例是一个跨国公司营销战略的综合性案例,建议使用对象是系统学习过市场营销管理相关知识、具备一定实务经验的 MBA 学生。本案例可作为 MBA 教学中专门的案例讨论课素材,在《市场营销管理》、《跨国经营与管理》等课程中使用。以下是课堂计划建议,仅供参考:

时间安排:90 分钟或 2 个课时。

课前预习:建议学生课前精读案例,查找相关参考资料和信息作为理论依据,并结合提出的启发思考题,对案例中的矛盾焦点作出初步归纳、分析和判断。

课堂导言:教师针对案例作出简要的课堂前言,强调启发思考题中突出的矛盾和焦点——需要解决的问题所在。(5 分钟)

课堂讨论:将学生按照观点和视角的异同分为不同的小组进行深入讨论,各小组要结合启发思考题中反映的问题,在有限的时间内制定出本小组的总体战略方针和解决矛盾的初步建议和计划。建议根据学生人数分为 3~5 组,讨论时间为一课时。(40 分钟)

小组发言:各小组发言,详述本组观点和依据。(20 分钟)

总结点评:可以先请各小组派一名学生代表对本小组结论进行总结陈述,然后教师在此基础上对各小组观点的亮点部分进行归纳和点评,要注意强调案例所反映出的一些经营管理理念问题以及理论知识在实践中的运用。(15 分钟)

课后计划:若有必要,启发学生在整合各小组讨论成果基础上,详细制定出一个现有条件下解决案例中矛盾的"最满意方案"。

《玲珑塔》为什么这样红?[①]

[**案例摘要**] 儿童剧作为一种演出类型,一直以来为我国的文艺舞台奉献了很多如《马兰花》这样的经典之作,为少年儿童的健康成长提供了丰富的精神食粮。随着市场经济的深入发展,儿童剧创作与演出也体现出诸多不适应之处。剧本质量水平不高,专职的创作表演人才流失,技术断档,同时与国外成熟的商演相比,无论从运作模式、票房营销手段、衍生产品开发等方面都乏善可陈。但业内人士也没有停止探索和改革的脚步。本案例为国内儿童剧市场运作模式提供了一些参考,它在剧本创作、团队建设、票房营销、市场推广以及衍生产品开发等方面,尽可能地体现出了既遵循国际现行的儿童剧运作的一般规律,同时又能兼顾正待开发的中国市场实际的特征。

《玲珑塔》讲述了这样一个故事:布丁是一个平凡普通的小男孩,在家里被父母逼着练他不喜欢的钢琴。一天他无意中走进了"玲珑塔",在那里结识了善良的兔子先生一家和忠诚的好朋友蟋蟀。在经历了玲珑塔里的一番奇遇,布丁懂得了保护环境,更懂得了勇敢和爱。

两年前国家级的华夏剧院在隆重举行50年院庆时,连续演出数天该院经典剧目的票房收入也不过100多万元,而据介绍,通常一部普通话剧首轮演出只有二三十万元的票房收入。在行内人士看来,论各方面实力,如果说华夏是一头大象,A演出公司充其量不过是一只小羊。但就是这只"小羊",却让"大象"刮目相看。

据统计,《玲珑塔》自2004年5月29日在百年剧院首演至8月29日西区剧场三轮演出结束,总票房累计达530万元,衍生产品销售近40万

[①] 本案例由中央财经大学文化与传媒学院李志军老师编写。出于保密起见,作者隐去了某些名字和其他一些可识别的信息资料。

元，观众5万多人，创下了中国儿童剧历史上的数个第一。

要闻回顾

4月12日《玲珑塔》建组

由A演出公司斥资300万元打造的大型魔幻童话剧《玲珑塔》，在翡翠小学举行了别开生面的建组仪式，建组会上B票务公司以115万元独家买断《玲珑塔》首轮演出，创下话剧领域代理的新高。

5月14日《玲珑塔》卡通形象发布

鼻子如钢丝一般的弹簧小象、手可以从身体前方的很多方位伸出的拉巴巴、肚子可以按进去的保镖、流泪的小猫、蓝色的螳螂兄弟、粉色的叛逆小仙子……这些有别于以往卡通形象的奇特造型出现在《玲珑塔》人物形象发布会上，一直以魔幻概念示人的《玲珑塔》第一次有了视觉形象。经过周密的市场分析和设计开发，剧组同步推出了七种成熟产品。

5月29日《玲珑塔》在百年剧院首演

《玲珑塔》作为"2007国际戏剧演出季"的重头戏在百年剧院首演，能够容纳1 700人的百年剧院座无虚席，剧场内惊现出人意料的互动效果，孩子们追赶"九头鸟"、帮布丁破解营救父母的密码、同演员们一起高唱刚刚学会的主题歌……著名主持人的加盟更为全剧增添了看点。

6月11日《玲珑塔》第一轮演出结束

经过了14天、19场的连续演出，《玲珑塔》在全场沸腾的辉煌场景中结束了首轮演出，票房收入突破262万元，衍生产品销售总额近20万元，其中根据剧本改编的同名小说《玲珑塔》以及少儿道德漫画读本《小布丁懂事了》在演出现场各销售了3 000册，这一天也标志着这艘目标百场的儿童剧巨轮首航成功。

7月15日《玲珑塔》第二轮演出在永乐剧院火爆登场

一向以门槛高著称的永乐剧院为《玲珑塔》取消了儿童入场的身高限制，前厅更是破天荒地允许剧组支起桌子销售各种《玲珑塔》衍生产品。为了唤起成年观众对童年的美好记忆，演出结束后，增添了演员们带领全场观众高唱"我在马路边捡到一分钱……"互动效果再度升级。

7月18日《玲珑塔》第二轮演出落幕

6场演出票房突破116万元，衍生产品销售额近7万元，《玲珑塔》二轮演出依旧热度不减，演出结束当晚仍有家长带着孩子来到永乐剧院购票。

8月11日《玲珑塔》第三轮演出在西区剧场推出

《玲珑塔》第三轮演出移师西区剧场,45名聋哑儿童成为剧场中一道独特的风景,作为"让A演出公司走进低保孩子的童年"大型公益活动的首批受益者,他们免费观看了《玲珑塔》。除了给这些特殊的孩子以关爱,《玲珑塔》剧组还为小朋友准备了加高坐垫,这在国内剧团剧院尚属首创,每租用一个坐垫为5元钱,租用坐垫的利润将全部捐给某儿童福利院。由于订票情况火爆,A演出公司决定在原定演出场次基础上加演8场。

8月16日《玲珑塔》在文府大饭店召开第三轮形象发布会

第三轮演出,全新形象"三耳熊"代替"拉巴巴"成为了新的《玲珑塔》形象代言人。

8月29日《玲珑塔》第三轮演出收场

下午,《玲珑塔》第三轮演出在西区剧场火热谢幕。演出结束半个多小时后,观众才从西区剧场渐渐离去。第三轮票房总收入150万元,衍生产品销售额10万元。

前期筹备

斥资300万元打造一部儿童剧作品,《玲珑塔》的投资规模在国内儿童剧中前所未有。在了解整个运作过程的专业人士看来,《玲珑塔》从一开始就是一个面向市场进行商业运作的产物,从剧本的形成到主创人员的组织,从演出策划到宣传推广,从票务营销到系列衍生产品的推出,无不透着一种市场化的思路和运作模式。业界人士认为,《玲珑塔》运用了大量的科技手段和国际流行的包装方式,标志着我国的舞台制作取得了新的进展,其原创性和革命性远远超过了演出本身。

1月,A演出公司以20万元重金在全国征集剧本,这对于儿童剧本平均四五千元的稿费价格来说无疑是一次重大超越,来自全国各地的241个剧本参加了角逐。

2月26日召开首次作品创作论证会,著名戏剧评论家、剧作家、儿童剧表演艺术家等出席了会议,席间对两个剧本、四个策划方案和一个复排剧目进行了综合评议。最终,妞子提交的剧目策划方案——魔幻童话剧《玲珑塔》赢得了专家的一致好评。大家认为《玲珑塔》构思新颖,内容丰富,主题积极向上,导演创作和舞台呈现的空间非常大,有可能成为与我国以往儿童剧类型和风格完全不同的全新类型的市场化剧目。同时确定首演时间为5月29日。

由于整个剧目的创作时间非常紧迫，编剧麒麟的剧本构思经过一个星期的讨论，3月3日正式落笔，3月20日第一稿出炉。3月22日A演出公司邀请了11位戏剧专家和儿童剧专家召开剧本研讨会，在充分肯定剧本艺术水准和良好思想立意的基础上，对剧本的结构、语言和人物塑造等方面提出了积极的修改意见。

业内人士指出，以往的剧本来源单一，主要依靠自己的创作人员，或者偶然的外边关系；演出则主要是自己联系学校，通过校长和老师组织学生观看，没有专门的经纪人和策划者。在创作上，编剧每次都是汇演前由艺术室安排任务，虽然很多剧目也获了奖，但缺乏对儿童观众需求的调查，没有真正了解他们的爱好，作品的创作从理念到方式都带有明显的计划经济痕迹。

系统化的商业运作首先体现在监制负责制上，即由监制找制作者，他们需要满足的是投资方的要求。在这里，老的儿童剧从业经验让位于更能把握市场脉搏的新创意。于是，我们看到了一个明星团队的出现——国家级话剧院先锋导演妞子、著名音乐人吉祥、影视知名编剧麒麟、香港著名戏剧指导Joe，此外，演艺界人士也纷纷加盟。剧组还在全国范围内招聘最优秀的儿童演员及相关杂技演员、魔术演员、舞蹈演员。

由此，《玲珑塔》不再是传统意义上的儿童话剧，而成为一个对孩子们更具吸引力的，融汇了杂技、舞蹈、表演唱等多种艺术形式的儿童魔幻剧。

推广营销

此外，《玲珑塔》的成功很大程度上取决于与剧组排练同时进行的市场推广和票务营销。据了解，尽管该剧的排练是从4月初开始到5月中旬才结束，但早在五一长假期间《玲珑塔》就跃升为当地舞台演出票房排行榜的第一名。第一轮演出的所有门票，提前一个月便销售出了80%，最低价位的门票则在7天之内被"一扫而光"。B票务公司以115万元独家买断《玲珑塔》的首轮演出，创下了我国儿童剧史上的"奇迹"。

"一部优秀的剧目其周边产品所创造的利润，远远超过剧目票房所创造的价值。在中国，这个领域依然是充满无限前景的待开发市场。"B公司负责人说,"根据儿童消费心理的特点,在演出的同时推出了和该剧有关的玩具、T恤衫、剧中人物形象徽章等,力求打造国内首屈一指的文化产业链。"

A演出公司《玲珑塔》的衍生产品开发就是儿童文化产业链的一部分,主要是根据该剧的特点,根据儿童消费心理的特点,经过周密的市场分析而设计开发,这次《玲珑塔》的衍生产品开发是与制作同步进行的。

这次衍生产品开发追求前卫、时尚。力求做到老少皆宜,主要包括以下成熟产品:儿童玩具、T恤衫、节目单、钥匙链、剧中人物形象徽章、饮水杯、剧中人物形象贴画。这些产品中尤其是儿童玩具和T恤衫:制作儿童玩具主要采用一种国外玩具厂家普遍使用"搪胶法"的生产工艺,与以往的工艺相比,最大不同的是造型精美,色彩鲜艳,。而T恤衫则开发出五种款式、五种颜色、五种型号的T恤,适用于5~25岁的青少年。

仅5月29日首演时就销售出10 000件产品,在前五场的销售中,相关产品平均每天的销售额都在两万元上下,现场观众的购买率在60%左右。随后,《玲珑塔》又相继开发出了海报、课程表、偶形玩具、小道具、纪录片DVD、图书等十几种相关产品。

产品延伸

《玲珑塔》演出后,引发儿童舞台艺术学习热。从A演出公司了解到,"首届儿童戏剧表演培训班"首批20名小学员进行汇报演出后顺利结业。据悉,进行少儿艺术培训将成为A演出公司今后的主要发展方向之一。

据公司有关负责人介绍,儿童戏剧表演培训班的开办和《玲珑塔》的热演密不可分,《玲珑塔》首演以来,几乎每场结束后都会有家长前来询问是否开设了少儿艺术培训班,因为孩子太入迷了。家长们普遍认为,现在孩子最需要训练的就是如何表达和表现自己,这会对孩子的成长有特别大的帮助。①

---

① 本文资料改编自案例单位发布的新闻稿件。

案例使用说明

（一）教学目的与用途

本案例适用于MBA学生对《市场营销》课程中有关文化产品营销，特别是演出营销的学习，并能应用相关理论工具进行分析。本案例使用者应具备基本的市场营销和文化产品运作的相关知识。特别适用于从事文化产业管理并担任管理职务的学员。本案例难度为中等。

（二）启发思考题

1. 你认为判断一个儿童剧商演成功与否的评价标准是什么？
2. 请你归纳出本案例的基本运作模式。
3. 与国际成熟的商演模式相比，本模式有哪些肯定及需要改正之处？
4. 在当今的中国演出市场，有哪些因素是可能对票房产生重大影响的？
5. 在此基础上能否总结出更为有效和完善的模式？

（三）分析路径

本案例是一个具有推广、借鉴价值的商演营销案例，但仍具有较大的挖掘和探讨空间。所以，案例分析时既要注重成功经验及模式的认定，也要在此基础上，结合国外业已成熟的模式进一步完善及提升。

1. 建立评价指标。因为本案例设定为可推广、有借鉴意义之内容，所以应在掌握基本材料的前提下，让学员首先获得一个基本目标的判断：即一个成功的儿童剧商演应具备哪些因素：比如票房、社会影响、可持续性等。

2. 分析运作模式。本案例较为清晰地描述了《玲珑塔》这部儿童剧的基本运作脉络，但仍需在提炼的基础上总结出一个基本的运作模式，并与学员研讨这一模式体现的一般规律和特殊内容，并在此基础上进一步提炼符合当前中国市场实际的一般意义的运作模式，并以此作为与国外成熟模式比较的铺垫。

3. 参照对比。提供几个具有代表意义的国外儿童剧、音乐剧的运作模式，也可分析国内目前比较成功的类似模式加以比较，寻找差异点，发现可完善之处。

4. 权衡校正。重点对目前影响到市场效果的众多因素进行分析,从政策因素(影响发行期、推广期)、受众因素(观望心态、赠票意识、票价设定)、行业管制因素(缺乏商业规范、门槛低)等现实因素有清晰的认知。

5. 付诸实案。在参考本案例模式比照国外成熟模式,了解中国商演市场现状的基础上,尝试总结出一个有实用价值且具有前瞻性的模式。

(四)理论依据与分析

1. 消费者认知。
预期—表现理论
认知失调理论

2. 市场营销定位(图1)。

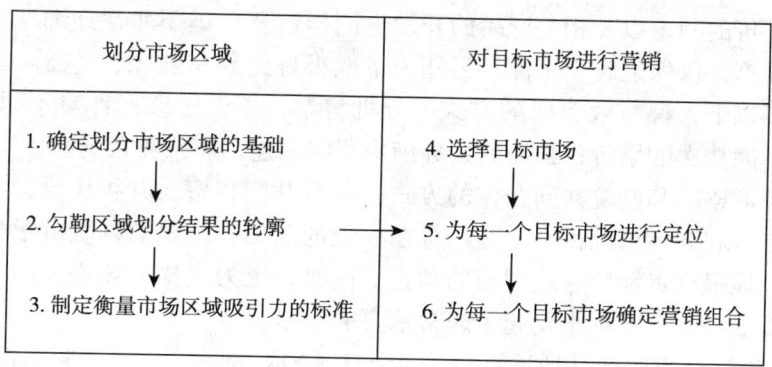

图1 市场区域、目标和定位的步骤

3. 产品定位。
核心产品是组织所提供的看得见的最基本产品,以供目标市场购买或者消费者之用。

期望产品包含消费者对于产品购买与产品消费的一般性期待。

附加产品乃是指超过目标观众群一般期望的产品之特色和利益。在某些情况下,产品的附加服务可以加强目前顾客的体验和感受,因而提高满意度与向心力。

(五）背景信息

英国真正好集团有限公司（The Really Useful Group Limited）

1977年，英国作曲家安德鲁·劳伊德·韦伯创立了以剧院演出、电影、影视、音乐会制作和录音、音乐出版为主要经营业务的公司——英国真正好集团有限公司。在世界范围内，真正好制作和授权了大量产品，其中，音乐剧以韦伯的作品为主，而《猫》最负盛名。究其原因，严格的艺术标准和统一的演出要求是作品质量的保证。《猫》剧在世界上不管任何地方演出，都是安德鲁·韦伯的作品，演出的舞台服装、导演意图等完全一样，所有版权都归真正好集团所有，而且对每一个《猫》剧的质量都有监督，让它们一定达到原创的水平。2000年《猫》剧在百老汇停演前，该剧没有出过演出录像带，要看到正宗的剧目，只能买票到剧场去看，一直到停演后，制作公司才将它制作成电影进行销售。

市场营销手段成熟老到。除了一个非常好的剧本外，演出场次的设计、票价的制定以及相关产品的开发也同样重要。集团非常详细地对演出作出预算，以保证收支平衡。另外为了取得好的票房收入，《猫》剧主要采取了以下3种有效售票的方式：分批售票，不设赠票；针对不同人群，划分不同档次的票价；强大的票务销售网络和连销店票务系统。

采取剧团和剧院共同合作的方式，实行共同投资，共担风险，共同收益，对分利润。可以说，《猫》每在一处的演出，当地的剧院就承担起了演出场地提供者和广告代理商的角色。同时，也为《猫》剧在当地宣传成本的降低和演出的本土化起了非常重要的作用。

《猫》剧衍生产品种类繁多，如带有《猫》剧标志的T恤衫、棒球帽，精美的节目说明、CD、VCD等等。而这些纪念品，要求用《猫》剧的注册标识，仅此一项，剧院和"真正好"就可以获得丰厚的利润。而对相关纪念品的销售有严格规定，即只能在剧场里定点销售，不允许剧院外兜售。①

（六）关键要点

核心就是模式。

---

① 参考韩千群："英国文化的'猫经'",《销售与市场》，2003年第6期（下），第34~37页。

关键知识点：对文化产品市场运作各个环节应具备的知识；精神产品特征需求把握；基本运作规律原则。

能力点：能够分析出提供案例的业务模式，并形成具有一般性特征的运作模式。

（七）建议课堂计划

时间安排：

寻找评价指标：0.5 学时

分析运作模式：1 学时

参照对比：2 学时

权衡校正：0.5 学时

付诸实案：2 学时

建议：

1. 分组完成各个环节；
2. 各组互相评价、互相补充；
3. 鼓励学生提供对比资料；
4. 最后模式提出后，可运用沙盘模拟手法再现并重新评估。

（八）参考文献

1. [美] 菲利普·科特勒、乔安妮·雪芙：《票房营销》，中国人民大学出版社 2004 年版。
2. [美] 罗杰·凯林等：《市场营销原理》，人民邮电出版社 2007 年版。
3. [美] 菲利普·科特勒、凯文·莱恩·凯勒：《营销管理》（第12版），上海人民出版社 2006 年版。
4. [美] 崔西：《销售中的心理学》，人民大学出版社 2007 年版。
5. [美] 里斯特劳特：《定位》，中国财政经济出版社 2006 年版。
6. [美] 凯文·莱恩·凯勒：《战略品牌管理》（第二版），中国人民大学出版社 2006 年版。
7. [美] 利昂·G. 希夫曼：《消费者行为学》（第8版），中国人民大学出版社 2007 年版。

社会责任与劳动关系的和谐[①]
——来自 SAS 公司的启示

[**案例摘要**] 一般人所理解的企业社会责任就是捐款捐物，而实际上劳工关系的和谐才是企业社会责任的核心，SAS 公司树立了这方面的典范。它是美国最大的私有非上市软件企业，真正认识到劳动关系的和谐的重要性，并努力践行这一企业社会责任，形成"工作就是玩"的理念。国内的企业在管理理念上与 SAS 公司差距甚远，本案例有助于国内企业切实地借鉴 SAS 公司的一些做法，关心员工的身心健康，形成以人为本的管理理念。

一般人所理解的企业社会责任就是捐款捐物，而实际上劳工关系的和谐才是企业社会责任的核心，SAS（Statistical Analysis System）公司是树立了这方面的典范。SAS 公司是最大的个人拥有的非上市软件公司，在这个公司里忠诚远胜于金钱，企业为员工创造人性化的舒适的工作和生活环境，信赖员工，注重员工工作积极性的自我发挥。在 IT 行业平均 20% 的离职率的情况下，它只有不到 4% 的离职率。

作为全球最大的商业智能和服务提供商，成立 30 多年的美国 SAS 公司一直把"尊重每一位员工在公司的贡献，并把其视为家庭的一员"作为企业文化的基本原则。施勤介绍说，不论是在母公司还是在遍布世界各地的分公司，SAS 都一直努力将这一原则贯彻下去。为此，SAS 公司 13 次获得"最受工作母亲欢迎的公司"称号，同时连续 9 年入选《财富》杂志"100 家最适宜工作的公司"。

---

① 本案例由中央财经大学商学院张爱卿教授编写。案例根据真实资料编写，不具备评价性，仅供教学讨论。本案例得到国家自然科学基金（批准号：70771117）和教育部新世纪优秀人才计划支持（NCET-07-0893）。

2008年，在金融危机的影响之下，很多公司的业绩出现明显的下滑，而SAS依然获得了5.1%的业务增长。"在糟糕的经济形势下，我们反而实现了连续第33个年头的业务增长，"创始人古德奈特（James Goodnight）不久之前说，"这一增长直接源于我们是一个稳定的私人持股公司，这使得我们能更加灵活地投资于我们的员工和客户，来保持与他们长期稳定的关系。"在本业务领域的技术领先让SAS公司承受住了经济周期波动的影响。在公司30多年的历史中，SAS也曾经历过好几次经济周期的波动，很多公司的业绩受经济波动的影响比较明显，但从SAS公司的业绩表上看不出这一点。从某种程度上来讲，恶化的经济环境对SAS的业务还有一些促进作用。这是因为，外部环境越是不利，企业越需要深化精细化管理，而SAS的商业分析解决方案可以在这方面助企业一臂之力。

最新的数据显示SAS公司2008年销售收入为22.6亿美元；SAS在全球约有45 000家客户；《财富》全球500强企业前100家企业中有91家是SAS客户；2007年销售收入的22%用于研发投入。这些业绩的取得与其勇于承担社会责任特别是对员工的社会责任密不可分。

一、企业基本情况

SAS Institute（美国赛仕软件公司）由古德奈特，赛尔（John Sall），巴拉（Anthony Barr）和海尔威格（Jane Helwig）四人于1976年创立。目前公司创始人古德奈特持有公司2/3的股权，另一位创始人赛尔拥有其余的1/3。

多年来，SAS一直致力于为金融、电信、保险、交通、制造、政府以及科研教育等部门在数据仓库（Data Warehouse），联机分析处理系统（OLAP）以及数据挖掘（Data Mining）等核心产品和技术之上，为其提供协作式商务智能、企业均衡计分卡、客户关系管理、电子商务智能、供应关系管理、信贷风险分析和管理、企业综合风险管理、财务分析和报告、智能数据仓库、人力资源管理和其他各种商务智能和决策支持系统（DSS）的解决方案。

目前，SAS在美国国内拥有40家分公司，在全球拥有68家分公司，在其他国家拥有数量众多的授权分销商。美国《财富》100强企业中的97%，以及《财富》500强企业超过80%都在应用SAS软件。

SAS公司是目前全球第9大软件公司，也是私人拥有的最大的软件公司，公司的营业额自创立当年开始一直保持两位数的增长。SAS公司的每年营业额中超过30%都投入到了产品的研发之中，在过去多年中公司一直保持持续稳定的研发投入，在产品研发方面公司的资金投入规模是软件行业其他企业平均资金投入规模的两倍。

SAS以其领先的技术和完善的服务著称于世，经过30多年的不断发展完善，SAS系统已由最初的统计分析软件发展成为大型集成应用软件系统，具有完备的数据访问、管理、分析、呈现及应用开发等功能。在数据处理与统计分析领域，SAS系统已成为国际上的标准软件。今天，SAS系统被成功应用于120多个国家和地区的31 000多个机构中，直接用户超过3 500 000人。美国《财富》杂志评选的100家最大公司中的98家都在应用SAS软件。

一、企业发展战略

1. SAS公司的发展战略是建立在与公司客户、公司的合作伙伴以及公司员工保持长期友好的关系之上的。这些长期稳定的关系和公司尖端的软件产品服务都是公司取得成功的基本因素。

客户关系之所以如此重要，主要是源于公司的经营模式。公司不是销售自己的软件产品，而是采取"年度许可"的独特销售模式，即客户向SAS支付年度许可使用费，客户如果对SAS的服务不满意可以随时中止合作。保持高水平的续约率是这种盈利模式能够长期运行的基础。因此稳定客户的忠诚度至关重要。

2. 为客户提供技术支持也是保持客户满意度和忠诚度的要素之一。SAS公司为每100名客户提供一名专门的技术服务人员。同时，在公司定期召开的客户群会议上，参与会议的用户都是对公司忠诚度较高的客户。

3. 公司产品的研发是建立在与客户进行密切沟通的基础之上，完全按照客户的需求来进行的，客户需要的东西公司都会增加到产品之中。获取客户需求信息的方式之一就是定期召开客户群会议。每年公司还会向每一个客户发送调查问卷来了解客户最需要什么样的产品。通过客户调查问卷来确定第二年公司的重点研发方向。

4. SAS公司没有长期专注于某一个产品的战略，也没有长期的企业经营计划。公司拥有者认为软件行业是一个发展迅速的行业,长期的经营计划不适应软件行业的发展速度。同时,公司还鼓励员工创新,不断冒出创造性的点子。

5. SAS 公司另一个重要的企业战略就是追逐产品的市场份额和公司的营业额增长。公司领导人认为占有较高的市场份额比营业利润更加重要。

6. 取悦客户而非华尔街。古德奈特之所以一直对上市敬而远之,就是不想冒上市之后为了取悦华尔街而损害客户利益的风险,"股价只能告诉你结果好坏,而客户却可以告诉你为什么会有这样的结果以及如何改善,而且客户会与你一起来改善。"尽管代价巨大,但精益求精的研发带来的客户满意度却非同行可比,这直接体现在实际的经营业绩上。SAS 的客户续约率一直处于 98% 的高水平,也让 SAS 公司自身从最初的统计分析软件工具厂商转型为一家业务解决方案服务商。20 世纪 70 年代成立之初,SAS 只能为客户提供简单的统计分析软件工具,为客户做一做统计报表之类的工作。到现在,SAS 公司提供的解决方案与客户的业务紧密地联系在一起,可以为客户提供那些隐藏于数据背后的竞争洞察力,从而帮助客户作决策。比如说,SAS 可以帮助银行提高反洗钱的能力,还可以帮它们建立信用卡的反欺诈系统,还有,如防止偷漏税系统等。这样的功能都与客户的业务紧密相联,能带来更高的投资回报,从而深得客户的欢迎。

二、SAS 的社会责任承担以劳工关系和谐为核心

1. 公司提倡普通员工应该和公司的高管层享受到同样的工作乐趣。做到这一点就必须坚持两项基本的原则:

(1) 所有 SAS 的员工都应得到平等的对待。例如,公司高管的健康保障计划与普通的员工是相同的,公司的高管和普通员工在同一个餐厅就餐,所有的员工都拥有独立的办公室等等。

(2) 工作的环境一定要舒心,并且在工作中一定要尊重员工的个人意愿和选择。公司相信让员工满意,员工也同样会通过自己的行动回报公司。

2. SAS 的另一个企业哲学就是给予员工充分的信任,相信员工的主观能动性和自我价值的实现。重要的是要指导员工的工作,而不是监督和控制员工的行动。

3. 最后一个重要的 SAS 的企业哲学观点就是为员工创造一个称心的工作环境，为员工提供尽量完善的服务，把员工从日常生活的压力和琐事中解脱出来，帮助员工更好地解决工作和生活之间的矛盾。

IT 业是个竞争激烈的行业，如何让员工有效平衡工作与生活之间的关系，既得到工作的成就感，又享受生活的快乐，一直是 SAS 孜孜以求的目标。在这里，"寻找工作与生活的平衡点"不是一句空话，而是得到制度与文化的保证。

三、SAS 的人性化员工管理

SAS 公司吸引和留住人才的方式就是让员工去做感兴趣的事情，相信员工是对企业负有责任感的人，这是一个建立在信任和尊重基础之上的企业管理体系。坚持"满意的员工才能创造满意的客户"这一理念，让员工享受家庭般的温暖，塑造家庭式氛围和弹性工作制度，实施人性化管理，是公司独特的企业文化。

（一）员工福利和工作环境

SAS 公司将每一位员工视为企业这个大家庭的一员，提供如对待家庭成员一般的完善的福利待遇和人性化的，充满家庭式氛围的工作环境。例如，前面所提到过的每一位员工都拥有独立的办公室，使用最先进的计算机设备，公司在美国的总部的办公场所就像一座花园，有湖泊、庭院和森林等等。

公司实行弹性工作制，员工的工作时间是每周约 35 小时，或者是 5 个工作日每天 9 个小时包括有一个小时的午餐和锻炼时间，不提倡员工加班。公司高管的工作日程也是如此。公司相信在员工疲倦的时候让他们工作是没有效率的，鼓励员工在一天中最适合他们的时候开始工作。

公司独特的文化和弹性工作制使得一向为男性统计的软件行业也成为女性展现才能的舞台，也保证了所有员工能够有效平衡工作与生活之间的关系，找到工作与生活的平衡点。

在公司的总部拥有一个设备完善的员工医疗保健中心，对员工和他们的家属是免费的。同时，还为员工提供了完善的医疗保障计划和定期体检计划。

另外，公司总部还拥有面向员工开放的儿童看护中心、娱乐健身中心和休闲餐饮中心。即使是不在总部工作的员工,也能享受到与公司总部相差无几的福利和工作环境。所有的这一切都是为了最大限度地为员工排除日常生活琐事的干扰,能够专心投入到工作之中。

　　SAS 为员工提供了比较优厚的福利计划和退休计划,尽可能满足员工生活不同阶段的需要,帮助员工在 IT 行业激烈的竞争中协调生活与工作之间的矛盾。对于家庭发生变化的员工,可以根据他们的需要实行弹性工作时间,比如女职员有了孩子之后,公司会相应调整或缩短她的工作时间,减轻其工作负担,满足其哺乳期照顾孩子的需要。珍妮是 SAS 的技术经理,同时也是一位两个月大婴儿的母亲。自从成为母亲之后,她就开始按照减少了工作时间的日程表工作,中午可以有两个小时的时间回家照顾婴儿,如果工作可以在家里完成,她也不必一定坐在办公室里。

　　(二)员工绩效管理

　　公司的绩效管理的方法很简单,就是给员工提供必要的工具来完成自己的工作,让他们按照自己的方法去做,同时员工为此负起相应的责任。公司已经取消了业绩评估表,取而代之的是部门经理在一年之中至少要和员工进行三次谈话,与员工充分沟通。

　　公司不以短期业绩作为员工的唯一考核标准,而是专注于长期的目标,这样员工就可以自由地发挥自身的能力,实现自我的价值。

　　对公司管理层的考评则是以吸引和留住人才的能力为主要评估标准。

　　(三)公司的薪酬政策

　　首先,员工的基本工资在行业内是很具有竞争力的,并且每年都会有所调整。薪酬收入的增长是建立在主管对员工个人表现的评价基础之上的。公司不会给任何员工提供例如股票期权、虚拟股票、绩效股票或类似的东西。

　　其次,公司的销售代表是没有任何销售佣金收入的。因为公司认为佣金对于让客户满意以及与客户保持长期稳定的关系是没有任何帮助的,并且佣金文化的存在会给公司管理层的经营带来更大的压力。

　　最后,公司对于员工个人销售业绩的排名是不公开的,因为公司并不看重个人在短期内的业绩表现,而是重视长期目标的实现。

（四）企业培训、员工职业发展以及人员的互动补充机制

1. 公司很重视员工的培训，培训的形式主要以公司内部培训为主。例如，新员工将会接受一次入职培训，主讲人为公司的高级经理，公司也会经常组织专业技术方面的培训等。

2. 在员工职业发展方面，公司提倡不同部门间员工工作的互补性。强调员工对某项工作的可替代性以及不同部门、不同岗位之间员工的互补性。

3. 公司的经理层不仅具有管理的职责，同时也要做好自己所负责的工作，并且在管理和工作两个角色之间自由转换。如公司的CEO也要花费40%的工作时间来做软件程序的开发以及带领一个产品研发团队。在公司里工作的每一位员工都很重要，每一个人为公司作出的贡献都是有价值的，被公司认可的。

（五）关于外包服务

尽管同属高科技行业的其他公司经常会将部分工作外包给其他公司来做，但SAS不会这样做。因为公司相信，要做好一项工作，就必须亲自参与其中，不管是产品研发之类的"核心"工作，还是诸如员工就餐、体检等"非核心"的工作，SAS认真对待自己的每一项工作。

（六）团队内部的"救火队"精神

在团队的架构上，SAS充分考虑员工之间的互补性，即不把某项工作完全压在一个员工身上，而是强调员工对某项工作的可替代性。每个员工都有主要的工作内容，也会有互补性和协调性的工作。这样就保证员工在某个岗位上暂时离开时，有人可以接替他的工作，不使公司的工作进程受到影响。

与这种工作安排上的互补性相适应，SAS团队内部提倡的是"救火队"精神，当某一部门工作压力太大时，其他部门则会抽调人手鼎力相助。

SAS位于全球各地的分公司与母公司的文化会因国情的差异有细微的不同，但母公司的文化原则不会改变。在SAS，要努力让每一位员工享受到家庭的温暖。

四、案例简评

（一）SAS 公司的成功之处

全面系统地落实以人为本的管理理念，充分地激发了员工的工作积极性和能动性。

员工对企业的忠诚度高，低跳槽率和高工作效率为企业节约了大量的成本。

良好的客户服务，稳定和增加了客户群，从而确保市场占有率和收益。

（二）SAS 公司未来要解决的问题

成熟企业的员工开发问题。SAS 公司已有近 30 年的历史，企业已由过去的成长型企业逐步过渡到成熟型企业，这个时候企业员工的职业生涯发展问题会慢慢凸现出来，如何解决老职工的岗位转移等问题关系到企业的成败，在现代软件企业里更是如此。

国际化问题。SAS 公司的产品在美国有很高的市场占有率，但在中国明显感到知名度不够，甚至赶不上其小弟弟 SPSS 在中国的影响。2004 年 SAS 公司开始在中国作宣传，2006 年在北京和上海设有分公司。如今 SAS 在全球设有六个研发中心，其中一个设在中国，这个研发中心现在拥有员工 160 多人。虽然如此，该企业的国际化程度还有待提高。

未来的竞争优势问题。SAS 公司的竞争优势如何通过其文化理念以及产品开发进一步体现出来，成为企业未来发展的关键。

案例使用说明

（一）教学目的与用途

本案例适用于"组织行为学"、"人力资源管理"等相关课程，启发学生通过学习 SAS 的人性化管理、企业理念以及社会责任形象塑造，认识社会责任的核心是劳工关系和谐。

（二）启发思考题

1. SAS 公司的基本理念是什么？

2. SAS 公司的人性基本假设是什么？
3. SAS 公司是如何体现"以人为本的"？
4. SAS 公司何以能够在 IT 行业保持自己的低跳槽率？
5. SAS 公司的竞争优势主要体现在哪里？
6. 你对 SAS 公司未来的发展有何建议？

（三）背景信息

关于 SAS 的最新资料

SAS 是全球最大的软件公司之一。自 1976 年成立以来，公司收入和利润稳步提高，凭借雄厚的资源，公司在产品开发和客户支持方面不断取得新的成功。随着众多竞争对手的出现、消失或者合并，私人拥有的 SAS 公司始终把重点放在我们的主要使命上——为客户提供优秀的软件，增进与客户之间的关系。

遍及全球的业务

全球 113 个国家的 45 000 多家客户都在采用 SAS 解决方案，其中包括《财富》全球 500 强企业前 100 家企业中的 91 家。SAS 通过自己的解决方案与客户和供应商建立起更具盈利性的关系；帮助客户更好地进行决策，让客户对自己的发展前景更加明确而充满自信。SAS 在全球 50 多个国家设有 400 个办事处，拥有 11 000 多名员工，为全球实施项目提供本地支持。

一流的客户支持

SAS 客户可以免费享受所有的支持服务，其中包括专业的电话技术支持和 24×7 的在线技术支持。

SAS 的在线客户支持中心始终提供各种技术支持、参考信息、教育培训资源和用户社区信息。SAS 通过定期的讲座、网络广播和各种培训课程在用户之间实现知识共享。

雄厚的资金实力

自 SAS 进入市场以来，每年都实现破纪录的销售收入增长，从而成为客户的可靠业务合作伙伴；每年，SAS 还将大量的销售收入投入研发（2008 年这一比例高达 22%），是行业平均投入水平的两倍，因此，SAS 能够不断地对产品加以完善。正是凭借对创新的这种执着追求，SAS 赢得了客户，客户留住率高达 98%。

（四）分析路径

从企业社会责任标准 SA8000 的九项实质内容为出发点（禁止企业雇佣童工、禁止强迫性劳动、必须为工人提供基本的医疗和健康福利以及安全的生产环境、保护结社自由及集体谈判权利、严禁性别和种族等歧视、严禁对员工进行惩戒性措施、工作时间不得超过所在国规定、超过部分必须按照要求予以补偿、保障工人获得的报酬不低于所在国最低薪酬标准等 9 个方面），对照了解 SAS 是如何在管理实际中落实这些问题的；对该公司的社会责任承担状况进行评价；学习他们企业文化塑造以及社会责任承担方面的有效方法；认识企业社会责任承担对企业可持续发展的作用以及对社会进步的重要意义。

（五）关键要点

1. 理解 SA8000 的实质含义，关注的不是企业捐钱捐物，而是和谐的劳工关系、和谐社区以及和谐社会发展。

2. 认识 SAS 在哪些方面勇于承担社会责任，并取得了良好的社会效益。

3. 理解企业社会责任承担是企业国际化和可持续发展的要求，是促进企业健康发展的必由之路。

（六）参考文献与注释

1. 许以洪："基于 CSP 三维模型大企业竞争力提升策略"，《理论月刊》，2008 年第 6 期。

2. 温家宝："企业家身上要流淌着道德的血液"，中国新闻网，2009 年 2 月 3 日。

3. 清华大学国家建设与发展研究中心："乳业危机反思：回归企业基本社会责任"，《中欧商业评论》，2008 年第 10 期。

4. 李海婴、翟运开、董芹芹："企业社会责任：层次模型与动因分析"，《现代经济》，2006 年第 6 期。

5. 沈志渔、刘兴国、周小虎："基于社会责任的国有企业改革研究"，《中国工业经济》，2008 年第 9 期。

6. 刘霞："享受家庭般的温暖：从 SAS 公司的企业文化看人性化管理"，中国质量新闻网，2008 年 11 月 26 日。

7. SAS homepage：http://www.sas.com/corporate/index.html#；
http://www.sas.com/offices/asiapacific/china/corporate/index.html。

8. Charles A O'Reilly; Jeffrey Pfeffer. SAS Institute：Succeeding with Old – Fashioned Values in a New Industry. In Hidden value：how great companies achieve extraordinary results with ordinary people. Boston, Mass. Harvard Business School Press, 2000.

北京银行的股权激励机制[①]

[案例摘要] 2007年9月19日，中国资产规模最大的城市商业银行——北京银行发行上市。作为一家由城市信用社改制而来的股份制商业银行，北京银行拥有3 600名员工和118家营业网点，综合实力位居全国银行业前列。2004年，北京银行入选全球千家大银行、亚洲300强银行；在中国《金融时报》国内银行排名中位列第13位。北京银行的招股说明书中公布其拥有自然人股东23 617户，并拥有较高的职工持股比例。这表明，在上市之前，北京银行已开始实施较为灵活的股权激励机制。北京银行面向普通员工的股权激励计划引起了市场的极大关注，也因为"娃娃股东"事件备受争议。当前，大部分城市商业银行都在积极筹备上市融资，如何实施公平、合理的权激励机制已成为所有城市商业银行寻求长期可持续发展的挑战。

2008年9月，一场"百年不遇"的金融危机在美国的华尔街爆发，一家又一家大型金融机构轰然倒塌，并进一步波及世界许多国家的金融体系。很多人认为，过度强调短期回报的激励机制是危机产生的主要诱因之一：金融机构的薪酬和激励机制没有与机构的风险管理、长期业绩相挂钩，形成较高的"道德风险"，进而造成管理层短期行为倾向比较严重，为公司的长期发展埋下了危机的种子。一旦某一个大型金融公司出现危机，就会出现多米诺骨牌效应，对实体经济造成冲击，并危及社会稳定。激励与约束机制是银行业公司治理机制的重要内容，如果设置得当，可以巩固国内银行业改革成果，推动银行业向市场化迈出重要步伐；当然，如

---

① 本案例由中央财经大学MBA教育中心副主任李汉军博士以及中央财经大学MBA2008级脱产班邹萍、葛辉、吴春莉和周元四名同学共同撰写。本案例依据北京银行的公开信息披露内容整理而成，并无意暗示或表明企业的某些决策是否具备推广性。

果设置不合理,将会产生类似美国金融行业危机的风险,进而可能会动摇整个金融行业的改革基础,使刚刚开始深化市场化改革的银行业产生风险。因此,对于当前中国商业银行业激励约束机制的制定和实施该何去何从,是值得深入思考的问题。

一、北京银行股权激励的背景分析

(一) 国内上市公司领域的股权激励政策背景分析

在发达经济体,股权激励作为企业所有者向经营者提供的长期激励手段得到广泛的应用。1986年,全球500家大企业的89%就采取了股权激励制度。众多美国企业运用股权激励机制促进了公司价值创造和经济发展,股权激励尤其是股票期权制度曾被认为是美国经济的助推器、高管人员的金手铐。实行股权激励的公司,经营者不仅会从代理人的角度重视企业的经营业绩,还会以所有者的身份致力于企业利润最大化。正是由于股权激励的这一独特作用,股权激励机制在西方国家蓬勃发展。但是,20世纪90年代后期,美国的公司治理模式出现了很多问题,如安然、世通等系列丑闻,再次激起了人们对于股权激励机制的作用、外部市场监管机制和公司内部监督环境的关注。

改革开放以来,中国银行业经历了多次改革,直至近年来一批股份制商业银行成为上市企业,使得国内商业银行获得极为迅速的发展。根据中国银监会的初步统计,截至2008年12月末,我国银行业金融机构境内本外币资产总额达到62.4万亿元,是改革初期1985年(约0.8万亿元)的78倍。

中国商业银行业的快速发展为我国的改革开放和经济建设提供了坚实的金融支持,为中国经济转轨的平稳进行提供了保证。与此同时,我国商业银行的迅速发展中存在着各种各样的问题,其中建立和完善有效的激励约束机制对于我国商业银行的健康发展非常重要。我国商业银行目前的激励机制存在多种问题:经济激励不足,个人报酬和工作绩效联系不紧密导致工作率低下;长期激励方式缺乏,导致管理者追求短期利益,忽视长期发展;显性收益不足导致管理者追求隐性收益等。

目前,股权激励模式在我国尚且处于试点阶段。由于我国证券市场建立较晚,整体来讲运作模式并不非常完善,不可避免会存在一些违规行为。很多时候,上市公司的股价并不能真正反映公司的业绩。尤其是,近年备受关注的健全上市公司治理机制,亟待进一步完善。

针对股权激励这一问题,政府主管部门采取了渐进式推进的方式,在上市公司领域首先推行股权激励。国家出台了一系列有关股权激励的指导性文件:2005年12月,中国证监会发布《上市公司股权激励管理办法(试行)》;2006年12月,国资委和财政部共同制定的《国有控股上市公司(境外)实施股权激励试行办法》和《国有控股上市公司(境内)实施股权激励试行办法》公布;2008年5月,中国证监会公布了股权激励有关事项备忘录1号和2号;2008年9月,证监会又公布了股权激励有关事项备忘录3号;2008年12月,国资委和财政部联合发布的《关于规范国有控股上市公司实施股权激励制度有关问题的通知》,为上市公司实施股权激励机制作出更加明确的法规指引。

(二)北京银行股权激励背景分析

北京银行作为首家上市的城市商业银行,为国内城市信用社系统的股份制改革,探索出了一条可行的道路。尤其值得关注的是,北京银行在上市前实施了股权激励,即全员持股。根据北京银行的招股说明书,可以发现:

1. 所有权结构以国有法人股及法人股为主,国家对银行具有控制权和剩余索取权。

2. 从资本结构来看,资本中结构比较单一,基本是一级资本中的国有所有者权益为主,没有优先股(在外国商业银行中,不但有一级资本,而且也有诸如优先股、次级债务这样的二级资本)。债务资本主要是广大存款人的储蓄存款、企事业单位的存款。

3. 作为前身为城商行的内部决策机制中,总行党委处于决策地位,近似于股份制商业银行的董事会;处于经营管理层的行长班子成员基本都是党委委员,决策机构和执行机构没有分开,相互制衡的关系不很明确。

4. 国家行使出资人的权利主要是通过政府部门的外部监督来进行的。财政部主要从出资人的角度对商业银行的财务状况、税收情况、费用情况进行审查和监督;人民银行代表广大存款人的利益对商业银行的日常经营管理进行监督检查;审计署代表国家对商业银行进行审计监督;国家经贸委对商业银行不良资产处理、呆账核销等方面进行直接的审查;组织部、国家人事部对高级员工进行选拔、考察任命。

5. 银行内部对员工激励主要还是沿用传统的行政级别体制。从总分行的领导到各业务部门的负责人都有一定的行政级别，专业员工也有相应的行政级别。工资、奖金、住房等基本是和比较僵化的行政级别联系，没有与员工的岗位、职责、业绩紧密相连。

二、北京银行股权激励的方案和过程

（一）股权分配的方案

20世纪90年代初，当时的北京银行还是信用社，"很多员工都没有想到今天它会上市。那时，购买股权仅仅是信用社的一些中高层才能拥有的权利，当时的价格是1元/股。到了1996年，成立为北京城市合作银行股份有限公司的时候，持股的中高层们的股权都翻了倍，但是那个时候股份不会变成现金，而是享受高比例分红。在1998～2004年，经历四次增资控股之后，有的人的股份就可以达到八九万股了，而且每一次增资扩股都有不菲的分红。据北京银行内部人士透露，这一部分人可以占到全体员工的三分之一左右。在此期间，普通员工如果赶上这四次增资扩股，每人也能分到1万股。有些骨干普通员工还会另外得到1万股的奖励。

2006年，持股激励计划扩大到更广的范围。只要工作一年以上，包括新来的大学生等每个人都可以持有股份，普通员工允许认购1万股，中层干部可以认购2万股。当时，最新的员工可以以1.93元/股的价格认购的。按照A股发行价12.50元/股计算，其一部分人的收益还是很可观的。根据相关报道，北京银行员工持股的形成主要分为三类：

1. 原信用社自然人股东将股份直接转入合作银行；
2. 自愿认购部分原信用社股东要求退股而未能及时办理退股手续股份；
3. 增资扩股和个别原法人股东转让股份。

对于后来者来说，获得股权的方式主要来自于增资扩股，这与股权激励的初衷和原则还是一致的，也就是相对程度上体现了增量分配的原则，而不是拿银行现有资产进行分家式的股权激励。

根据该行公布的资料显示（表1），该行共有4 215名员工持有股份，占总人数的95.51%，持股总数约为1.82亿股，占公司总股本的3.62%，其中18名董事、监事和高管人员共持股约500.6万股,占公司总股本的0.1%;员工持股极为平均,连最基层员工持股也大多在1万股以上。北京银行1186页的招股意向书里,从374页至最后一页,长达800多页的篇幅都是在罗列各位股东。在北京银行员工自然人持股中,超过10万股的有504人,其中董事长闫冰竹持有453 544股,持股数量排名第7位,行长严晓燕以404 926股排名第10,非北京银行员工自然人持股超过10万股的有1 004人。

表1 北京银行股权分布表

项目	股东数(户)	占比	持股数量(股)	占比
已确权股份情况				
法人股东	658	2.70%	275 179 267	85.03%
自然人股东	22 934	94.23%	709 453 191	14.12%
其中:员工自然人	4 215	17.32%	181 772 048	3.62%
非员工自然人	18 719	76.91%	527 681 143	10.50%
合　　计	23 592	96.93%	4 984 632 458	99.15%
未确权股份情况				
法人股东	63	0.26%	22 616 219	0.45%
自然人股东	683	2.81%	20 313 204	0.4%
其中:员工自然人	4	0.02%	97 466	0.0%
非员工自然人	679	2.79%	20 215 738	0.40%
合　　计	746	3.07%	42 929 423	0.85%
总　　计	24 338	100.0	5 027 561 881	100.00

数据来源:北京银行首次公开发行股票招股意向书。

(二)各方对员工持股的看法

1. 员工的观点。

一位在北京银行工作了5年多的普通员工被媒体采访时说,股权激励的确是激励员工的一个方法,业绩考核和激励对于企业业绩提升是最重要的。"银行现在竞争这么激烈,我们也是本着多劳多酬的原则,业绩奖金这类的绩效考核和薪酬体系才是目前最重要的激励手段。"对于很多信用社时期的老员工一下子暴富的问题,他认为可以理解,"我们行的历史包袱比较重,在那个时期,这些员工也为公司发展作出了不可磨灭的贡献,他们现在得到回报我觉得也是应该的。"

当然,如果运气好的话,有一些新人也能搭上全员持股的班车。对于后进入北京银行的员工,公司有时会认股权激励新员工,强调这是公司给大家的福利和奖励。不过一位入职7年的北京银行的普通员工告诉记者:"像我这样工作七八年的员工,跟2003年才来的员工可能得到的一样,因为他们赶上了,看来入行的时间很重要。"他个人表示能够接受这个现实,而且也相信公司今后还会出台进一步激励方案。

2. 业内人士的观点。

一位熟悉北京银行的业内从业人士认为"其实,上市后的待遇还没有信用社的时候好。"由于那个时候,信用社属于独立法人,因此对财务有独立的支配权,而且制度灵活,员工的福利待遇都是很不错的,在上市后股权分散且引入战略投资者,在福利和制度上都难以灵活化。前后对比之下,股权的激励作用是否还存在呢?

这位业内人士同时认为,现在的银行业竞争激烈,北京银行也同样强调业绩。但从持股上看,很多人并不是通过正常的市场竞争机制来获得股权,公司也没有一个适当的机制来协调。同时,以目前金融行业竞争的态势来看,行权时期很有可能就是北京银行的震荡时期。相比于建行的员工持股计划,北京银行员工所持的股份禁售期只有1年,相对短暂的禁售期显然会对员工持股计划的激励作用有所影响。

3. 专家的观点。

在现代企业制度下,公司所有制权往往与经营权分离,这样虽然具有一系列的优点,但同时也带来了如监督管理问题和内部人控制等问题,制约着公司经营效率的提高和企业的发展,公司的经营团队包括员工并不能完全将企业业绩与自身利益实现顺利挂钩。而员工持股则可通过员工购买企业股票的方法,使得员工成为企业的股东,就解决了所有者和经营者利益冲突的问题,从而可削弱"内部人控制",降低代理成本,提高企业经营效益。

北京银行在国内率先引入国际资本,并且积极以国际化理念包装银行金融业务。因此在诸多方面可以说是引领国内银行先河,而在治理结构上的积极探索,无疑为我们展示出其创新拓展的更新面貌。

因此,有专家认为,北京银行在政策允许范围内推行员工持股计划,其正面意义巨大,是多方面的、综合性的:通过员工持股实现对行内员工的激励,从而解决所有权与经营权分离的矛盾,员工的股权激励对提高企业的劳动生产率有明显的作用。同时,按照职员贡献与表现确定持股数量,对留住优秀人才、鼓励职工进行人力资源的自我开发具有重要的导向作用。产权多元化是现代企业制度的重要特征,以职工持股形式实现的产权多元化,比外部产权多元化对现代企业制度的建立有更明显的作用。同时,通过职工持股,将真正实现企业发展中的利润共享,这是企业经营的更高理念,是企业的一种社会理念,所有者共同创造财富、共同拥有财富,实现经济民主。此外,通过职工持股也将对企业的成本、利润、税收具有自我调节的功能,进而优化企业财务结构,为北京银行创造由内而外的更平和的抗风险能力。

全员持股和股权激励的一个重要原则就是要尽量调整行权的期限避免之后的企业震荡。除了交易所的行权期限的规定,企业内部也应该有所规定,如此才能保证人才不会流失。这还要看北京银行招股说明书中所提到的以后进一步完善的激励计划能否真正留住人才。

三、北京银行股权激励的挑战

虽然目前北京银行发展势头良好,但在北京银行几近全员持股的风光下,却是隐藏着股权结构的高度分散、本行员工与非本行员工持股比例的不平衡、员工对"进单位越早获得股份越多"的抱怨:北京银行员工的持股量并不是与员工发挥的作用相关联,员工能持有多少股份与工作时间有关,老员工股份多新员工少,而且持有股份的差距很大。目前仍然有63名法人股东和683名自然人股东无法确认股东身份。

> **相关资料：**
> **北京银行"娃娃股东"事件**
>
> 　　2007年9月19日，备受瞩目的中国资产规模最大的城商行北京银行成功上市，在受到众多投资者热捧之后，一则消息不胫而走，在北京银行为数众多的股东当中，上千名"娃娃股东"赫然在列，这些股东在北京银行进行股份制改革时均未成年，最小的甚至只有1岁。
>
> 　　新闻一出，顿时引起舆论哗然，"娃娃股东"作为我国企业股份制改革以来所特有一种现象，并非太大的稀罕事，不过原本属于偶然性事件的情形却集中出现在北京银行身上，顿时让人浮想联翩。人们追问的不仅仅是这些娃娃股东的形成过程，同时还有这些娃娃股东背后的富爸爸们，是何种慧眼让他们早在十几年前就将自己的虎犊潜伏于股东名册当中？虽然未成年人代持股权并不违法，这件事情也最终随着北京银行的出面澄清而不了了之。不过，这起上千"娃娃股东"的政策冒险，同样给今年的中国银行业以及股市留下了不小值得细细咀嚼的滋味，尽管最终过关，但冒险终归是冒险。
>
> 　　摘自http://www.sina.com.cn 2007年11月01日21世纪经济报道

四、问题与思考

　　北京银行作为最先登陆中国A股市场的城市商业银行之一，从IPO到2008年9月19日有较大比重的限售股开始解禁（解禁股数占目前总股本的44%），就一直成为人们广泛热议的焦点。对于股权激励机制在中国银行业的实施及发展，学术界也可谓是仁者见仁，智者见智。

　　北京银行等三家城市商业银行上市后，引发了国内其他城市商业银行的上市热情。但是，受经济危机影响，证监会目前并未批准新的城市商业银行上市。有关部门也在探讨、制定《商业银行股权激励限制方案》，希望以具体的法规来规范城市商业银行IPO中实施的股权激励。

　　股权激励机制是一把双刃剑，既造就了美国金融行业的辉煌，也间接引发了世界性的金融危机。如何实施有效股权激励，既兼顾公平，又能实现提高效率的目标，将使国内企业界和监管部门未来的挑战之一。

 **案例使用说明**

（一）教学目的与用途

1. 本案例主要是用于 MBA《公司治理》课程，也可使用于工商管理类或金融类别课程的教学和管理培训。

2. 本案例的教学目的在于帮助学员掌握金融行业股权激励机制的基本原理，了解该机制的复杂性和敏感性，让学员主动分析、设计股权激励的具体实施方案。

3. 任课教师可以进一步引导学生结合本案例公司的公开披露信息，进一步引导学生开展课堂案例讨论。

（二）启发思考题

1. 如何看待北京银行在 IPO 过程中实施的全员持股的股权激励方案？是全员激励还是全员福利？

2. 金融行业本身的特殊性，实施股权激励是否会影响到社会公平？

3. 北京银行的股权激励模式的优势和缺点如何？是否有进一步完善之处？

4. 新员工的股权激励模式如何实施？增发或回购？

（三）分析路径

1. 股权激励与公司治理的关系。虽然目前北京银行发展势头良好，但在北京银行几近全员持股的风光下，却是隐藏着股权结构的高度分散、本行员工与非本行员工持股比例的不平衡、员工对"进单位越早获得股份越多"的抱怨：北京银行员工的持股量并不是与员工发挥的作用相关联，员工能持有多少股份与工作时间有关，老员工股份多新员工少，而且持有股份的差距很大。目前仍然有 63 名法人股东和 683 名自然人股东无法确认股东身份。

2. 全员持股导致高度分散的持股方式。高度分散的持股方式将会使公司没有明确的控股方，没有明确的控股方，管理层的决策就显得尤为重要，而股东的约束力下降，这时弊端也就显现出来，管理层已经拥有足够的权力，他们可能会为追逐自己利益而作出一些有损公司利益的决策。

3. 全员持股或为变相发放福利。在中国目前的特殊环境下，全员持股很可能会成为银行过分向员工输送利益的一种手段。目前我国金融行业本来就是高收入行业，金融企业员工的收入在很大程度上并不反映其劳动效果，如果再不合理地实行员工持股，则银行员工必然又可以获得大量股权带来的收益，由此拉大收入分配差距，加剧社会分配不公，甚至出现损害国有股东和其他股东利益的问题。

4. 金融行业的薪酬水平问题。金融行业一直是国内收入较高的行业，在金融行业，尤其是商业银行业实施股权激励可能会引发社会公平性的关注。国内经济发展不平衡，不同行业的效益和发展速度相差巨大，实施股权激励不得不面对的社会公平问题是对所有行业的挑战。结合当前北京银行的总体效益情况，当前的全员持股的思路是否可以实现效率和公平的平衡？

5. 股权激励与背景银行的业绩。目前，北京银行的飞速发展，是否是由于全员持股机制所体现出的结果呢？如此分配范围之广、股份如此平均的员工持股，是否为北京银行提供了一个行之有效的激励机制，并更进一步扩大其股价的增长空间呢？

（四）理论依据与分析

该案例主要依据公司治理的基本理论，例如产权理论、委托代理理论，以及一些人力资源领域相关的基本理论，例如公平理论、双因素理论等。

（五）背景信息

可以建议学员参考一下北京银行的招股说明书，及其近几年的年报、半年报等公开披露信息，相关附件中包括了一些与本案例相关的事件。

（六）关键要点

本案例分析中的关键在让学员学习股权激励的基本原理和实施过程中可能会遇到的问题。关键知识点是公司治理的激励相容理论以及人力资源的相关激励理论。

1. 股权激励机制作为国外最通行的激励方式，在国内银行业改革进军观念中，是否可以发挥积极的作用？

2. 公司治理机制框架中，高管的激励和约束机制是体现公司所有者和公司经营者委托代理关系的核心机制，也是解决股东和经营者目标取向不一致的最有效手段。加入 WTO 后，我国不可避免地要开放金融行业，那么国际通行的银行业股权激励手段如何在国内推广？

3. 兼顾公平和效率是一个有效的激励机制的基本标准，如何在我国计划体制的银行体系改革为现有商业银行体系的大背景下，通过实施股权激励来提高银行的效率和服务水平？

（七）建议课堂计划

1. 本案例在教学过程中，应提前一周将案例内容发放给学员，让学员提前了解相应的背景资料。

2. 可以经学员分为 2～3 组，分别提出本组的主题。每组分别选派一名学员作 15 分钟的发言。

3. 各组发言结束后，可以安排 30 分钟的自由讨论。

4. 任课教师在最后做 10 分钟的点评。

5. 建议将本案例作为学期论文的素材，让学员自己编写相应的研究报告。

ATA——增强员工凝聚力的典范①

[案例摘要] ATA公司是塑造员工凝聚力的典范，公司坚持以人为本的价值观，实施人本管理策略，为员工创造良好的工作环境，提供有竞争力的薪酬福利，注重员工的个人发展规划设计，提供培训，采用多种激励方法和手段，注重团队合作，提倡创新，实现公司与员工的共同发展。

ATA公司致力于考试和教育服务，是该领域唯一的跨国公司和上市公司，中国智能化考试服务的创始者，中国最大的考试和教育服务供应商。ATA公司的员工或者在ATA公司实习过的学生都有这样一种共同的感受：ATA公司拥有良好的工作氛围、融洽的人际沟通以及默契的团队合作。ATA公司每年都为在校学生提供实习机会，让在校学生提前适应毕业后将面临的工作环境，在帮助在校学生增长知识和积累经验的同时，也促进了公司与学生或学校的沟通，在众多学校树立了良好的口碑。

公司不仅为员工提供良好的福利，如为员工提供免费的自助午餐，月末或月初为员工提供美味蛋糕，每逢节日公司赠送员工节日礼品。我们利用2008年暑假对该公司位于建国门的中国总部进行了为期一个月的考察。考察期间，正巧赶上七夕情人节，公司为每位女员工赠送了一支玫瑰花，让人感觉公司对员工的关怀无处不在。午餐期间，大家习惯聚在一起，在聊天娱乐的同时，不仅增进了感情，增强了员工的凝聚力，同时还分享了知识和信息，促进了员工的共同进步。除此之外，公司还对员工充分授权，实行岗位轮换，鼓励员工发表自己的意见等等，从而促进员工的全面发展。公司良好的工作氛围，员工认真热情工作的态度，深深地感染了我

---

① 本案例由中央财经大学商学院张爱卿教授和吕昆鹏研究生编写。案例根据考察真实情况编写，不具备评价性，仅供教学讨论。本案例得到国家自然科学基金（批准号：70771117）和教育部新世纪优秀人才计划支持（NCET-07-0893）。

们；员工之间合作的默契，深深地影响了我们；让我们意识到员工的凝聚力对公司的发展有着巨大的作用。

一、ATA 公司的跨越式发展与荣誉

ATA 公司是智能化考试服务的创始者，中国最大的考试和教育服务供应商。公司创立于 1999 年，成立之初凭借先进的考试理念自主研发了世界领先的动态操作试题考试技术（DST），向客户提供优化考试解决方案，极大地提高了考试的信度和效度，解决了困扰全球考试业界的众多难题，公司亦获得快速发展。2001 年 ATA 公司凭借长期积累的独特技术和资源优势，依托现代教育理念，积极投身于中国职业教育改革，整合了微软、Adobe 等国内外著名 IT 厂商的优质教育资源，为中国院校提供新型人才培养方案和教学方案，以及全面配套服务与支持。ATA 公司凭借富有创新的教育理念、先进的技术打破了传统考试模式、教育模式的弊端，服务于中国人才的选拔、培养，推动了中国考试及教育事业的发展。

ATA 公司主要业务经营领域包括：考试服务、教育服务、培训服务以及在线服务。

公司的使命

ATA 公司凭借其先进的测评技术、整合全球优质的教育资源为中国教育提供以就业为导向的整体解决方案，并为国际教育和测评机构提供技术服务！

公司的价值观

每天，ATA 公司专有的考试技术，在全球 161 个国家及地区，7 000 多个考点以 8 种语言使用着；每天，ATA 公司优质的考试服务，通过遍布全国的 1 800 多家考站，3 000 多名认证工程师，为政府及其他机构的 312 种考试服务着；每天，ATA 公司整合的教学资源，在中国的数百所高等院校，被数千名教师及数万名学生应用着。

公司的荣誉

• ATA 公司入选《财富》（中文版）2005 "酷公司" 榜，是唯一上榜的教育考试服务类公司。

• ATA 公司申报的 "信息技术课程改革与评价系统研究项目" 被全国教育科学规划领导小组列为全国教育科学 "十五" 规划课题。

- ATA 公司是全球考试协会 ATP（Association of Test Publisher）亚洲唯一的会员，与 ETS 等 5 家知名考试机构并列为 ATP 核心会员。
- ATA 公司是 PTC（Performance Testing Council）国际考试编辑技术理事会的 3 家主要会员之一。
- ATA 公司是全球 IT 领域最大计算机行业协会 CompTIA（Computing Technology Industry Association）的成员。
- ATA 公司在美国微软全球考试技术招标中以绝对的优势击败众多国际知名的竞争对手一举中标，成为第一家有偿授权美国微软使用其技术的中国公司。
- ATA 公司是中国教育部教育信息化理事会副理事长单位。

二、ATA 增强员工凝聚力的实践

（一）"以人为本"的用人观

ATA 公司不拘一格降人才，唯才是用。重学历，不唯学历，更重能力，在招聘的应届毕业生中有部分仅具有专科学历。公司重视应聘者的综合素质，而不强调应聘者的专业背景。公司招聘的人才中就有一名英语专业毕业的学生任职于产品设计部门。人力资源管理部门负责人说："我们公司有良好的学习机制，能很好地帮助员工不断提高完善自己的知识和技能，所以我们更看重员工的综合素质。"

"以人为本"是人力资源管理的核心理念，ATA 公司提倡"人本管理"，信任员工，尊重员工，依靠员工。如果员工犯了错误，领导不会用训斥的口气责备员工，更多时候都是用很温和的语气指出员工的错误。某员工在一次与银行业的合作交流会议上，自始至终都在保持沉默，会后，总监对这位员工说："我们从来没有从这种会议中得到业务，但公司为什么还要频繁的组织人员参与呢？因为我们可以在与客户的交流中取得我们需要的资讯和了解他们的需要。"没有命令的口吻，没有对员工错误的责备，推心置腹的一句话就让员工领会到了自己的错误，也指出了正确的做事方式。

除此之外，公司为员工制定了做人与做事的准则：

做人的准则：诚信、务实

- 正直诚实，注重信誉。坦诚相待，开诚布公。

- 尊重他人，平等相待，相互信任、欣赏。
- 尊重事实，从实际出发，善于总结工作的方法和规律。
- 尊重规范和标准，勇于承担责任。

做事的准则：协作、创新
- 分享远景，相互协作，共享资源，共同发展。
- 不满足现状，灵活地应对变化和挑战，不断地超越自我。
- 坚持学习与开拓，在可承受的风险范围内大胆创新，持续地改进工作，提高效率。

（二）绿色的工作环境

舒适的办公环境不仅能提高员工工作效率，还能树立公司自身形象，激发员工的自豪感。

ATA 公司为员工提供半封闭式的办公环境，工作位置用高低不同的隔板分开，以吸收噪音和区分不同的工作部门，在保证员工个人隐私的情况下，实现员工之间的有效沟通。由于员工的工作需要长时间与电脑为伍，公司告诫员工：在电脑前工作一定要保持正确的姿势，要坐直，不要长时间低头弯腰、让肌肉长时间处于拉伸紧张状态，每工作一段时间就休息一下，做一些伸展运动或者去楼下散散步。公司为所有员工选择棉布质地的、稍微矮一点、使手臂不会悬空的鼠标腕垫，以避免"鼠标手"的出现，将员工的网页浏览界面统一设置为绿色，从而可以保护员工的视力。公司将电脑使用常识和注意事项张贴在墙壁上，时刻提醒员工要注意身体健康。公司内随处可见绿色盆栽植物，如万年青、发财树、仙人掌等，不仅具有观赏价值还能吞噬办公室细菌，为员工营造了一个绿色的办公环境。

公司办公室内看不到一台空调，也没有中央空调的排空口，却感觉公司内气温适宜，原来公司采用的是毛细管辐射式空调。公司将室内的温度保持在 18℃~25℃，湿度保持在 45%~65%，使员工处于最佳的办公环境之中。公司的厕所采用太阳能光伏发电系统，提供太阳光照明；采用先进的泡沫免冲系统，便器里充满了泡沫，这是一种名为"数控泡沫生态免冲厕具系统"的技术，上厕所的时候不用冲水，这许多泡泡起到了清洁作用。使用这种厕具每次如厕耗水不超过 0.13 升，仅仅是常用便器用水量的 1/40。

公司的茶水间提供纯净水，提供微波炉以方便员工加热食物，提供冰箱放置食品、酸奶或饮料等等。公司前台放有多种药品，以备员工生病之需。每逢夏季，多数人喜欢吃冷饮，公司为了方便员工购买，在公司内部设立了冷饮销售点。月末或月初公司为员工提供美味的蛋糕。

公司为员工提供免费的自助午餐，凉菜热菜、荤菜素菜、各种主食、各种粥以及酸奶和水果，而且还有各种地方小吃，如面食、水饺、米线等等。不但营养均衡，员工还可以根据自己的口味选择自己喜欢吃的食物。再者，餐厅设置在办公楼的地下一层，既方便员工就餐又可以避免雨天、雪天或大风天带来的种种困扰。除此之外，如果员工不喜欢餐厅的饭菜，也可以去外面餐馆就餐，公司为员工报销午餐餐费。

公司还特别注意良好人文环境的建设。公司强调人与人之间的友善交往交流，强调人与人之间的相互尊重与关爱、默契与认同，强调大家不竭的创造力与活力，努力使每位员工脸上都洋溢着幸福的微笑。每天上下班时，前台服务员总是亲切友好地向大家问好或道别，带着一份好心情开始工作，同时带着一份好心情回家。公司经常为员工组织活动以增进员工之间的了解，比如足球比赛、女子乒乓球俱乐部、生日 Party 等等。每逢节日，公司为员工送上礼品和祝福，中秋或春节时，公司还会打电话到员工家中，向员工的家人送去问候与祝福，真正把员工的亲人当成公司的朋友。

（三）优厚、公平的薪酬福利政策

为了更好地吸引应聘者和留住员工，ATA 提供具有竞争力的薪酬。公司秉承公平的原则，尽最大努力使每位员工都感受到三种公平：员工内部公平、内外公平、自我公平，薪酬的依据是员工的工作能力和态度，以及工作所产生的效益。

公司实施保密薪酬制度。薪酬的构成包括工资、奖金、福利和津贴四部分。工资的依据主要有：职位要求、以前工作的成就、同类人员比较、社会同等人员；津贴包括：保密津贴、出差津贴、加班津贴以及其他津贴；奖金的发放标准来自于绩效考核、年终总评。绩效考核是分部门分职位进行实施的，多数职位只有固定绩效，只和公司经营挂钩，不同部门有不同的绩效系数，业务类职位或者项目类职位还与个人业绩或目标挂钩。另根据司龄整体表现奖励相应的股票期权；公司根据当地标准为员工上缴五险一金，还为员工提供其他福利，主要包括免费午餐、定期组织旅游活动、年会活动、员工按照不同级别和到公司工作的不同年限，享受带薪休假等等。公司实行资遣制度，在员工年老体衰或因能力欠缺不能胜任时，根据员工服务年限和职位给予一定的资遣费。公司还建立工资基金制度，以保证员工工资按时发放。

公司奖惩分明，根据严格的绩效考核标准，综合采用多种考核方式，有绩效就有奖励。对于渠道人员而言，如果完成了既定的销售目标，按一定的百分比给予提成，还给予全年双薪。如果没有完成既定的目标，同样会按照与目标差距的百分比扣减相关人员的绩效奖金，直至为零。这里面有一个细节问题，就是惩罚仅仅是针对绩效奖金部分而言，不会对基于岗位和技能的年薪造成影响，尊重人才的基本价值，这种人格上的尊重和制度上的保证也充分体现了"以人为本，关爱员工"的精神。

（四）重视员工个人发展

近年来，越来越多的员工在选择雇主时越来越看重公司有没有对员工进行职业生涯规划，越来越看重自己未来的发展。ATA公司早已经意识到求职者求职心理的转变，在提供有竞争力的薪酬的同时，还为员工设计个人发展的计划，提供培训，帮助个人成长。

从公司员工的年龄结构来看，2/3的员工处于23~28岁年龄阶段，公司欢迎大量应届生的加入。进入公司初始，公司对员工进行非技能的培训，包括公司的企业文化、经营理念、薪酬福利制度等等，帮助员工适应新的工作环境。公司实行早期责任制，相信早期责任制会让新人获得宝贵的实践经验，更快地成长。对于刚毕业的学生，公司就让他们独立负责项目，项目极有可能与他们以前的专业背景和学习经历毫无关系，通过让员工承担有挑战性的项目，从而发挥他们的主观能动性，挖掘员工自身的潜力。比如，公司今年刚招聘了一个金融专业的研究生，在面试的时候主考官发现这名员工在人力资源方面有很大的兴趣且展示了相符的能力，于是就安排他去做人才测评项目，最终这名员工在度过了前期的磨合期后，在自己的岗位上表现得非常出色。公司也根据其表现委以其项目总负责人的职位。这名员工说："总监给他相当大的自主权，虽然有些压力，但自己在同事和公司帮助下还是按其做完了各项工作。非常感谢公司给予了我实现梦想的机会。"

公司实行岗位轮换制,在某一工作岗位工作一段时间后,如果员工发觉这个岗位不适合自己,就可以直接向经理提出申请更换岗位,公司也会根据岗位需要以及对员工绩效与能力的评估适时地对员工进行岗位调动。公司组织项目活动时,从不同部门吸收员工一起参与,等到项目结束后,项目成员可以回到原部门也可以申请留在开展项目的部门。就这些项目而言,项目成员有产品研发部门的,有来自IT研发部门的,也有来自教育培训部门的,在实现技能互补的同时对每一个项目成员都是一次锻炼和提高。

由于公司业务本身就涉及培训领域,因此公司具有对员工进行培训的内部资源优势,如弹性的培训时间、连续的培训内容、培训的及时性以及在工作实践中评估培训效果等等。公司采取多样化的培训方式,讲座法、视听法、远程培训、个人培训、集体培训等等。公司分设在北京、上海两个城市,通过电话会议或者远程网络实现对不同城市员工的培训以及员工之间的交流沟通。

公司实行员工建议制度以及员工参与制度。公司设有专门的意见箱,员工可以匿名形式提出对公司的不满。有好的建议,可以直接向直线经理提议。公司还开办了公司博客,公司员工可以在博客上自由交流意见,分享信息,博客还设有一些娱乐项目,比如:朋友买卖,答题竞猜等等,比比谁的人缘好谁的人气高,看看谁的脑子最灵活谁的思维最独特。公司鼓励员工积极参与公司项目等的讨论,提出自己的见解,集思广益,提倡员工参与决策。不管是公司员工还是实习生,只要是项目成员,就可以大胆的提出建议,会议上,总监或者会议主持人总是鼓励、启发大家发言,营造一个良好的讨论氛围。

三、ATA 增强员工凝聚力实践的启示

在员工目标与组织目标一致的情况下,员工的高凝聚力会带来组织活动的高效率,产生高绩效。同时,较差的员工凝聚力,会带来较高的员工流失率。在知识经济时代,人才是企业最宝贵的资源。因此,企业必须采取措施增强员工的凝聚力。亚当·斯密在自己的家中写下了一本书,名叫《国富论》,在这本被誉为经济学史上最为伟大的著作中,亚当为我们指出了这样一个真理——人天生,并将永远,是自私的动物。

人既是经济人也是社会人，经济基础是保障，社会的交流是提高及发展，企业想增强员工的凝聚力，更好的留住员工就必须提供让员工满意的薪酬福利，除此之外也需要良好的人际沟通，因此公司应该为员工创造良好的沟通渠道，实现领导者或管理者与员工之间以及员工之间的有效沟通。再者，人是复杂人，公司应采取有效的激励手段，关注员工的个人发展，实现公司和员工的共同发展。

 案例使用说明

（一）教学目的与用途

本案例适用于"人力资源管理"等相关课程，启发学生通过学习ATA公司的用人价值观、良好的工作环境、薪酬福利制度、绩效激励制度以及有效的团队建设了解如何提高员工凝聚力，从而带来组织的高绩效。

（二）启发思考题

1. 如何评价ATA公司的用人价值观？
2. 根据马斯洛需求层次理论分析，ATA公司采取哪些措施满足员工不同层次的需求？
3. 试分析ATA公司采取了哪些柔性激励方法激励员工？
4. ATA公司采取了保密薪酬制度，试分析保密薪酬制度的优缺点以及改进措施。
5. 结合案例，试分析如何可以提高员工的凝聚力？

（三）分析路径

根据马斯洛需求层次理论以及关于人的三种假设理论，影响员工满意度的因素是来自多层次的，增强员工的凝聚力和提高员工的满意度是息息相关的。结合ATA公司如何增强员工凝聚力的实践，学习公司的有效方法，以及认识增强企员工凝聚力的重要意义。

（四）关键要点

1. 理解马斯洛需要层次理论，重点关注员工高层次的需求。
2. 了解在增强员工凝聚力方面，ATA公司采取了哪些有效措施。

3. 认识员工的凝聚力对企业绩效的影响，既高凝聚力产生高绩效。

（五）参考文献

1. http：//www.ata.net.cn/。
2. 赵丽芬著：《管理理论与实务》，清华大学出版社2004年9月版。
3. 加里·德斯勒主编：《人力资源管理》，人民大学出版社2007年1月版。
4. 张爱卿、钱振波主编：《人力资源管理：理论与实践》，清华大学出版社2008年3月版。

国际工程承包项目当地员工的管理[①]

[**案例摘要**] 中国公司越来越多地参与国际工程承包市场的竞争，但是在国际工程项目管理过程中，对当地员工的管理一直是工程项目管理的难点。2002年南建国际工程公司在锡兰承担了一项公路工程项目，在项目管理过程中出现了一系列当地员工管理的问题，项目管理团队在管理中采取了许多措施，但是效果并不理想。项目完成后，南建国际工程公司将与项目相关的管理人员召集到一起，对当地员工管理的经验进行了总结。

2001年南建国际工程公司承建了一项锡兰公路工程项目，该项目还涉及公路周边的农田、桥梁、水坝维护等诸多工程内容。项目合同金额为1 841万美元，项目总工期36个月。根据合同规定，业主方要求只能有22名中方人员参与现场施工管理，其他人员只能从锡兰雇佣。该项目从2001年9月6日监理下达开工令开始，到2005年12月才基本完工，耗时近51个月才完成。项目延迟的原因中，当地员工的管理问题是一个关键原因。

为了总结该项目管理的经验，南建国际工程公司总经理要求公司的国际工程部，组织项目管理相关人员对该项目的当地员工管理问题进行总结。

人物介绍

赵南——南建国际工程公司副总经理，代表公司负责国际工程项目

王立诚——南建国际工程公司国际工程部经理，国际工程项目的行政管理部门

董彦——南建国际工程公司国际工程部经理助理，协助国际工程项目的管理

[①] 本案例由中央财经大学科研处副处长、管理科学与工程学院的李桂君副教授编写。案例是综合工作中的实际项目情况改编而成，并不涉及某个明确的公司，案例仅供教学讨论使用。

蔡恩奇——锡兰公路工程项目第一任项目经理
章成功——锡兰公路工程项目项目经理
孙祥——锡兰公路工程项目项目副经理
张伟祥——锡兰公路工程项目办公室主任
李建宁——锡兰公路工程项目财务经理
李宁——锡兰公路工程项目总工程师

2007年11月10日上午，南建国际工程公司会议室举行了锡兰公路工程项目总结会，当日会议的重点是当地员工管理的经验总结。

王立诚：锡兰公路工程项目完成已经有一段时间了，公司希望我们能够对该项目的经验进行总结，特别是该项目遇到的当地员工管理的问题，今天这个会是个总结会，主要是想请项目团队就该项目作一个基本情况的介绍。公司的赵总很关心这个项目，今天也来参加我们的会，赵总请您先来讲讲吧。

赵南：公司的国际工程现在越来越多，遇到了许多方面的问题，其中一个关键的问题是项目所在地的员工管理的问题，你们的锡兰公路工程项目同样遇到了这个问题，你们的项目管理过程中有些方面的经验是好的，有些方面是要吸取经验以后改进的。我们今天不是要评价这个项目，只是希望从这个项目开始，我们能积累更多的当地员工的管理经验，提高公司的管理水平。

具体的内容还是请该项目的人员来讲吧。

王立诚：好的，那就请章经理来介绍具体的情况吧。

章成功：好吧，我先介绍一下锡兰公路工程项目当地人员的具体情况。据我所知，在公司决定承担锡兰项目前，曾对该地劳动力的基本情况进行了调查，我们发现当地劳动力市场的有利条件和不利条件都相当明显，这在公司的立项报告中有记录。

有利的一面，锡兰劳动力的教育水平比较高，平均受教育程度在95%以上，而且英语是日常通用语言，应该说沟通的语言平台是比较好的。

不利的一面，该项目所在区域是锡兰最不发达的地区之一，工会的活动范围较广，也比较频繁。有不少流放人员，民风比较差，经济落后，治安状况不好，黑势力活动频繁。

而根据我们所签订的合同规定，业主方要求我们只能派22名中方人员参与现场施工管理，其他人员只能从锡兰雇佣。这是我们所不习惯的，我们以前所做过的项目通常都有一大帮中国人在项目现场参与施工与管理。从后来的施工状况看，当地员工的管理确实给我们带来了许多的问题。

2001年9月6日，监理正式下达了开工令。当时是董彦带领财务人员以及项目部第一批中方人员共10人最早抵达锡兰的。那段时间的情况我不如董彦了解，董彦你说说吧。

董彦：好，我是最早带人去的。到那儿就开始进行项目前期准备工作。根据工作需要，组建了行政部、测量组、渠系组、构筑物组、机修组等机构，各组负责人均由中方人员担任，并开始招聘用当地人员。

随着招工的逐渐进行，我们发现锡兰项目所在地的劳动力资源非常丰富，比我们预计的还要好。正式招工还没有开始，主动上门应聘的人数竟达3300余人，这些应聘人员有许多在韩国的工程公司从事过工程项目，有很好的现场工程经验。

我们先雇佣了一些临时工。从主动上门应聘的人员中，并考虑业主推荐的人员，初步选择了6名专业技术人员，涉及测量、房建、实验工程师、计算机绘图人员的工作。随后，根据工程的进展，又逐步确定了20名当地技术人员，并初步选出泥工、钢筋工、机械操作手、司机及小工60余人，主要用于测量、营地建设及桥梁施工。即将开始大范围施工时，我就返回公司了，那时候接替我工作的是蔡恩奇，他担任了项目的第一任项目经理。项目进行了一段时间，大约6个月左右吧，进展不是很顺利，后来他就离开了项目和公司。他在项目上工作的情况我也不是很清楚了。

章成功：其间又换过其他人管理这个项目，我是2002年4月到的项目上，当时项目部共有中方人员22人，当地工程师和其他普工110余人。当时的当地员工管理是按照国内做工程的惯例，包括对当地工程师的使用也是安排他们做翻译的工作，施工方案和设计具体由中国的工程师负责。随着施工的逐步展开，作施工方案及设计的中方人员显得严重不足，而且由于国别间设计规范的差异，中方设计人员的施工方案和设计常常无法通过监理方的审查，出现了方案跟不上施工速度的现象，从2002年4月开始到9月当地雨季来临，基本上处于施工等设计的状况。而且项目开工近8个月，当地工人待遇问题也尚未完全落实，当地工人的积极性不高。雨季来临后，施工变得更为困难和迟缓。这实际上是项目早期延迟的主要原因。

2003年4月份，项目现场有中方工作人员21人，当地员工总人数上升到996人。项目经理部对当地工程技术人员和管理人员开始采用目标与定额管理相结合的办法，对完成目标好且时间快的人员给予一定的奖励。然而当地员工对他们的福利待遇并不满意，6月12日、13日，当地工人为待遇福利事举行了罢工，经劳资双方的磋商，很快就复工了，工地没有受到太大影响，但当地员工的管理问题已经变得比较严重了。

2003年10月6日，我们项目经理部跟总公司沟通过一次，我们觉得现场管理人员中方人员偏少，在工程实施过程中当地员工的管理工作遇到很大困难。希望公司能和项目部一起同业主方沟通，增加项目现场管理的中方人员。

当时施工现场当地员工管理的问题主要表现是：

（1）当地雇员多，无中方人员在场的施工点工作效率很低。

（2）记工困难，有很多现场均委托当地工程师签记工卡，但当地工程师和工头都对该地区的力工心存畏惧，所以有很多被迫作假的现象发生。

（3）偷盗严重。油料和房建材料失窃严重，尤其是油料，当地司机、机手十分猖狂，甚至一些机械一天仅有三四个小时，油箱便告罄。如未在现场抓获，嫌疑人会状告无故解聘。更棘手的是，若干个乃至一个工人竟然可以阻挡所有的工人上班，因此，大大小小的罢工性事件就很多了。

王立诚：2004年的时候有一次罢工的时间比较长，可否简单介绍一下。

孙祥：这件事发生时，章经理刚好回国了，最早是由我来处理的，我可以先讲一下。

那是2004年2月6日，项目经理部辞退了3名实习生，由于这3名实习生在项目上实习已经超过8个月，根据当地法律，实习6个月以上视同雇佣，项目经理部辞退他们需要按照正式员工的程序处理，而项目经理部没有按这样的程序处理，是欠妥的。因此，当地工会以反对项目部开除3名实习生为名，组织全员罢工，并提出13项要求，包括给每个劳工的日工资增加1美元；重新雇佣被停职的3名实习生（因为实习期满项目部未将其辞退，实际上已经承认了他们的合法雇员身份，因而项目部无权无故将其辞退）；不得利用各种理由停止工人的工作；由于无工可做而被停止的整组工人，一旦有新的工作，须被重新录用；工人由于生病或受伤，应付其请假期间的工资；支付工伤赔偿金；如果该工人离开现场前已作请示，不能以旷工为理由让其停工；技工必须只做本职工作；给劳工发聘用书；支付特殊津贴给灰尘中作业的工人；不得拖延缴纳养老金（EPF）；解决加班工时支付上的争端；开除工人之前，进行问讯和调查。

此罢工事件经办事处、项目部以及业主、监理等多方面的共同努力，在长达11天的磋商后，最后与工会达成一致，于2月16日正式复工。

章成功：我是在项目部将该罢工情况通知总公司后立即返回项目部的，当时与业主和项目监理就该问题进行了充分的沟通，最后通过地方政府做工会的工作才最终解决了这个问题。当然我们作出了一些让步，包括给当地员工涨薪酬等。针对这些问题，项目实施后期，项目经理部在当地员工的管理方面作了一些改进，主要抓住了以下几个方面的工作：

一是全面落实定额计件管理，提高工作效率。

采用定额计件管理后，效率提高很快，甚至出现了部分工人得到超时工资过多的问题，但总的用工成本降低了，工资总额降了。财务资料显示，措施采取之前，30%工程量的外方工资已达到150余万美元，后期70%工程量的外方工资却低于150万美元。2004年5月份的在册当地工人为1200余人；2004年10月份（仍是施工高峰期）的在册当地工人为800余人。

二是建立健全了相应的管理制度。

项目经理部根据项目管理的需要，制定了《项目部工资待遇标准》、《产值奖分配办法》、《岗位责任制度》、《当地雇员管理条例》、《计划进度控制指标》、《激励措施》等，用制度管人，实行科学规范化管理。

三是充分发挥当地员工的作用。

着力发挥当地员工的作用，给予他们充分的信任。如用1 500美金/月（当时工人平均基本工资500美元/月）聘请了一个当地有名的索赔工程师，每个月来一次，待两三天，工作任务是找索赔点。索赔师的加入，极大地拓宽了索赔的方向，包括设计变更、物价调整、工期索赔等。最终燃料费获赔100多万元、工期获赔93万元、降雨、工人罢工等索赔436万元。目前我们在锡兰的几个项目仍继续雇佣该索赔工程师。

根据这个项目，我们认为我公司缺乏国际工程项目管理的经验，在当地员工的管理上尤其如此。我们虽然在项目管理过程中有所改进，但是还没有形成完整的方法和体系，我们也希望借这次的机会把我们的经验教训作为公司的知识共享给相关各方。

会议继续进行……

 ## 案例使用说明

（一）教学目的与用途

本案例适用于在项目管理和人力资源管理类的课程学习中使用，目的在于通过具体案例的分析，了解在跨国、跨文化条件下，工作所在地员工的管理问题。尝试针对具体问题提供解决方案，提高项目管理和人力资源管理的能力。

（二）启发思考题

1. 分析项目部对当地工程师的使用是否合适，能否通过对当地工程师授权的方式改善项目实施效率？

2. 当地工人多次罢工的原因是什么，对从事国际工程项目的教训是什么？

3. 如果由你来处理当地员工的罢工问题，你采用什么样的原则与方法进行谈判，为什么？

4. 本项目中方人员是否明显不足？中方人员不足的困难确实是无法克服的吗？若有解决办法，有哪些？

（三）分析路径

1. 综合几个方面来考虑项目部对当地工程师的使用状况。首先，从当地工程师的素质状况，看当地员工是否能够承担更大的责任；其次，工程项目是否需要引入当地的工程师，即中方员工能否承担和完成所承担的项目；再次，项目经理部是否有能力来管理好当地的员工。这三个方面的考虑是基本的思考路径，如果完成了上述分析是积极的，那么可以考虑授权给当地工程师来改善项目实施效率，但是要充分发挥当地工程师授权的效率，需要明确管理的方式与方法。

2. 分析当地员工罢工的问题需要从两个方面展开：一个方面当地员工的个人需求的方面，借助马斯洛需求层次理论等管理学理论；另一个方面

是南建公司的管理能力自身的问题，员工的工作状况是需要管理的，问题出现时通常意味着管理层没有找到或采用更为有效的方法。

3. 在当地员工罢工问题处理上要充分分析具体的情况，如内因外因的作用，处理问题的逻辑与层次关系等，还要分析采取措施的影响，包括短期影响和长期影响。

4. 分析当地员工的管理问题不能局限于客观条件的制约，而应该从公司目前的具体状况出发寻找问题的解决方案。欧美国际工程公司曾经用3个人管理过同样规模的国际工程项目。

（四）建议课堂计划

本案例可以作为专门的案例讨论课来进行。以下是按照时间进度提供的课堂计划建议，仅供参考。

课堂计划分为资料阅读、讨论和展示三个部分。

如果资料不是事先发给学员进行资料准备，课堂阅读时间是10分钟。

学员分组5分钟，每5~7人一个小组为宜。

整个案例课的课堂时间控制在100~120分钟。

课前计划：提出启发思考题，请学员在课前完成阅读和初步思考。

课中计划：简要的课堂前言，明确主题（2~5分钟）

分组讨论（30分钟），告知发言要求

小组发言（每组10分钟，控制在50分钟）

引导全班进一步讨论，并进行归纳总结（15~20分钟）

三个男人之间的故事①

[**案例摘要**] 任正非,华为技术有限公司 CEO、我国优秀的企业家代表,用仅仅 20 年时间就带领公司从一家做贸易的小公司发展成为世界电信设备供应商的前三强,并在公司中留下了自己深刻的烙印。在华为早期的发展过程中,任正非大胆起用的李一男曾作出贡献,并迅速成长为华为的领军人物。1999 年,李一男从华为辞职创办港湾网络公司,仅 3 年时间,就成为华为的一个竞争对手。而后,华为收购港湾,李一男重新回到华为,担任华为首席科学家。同在 1999 年创业的李彦宏,凭借搜索业务,仅用五六年的时间就使百度公司建立了在中国搜索市场的绝对优势,并成为全球资本市场最引人注目的公司之一。2008 年,李一男从华为跳槽到百度,开始了与李彦宏的合作……

10 月 5 日,2008 年国庆长假的最后一天,一大早,百度公司的大会议室里已坐满了公司的 30 多位高管,准备召开第三季度总结会。就在会议将要开始时,CEO 李彦宏指着坐在前面的一位身材瘦削、面孔白净的年轻人,笑着对大家说:"我来给大家介绍一下这位新同事,李一男,他将担任我们的 CTO。"

李一男

他的一举一动都会影响华为的发展方向。

——华为员工对李一男曾经的评价

李一男,1970 年生于湖南,1985 年考入华中理工大学少年班,1992 年研究生二年级时在华为实习,1993 年硕士毕业后加入华为研发部,随后

---

① 本案例由中央财经大学商学院于广涛副教授编写。本案例根据网络资料编写,目的是用作课堂讨论的题材,而非对相关人员的评价。案例的相关内容主要来自记者的报道,在此向这些贡献者表示感谢。

升任华为工程师、主任工程师、中央研究部副总经理。1995年，因在华为C&C08万门数字程控交换机的研制中贡献突出，被提拔为华为中央研究部总裁以及华为总工程师；1997年成为华为副总裁；1998年任华为公司常务副总裁。当时，内部盛传任、李情同父子，李一男是接班的不二人选。

对于李一男，曾流传过两件事情。一件事是说李一男对技术的超强驾驭能力。原华为无线研究部的总工程师唐东风要给客户做技术汇报，邀请李一男参加。由于事先没有就技术进行沟通，只是在从一楼到二楼会议室过程的几分钟的时间里，听了部下的简略汇报，进入会场的李一男竟然能够异常精确地将这项技术的关键点描述得清清楚楚。

另一件事则是说李一男脾气大。有一次部门聚餐，一位还不太了解他脾气的员工上前给在座的所有领导敬酒，其他领导在劝说下都喝了一点，而他却执意推辞。当这位员工略带醉意地执意继续相劝的时候，他禁不住勃然大怒，竟然当着所有人的面破口大骂并拂袖而去。

1998年年底，李一男被调离中央研究部，负责市场部下面的产品部。这次调动让他觉得自己已经不被任正非重视，因而动了离开的念头，希望通过创业重新证明自己的价值，并于2000年担任了几个边缘职务之后正式提出辞呈。在任正非为其举行的欢送大会上，李一男深情地宣读了创业的个人声明。也是在大会上，李一男仅有的一次谈到了自己对华为的情感，"华为不仅是中国的CISCO，而且应该更加优秀。……华为是中国IT人才发挥自身能力最好的舞台和成长环境。"他还承诺，愿意与华为签定同业禁止协议。

2000年年底，李一男用从华为股权结算和分红的1 000多万元设备在北京创办港湾网络公司，代理华为的通信产品。港湾和华为最初的合作是甜蜜的，港湾是华为绝对一家独大的企业网产品的高级分销商。但在代理了一段时间华为的数据通信产品之后，港湾很快推出了自己研发的路由器和交换机等产品。接着，华为北京研究所的一个数据通信领域研发团队竟然集体失踪投奔港湾。港湾挖人的手法几乎与原来的华为同出一辙：除了高薪之外还有诱人的股票和期权，以及美好的上市前景。管理上，港湾几乎照搬了华为的整套制度，从内部全员持股到公司的管理措施，甚至是部门设置的名称。事实上，港湾是一家最为成功地应用了华为的战略、战术和企业经营理念的公司，以至于一直被业界称为"小华为"。

初始创业就碰到电信业的冬天，李一男收缩战线把力量集中到数据通信业务上。在其精心经营下，港湾开始声名鹊起。技术出身的李一男自然重视研发，港湾每年研发经费的投入占整体销售额的12%～15%，研发资源人员占到公司员工总数的大半。港湾方面表示：自己是所有高科技企业中投入研发人力、物力比例最大的公司之一。2001年11月，港湾在国内第一家推出机架式以太网骨干交换机；2002年1月，港湾在国内第一家推出ADSL/VDSL混插大容量机架式IPDSLAM系统；2003年5月，港湾在国内第一家推出支持OC192接口的T比特核心路由器。与之相应，港湾在2001年到2003年的三年，年销售收入分别是：2001年的1.47亿元；2002年的4.1亿元；2003年的10亿元，年增长率超过100%。三年间，港湾的规模也迅速增长，员工超过了1 800人，其中，多数来自华为。

通信业是个高投入的行业，但李一男的"华为背景"，以及带领港湾超常发展而被称为"天才CEO"，使得港湾倍受风险投资的青睐。2001～2003年，港湾分别从瑞银华宝背景的华平创投、上海实业旗下龙科创投等数家机构总计获得1.16亿美元资金。

李一男期望港湾也能像几年前的华为那样高速增长，也期望港湾不再是仅提供单一产品的网络设备商，而是华为那样的全业务解决方案供应商。于是，在港湾推出宽带接入产品（VDSL和ADSL）大获成功后，不顾技术部门负责人的反对，下令上马高端路由器并在2002年底推出了产品。他这一次确实跑在了任正非的前面——当时业界普遍认为，在数据通信领域港湾要领先华为至少半年。而后，在李一男的坚持下港湾又做了一系列的并购，其中包括2003年12月收购了另一位前华为副总裁黄耀旭创办的深圳钧天科技公司。钧天是一家专注于光网络的技术型公司，而光网络产品线一直都是华为的利润奶牛。这也使得任正非不得不作出调整，为了对付港湾，华为内部甚至成立了专门的机构，与港湾在每个地区、每个客户、每个订单上展开了血腥的争夺。

在这个过程中，双方都使出了浑身解数。只有到了这个时候，李一男身上的欠缺才会暴露无遗：长期以来的独断专行使得他与投资人的关系日趋紧张，对投资业务的陌生又使得他轻率地与投资人签下了对赌协议；他对部下分而治之却无法掌握好平衡，各部门内斗不断，最后甚至出现了两个部门针对同一件事情颁布两种不同规定的咄咄怪事；他对华为出身员工的盲目重用使得非华为出身员工的积极性备受打击；他对公司内部管理的疏忽使得公司产生了几千万元说不清道不明的坏账……一位当时离职的港湾员工这样概括自己的失望之情——"公司没有了凝聚力"。

港湾进入 2004 年后开始面临"成长的烦恼"：竞争日趋激烈、对手不断挤压、员工离弃。港湾收入增长速度明显放缓，年初所定的 20 亿目标仅完成 10 亿元的合同销售，增长率为零。最后，在投标失利、现金流枯竭、上市无望、与西门子通信的收购意向又被华为硬生生拆散之后，已经撑不下去的投资人再也无法等待，转而将港湾的大部分资产出售给了华为。2006 年 9 月，李一男被迫又回到了华为，担任专门为其设置的首席科学家的职位。

任正非

> 要在茫茫的黑暗中，发出生命的微光，带领着队伍走向胜利。
> ——克劳塞维茨《战争论》

任正非，祖籍浙江，1944 年出生于贵州。任正非虽负盛名但人们对他所知甚少，只是在他的《我的父亲母亲》一文中，才可大致了解他的人生轨迹。父亲任摩逊在 20 世纪日本侵华时期作为抗战青年从浙江辗转来到广西、贵州一带，解放后留在贵州贫困山区从事乡村教育。1960 年代初，任正非在重庆读大学碰上"文革"爆发，还遭到过造反派的暴打，后来投笔从戎。1982 年从四川某部队转业到深圳，1987 年在无处就业的情况下拿出 2.4 万元人民币孤注一掷创办华为公司，20 年的时间，华为从一家小公司成长为电信设备商的世界前三强。对于这一骄人的业绩，任正非曾经的合作伙伴 3COM 公司 CEO 布鲁斯-格莱夫林，在接受美国《商业周刊》采访时也毫不吝啬对任正非的溢美之辞："任的故事如果放在美国的话，那也是一个令人惊异的美国成功者的故事。"

早期，上海贝尔以市场领先者的角色自居，向中国电信市场提供主流交换机产品，而华为的产品只能卖到农村市场。任正非则耐心地实施毛泽东军事思想中的"农村包围城市"策略。同时，加大投入 C&C08 万门数字程控交换机的研制。08 机的研制成功、以及华为锲而不舍地响应客户需求的人海战术，使华为终于在 20 世纪 90 年代中期，完成了从紧跟上海贝尔，到与上海贝尔势均力敌，再到全面超越上海贝尔的过程。

1998 年 3 月 23 日，深圳明华国际会议中心简陋的会议室里，当读到

"华为的追求是在电子信息领域实现顾客的梦想,并依靠点点滴滴、锲而不舍的艰苦追求,使我们成为世界级领先企业"的时候,100多人的会场鸦雀无声。几乎没有人相信这个伟大的目标能够实现,除了华为的领头人任正非。

在接下来的10年时间,华为确定了世界级的远大目标,花费巨资引进了IBM等跨国公司的先进管理体系,完成了对全球市场的布局,逐步从一家平庸的小公司成长为令竞争对手胆寒的重量级企业。在实际经营过程中,任正非则恪守诸如诚信经营、客户导向、专注核心、追求卓越等管理理念,并坚决地予以贯彻,而且要求华为搞研发的所有的副总裁级人员每周必须固定数次面见客户。

任为人直率,做事雷厉风行,熟读毛选,出口成章,言谈对员工富有鼓舞性,是一个被西方通信业界称为"用毛泽东军事思想"指导公司经营的老板。任正非有许多令人感觉新奇的管理思想和见解,比如"华为鼓励人人当雷锋,但决不让雷锋吃亏"等,影响了一大批人,其中包括李一男。任的文笔朴实流畅,在华为内刊发表的系列文章,不仅在公司内部员工中广为流传,还被不少台湾企业列为员工励志读物。他率领一群如西西弗斯般英猛的战士冲锋陷阵,让华为在与国际通信巨头异常激烈的竞争中迅速崛起。事实上,不少从华为出走的员工至今仍怀念在华为的时光,并称之为"激情燃烧的岁月"。

与同时代其他优秀的企业家相比,任正非则显得有些另类,他从来不见媒体,总是小心翼翼地将自己隐藏在聚光灯的后面,偶尔有余光扫过来,也只能看到拉长的背影。

前华为副总裁李玉琢曾有过很多关于任正非的细致的侧面描写:有一天晚上,我陪他见一位电信局局长,吃饭吃到9点。在回来的路上我问他回公司还是回家,他说回公司,有干部正在准备第二天的汇报提纲(第二天李鹏要到华为)。我陪他一起回了公司。到了会议室,他拿起几个副总裁准备的稿子,看了没两行,"啪"地一声扔到地上:"你们都写了些什么玩意儿!"于是骂了起来,后来把鞋脱下来,光着脚,像怪兽一样在地上走来走去,边走边骂,足足骂了半个小时。"

"华为即任正非,任正非即华为"。在华为内部,任正非拥有如此巨大的影响力,以至于被员工们称为"老板"和精神偶像。华为取得的巨大成功以及任正非的特立独行,使得华为成了一个不解之谜。当中介机构提出员工满意度的调查要求时,任正非勃然大怒;当人们希望华为能够成为一家更为透明的公司的时候,任正非断然拒绝;当公司出现一些问题的时候,任正非发起一次又一次的内部运动……

在 1990 年代末华为全面发展的时候,任正非预见到一场电信业寒冬即将到来,为此写下流传至今的《华为的冬天》,鼓励华为员工内部创业,以使华为能够把全部精力集中在核心竞争力的提升上。但结果却有些南辕北辙,一位前员工回忆,"该走的没走,不该走的如李一男这样的技术尖子却放跑了"。而任正非一方面最终同意了李一男内部创业的请求,只要求李一男在华为内刊《管理优化报》上发表内部创业声明,以免动摇华为军心。另一方面又为此沉痛检讨,当年给自己评级打了 C 级。后在孙亚芳等其他高管的劝说下,才调高为 B。

其后,在港湾创业风光无限的那三年,华为相对则有些黯淡。重金投入的 3G 研发只能苦苦等待,甚至在联通 CDMA 招标中意外失手,忽略小灵通让老对手中兴缩短了与华为的差距,在数据通讯产品上除了遭到港湾的挑战外,华为还与思科惹上了"世纪诉讼"。任正非在一次会议上为此自责:"不要太看重面子。在华为犯错最多的是我……大家为维护领导人的威信,给点面子罢了,我自己心知肚明。"

面对思科的诉讼和港湾的挑战,华为适时调整战略,2002 年对数据通信业务进行整合、重建销售渠道,2003 年和美国 3COM 公司合资。而后,华为重新在企业网市场重新发力、寸土必争,改变了思科独霸数据通信领域的格局,与思科的官司也以和解告终;面对港湾的挑战,多年征战南北的华为应对自如。任正非屡败屡战,终于把华为带出了冬天,开辟了属于华为的一片蓝天。

李彦宏

> 众里寻他千百度;蓦然回首,那人却在灯火阑珊处。
>
> ——辛弃疾《青玉案·元夕》

李彦宏,1968 年生于山西,1987 年以山西阳泉第一的高考成绩进入北京大学图书馆系情报学专业,1991 年秋天赴美国布法罗纽约州立大学继续学习,完成计算机科学硕士学位后,放弃继续攻读博士学位而直接进入华尔街。接下来,李彦宏意识到华尔街最有前途的是金融家而不是计算机天才，而自己热爱和长处只在计算机，于是，又转战硅谷。在美国的8年间，李彦宏先后曾担任道·琼斯公司高级顾问，《华尔街日报》网络版实时金融信息系统设计者，以及当时硅谷最成功的搜索技术公司 Infoseek 的资深工程师。他为道·琼斯公司设计的实时金融系统，迄今仍被广泛地应用于华尔街各大公司的网站，其中包括《华尔街日报》的网络版。1998年深感于硅谷的商战气氛，写出了《硅谷商战》一书，书中李彦宏问自己："再去加入这场商战是不是已经太晚了？可是按照信息经济现在的发展速度，谁又能够负得起不参战的责任呢？"

1999年底，李彦宏、徐勇携120万美元风险投资，从美国硅谷回国，创建了百度公司。创立之初，百度就将自己的目标定位于打造中国人自己的中文搜索引擎，并愿为此目标不懈的努力奋斗。2000年5月，百度首次为门户网站——硅谷动力提供搜索技术服务，之后迅速占领中国搜索引擎市场，成为最主要的搜索技术提供商。2001年8月，发布 Baidu.com 搜索引擎 Beta 版，从后台服务转向独立提供搜索服务，并且在中国首创了竞价排名商业模式。2005年8月5日，百度在美国纳斯达克上市，成为当年全球资本市场上最为引人注目的上市公司。在回忆回国创业这段人生抉择时，李彦宏说："我小时候有很强的不服输心理，越是大家不看好的事，我越是要做成。"

合作伙伴在谈及对李彦宏的最大印象时，不约而同都说了"睿智"二字。在3年多的合作中，合伙人徐勇发现，李彦宏不仅有技术背景还对商战有敏锐的直觉和出色的判断。2002年5月从用友到百度担任副总裁的朱宏波对李评价是："管理者的决策是这样形成的：听大数人的意见，和少数人商量，自己做决定，李彦宏就做到了。"

像很多硅谷技术人员的理想一样，李彦宏的理想是希望靠技术改变世界。"希望自己做的事能改变大多数人的生活方式，让足够多的人受益，这是我的人生理想和目标。"也有人曾说：世界上多数优秀的程序员天生偏执狂，总会认为自己做的东西才是最完美的。李彦宏不编程已有很多年了，这种性格特点在他作为公司最高管理层时并无体现。他说他自己还有很多不足，他知道自己不是正规化的职业经理人，他想学的东西还很多，他能侧听别人的想法，在公司内部会议主张大家自由交流，甚至为了讨论"可以不给我面子。"但是，一旦讨论成为决策时，就要不折不扣执行。

李彦宏帅气的长相加上儒雅谦和的性格,容易给人亲和感。然而内向的他却不擅长与人交往,更像社会的观察家。无论在公共社交圈还是平时的运动中,他更多时间沉默不语。熟悉他的人认为,李不善言辞,不喜说话。例如,2001年初,李彦宏要说服董事会同意百度从门户网站的搜索引擎向搜索引擎盈利模式转型,当面对外方懂事的反对时,李"啪"的一声将手机重重地朝桌上摔去,"我他妈的不做了,大家也都别做了,把公司关闭了拉倒!"还有一次员工犯错,李彦宏在办公室里和员工面对面,一言不发,足足有5分钟。该员工后来说,"那种沉默让我很害怕。"

"有一定经济基础后我就一直想到处看看,然后在自家园子里种些蔬菜、水果之类的东西",李彦宏在接受记者采访时说。这些性格让人以为他不会作秀。可是2002年年底的"百度激情夜",李彦宏的出场让人有张朝阳的感觉:又一个作秀的CEO。百度市场总监毕胜对此评价:"Robin(李彦宏英文名)放在哪里哪里亮。"

李彦宏认为,百度必须成长为一家国际化的网络企业,否则就无法真正获得投资者的认同。在成为国际化公司的具体实施上,李彦宏更是早就暗中布局,让百度的董事会和管理层逐步全球化。2007年开始,百度东渡日本,踏上国际化征途,主动出击对抗早已在那里迎战的雅虎和谷歌。面对投资人、百度内部和社会的各种猜测和质疑,李彦宏用他惯有的理性回应,"所有的市场都是相似的,如果一个企业可以在一个地方成功,在其他的市场却不能成功,那么它的发展是有问题的,就不能算是真正的成功企业。"

一个新的开始?

百度公司的大会议室,在李彦宏向大家介绍完后,与露出惊讶之色的百度高管们不同,李一男异常平静地站起来,面向大家打了个招呼之后又重新坐了下来。在随后的三天时间里,他一直神情专注地听着别人的发言,自己却很少说话。

确实,对于IT人来说,李一男就是传奇;而且,他的所有传奇都与一家赫赫有名的企业——华为纠缠在一起:他在华为平步青云,成为公司第三号人物;他叛离华为,成为华为的眼中钉、肉中刺;他被华为击败,不得不回到华为。如今,走进百度的他已经不再与华为有任何联系;那么,走出华为的李一男还能够续写自己的传奇吗?

 **案例使用说明**

（一）教学目的与用途

1. 本案例主要是用于管理学、组织行为学、人力资源管理、创业学等课程的教学。

2. 案例适用于本科生、企业管理硕士（普通研究生）和工商管理硕士（MBA）的教学，使他们了解领导行为特征、性格特征、企业用人育人以及企业高管团队的搭配问题。

（二）启发思考题

1. 李一男、任正非、李彦宏各有什么样的性格特点？
2. 试分析李一男的经历。他的经历对你有什么启示？
3. 如果你是任正非，你会怎样激励李一男继续为华为工作？
4. 如果你是李彦宏，你准备怎样使用李一男？
5. 你认为李一男进一步发展的方向是什么？

（三）分析路径

教师可以根据自己的教学目的来灵活使用本案例。这里提出本案例的分析思路，仅供参考。

1. 从创业的角度思考李一男、任正非、李彦宏等三个人的性格特征。
2. 分析李一男、任正非、李彦宏的三个人的性格特征与三个企业的特点之间的关系。
3. 通过分析，找出李一男两次出走华为的内在原因。
4. 通过讨论，引导学生认识到，解决问题的关键在于高层管理团队的搭配问题。

（四）建议课堂计划

本案例可以作为专门的案例讨论课来进行。如下是按照时间进度提供的课堂计划建议，仅供参考。

整个案例课的课堂时间控制在 80~90 分钟。

课前计划：提出启发思考题，请学员在课前完成阅读和初步思考。

课中计划：简要的课堂前言，明确主题　　（2~5 分钟）

分组讨论　　　（30 分钟），告知发言要求

小组发言　　　（每组 5 分钟，控制在 30 分钟）

引导全班进一步讨论，并进行归纳总结　　（15~20 分钟）

课后计划：如有必要，请学员采用报告形式给出更加具体的解决方案，包括具体的职责分工，为后续章节内容做好铺垫。

(五) 参考文献

冀勇庆、李一男："走出华为"，《IT 经理世界》，2008 年第 20 期。

冀勇庆、任正非："可以特立　不可独行"，《IT 经理世界》，2008 年第 6 期。

冉孟顺："华为港湾之争：任正非与李一男从师生到对手"，《南方周末》，2005 年。http://tech.sina.com.cn/t/2005-09-22/0942726520.shtml

不被关注的费用管理方案[①]

[**案例摘要**] 长江大学出版社新任社长提出了出版社发展的新方向，赵红兵是长江大学出版社的年轻骨干员工，希望能够将在 MBA 课堂上学习到的新管理方法应用到实践中，解决出版社营销费用增长过快的问题。为此，赵红兵一直关注本部门营销费用支出明细，并认真分析其变化情况和管理流程问题，经过充分准备后，赵红兵制定了一个自认为较完善的费用管理新方案，希望能够首先争得本部门主任的支持，再进一步在社内扩大应用范围。但经过多次正式、非正式的尝试后，却得不到本部门主任和其他社领导的反馈意见。即不支持，也不反对。最后，赵红兵自己也心灰意冷了。国有出版企业的改制风潮虽然引发了传统出版单位形式上的改变，但其管理实质的变革仍将是一个漫长的过程。

4 月份的北京已经可以感受到春天的暖意，早晨的空气清新、湿润。赵红兵愉快地和同事打着招呼。这几天总算把全年的各大区销售任务做完了，并且已经与各大区的销售经理进行了沟通，如果全年销售任务顺利完成的话，应该可以达到出版社预计的目标。赵红兵一边想着，一边快步走进了办公室。今天是否应该向部门提出费用管理的改进方案呢？

赵红兵所在大学出版社，由国内知名的大学之一——长江大学于 20 年前创办。目前在零售和教材图书市场具有较强的竞争力和品牌影响力。自 2005 年新闻出版总署启动出版发行体制改革以来，长江大学出版社完成改制已经三年多了。从事业单位改制为企业后，新上任的社长准备开始推行实施各个分社和重要职能部门独立的利润考核，以便更好地考核各经营部

---

① 本案例由中央财经大学 MBA07 级学生温释道编写，指导老师为商学院钱振波教授。本案例涉及所有人员及其所在单位的名称均经过掩饰，本案例涉及的故事性描述均与事实相符，人员关系基本属实，人员对话由作者杜撰。

门的绩效。赵红兵所在发行部承担着全社的图书产品销售和推广工作，是重要的职能单位。但是多年来，由于零售和教材图书市场的繁荣，发行部一直偏重于发货和回款工作，发行部的工作也一直强调发货和回款计划的落实，对于营销费用的管理基本没有。各大区的业务人员在工作中独立安排本地区的营销费用，虽然每年都有费用支出记录，但部门从未将营销费用列入考核范围，甚至出版社财务部门也从未对营销费用进行过详细的分析。各大区销售经理一直以传统习惯和遇到的客户情况灵活安排营销费用，部门经理的费用报销也从未在本部门记录，而是直接由出版社领导签字后在财务部报销。

这两年来，图书市场饱和，不少出版社改制后成立集团、上市，出版社之间的竞争日趋激烈。虽然赵红兵所在出版社依靠多年积累的作者资源和品牌影响力在国内图书市场仍占有较大市场份额，但也面临销量增长缓慢的压力。从 2007 年开始，出版社的销量增长比率一直低于 5%，2009 年甚至出现了销量的负增长。但出版社的营销费用却保持每年 30% 左右的增长速度。

按照新社长的意图，如果出版社对发行部进行利润核算的话，很明显需要加强开源节流两方面的工作。而节流工作——营销费用的管理正是部门多年来的管理盲区。赵红兵这样认为，并一直关注着部门营销费用的支出明细和变化情况。

自从 6 年前赵红兵经同学介绍到出版社工作后，就一直在发行部担任销售区域经理的职位。1 年前，赵红兵考上了中央财经大学的 MBA。为了更好地学习，减少出差时间，发行部同意赵红兵调到账务计划科负责全部门的信用风险控制、发票管理、计划制定和费用报销审核、记录工作。

赵红兵多年在一线从事销售工作，对出版社的行为习惯了解深入，与各分社的领导和基层员工都很熟悉，大家对其工作能力和为人都很认可。由于在原岗位的工作中就与账务计划科主管有过密切的配合和大量沟通，因此赵红兵对账务计划科的工作并不陌生。此次主管账务计划工作后，赵红兵计划将学到的管理知识应用到实际工作中去，开始着手打造一套完整的业务考核指标体系。经过一年的工作，赵红兵对原账务计划科的工作内容和工作流程作了不少调整，得到了包括部门主任和一线销售人员的认可。科室内的员工也较快地接受和认可了新主管的为人和工作能力，能够和赵红兵配合完成工作中分配的任务。

由于工作的性质涉及大量的票据报销和审核，赵红兵对整个部门的费用管理流程和问题有了比较全面的了解，并开始计划制定一个科学化的费用管理方案。但由于会涉及一些一线销售人员的利益，因此赵红兵一直在不断完善自己的想法，没有向部门提交完整的方案。今年初，在出版社年度总结大会上，社长公布了出版社实施独立利润核算的管理改革方向后，赵红兵觉得时机比较成熟了。开始设计新的费用管理方案、撰写文档、找专业人员修改原有管理软件。到3月底，赵红兵制作完成了详细的部门提案。文件包括改进方案、培训手册、费用分配速算表。

新的费用管理方案根据支出用途将营销费用分为12大类和若干子科目，可以实现部门和各个销售区域的独立费用核算。新管理方案依据作业成本法的原理将不同的费用分配到不同的营销活动中去。该方法使得营销费用的核算更准确，更具有相关性和配比性；使得营销费用的管理与营销全过程的作业链和价值链管理有机结合。基于该方法可定量分析针对不同产品和渠道，不同组合的营销费用投入的增减变化对销量和回款的影响，有利于营销费用预算的决策和过程控制。如果实施顺利的话，还可以将成本、费用管理范围扩大到编辑、出版部门，甚至可以改善整个出版社的成本管理水平。

但是该方案的实施对每个费用发生人员的要求较高，需要部门员工在观念上对新管理方法的理解和行动上的配合；需要每个费用发生主体理解该方法的运营原理，才能准确、客观地将费用支出归集到不同明细账户，并将费用按不同的成本动因分摊、记录到不同的作业中心。因此该方案在实施前可能遇到观念上和技术上的阻碍。针对技术上的阻碍，赵红兵已经制定了完善的培训手册和速算表。可以帮助员工提高记录精确度并减少报销时间。观念上的阻碍将会表现得更为复杂，表面现象看来是员工对基于作业成本法的费用管理方法原理理解困难；深层的原因是员工是否会因为其对自身的约束产生抵触情绪。另外，新方案实施后，会大量增加账务计划科的系统录入和审核工作量。为促使员工快速理解新管理方案的原理，赵红兵在培训手册中从新方案实施的必要性和优越性的角度进行了详细的说明。但是由改变传统方式而可能产生的抵触心理，赵红兵也没有把握能够克服。当然，账务计划科由此方案的实施而增加的工作量，赵红兵还是有把握让下属员工承担的。因此，促使费用管理新方案顺利实施的最关键工作是首先争取部门经理的理解和支持。

赵红兵首先寻求部门副经理姜岚的支持。寒暄了几句之后，赵红兵对姜岚说："为了贯彻、落实出版社下一步的改革方向，解决我们部门营销费用增长过快的现象，我一直在考虑如何加强部门的营销费用管理。今年初我在工作计划上曾经提到过此项目标，现在我制定了一个完善的方案，想提交给您，请您考虑是否可行？如果原则上有可实施性，再抽时间详细讨论方案细节。""好的。你先发邮件给我看看，如果好的话，我和李经理商量商量，再征求一下区域销售人员的意见。"

赵红兵回到办公室后，再一次检查了文件，确认没有问题后，发送了邮件。

姜岚是出版社的老员工，是新任社长妻子的姐姐，在单位一直以人缘好著称。可能是女性管理人员的特点，4年前姜岚从市场部调到发行部担任副经理职位后，对本部门的销售人员和客户都很和气，每逢部门员工家里有重要的事情发生，都会嘘寒问暖。如果有同事或其家属住院的话，一定会带着几个同事去医院慰问。因此部门员工都很认可姜岚经理的为人，客户也经常在销售人员面前赞扬姜经理。

一个月后，赵红兵没有等到姜岚的答复，有些着急了。这天，赵红兵找了个机会和姜岚谈完工作后提起了费用管理方案。"上次给您发的邮件，就是费用管理新方案，您收到了吗？""哦，你看我这记性。最近忙着出差，外地不少书店的半年回款要提早沟通，一些重要客户也很久没见了。你的文件我收到了，一直没抽出时间仔细看呢。你再等一等，回头我找你。""那好，如果有疑问的话，您随时找我。"

又过了一个月，还是没有等到姜岚的答复，赵红兵找了个机会又提起了此事，"这件事情着急吗？你看，快半年回款考核了，还有不少书店要做工作。"姜岚问。赵红兵心想，可别说是因为我耽误了您的工作，忙答道："倒是不着急，但是对于部门的管理来说很重要。""那好吧，我再仔细看看。"

但是，还是没有答复，中间他给部门李经理也发了一封同样的邮件，也是没有回复。眼看就到6月底了，出版社半年考核。赵红兵也没有精力再顾及费用管理的事了，要忙着做部门和各销售区域的半年营运分析。

7月份部门召开半年总结会，主管发行工作的副社长也参加了会议。赵红兵作为账务计划科的主管对发行部半年的销售业绩和信用风险、应收账款管理进行了评价和总结，并阐述了自己科室下半年的工作计划。借此机会，赵红兵再一次提出，已向部门提交费用管理新方案，正等待部门的讨论。但不论会上、会下，同样还是没有答复。

10月份，赵红兵将自己准备充分的新管理方案整理成稿，在行业期刊上发表了。该期刊在图书出版行业是较有影响力的核心期刊。国内大型出版社的主要领导每个月都会收到该期刊，期刊的编辑对于赵红兵的这篇文章非常认可，还以外审的方式特别将这篇文章推荐给了另外一家出版社的财务部主任。"如果自己出版社不愿意采用的话，能让其他出版社借鉴也好。"赵红兵一边看着期刊封面突出印刷的标题"基于作业成本法的出版社营销费用管理"一边这样想着。

10月份的一天，赵红兵在发行部经理办公室和李经理聊天，又一次提到了自己的费用管理新方案。"你给我一份纸质文件，我看看。之后我们和姜岚再讨论一下，你看好吗？不用抱怨了。不管是你还是我，都是应该主动提出方案再积极主动地推动上级采纳的，下级多做一些事是应该的。"

"好的。"赵红兵说完后，走出了李旭的办公室。李经理40多岁了，在发行部从业务员干到主任这个岗位已经快10年了，李旭的名言是"别给我找麻烦，也别找我的麻烦。"赵红兵想起了李经理的名言，可能自己也不愿意给自己增加麻烦吧。毕竟这个新的管理方案让大家都麻烦了。这样不是也挺好的吗？又没有什么损失。

果然，又过了一个月，还是没有任何部门领导的回复，即使赵红兵自己也不愿意再提起此事了。

 **案例使用说明**

（一）教学的目的与用途

本案例适用于MBA学生在管理与沟通课程中使用；使学生了解和掌握在国有企业如何有效实施管理变革，克服潜在的人员阻力。

(二) 启发思考题

1. 赵红兵在沟通中采取了何种方式？
2. 导致赵红兵沟通失败的原因是什么？
3. 赵红兵应如何在传统国有企业中推动管理的变革？

(三) 分析路径

首先分析赵红兵所在企业和人员背景，接着分析不同人员的沟通行为和导致其行为的深层次动机。最后，讨论如何实现有效、成功的沟通。

(四) 理论依据与分析

1. 主体分析（自我认知）。赵红兵在出版社算是较有资历的年轻骨干员工，积极向上，对工作认真、负责，有主动性，并且有能力改善现有管理，在同事之中有一定的影响力。

2. 沟通目标分析。赵红兵希望在出版社的各部门利润单独考核后，能通过自己的方案控制费用支出并可提前计划费用预算，提高本部门的利润。

赵红兵的行动目标是首先详细考虑新管理方法、尽可能详尽地准备相关文档材料，争取得到部门经理的支持，在全部门推行新管理方法，进而在出版社推广实施。

赵红兵首先选择的沟通目标是其主管部门副经理姜岚。

3. 沟通形式选择。赵红兵选择的沟通形式包括口头沟通和书面沟通，非正式沟通和正式沟通，并采用了期刊发表文章的方式增强了影响力。

口头沟通的方式主要是说明新管理方法的优越性，并征求部门领导的意见。

书面沟通的方式是全面、详尽地阐述新管理方法。

4. 沟通时机选择。赵红兵在沟通时选择的时机包括一般工作时间和工作中的空暇时间以及正式的半年总结会。

5. 沟通对象分析。赵红兵的沟通对象是部门副经理姜岚和部门经理李旭，信息的主要决策者是李旭，但姜岚同样是关键人物，她主管着所有一线销售工作，其对新管理办法的态度影响到方案是否可以顺利实施，因此，姜岚是主要的沟通对象。

沟通对象的特征与背景：姜岚与出版社新社长有特殊的家庭关系，同时也是出版社的老员工，性格上不愿意惹事，希望大家一团和气；李旭对权力控制欲很强，同时也不愿意承担更多的事务。

沟通对象的反应：赵红兵没有想到姜岚和李旭的消极反应，表面上，姜岚和李旭对赵红兵很客气，但行动上的不表态、不作为反映了二人都对管理变革没有兴趣，也因新方案对自己和手下员工的约束而有抵触情绪。

对沟通对象的兴趣的激发：赵红兵如果希望国有企业部门管理变革的实施，还需要进一步等待时机。当出版社对发行部有强烈的利润考核要求后，部门领导自然会对成本、费用问题关心，那时再择时机重新提出费用管理新方案，可能会引起部门经理的兴趣。

（五）背景信息

长江大学出版社是由国内知名的大学之一——长江大学直接出资设立，其新社长和原社长均是由学校招生处处长调到出版社任社长，原社长在出版社改制后，被学校调到设备采购处任处长。出版社的主管社领导和中层干部的背景基本包括以下三类：一是该学校干部，二是该学校本科毕业，三是该学校干部子女。出版社的员工也大量包括学校干部或员工的子女。

（六）关键要点

沟通对象的反映（既不反对，也不支持），动机的分析，沟通对象兴趣的激发。

（七）建议课堂计划

事先提示思路，在课堂用20分钟阅读，分组讨论上述3个问题。各组陈述发言，引导各组归纳、总结其结论和依据。

零风险创业能否成功?[①]

[**案例摘要**] 四个志同道合的朋友本着"零风险创业"的原则成立了自己的企业,以移动增值业务为切入点,针对中国联通的神奇宝典业务开始提供手机上的移动增值服务。然而,资金饥渴是每个中小型企业的通病,随着我国移动增值业务市场环境的改变,融资势在必行。这个零风险创业的企业开始了一轮又一轮吸引风险投资的谈判,零风险创业型企业能否获得风险投资并获得成功呢?

一、开始创业

北京百路通信息技术有限公司(以下简称"百路通")成立于2003年8月,公司的管理理念是"创意人文"。核心团队有四人:Wdesign、Finke、Engin 和 Choate。Wdesign 是爱可信公司的技术经理,负责产品开发;Engin 是中国移动的中层经理,负责工程实施及网络协同开发。Finke 是一个会计师事务所的合伙人,主要负责财务管理,choate 是一名资深律师,负责公司的运营。颇为特殊的是,这四个人都有自己的本职工作,在业余时间里经营着这家以他们家人名义创立的公司。他们的目标是"零风险创业",待企业到达一定规模之后,再加入公司,完成二次创业。

早在2003年,他们就认为移动增值服务是未来5~10年最有前途的领域。随着3G的到来,移动增值服务将呈现出强大的生命力。CDMA1X 无疑是最优秀技术的代表,它能够以更高的速度为消费者和商业客户提供更丰富和更优异的无线数据服务。中国联通 CDMA1X 网络的成功运营必将推动无线数据业务的进一步发展,而作为目前最为成功的无线数据业务平

---

① 本案例由中央财经大学 MBA2007 级 P1 班曹洪伟同学编写,指导老师为王玉霞教授和贾晓菁副教授。本案例为作者访谈所得,一些与个人信息相关的数据作了掩饰处理。

台，基于 CDMA1X 的 BREW 平台将为人们带来更加令人激动的自由通信时代。

采用网络协同开发这种崭新的生产模式，百路通拥有大量的自由开发者。由于 Brew 产品开发无法针对个人，许多自由开发者组成网络协同开发，通过百路通公司测试上线，乃至商用。通过与中国联通收入共享的模式，2004 年 4 月百路通达到了盈亏平衡点，发展势头良好。

二、市场环境的演变

2004 年是移动增值业务大发展的一年，百路通依靠自己的特点，发挥技术能力强，开发周期短的优势，迅速推出了多款手机上的应用，例如：色如其人、美女拼图、水果女孩、妩媚十二钗、卡通美眉屏保、美女拳、好运 2004、梦中月亮屏保、选择坚强、电话运程、圣诞屏保系列、谁想娶我、个税计算器等等。在 2004 年上半年，百路通一举成为了中国联通神奇宝典业务中服务最多的开发商。

然而，好势头没有延续多久，众多企业纷纷涌入移动增值业务市场，人才竞争激烈。由于企业间的无序竞争，尤其是受到基于短信的移动增值业务的影响，2005 年市场环境风云突变。

信息产业部发布了《电信业务经营许可证管理办法》，其中第六条明确了关于申请跨地区增值电信业务经营许可证须具备条件的规定。具体包括：（1）经营者为依法设立的公司；（2）公司注册资本最低限额为 1 000 万元人民币；（3）有与开展经营活动相适应的资金和专业人员；（4）有为用户提供长期服务的信誉或者能力；（5）有可行性研究报告和相关技术方案；（6）有必要的场地和设施；（7）最近三年内未发生过重大违法行为等。

注册资本 1 000 万元是硬门槛，专业人员以及场地设施对百路通的运营模式也充满了挑战。2005 年 9 月 30 日，中国联通与不具备开展全网增值电信业务合作资质（信产部颁发的《跨地区增值电信业务经营许可证》）的 79 家公司终止全部业务类的合作，百路通公司赫然在列。百路通如果想继续存活并且发展，融资势在必行。

三、直接融资

作为一个中小企业,百路通公司的直接融资渠道可概括为:债权、股权融资,创业投资与资产证券化。就债权融资而言,我国目前实行"规模控制、集中管理、分级审批"的规模管理。由于受发行规模的严格控制,特别对中小企业不利的额度要求,中小企业很难通过发行债权的方式直接融资。另一方面,国家规定企业债券利息征收所得税后,更影响投资者的积极性,再加上中小企业规模小、信用风险大等自身特点,结果使实际中中小企业仅有的发行额度也很难完成。在股权融资方面,由于我国资本市场还处于起步阶段,创业板还没有推出,表现为主板市场对中小企业的"禁止性"准入。百路通公司无法采用这两种渠道。

资产证券化可归结为一种有担保的直接融资制度,一方面,资信良好的金融中介做发行人或担保人,使融资目的易于达到;同时该融资方式吸收了BOT融资方式的优点,实行有限追偿制,易于为中小企业接受。另一方面,资产证券化融资采用转让资产的方式获得资金,不在资产负债表上显示融资费用,出售资产所获得的资金也不表现为负债,从而不影响企业的资产负债率,这也是中小企业至关重要的一项财务指标。而百路通公司的固定资产较少,较多的是应收账款和现金,以及核心技术,资产证券化很难实现。

发达国家的实践证明,风险投资是中小企业尤其是高新技术企业发展的孵化器与催化剂。中国的风险投资起步于20世纪80年代,在市场经济的大潮中,中国的风险投资事业已经有了较大的发展。截至2005年年底,中国风险资本总量超过441.29亿元人民币,新筹资风险资本规模为195.71亿元。在投资领域方面,20世纪90年代,VC在中国所投资的企业几乎全部都是互联网企业,比如现在耳熟能详的新浪、搜狐、阿里巴巴等互联网企业都是在这一时期得到风险投资的青睐。

经过比较分析,百路通公司最终选择了引入风险投资,期望是1 000万元转让45%的股权。

四、风险投资的引入

经过百路通公司4名核心人员的讨论,首先对风险投资进行筛选,然

后针对性的撰写商业计划书,最后逐一与各风险投资企业进行洽谈。

(一)风险投资基金的选择

百路通公司通过3种方式对风险投资企业进行选择:(1)通过互联网进行海选;(2)参加有关风险投资的峰会或者论坛;(3)通过朋友关系对风险投资企业进行选择。从2005年8月开始,经过3个月的时间,最终锁定了3家风险投资基金:IDGVC,红杉资本和北极光。

(二)谈判过程

商业计划书是必备的,与风险投资家接触的工具和桥梁。它包括了有关企业经营发展整体业务运营的构思与策划,是基于企业的实际而对企业运营涉及的人力资源、产品研发、市场开拓与销售、财务管理、资本运营以及企业发展战略等方面与环节所做的计划和规划。百路通公司在商业计划书的撰写上煞费苦心。Wdesign负责产品研发部分,Engin处理市场拓展和销售,Finke撰写财务管理和资本运营,choate负责人力资源和发展战略等。商业计划书的摘要仅仅3页,却修改了至少10次。

谈判的过程是艰苦的,令这些零风险创业的人们感到了创业的艰辛。

第一家接触的是IDG,通过email建立联系,然后电话约见,Wdesign和Engin参加了这次一个小时的会谈。会谈的地点在IDGVC在北京的办公室,会谈中对企业的产品,技术的核心竞争力等问题进行了详细的沟通,Wdesign讲得眉飞色舞,把"零风险创业"的理念引用为荣。会谈结束后,Wdesign仍然意犹未尽,连发了3封邮件提供了其他相关的若干资料。

第二家接触的是红杉资本,那时候红杉资本中国公司刚刚成立不久。这是Finke通过另外的一个会计师事务所的合伙人建立起联系的。Finke,Choate,Wdesign和那家会计师事务所的一个合伙人与红杉资本的一个高级投资经理见了面,地点在国贸附近的一家茶馆。会谈的时间超出了Finke,Choate和Wdesign三人的预计时间,问题细致入微,例如"管理人员的激励机制","企业并购的可行性","网络协同开发与零风险创业的时间成本和机会成本"等等,百路通的几个人甚至觉得自己的精心准备实在是不值一提。会谈结束的时候,Finke,Choate和Wdesign三人有些兴味索然。

第三家接触的是北极光创投基金,由Choate联系的。Finke,Choate,Engin和北极光创投的一个高级投资经理在俏江南举行了会面,大家边吃边谈，气氛非常融洽，所涉及的问题主要包括"市场前景"、"市场定位"、"产品研发的可持续性"和"零风险创业的效率"等等。百路通的核心成员甚至觉得有些胜券在望了。

（三）谈判结果

不到一周，IDG 很快给出了答复，甚至连电话都不用，email 中只有寥寥数字，明确指出对项目的前景不看好。

北极光创投倒是表示出了明显的兴趣，向百路通索取各种各样的相关资料，尤其的关键的财务数据，以及产品的核心技术描述文档。但在经过了几次接触之后，北极光创投却以投资方向不符为由，拒绝了与百路通的进一步合作。

红杉资本的答复最令人模棱两可，email 中只是表示了有兴趣。

百路通感觉到了丝丝寒意。在山重水复之际，在与红杉会谈之后的第 3 周，红杉资本的一个投资总监再一次约会了百路通，这一次的谈判时间并不长，但却都是核心问题，有关投资金额和所获股权比例的问题。由于当时 Finke 正在出差，所以百路通暂时没有与红杉资本签订什么协议。

在与红杉第一次会谈之后的第 5 周，百路通的四个核心人员与红杉资本举行了最后一次会谈，红杉资本明确的指出了投资的条件，其主要内容简述为以下两条：

1. 红杉资本投资 500 万元人民币换取百路通公司 55% 的股权；
2. 百路通公司的管理层要以全职的方式为公司服务。

五、何去何从——继续还是转型

接受红杉的条件么？这不但意味着控制权的丧失，而且会违背"零风险创业"的初衷。不接受红杉的条件呢？百路通往何处去呢？这是一个两难的抉择。

案例使用说明

（一）教学目的与用途

本案例是一个有关创业和风险投资的决策性案例，适合于在 MBA 课程中的《风险投资》、《创业学》中参考使用，对于如何对中小型企业进行风险投资，零风险创业，融资谈判等内容有一定的参考价值。

（二）启发思考题

1. 请你把案例中零风险创业的问题列举出来，并明确其中的主要问题是什么。
2. 就创业而言，百路通公司符合哪一类的创业模式？
3. 案例中的融资问题核心是什么？分析一下原因。
4. 如果你是 Wdesign，Finke，Engin 或者 Choate，你将怎么办？请说明理由。
5. 你认为这个案例还反映了创业与风险投资中的那些问题？能够学到什么？
6. 文中的创业案例可以从哪些创业模型去研究？
7. 什么是风险投资？风险投资与创业团队之间有哪些关系。

（三）分析路径

创业是一个跨学科、多层面的复杂现象，这一特点使得这一领域既引人注目又显得复杂。创业过程由机会发现、机会评价、机会开发以及创业结果组成；在创业过程中，个体创业家是核心要素；创业过程受到社会或环境因素的影响；创业可以在新创企业中发生，也可以在已创建的企业中发生。

（四）理论依据与分析

1. 创业模型。许多国外学者提出了不少创业模型，其中的一些模型已成为创业学研究的重要理论工具。现有的创业模型基本上可以分为要素均衡模型和要素主导模型两类。要素均衡模型是指模型中的各个要素互相协调、均衡发展并发挥作用，主要包括 Timmons、Gartner 和 Sahlman 所构建的创业模型（表1）。而要素主导模型中的各要素之间不再是协调均衡的关系，而是以某一要素为主导来协调其他要素之间的关系，即一种主要因素的存在影响另一些因素的存在和相互作用，最终影响创业结果。Wickham、Christian 和 Julien、Zahra 和 George、Haiyang Li（李海洋）以及 Jain 所构建的创业模型就属于这一类（表1）。

表1　　　　　　　　国外创业模型资源、机会和环境三维度比较

维度 创业模型	资源	机会	环境	综合比较
Timmons模型	资源的整合源于团队的形成和团队对机会的把握。由团队来实现机会和资源之间的互动	创业源于对机会的识别，机会是创业过程的关键因素	强调环境的不确定性，以及资本市场环境对领导力的影响。环境不确定性是模型动态变化的前提	强调弹性与动态平衡；认为创业活动因时空而变，机会、团队和资源三要素会因其相对重要性变化而出现失衡现象。三要素随时空变化和动态平衡是这个模型的核心
Gartner模型	人力资源是创业的主要资源。创业者通过整合内外部资源来实现创业	无	环境主要是指商务环境，而并非环境特性	模型中的四个因素相互影响，构成网状结构，用以解释基本创业过程；创业者在创业过程中必须对这四个因素进行协调
Sahiman模型	区分人力资本和其他资源，探讨资源与机会和交易行为之间的互动关系	从产品盈利性、替代品和竞争对手三方面来阐释机会的内涵，根据市场机会整合资源，决定实施何种交易行为	强调环境的核心作用，其他三要素均以环境为核心相互进行调节，同时对环境产生反作用	强调要素间的适应性和匹配性，并扩展要素的外延，从组织行为学的角度研究创业活动
Christian–Julien模型	无	无	强调环境随时间而变化，环境影响整个创业过程	强调个人能力随环境的变化和创业过程的演进而不断动态调整；新企业的创建是创业者创业能力动态变化的结果
Wickham模型	资源是核心三角中的一角，源于对机会的识别和把握，创业者通过管理资源、领导组织来实施创业	与Timmons模型一样，强调机会的关键作用。机会既能够集中资源，又能够协调组织，是创业的直接诱因	强调组织适应环境和不断学习的重要性；应该不断从环境中获得和吸收知识，并善加利用	以创业者为核心，带领团队发现机会、组织资源，同时为适应外部环境而不断学习；动态学习过程是决定创业能否成功的关键
Zahra–George模型	强调组织资源的整体性，尤其是高管团队的特质	无	从六个方面解释环境，深化了环境的内涵，扩展了环境的外延，从国际视角审视企业的国际化行为	是国际创业领域较为完整的模型，并成为后续研究的基础；从程度、速度和范围三个维度研究组织、环境和战略三因素对企业绩效的影响

续表

创业模型＼维度	资源	机会	环境	综合比较
Haiyang Li 模型	无	无	从行业和环境特点的角度解释环境的影响作用	以战略为核心解释环境的作用机理及战略对环境—绩效关系的影响
Jain 模型	无	无	环境包含行业结构和风险投资因素，从这两个方面研究了环境对绩效的影响，同时不仅解释了战略选择对绩效的作用，还说明了战略选择对风险投资—绩效关系的作用机理	是典型的企业成长与发展模型，以绩效为核心解释绩效的影响因素和作用机理

2. 风险投资。我国官方文件则将风险投资描述为：风险投资是指向主要属于科技型的高成长性创业企业提供股权资本，并为其提供经营管理和咨询服务，以期在被投资企业发展成熟后，通过股权转让获取中长期资本增值收益的投资行为。风险投资与一般金融投资的区别如表2所示。

表2　　　　　　　　　风险投资与一般金融投资的区别

	风险投资	一般金融投资
投资对象	用于高新技术创业及其新产品开发，主要以中小企业为主	用于传统企业扩展、传统技术新产品的开发，主要以大中型企业为主
投资审查	以技术实现的可能性为审查重点；技术创新与市场前景的研究是关键	以财务分析与物质保证为审查重点，有无创新能力不是关键
投资方式	通常采用股权式投资，其关心的是企业的发展前景	主要采用贷款方式，需要按时偿还本息，其关心的是安全性
投资管理	参与企业的经营管理与决策，投资管理较严密，是合作开发的关系	对企业经营管理有参考咨询作用，一般不介入企业决策系统，是借贷关系
投资回收	风险共担、利润共享、企业若获得巨大发展，进入市场运作，可转让股权，收回投资，再投向新企业	按贷款和合同期限收回本息

续表

	风险投资	一般金融投资
投资风险	风险大，投资的大部分企业可能失败，但一旦成功，其收益足以弥补全部损失	风险小，若到期不能收回酬金，除追究企业经营者的责任外，所欠本息也不能豁免
人员素质	需要懂技术、经营管理、金融、市场、有预测风险、处理风险的能力，有较强的承受能力	懂财务管理，不懂技术开发，可行性研究水平较低
市场重点	未来潜在市场，难以预测	现在市场，易于预测

3. 融资过程的一些启示。从百路通公司引入风险投资的谈判过程中，我们可以看到一些引以为鉴的启示：

（1）零风险是无法吸引风险投资的。所谓"零风险创业"实际上是一个不切实际的梦想。从风险本身来看，创业就是有风险的，创业者的零风险意味着创业的风险将由投资者来承担。也就是说，通过业余时间来进行创业的创业者很难获得风险投资的青睐。如果想创业成功，创业者就需要有项羽"破釜沉舟，百二秦关终属楚"的决心和气概。红杉资本对创业者的期望是，创业者要把工作当作生命中很重要的一部分，让自己全部智慧，能量在创业过程中迸发出来，去追求自己认为对社会，产业有益的服务或产品。同时，创业者还要有百折不挠的耐心和睿智坚定的信心。

从另一方面看，高回报意味着高风险，如果没有每年50%甚至100%以上的投资回报率，如果是一个零风险的项目，风险投资机构也是不会对该项目感兴趣的。

（2）中介和律师。一个好的中介机构能够增加风险投资机构对企业的信任度。红杉资本就是由一家会计师事务所介绍给百路通公司的，尽管这家会计师事务所没有对百路通公司的财务状况作出详细的资产评估，但出于红杉资本对这家会计师事务所的信任，以及这家会计师事务所对Finke的信任，红杉资本对百路通公司的财务状况是基本信任的。

一个律师，尤其是有经验的律师，对于企业引入风险投资同样很重要。Choate作为从业多年的一个律师，尽管只担任过一些小的风险投资企业的法律顾问，但还是百路通公司中经验最为丰富的。无论是面向红杉资本，还是面向北极光创投，Choate 作为一个律师，都发挥了很大的积极作用。

（3）企业战略的重要性。企业战略有很多方面，应该把融资放到战略的高度来看待。一个没有财务方向的公司是没有方向的公司，没有方向的公司很难成长起来。百路通公司在创建之初并没有对融资加以规划，后来市场环境的变化，导致公司不得不被动融资。被动融资相当于创业者在一定程度上失去了主动权，不再是代价而沽了。

（4）多方投资的重要性。一旦与一个风险投资机构开始谈判，就不要与别的风险投资机构交涉。同时进行多轮谈判会带来问题，时间和资源限制可能需要同时与多个资金渠道接触，但接触一定要谨慎。就北极光创投与百路通公司的接触而言，不论其初衷如何，都是对百路通公司的资源浪费。人脉固然重要，但是对于多个投资方的选择还是应该因地制宜的。

从投资周期上来看，引入风险投资是一个长期的过程。不应该单纯地将风险投资作为投资，引入风险投资实际上时引入新的合伙人的过程，是合作的关系。在考虑引入第一轮风险投资的同时，就应该考虑引入第二轮，乃至第三轮风险投资的可能性和可行性。如果百路通公司在引入红杉资本的时候，同时引入其他的风险投资机构，或许能够得到他们希望的一个结果。

（五）补充背景信息

1. IDG 技术创业投资基金（简称 IDGVC）是最早进入中国市场的美国风险投资公司之一。IDGVC 于 1992 年由全球领先的信息技术服务公司—国际数据集团（IDG）建立。IDGVC 的投资集中于国际互联网、信息服务、软件、通讯、网络技术以及生物工程等高科技领域。1998 年 10 月，国际数据集团与中国科学技术部在北京签署合作备忘录。根据这项备忘录，IDGVC 将在七年内向中国的高新技术企业投资 20 亿美元，扶植支持中国发展高新技术产业。

2. 红杉资本创始于 1972 年，共有 18 只基金，超过 40 亿美元总资本，作为全球最大的 VC，曾投资了苹果电脑、思科、甲骨文、雅虎和 Google、Paypal。2005 年 9 月，德丰杰全球基金原董事张帆和携程网原总裁兼 CFO 沈南鹏与 Sequoia Capital（红杉资本）一起始创了红杉资本中国基金（Sequoia Capital China）。

3. 北极光创投基金成立于2004年，资本来源于著名的公益金、基金会、养老基金、联合基金，以及美国、欧洲和亚洲的个体投资人。两家美国顶级风险投资公司，Greylock Partners 和 NEA，都是北极光的战略合作伙伴，并在策略及运营方面给予了强有力的支持。这支基金将集中投资于与TMT领域（通讯、新媒体、高科技）相关的、具有中国战略的企业。

4. 百路通的4名核心人员反复讨论了多次，最终没有接受红杉的条件。但百路通还是要发展，因此决定企业转型：从服务提供商转型为内容提供商，业务逐渐转向互联网行业，逐渐以有偿内容下载和广告作为主要收入来源。

在2008年，公司发展举步维艰，最终无法持续经营，无奈转让。

（六）关键要点

1. 创业是一个过程，机会追求是创业的核心要素，创业旨在创造出新颖的产品、服务或实现其潜在价值。

2. 风险投资不是一种简单的投资行为，而是一个比较复杂的投资体系，它是产业资本与金融资本的结合，是商品市场、技术市场与资本市场的结合，是投资行为与管理行为的结合，是知识资源与金融资源的结合，是思维方式、投资理念、投资方式、管理模式及组织与运作结构的突破，是高新技术产业化的一个资金支持系统。

3. 风险投资是创业型公司的一项重要融资渠道。

（七）参考文献

1. 中投顾问：《2008—2010年中国风险投资行业分析及投资咨询报告》，2008年11月。
2. SP论坛：http://bbs.spforum.com。
3. 《互联网信息服务管理办法》（国务院令第292号）。
4. 《电信业务经营许可证管理办法》（信息产业部令第19号）。
5. 汪朝勇、杨晓明、刘晓磊："风险投资退出方式的选择"，《中国证券报》，2003年4月17日。
6. 董保宝、葛宝山："经典创业模型回顾与比较"，《外国经济与管理》，2008年3月，第30卷第3期。
7. [美]戴维·格拉斯通、劳拉·格拉斯通著，复旦大学风险投资研究中心译：《风险投资操作手册》，北京大学出版社2008年版。
8. MBA百科网站：wiki.mbalib.com。

从 50 万元人民币到 200 亿美元

——阿里巴巴资本运作之路[①]

[**案例摘要**] 阿里巴巴是马云 1999 年在中国杭州创立的电子商务网络公司，创立之初，公司注册资本 50 万元人民币。创立之后，公司首先向高盛公司融入 500 万美元 VC 风险投资。继而于 2000 年引进了软银等机构 2 500 万美元风险投资，2004 年再次从软银等机构手中募集到 8 200 万美元股权投资。2005 年，雅虎入股阿里巴巴：以 10 亿美元现金、雅虎中国的所有业务、雅虎品牌及技术在中国的使用权，换取阿里巴巴集团 40% 股份及 35% 的投票权。2007 年，阿里巴巴在香港联合交易所挂牌上市，市值达到 200 亿美元，成为全球领先的小企业电子商务公司。

一、阿里巴巴概况

阿里巴巴（香港联合交易所股份代号：1688）（1688. HK）为全球领先的小企业电子商务公司，也是阿里巴巴集团的旗舰公司。阿里巴巴在 1999 年成立于中国杭州市，通过旗下三个交易市场协助世界各地数以百万计的买家和供应商从事网上生意。三个网上交易市场包括：集中服务全球进出口商的国际交易市场（www.alibaba.com）、集中国内贸易的中国交易市场（www.1688.com），以及透过一家联营公司经营、促进日本外销及内销的日本交易市场（www.alibaba.co.jp）。此外，阿里巴巴也在国际交易市场上设有一个全球批发平台（www.aliexpress.com），服务规模较小、需要小批量货物快速付运的买家。所有交易市场形成一个拥有来自 240 多个国家和地区超过 5 000 万名注册用户的网上社区。阿里巴巴亦向中国各地

---

① 本案例由中央财经大学 MBA 教育中心金融学博士、中央财经大学证券期货研究所研究员杨长汉老师编写。

的企业提供商务管理软件及互联网基础设施服务，并设有企业管理专才及电子商务专才培训服务。

阿里巴巴在大中华地区、日本、韩国、欧洲和美国共设有60多个办事处。阿里巴巴网站是阿里巴巴集团的旗舰子公司，是全球电子商务的领先者，是中国最大的电子商务公司。阿里巴巴公司与淘宝、支付宝、阿里软件和雅虎口碑共同组成阿里巴巴集团。

二、阿里巴巴发展的两个核心人物

（一）马 云

阿里巴巴创办人、主席、首席执行官，IT业的领军人，企业家，演讲家（CEO）。籍贯：中国杭州。1964年生于浙江杭州，1988～1995年为杭州电子工学院英文及国际贸易讲师。

1995～1997年创办"中国黄页"，是中国第一家互联网商业信息发布站。1997～1999年加盟外经贸部中国国际电子商务中心，开发外经贸部官方站点及网上中国商品交易市场。1999年在杭州设立研究开发中心，创办阿里巴巴网站。2003年进军C2C领域，推出个人网上交易平台淘宝网（Taobao.com），并在2年内成长为国内最大的个人拍卖网站。

阿里巴巴集团主要创始人之一、阿里巴巴集团主席和首席执行官、阿里巴巴公司主席和非执行董事、软银集团董事、中国雅虎董事局主席、亚太经济合作组织（APEC）下工商咨询委员会（ABAC）会员、杭州师范大学阿里巴巴商学院院长、华谊兄弟传媒集团董事。同年，进军电子支付领域，成立支付宝公司，推出独立的第三方电子支付平台，发展迅猛。阿里巴巴（Alibaba.com）是全球企业间（B2B）电子商务的著名品牌，是全球国际贸易领域内领先、最活跃的网上交易市场和商人社区，目前已经成功融合了B2B、C2C、搜索引擎和门户，帮助全球客户和合作伙伴取得成功。

良好的定位，稳固的结构，优秀的服务使阿里巴巴成为全球超过千万网商的电子商务网站之一，遍布220个国家和地区，每日向全球各地企业及商家提供数百万条商业信息，成为全球商人网络推广的首选网站，曾被《远东经济评论》读者评为"最受欢迎的B2B网站"。

马云是最早在中国开拓电子商务应用并坚守在互联网领域的企业家，他和他的团队创造了中国互联网商务众多第一，是"中国人要做世界上最好的站点"和最独创的商业模式的理想者和实干家。他一直以来在互联网商务领域的富有创意的概念和作品,丰富了全球和中国商人的商业内容和行为,并在 20 世纪末为全球商人贡献了一款经典站点:阿里巴巴 Alibaba.com。

(二)蔡崇信

蔡崇信在阿里巴巴团队中,拥有很强的法律和财务背景,为阿里巴巴非执行董事以及阿里巴巴集团的创办人之一,也是阿里巴巴集团的董事及首席财务官。他出生于中国台湾、在美国接受教育的蔡崇信于 1999 年加入公司,他的到来,才使公司真正规范化运作。蔡崇信放下 70 万美元年薪的德国投资公司工作,千里迢迢来投奔马云,每月只拿 500 块人民币的薪水,帮马云去注册公司。在湖畔花园炎热的夏夜,蔡崇信挥着汗水对着白板和第一批员工讲股份讲权益,将 18 份完全符合国际惯例的英文合同,叫马云和十八罗汉签字画押。如果没有蔡崇信这样的人加入,阿里巴巴会是一个家族企业,会一直以"感情"、"理想"和"义气"去维持团队。蔡崇信到来以后,将阿里巴巴以做成了公司,并以正式合同的形式,将最初十八罗汉团队的利益绑到了一起,阿里巴巴因此而得以将最初的创业激情和团队文化通过现代企业制度形式维系起来。在随后阿里巴巴的募集天使投资、风险投资、私募投资、并购、上市过程中,他都是重要的设计者、推动者、操作者。

加入阿里巴巴集团前,蔡先生曾于 1995 年至 1999 年出任北欧地区最大工业控股公司 Investor AB 附属公司 Investor Asia Limited 副总裁及高级投资经理,专责该公司亚洲私募基金。1994 年至 1995 年,蔡先生曾任纽约外购管理公司副总裁及法律顾问。1990 年至 1993 年以纽约 Sullivan & Cromwell 合伙人身份从事税务法律业务。

蔡先生为纽约州律师公会会员,拥有耶鲁大学经济学及东亚研究学士学位和耶鲁法学院法学博士学位。

三、阿里巴巴企业发展之路

1999 年,本为英语教师的马云与另外 17 人在中国杭州市创办了阿里巴巴网站,为小型制造商提供了一个销售产品的贸易平台。其后,阿里巴巴茁壮成长,成为了主要的网上交易市场,让全球的小企业透过互联网寻求潜在贸易伙伴，并且彼此沟通和达成交易。阿里巴巴于 2007 年 11 月 6 日在香港联合交易所上市，集资额达 17 亿美元，于当时仅次于 2004 年在美国纳斯特克上市的互联网股份谷歌所创下的首次公开发售纪录。

1999 年 6 月，阿里巴巴公司成立。

2000 年 10 月，国际交易市场推出"Gold Supplier"促进中国内地卖家的出口贸易。

2001 年 8 月，国际交易市场推出"国际诚信通"会员服务，服务中国大陆以外出口商。

2002 年 3 月，中国交易市场推出"中国诚信通"会员服务，以服务国内小企业贸易。

2002 年 7 月，国际交易市场推出"关键词竞价排名"服务。

2003 年 11 月，推出即时通讯软件"贸易通"，实现用户在网上交易市场上实时沟通。

2004 年 9 月，成立阿里学院，为国内客户提供培训和高等电子商务教育证书课程。

2005 年 3 月，中国交易市场推出"关键词竞价排名"服务。

2007 年 3 月，中国交易市场推出品牌告位服务。

2007 年 4 月，在中国香港推出"Gold Supplier"会员服务。

2007 年 9 月，中国交易市场推出"黄金展位"服务。

2007 年 11 月，成功于中国香港联合交易所主板上市。

2007 年 12 月，推出更新版阿里巴巴日本交易市场。

2008 年 3 月，成为恒生综合指数及恒生流通指数成份股。

2008 年 4 月，中国交易市场推出"Winport 旺铺"服务，为小企业提供建站服务。

2008 年 5 月，与软银在日本成立联营公司，经营阿里巴巴在日本市场的业务。

2008 年 6 月，推出"诚信通个人会员"服务。帮助企业家发展中国国内贸易。

2008 年 8 月，推出"出口到中国"服务。帮助国外小企业打开中国市场。

2008 年 11 月，国际交易市场推出低门槛会员服务——"Gold Supplier

出口通版"。

2009年3月,中国交易市场推出按效果付费关键词竞价系统"网销宝"。

2009年7月,国际交易市场推出"国际Gold Supplier"会员服务,服务国外供应商。

2009年9月,国际交易市场试验性推出"全球速卖通"批发平台,促进网上小额批发交易。收购中国万网的控股权益,提供互联网基础设施服务。

2010年3月,面向中国小企业推出全球最大的采购批发市场www.1688.com,聚焦解决小企业采购批发难问题,致力于提升小企业的竞争力。

四、阿里巴巴的资本运作之路

(一)1999年50万元人民币原始创业

1999年年初,马云以50万元人民币创业,创建了阿里巴巴网站(www.alibaba.com),当时的团队仅18人。

(二)2000年引进高盛等500万美元天使投资

1999年10月,马云私募到手第一笔天使投资500万美元,由高盛公司牵头,联合美国、亚洲、欧洲一流的基金公司如Transpac Capital Investor AB of Sweden、Technology Development Fund of Singapore 的参与。在创业初期,马云用高盛为首的投资集团的500万美元投资,让阿里巴巴度过了互联网最难熬的寒冬。

(三)2000年引进软银等2 500万美元VC风险投资

2000年10月,摩根士丹利亚洲公司资深分析师印古塔给马云发来一封电子邮件,称有个人"想和你见个面,这个人对你一定有用",地点就在北京富华大厦。此人正是日本软银公司的孙正义。软银公司当时已经是全球最大的互联网投资公司之一,当时在全球已投资并拥有超过120家互联网公司。由于前来面谈融资事宜的企业太多,孙正义只给了每个人20分钟时间阐述公司业务模式和目标。但马云只讲了6分钟不到,孙正义就从办公室那头走过来说:"我决定投资你的公司。"

二十多天后，马云飞往日本，在东京和孙正义再次面谈，孙正义提出投资阿里巴巴 3 000 万美元，占公司 30% 的股份，马云同意了。

可是一回到国内，马云就后悔了，因为太多资金的进入会削弱管理层对公司的控制。于是，马云给孙正义提出："按照我们自己的思路，我们只需要 2 000 万。"

就这样，2000 年，马云为阿里巴巴引进第二笔融资。2 500 万美元的投资来自软银、富达、汇亚资金、TDF、瑞典投资等六家 VC，其中软银为 2 000 万美元，阿里巴巴管理团队仍绝对控股。

1999 年阿里巴巴创办之初的天使投资高盛集团因战略调整，其所持股份被新加坡的寰慧投资（GGV）接手。

（四）2004 年引进软银等 8 200 万美元 PE 私募股权投资

2003 年年底，阿里巴巴的战略目标和战略构架业已浮出水面，那就是通过经营 B2B 的阿里巴巴、经营 C2C 的淘宝网以及即将进入的 B2C 领域，构架一个打通电子商务所有环节的商业版图。

这个设想固然宏大，但执行却非易事——由 B2B 领域进军 C2C 领域，因为二者都是基于买卖之间的一个平台，其技术支持以及诚信体系的建设，都可互通有无，但要进军 B2C 领域就不同了。B2C 所要求的仓储、物流、结算等要素，无一不是硬指标，而且其市场竞争之激烈以及面临问题之复杂，也远非独自建立一个 C2C 网站可比。无疑，最可能、也最经济的办法，就是收购国内现有的一家业已成熟的电子商务网站。而在第二轮私募完成之后，收购的时机来了。

2004 年 2 月，阿里巴巴第三次融资，再从软银等 VC 手中募集到 8 200 万美元，其中软银出资 6 000 万美元。马云及其创业团队仍然是阿里巴巴的第一大股东，占 47% 股份，第二大股东为软银，约占 20%；富达约占 18%，其他几家股东合计约 15%。这次引进投资的目的是用于阿里巴巴市场推广及完成针对国内某 B2C 网站的战略并购。

（五）2005 年与雅虎中国 10 亿美元的并购

2005 年，马云又一手导演了和美国雅虎的惊天并购——雅虎以 10 亿美元、雅虎中国的所有业务、雅虎品牌及技术在中国的使用权和其在中国的全部资产作为代价，换取阿里巴巴 40% 的股份和 35% 的投票权。

因为阿里巴巴良好的盈利能力，雅虎开出了近6.5美金/股的价格，总共支付了约3.9亿美元。与此同时，软银也以同样价格增持了部分股份，支付了1.5亿美元。GGV退出的投资收益起码超过10倍。

至此，雅虎拥有阿里巴巴集团40%的股权，创业团队股权被稀释到28.2%；软银原被稀释到12%，经增持后变为16%，成为第三大股东。富达稀释至12.8%，其他股东稀释至9%。

（六）2007年阿里巴巴在香港上市市值200亿美元

2007年11月6日，阿里巴巴集团B2B子公司在香港联交所正式挂牌上市，成为香港上市公司上市首日涨幅最高的"新股王"，创下香港7年以来科技网络股神话。按收盘价估算，阿里巴巴市值约280亿美元，是中国互联网首个市值超过200亿美元的公司，市值为三大门户和盛大、携程市值之和。马云在阿里巴巴共持股6.9842%，相当于3.5287亿股，以最新发行价上限13.5元计算，市值为47.64亿元。

阿里巴巴挂牌当天，软银的投资从账面上计已经升值了近70倍。作为阿里巴巴集团的大股东，雅虎间接持有阿里巴巴28.4%股权，其市值高达73亿美元；此外，雅虎还以基础投资者身份，投资7.76亿港元购买了阿里巴巴新股，购入价格为13.5港元/股，占7.1%股份，IPO当天升值到22.7亿港币。

马云称，投资阿里巴巴是一个不错的选择，因为能够像阿里巴巴这样给股东带来高额回报的公司并不多。他甚至放言："投资者可以炒我们，我们当然也可以换投资者，这个世界上投资者多得很。我希望给中国所有的创业者一个声音——投资者是跟着优秀的企业家走的，企业家不能跟着投资者走。"

案例使用说明

（一）教学目的与用途

本案例可以用于MBA的教学，适合《投资银行》、《风险投资》、《公司并购》等课程的应用。通过教学，使学生了解企业直接融资和资本运作的主要方式、资本运营在企业发展中的重要作用、企业经营与资本经营的关系等。

（二）启发思考题

1. 企业直接融资有哪些主要方式？
2. 在企业的不同发展阶段应该采用怎样的融资方式？
3. 资本运作对于企业发展成功有什么重要意义？
4. 如何看待企业经营与资本经营的关系？
5. 如何看待企业资本运营过程中股权结构的变化？

（三）背景信息

1999年，本为英语教师的马云与另外17人在中国杭州市创办了阿里巴巴网站，为小型制造商提供了一个销售产品的贸易平台。通过9年的发展，采取了自身积累、风险投资、私募股权基金投资、并购重组、股票发行上市等多种资本运营方式，企业发展成为全球领先的网络电子商务企业。2007年阿里巴巴实现在香港联合交易所股票上市，企业市值从50万元人民币跃升为超过200亿美元。

（四）分析路径

企业经营和资本运营的关系、企业资本运作的工具和不同企业阶段不同的工具选择是本案例的关键问题。企业经营需要产品经营与资本运营两轮驱动。金融资本也必须要寻找产业资本支持，以此作为金融产业发展的物质基础。资本扩张以资本最大限度增值为目的，对资本及其运动所进行的运筹和经营活动，是指通过资本结构的变化，采取内部积累、风险投资、私募股权基金投资、兼并和收购、股票发行上市等方式，使企业实现资本规模的扩大。重视资本运营的战略地位，借鉴成功的运营模式，并在现实的运作中不断地探索和创新，这对我国企业和金融的发展有着深远的意义。

（五）关键要点

1. 公司金融：又称为公司理财。完整的公司金融理论应该研究以下三部分内容：一是公司的融资结构即资本结构；二是与资本结构相联系的公司治理结构；三是公司融资的技术问题，如融资产品定价、融资时机与方式、融资工具创新、融资风险控制等。

2. 资本运营：是对公司所拥有的一切有形与无形的存量资产，通过流动、裂变、组合、优化配置等各种方式进行有效运营，以最大限度地实现增值，通过资本层次上的资源流动来优化社会的资源配置结构。企业通过资本本身的专业性技巧性运作，实现资本增值、效益增长的一种经营方式。企业的资本运营分为资本扩张与资本收缩两种运营模式。

2. 风险投资：简称 VC（venture capital），也翻译成创业投资，是由职业金融家投入到新兴的、迅速发展的、具有巨大竞争潜力的企业中一种权益资本，也是协调风险投资家、创业者、投资者的关系，利益共享、风险共担的一种投资方式。

3. 私募股权投资基金：简称 PE（Private Equity），通常称为私募、私募基金，是指通过私募形式对私有企业，即非上市企业进行的权益性投资，在交易实施过程中附带考虑将来的退出机制，即通过上市、并购或管理层回购等方式，出售持股获利。

4. 公司并购：简称 M&A（Mergers and Acquisitions），通常称为并购，包括兼并和收购两层含义，指企业之间的兼并与收购行为，是企业法人在平等自愿、等价有偿基础上，以一定的经济方式取得其他法人产权的行为。

5. 股票发行上市：股票发行上市是指根据所在地的法律要求，符合股票上市条件的公司，向投资者发行股票，股票在所在地证券交易所上市。首次公开募股，简称 IPO，即 Initial public offerings，是指股份有限公司或有限责任公司）首次向社会公众公开招股的发行方式。有限责任公司 IPO 后会成为股份有限公司。

6. 投资银行：英文为 investment banking，是指主要从事证券发行、承销、交易、企业重组、兼并与收购、投资分析、风险投资、项目融资等业务的非银行金融机构，是资本市场上的主要金融中介。

（六）建议课堂计划

本案例可以作为专门的案例讨论课来进行。如下是按照时间进度提供的课堂计划建议，仅供参考。

整个案例课的课堂时间控制在 80～90 分钟。

课前计划：提出启发思考题，请学员在课前完成阅读和初步思考。

课中计划：简要的课堂前言，明确主题（2～5 分钟）

分组讨论（30 分钟），告知发言要求

小组发言（每组5分钟，控制在30分钟）

引导全班进一步讨论，并进行归纳总结（15~20分钟）

课后计划：请学员针对具体的资本运作方式进行深入学习，为后续章节内容做好铺垫。

（七）参考文献

"日本软银投资阿里巴巴8 000万美元，回报率达71倍"，21世纪经济报道，2007年11月8日。

刘世英、彭征明：《马云创业思维》，经济日报出版社2008年版。

孙燕君：《阿里巴巴神话：马云的美丽新世界》，江苏文艺出版社2007年版。

彭征、高贺：《马云精彩语录》，中信出版社2008年版。

郑作时：《阿里巴巴：天下没有难做的生意》，浙江人民出版社2007年版。

中视传媒：打造优秀传媒上市公司[①]

[**案例摘要**] 中视传媒是中央电视台控股的一家传媒类上市公司，也是中央电视台目前在国内资本市场上的唯一一个融资窗口。独特的国情，使我国传媒不能简单地套用西方媒体的资本运作模式，而是在实践中逐渐探索出中国传媒上市的各种方法。

上市公司涉足传媒业和传媒公司上市融资，是一个最敏感的行业与一个最敏感的市场的结缘。中国传媒一直被看作是意识形态的要害部门，因此，相关的主管部门在传媒上市方面，始终保持着足够的警惕，不想让媒体的步子迈得过快，影响舆论传播，损害国家利益。但是，主管部门的保守没有挡住媒体对资本的渴望，在生存和发展的压力下，中国传媒人用足、用活现有政策，通过迂回的方式实现传媒的直接或间接上市。独特的国情，使我国传媒不能简单地套用西方媒体的资本运作模式，而是在实践中逐渐探索出中国传媒上市的各种方法。以投资其他产业，上市募集资金为主的传媒投资上市型资本运作方式成为了一些国有传媒的选择。中视传媒走的正是这样一条路子。

一、中视传媒简介

为做大做强现有传媒产业、实现产业升级，真正成为国内规模最大、实力最强的传媒公司，中央电视台充分利用了上市、改制、引入境外资本等资本运作手段，实现文化产业与金融资本的结合，使拥有的资源优势充分显现，并以"乘数效应"得到放大。中视传媒股份有限公司（原无锡中视影视基地股份有限公司，以下简称中视传媒）成立于1997年6月，在上

[①] 本案例由中央财经大学文化与传媒学院新闻传播系孙凤毅老师编写。本案例中所引用的数据与相关均由中视传媒股份有限责任公司提供，特此感谢。

海证券交易所上市,是中央电视台系统内的第一家(也是唯一的)上市公司、广电系统内上市的传媒第一股。中视传媒是中央电视台无锡太湖影视城在对所属三国城、唐城进行股份制改组的基础上设立的,是中国第一家兼营影视制作和文化旅游业的上市公司,公司总股本 2.36 亿元,其中无锡太湖影视城持股 63.76%,中国国际电视总公司及下属北京未来广告公司、北京荧屏出租汽车公司、北京中电高科技电视发展公司共持股 3.29%,其余为 32.95% 为社会公众股,由中国国际电视总公司代中央电视台行使第一大股东职责。

2001 年,经国家工商总局批准,公司正式更名为中视传媒股份有限公司,2002 年 6 月,公司总部迁址上海陆家嘴金融贸易区,实现了公司发展的转型和总体战略部署转换,使公司的品牌真正地扎根长三角的核心地区。作为中央电视台控股的一家传媒类上市公司,公司主营影视拍摄、电视剧节目制作和销售、影视拍摄基地开发和经营、影视设备租赁和技术服务、媒体广告代理等业务。中视传媒以"影视、广告、旅游"三大主业齐头并进,在北京、上海、无锡、广东四地设有分支机构,公司实力与影响力与日俱增。现拥有各类影视设备总资产 2 亿多元,包括引领世界先进水平的高清晰度摄像设备、后期制作设备及包装工作室,是国内最早进入高清晰度电视制作领域的公司,且在无锡、广东南海拥有 3 000 多亩影视拍摄基地,景观纵跨中国魏晋、唐宋、明清、民国等历史年代,集古今精华,年接待摄制组 30 余个、游客 200 万人次。

二、中视传媒十年资本运营的基本情况

目前,我国传媒行业已经形成了广播、电视、报纸杂志、网络四大媒体。广告收入逐年增长。传媒行业在我国的迅速发展,离不开传媒行业代表性企业——传媒上市公司。我国传媒产业具有与其他产业不同的特殊性:一是传媒业具有信息产业和公益事业的双重特性,传媒上市公司面临着更强的政府管制;二是传媒上市公司业务独立性不强,增大了大股东侵占中小股东利益的可能性。这种特殊性决定了传媒类上市公司与其他上市公司具有与其他产业不同的经营情况和业绩表现。本文选取了中视传媒这家上市公司作为研究对象,主要从资本运营的角度来探讨传媒类国有控股上市公司发展问题。

(一) 业务模式不断拓展

中视传媒坚持并实施正确的发展战略,创造了良好的经济效益和社会效益,树立了台属企业在资本市场的良好形象。公司由上市之初一个以影视基地开发经营为主的影视边缘产业,发展成为以影视制作业务为主,集广告代理、技术服务、旅游等多业务为一体的综合型传媒公司。

1997~1998年,投资13 589万元收购水浒城,投资11 500万元建设广东南海太平天国城。至此,中视传媒在无锡和南海两地拥有的影视拍摄景观包含了中国魏晋、唐宋、明清、民国等多个历史时期,纵跨1 700多年。利用募集资金投拍电视剧——《太平天国》的先河,标志着中视传媒正式进军影视业务领域。此后,经过数年的探索与经营,影视业务逐渐成为了公司又一主营业务。2001年,中视传媒将4 000万元配股募集资金用于投资《探索·发现》一期栏目,与凤凰卫视合作举行《极地跨越》大型跨国电视采访纪行活动。该栏目使主营业务的影视业务又增添了新的内容。2003年,公司开始介入以《欢乐中国行》为代表的综艺节目的制作,在CCTV3播出后获得不错的反响。

2000年,中视传媒投资成立的北京中视北方影像技术有限责任公司,被北京市科委认定为高新技术企业。作为国内最早进入高清晰度电视技术领域的专业制作公司,高清晰度电视技术和后期制作已成为中视传媒技术服务的核心竞争力所在。2000年,投拍国内首部高清晰度电视剧《大宅门》,率先在行业内涉足高清影视业务。2005年9月,中视传媒以强大高清节目技术和资源优势,参与运营中国首个高清电视频道——央视高清影视频道,并一直保持着高清影视领域的领先优势。2006年,中视传媒与英国BBC合作拍摄高清电视纪录片《美丽中国》,涉足国际市场,进一步提升了公司的品牌价值,同时也锻炼出了一支具有电视专业制作能力和国际合作水准的队伍。

2002年,中视传媒组建上海中视国际广告有限公司,积极拓展媒体广告资源代理业务,分别于2003年、2004年获得中央电视台综合频道、电视剧频道黄金时段电视剧贴片广告资源代理权,2005年又获得了中央电视台科教频道全部广告资源的独家代理权。经过几年的不懈努力,上海中视国际广告有限公司通过创新营销,最大限度体现优质资源的价值,使广告业务迅速成为中视传媒主要利润支撑点。

经过了十年的发展，中视传媒已基本完成了主营业务的布局和整合，业务模式走向以影视、广告、旅游三足鼎立，相互渗透、共同发展的新格局。影视业务实现了从标清到高清，以多元的节目形态、以精品化战略丰富影视荧屏；中视广告公司也以其良好的发展潜力，成功跻身全国强势广告公司行列；作为中国主题旅游娱乐产业的先行者和探索者，无锡基地三国水浒景区推陈出新，荣获国家首批 5A 级旅游景区，为消费者提供独具特色的旅游休闲娱乐体验。同时，中视传媒经营业绩稳步增长。1997 年公司营业收入为 10 384 万元，2006 年公司营业收入突破 6 亿元，达到 63 510 万元，是公司 1997 年上市之初的 6 倍。至今，公司累计实现净利润 3.1 亿元，而且在最近的三年中连续净利润增幅超过 50%。2007 年 5 月，在中国证券报组织进行的"中国上市公司百强"评选中，公司以持续高增长的业绩，入选成长性排行榜第 28 位。

（二）市值大增，进一步显现公司价值

市值是一个上市公司在资本市场的价值体现，是对公司业绩、管理水平、整体实力的综合评价。在 2005 年股权分置改革启动之初，国资委就确定了以市值作为对国有及国有控股上市公司和控股股东考核的指标。

2007 年 7 月 1 日，国资委、证监会联合发布的《国有股东转让所持上市公司股份管理暂行办法》正式施行。《办法》对国有股股权转让的决策程序、转让方式、交易价格等进行了详细的规定，明确提出以上市公司二级市场股票价格作为定价依据。这就改变了过去以每股净资产定价的交易模式，进一步确立了市值的核心地位，也提高了控股股东努力做大上市公司市值的积极性。

在这一大背景下，中视传媒于 2006 年 7 月 4 日顺利完成股权分置改革，以此为标志进入全流通时代。在资本市场走热与公司发展走好的双重促动下，中视传媒总市值不断上升。2007 年 8 月 31 日，公司股价创下上市以来的新高 37.70 元。上市之初，台属 5 家法人股东所持股权价值，按每股净资产计算仅为 3.9 亿元；进入全流通时代，按照国资管理部门对国有控股上市公司的考核指标由净资产转为公司市场价值这一全新理念，公司市价总值（2007 年 8 月 31 日）达到 89.25 亿元。其中台属五家法人股东所持股权市值达到 51.02 亿元，真正实现了国有资产的保值、增值。

(三) 两次融资，探索资本市场运作经验

通过利用资本市场的融资工具，发挥资本杠杆作用，促进中视传媒实现跨越式发展，是上市公司的优势所在。中视传媒通过 1997 年 IPO 公开发行股票和 1999 年实施配股，两次募集资金总额达 49 836 万元，使实际控制人中央电视台通过中视传媒的设立和运作，积累了参与资本运营和市场运作的经验，为今后借助资本平台推进传媒业务实现跨越性发展打下良好基础。

中视传媒利用募集资金，一方面实现影视基地规模升级，另一方面进军影视制作领域，并在近几年积极介入媒体广告资源代理业务，使公司从传媒边缘产业起步，转型为具有较强行业影响力和市场竞争力的传媒类上市公司。

经过近几年的发展，中视传媒经营业绩良好，股东回报稳定，投资者关系管理工作有效开展，使得公司已经恢复了资本市场再融资的资格。可以说为公司的快速发展重新安装了"资本助推器"。

(四) 给投资者稳定回报

作为具有强烈社会责任感的上市公司，上市十年来，中视传媒先后七次实施现金分红，一次实施资本公积金转增股本方案，以稳健的经营业绩回报全体投资者（表1）。

表1　　　　　　公司上市十年分红派息一览表

次数	年度	分红方案	金额	法人股东所得分红
1	1997	10 派 2.2 元	3 696.00	2 596.00
2	1999	10 派 4.4 元	8 012.40	5 372.40
3	2000	10 派 1.0 元	1 821.00	1 221.00
4	2001	10 派 0.7 元	1 657.11	1 111.11
5	2004	10 派 0.5 元	1 183.65	793.65
6	2005	10 派 0.8 元	1 893.84	1 082.64
7	2006	10 派 1.0 元	2 367.30	1 353.30
合计			20 631.30	13 530.10

十年中，公司共派发红利 20 631 万元（其中台属五家法人股东所得红利 13 530.10 万元），并通过资本公积金转增股本的方式，于 2001 年向全体股东按每 10 股转增 3 股，总计转增股本 5 463 万股，合理地进行公司股本规模扩张。随着公司在业内地位的不断提升，公司先后入选上海证券交易所"180 指数"、"沪深 300 成份指数"样本股。

（五）以公司治理为核心，推进新法律环境下的现代企业制度建设

党的十六大报告指出：国有企业是我国国民经济的支柱，要按照现代企业制度的要求，继续实行规范的公司制改革，完善法人治理结构。2004 年年初，国务院发布《关于推进资本市场改革开放和稳定发展的若干意见》，提出：采取切实措施，改变部分上市公司重上市、轻转制的状况，要进一步提高上市公司质量，推进上市公司规范运作。2005 年 10 月，《证券法》和《公司法》修订通过。两法强调，以完善机制和明确诚信责任来健全上市公司规范运作基础，进一步完善了上市公司信息披露、收购兼并等制度，全面强化了对投资者合法权益的保护力度，从而为上市公司发展和治理机制的改革共同缔造一个良好的法制环境。中视传媒上市十年来，以公司治理为核心，着力推进现代企业制度建设，主要表现在以下几方面：

1. 2006 年公司圆满实施股权分置改革。公司五家国有法人股东所持有的非流通股股份，获得了流通权，变为有限售条件的流通股；实现了全体投资者在权利和义务上的一致，为公司进一步完善法人治理创造了条件。

2. 公司独立性日益增强。公司控股股东按照中国证监会《上市公司治理准则》的要求，规范自己的行为，通过股东大会行使出资人的权利，没有超越股东大会直接或间接干预公司的决策和经营活动。公司与控股股东在人员、资产、财务、机构、业务方面做到了"五独立"，公司董事会、监事会和内部机构能够独立运作。

3. 法人治理结构不断完善。根据《公司法》、《证券法》和《公司章程》，公司依法建立了以股东大会、董事会、监事会和经理层为基础的法人治理结构。在法人治理结构中，董事会建设成为核心。根据证监会《关于在上市公司建立独立董事制度的指导意见》，公司于 2001 年年末建立独立董事制度，独立董事会占董事会人数的 1/3，分别拥有法律、投资、会计行业的资深背景，对不断提高董事会决策能力、决策效率和决策水平发挥了作用。

通过《公司章程》、《董事会议事规则》、《专门委员会工作细则》等制度，清晰界定董事会及其专门委员会的职责，规范董事会及其专门委员会的运作程序，确保董事会对重大经营管理事项的实质性决策权力，促进董事会的运作合法合规。

健全监事会监督机制，强化对公司经营管理的监督。监事会的成员结构得到进一步优化，重视业务培训，保证监事会的监督治理机能正常运转。

4. 内控制度建设日趋完善。为保证中视传媒健康运营，公司自上市以来，一直致力于推行制度化建设，根据相关法律，法规，制定了《公司章程》、股东大会、董事会、监事会的三会议事规则、《总经理工作细则》、《独立董事制度》、《关联交易决策制度》、《信息披露管理制度》、《对投资企业管理控制制度》、《募集资金管理办法》、《对外担保管理制度》，并对公司内部管理、内部审计等制度进行修订和完善，积极推进"上市公司治理专项活动"，保证公司各级机构依法、合规运作，全面提高公司治理水平。

5. 信息披露质量逐渐提高。在公司控股股东及其他信息披露义务人的密切配合下，公司切实履行作为公众公司的信息披露义务，严格遵守监管部门发布的信息披露规则，保证信息披露内容的真实性、准确性、完整性和及时性，保障投资者平等获取信息的权利，稳步提高公司诚信度。

2006年4月，经投资者投票选举，公司被评为"大智慧杯"2005年度投资者心目中最亲切的上市公司称号。

时至今日，中视传媒无论是在证券业、传媒业，都已经占有了一席之地。因此可以说中视传媒的发展，在中国传媒业和中国证券市场上，代表了中央电视台改革的成果，也代表了中央电视台的品牌形象。

三、中视传媒的实践启示

1997年6月16日，无锡中视影视基地股份有限公司成为国内第二家进入证券市场融资的传媒公司。2001年8月，更名为中视传媒股份有限公司（证券简称：中视传媒；证券代码：600088）。作为央视控股的传媒类

A股上市公司,2006年中视传媒股份有限公司顺利完成股权分置改革。2006年,中视传媒共实现主营业务收入6.35亿元,比上年同期增长52.08%;公司各项主营业务盈利能力的持续增长,实现了净利润4 749.62万元,比上年同期增长了133.53%。2007年5月,在中国证券报组织进行的"中国上市公司百强"评选中,公司以持续高增长的业绩,入选成长性排行榜第28位。

案例使用说明

(一) 教学目的与用途

本案例适用于"媒介经济"、"传媒经营与管理"等相关课程,通过本案例分析,启发学生通过学习中视传媒十年资本运作情况,了解传媒类国有控股上市公司的特点,深刻认识传媒资本运作的必要性与特殊性。我国媒体上市公司很多都是剥离上市的,媒体核心业务难以进入资本市场。因此媒体上市后都在走多元化之路,其他在媒体的边缘行业,甚至在媒体之外的行业进行投资,实现资本的有效运用。也就是说,上市公司都在从低度多元化向中度多元化,甚至是高度多元化方向发展。媒体上市通过吸收社会资本,稀释了媒体内国有资本的含量,改变了媒体的资本结构,提高了资本运营的有效性,并且有效地促进了法人治理结构和经营机制的转变。其实媒体进入资本市场,给中国传媒带来的更深层次的变化还没有完全表现出来,随着我国市场经济的进一步完善,媒体上市对媒体的"事业属性"将会有更大的影响和作用。

(二) 启发思考题

1. 中视传媒资本运作给我国其他传媒类国有控股上市公司带来哪些启示?为什么?

2. 你如何评价中视传媒的业务发展模式?你认为中视传媒在哪些方面还需要进一步加强和改善?

3. 中视传媒是中央电视台控股的上市公司,也是中央电视台目前在国内资本市场上的唯一一个融资窗口。当中视传媒发生经营困境时,你怎样看待其与母公司的关联交易?

（三）分析路径

理解本案例分析思路可以遵循如下的顺序进行：
1. 理解中国传媒上市公司的基础与前提：国情的特殊性。
2. 我国传媒产业与其他产业有着本质的区别。
3. 中央与地方传播媒介所处平台的差异与所承担职责的不同。
4. 资本运作在中国传媒领域的经验与教训。
5. 全球化背景下，传媒上市公司运作的风险预警体系建立。

总之，首先从理解中国传媒资本所具有的经济性与政治性两种基本属性出发，认识到中国传媒资本运作与西方传媒资本运作的差异性，之后再进一步了解传媒机构在中国所处的地位与中国的特殊国情，只有了解这一特点，才能够理解传媒类国有控股上市公司的运作特点与中国传媒上市公司的发展历程。在此基础上，了解中视传媒与中央电视台之间的渊源以及中视传媒的十年资本运作发展历程，从而掌握中国传媒类国有控股上市公司的运作情况。

（四）背景信息

1. 中视传媒股改复牌。中视传媒（600088），流通股股东每持有10股流通股将获得非流通股股东支付的3股股份对价已经获得顺利通过。公司股票将于今日恢复交易，对价股份上市流通，股票简称由"中视传媒"变更为"G中视"，证券代码"600088"保持不变。随着公司二级市场股票复牌交易，公司良好的基本面情况和停牌期间大盘的良好走势，将在公司股票价格上得到反映。

2. 央视在输血中视传媒。2002年4月，中视传媒突然发布公告："随着传媒行业的重组并构，公司面临着越来越激烈的市场竞争。由于政策因素，2002年古装剧目的生产数量受到一定限制，多种因素致使公司影视业务竞争加剧，利润空间减少，毛利率降低。预计公司2002年度主营业务收入增长10%左右，主营业务成本增长14%左右。主营业务利润将出现下降。"2002年8月，中视传媒进一步公告：由于公司影视业务下滑……预计公司2002年度主营业务收入比去年同期下降20%，主营业务成本比去年同期下降10%，公司2002年年末可能出现亏损。"

旗下上市公司突然出现亏损，显然并不利于央视的自身形象，并会大大影响上市公司的融资能力。因此，2002年年末的时候，央视开始向上市公司输血。2002年12月30日，中视传媒发布了关联交易公告："为理顺并规范电视剧版权管理，加快资金周转，经友好协商，公司日前与公司第一大股东无锡太湖影视城的投资主体中央电视台签署了《燕子李三》、《橘子红了》、《大明宫词》、《突出重围》、《天下粮仓》、《郑成功》、《动画西游》七部剧目的剩余版权转让协议书。双方参考中央电视台以往同类电视剧的版权收购价格，确定了本次交易总金额为人民币29 056 000元，销售利润率为39%。本次关联交易对提高公司上述几部剧目的投资回报起着较好的作用。"

2003年1月，中视传媒发布业绩提示公告：公司对2002年度业绩预测进行调整，2002年第四季度的经营状况有所改善，与中央电视台的七部剧版权交易在年前顺利完成年初预算，为整体的经营业绩改善起到积极作用。经过对公司2002年度经营状况的初步统计，同时根据公司财务部门的初步测算，预计公司2002年度将不出现亏损。

可以说，正是与央视及时的关联交易，使得中视传媒避免了出现上市以来首次年度亏损的局面。但同时，也应该看到，仅仅依靠这种大股东的"雪中送炭"，并不能保证上市公司形成良好的核心竞争力和稳定的长期发展，并不能带来良性的、持续的利润增长。央视在输血的同时，也应该注意到中视传媒主营业务过于单一的风险。

3. 退出付费高清频道，中视传媒转向免费高清。2007年1月中视传媒与兄弟单位中数传媒签署了《央视高清频道项目合作协议书》，双方约定在扣除地网分成后，中视传媒享有央视高清影视频道所有收入的70%，中数传媒享有央视高清影视频道所有收入的30%，合同期自2007年1月1日至2011年12月31日止。这个协议是在2006年央视付费高清频道的运营给公司带来6 983.71万元销售收入的情况下签署的，然而由中视传媒制定的央视高清频道收费方案显然是不具有持久推广性的，2006年中视传媒、中数传媒与三大电视机厂商——松下、日立、海信签署的捆绑销售收入的协议，这三家彩电企业每家需要支付5 000万元的高清认证费用。

然而付费高清频道的实际运营并没有多大的效果，而央视高清频道所谓的高清认证随着原信息产业部公布的平面显示高清标准而被证明是无效的高清证明，显然这三家彩电企业，以及其他持观望态度的彩电厂商在

2007 年都没有续签合作协议，根据央视高清影视频道 2007 年度实际销售情况，中视传媒 2007 年仅取得收视费分成收入 127 008 元。

随着数字电视和高清电视的不断发展，新增的免费高清电视频道，将会对现有的付费高清频道带来较大冲击。2008 年中央电视台在北京及八大奥运城市推出免费的高清奥运频道，显然这给原有的高清频道造成了冲击，而上海文广的新视听高清频道，深圳高清频道的低价竞争也让年收费达到 120 元的央视高清频道用户大量流失。从目前央视高清影视频道的运营现状来看，付费高清频道的发展前景不容乐观。

对于中视传媒来说，参与央视 2008 年 1 月推出的免费高清频道、是中视传媒未来盈利的重要来源，中视传媒 4 月 11 日公布的 2007 年年报指出，该公司 2007 年实现销售收入 7.96 亿元，净利润 6 313 万元，同比增长 21.71%。其中只有影视业务出现了 8.19% 的下降，主要是高清频道收入下降了 6 900 万元，而公司广告业务和旅游业务收入分别达到 3.97 亿元和 1.02 亿元，同比增长 64.6% 和 12.45%。业内分析，在国内电视观众没有形成收看付费电视习惯的情况下，包括天盛欧洲足球频道和央视高清频道出现的亏损都是正常的。

（五）关键要点

1. 准确理解中国传媒业的特殊性，正确理解传媒资本运作的实质含义以及传媒类国有上市公司与民间企业资本运作之间的区别。

2. 充分认识与理解中视传媒在十年业务发展过程中的探索与发展历程，可以很好地理解中国传媒上市公司的曲折与艰难。

3. 了解传媒类国有控股上市公司对于中国传媒机构发展的深远影响与战略意义。

宏达海运公司的困惑[①]

[**案例摘要**] 宏达海运股份有限公司是一家主要从事国内沿海和国际远洋货物运输业务的 A 股上市公司。该公司除自购、自建船只增加运力外，还以租赁方式在承接业务。2008 年 9 月，该公司的一艘租船 10 月底即到合同期，恰好境外市场上有一艘合适的 7 万吨级的散装二手货船要出售，售价是 1 500 万美元，是继续租赁还是自购？若自购资金怎么解决？宏达公司总经理侯占魁感到迷茫和困惑。

"登东山而小鲁，登泰山而小天下，如果站得高一些，肯定会看得更远一些。"这是侯占魁在公司工作会议上经常说的一句话。没错，侯占魁也用自己的骄人业绩证明了他的远见、卓识和气魄。经过20 多年的摸爬滚打，宏达海运公司在他的带领下，从一家名不见经传的民营性质的小公司发展成为全国知名的、总资产达到 50 多亿元的国家大一型上市企业，成为浙江省上缴税金最多、经济效益最好的龙头企业之一。

侯占魁 1982 年从大连海事大学轮机工程专业毕业后就投身于中国的航运事业，从技术员、工程师、总工程师到总经理，一路走来，可谓是业绩斐然，在同行眼里侯总有魄力、干练、敏锐、雷厉风行，在中国的航运业可谓是行家里手。然而，侯总自己却不这么认为，随着企业越做越大、世界经济一体化以及技术、材料、产品的不断创新发展，他越来越感到力不从心，他常常想到的是这世界变化得太快、什么时候能回到学校回回炉、充充电？跟不上时代的潮流很快就会被淘汰的，尤其是要把企业做大做强，怎么合理利用资金、怎么使用资金的杠杆都是自己的弱项。但是，什

---

① 本案例由中央财经大学 MBA 教育中心王玉霞教授编写。本案例是在调研真实公司的基础上，以常见的管理困境为主题，经过适当加工编写而成，出于保密起见，所有直接相关的公司名称和人名均作过掩饰处理，一些可识别的信息资料及数据也根据需要经过适当调整。

么时候才能分身有术去学习呢!

这不,侯总坐在宽大的办公桌后面,正为公司眼下的选择举棋不定呢。时钟已经指向2008年9月25日中午13:30分了,侯总却一点食欲都没有,此时此刻的他一边翻看着总船长杨瑞递交的材料,一边脑海里萦绕的都是刚刚围绕着杨瑞提出的自购货船建议公司召开的几位老总临时工作会议情景,租船还是自购船呢?如果买船,需要1 500万美元,资金怎么解决?银行能帮忙解决吗?另外,从境外市场上购船涉及外汇政策,国家审批手续很繁琐,时间来得急吗?

一、公司背景

宏达海运股份有限公司是由宏达海运集团有限公司为主体、联合浙江省高速公路公司、煤电燃料总公司等六家发起人于1998年6月改建设立的股份制海运企业、上市公司,主要经营我国沿海、长江货物运输、国际远洋运输和交通基础设施、交通附设服务设施的投资业务。多年来公司紧紧抓住建设浙江省水运强省的机遇,凭藉地域优势,立足海运主业,积极奉行"信誉求生存,速度求发展"的经营宗旨,弘扬"严谨、务实、专业、创新、诚信"的企业文化,稳步实施"立足海运,多元发展"的企业发展战略,致力于运力规模发展和经营结构调整,使公司规模迅速发展、效益稳中有升,已形成以电煤运输为主的专业化散货运输经营格局,经营辐射全国沿海港口和长江流域,航迹遍布世界40余个国家70多个港口。目前公司总股本61 425万股,总资产达53.92亿元人民币,净资产12.77亿元人民币,拥有一支从5 000吨级至70 000吨级国内沿海和远洋散货船为主体、总运力近70万载重吨的海运船队。近年来公司年货运量超过1 200万吨,主要经济技术指标在全国同行业中名列前茅,为股东提供了良好的回报。

公司拥有的控参股公司主要涉及高速公路建设、钢铁加工、船舶代理、高新技术产业开发及投资等业务,通过海陆并举、优势互补和利益共享,不断提高企业的抗风险能力、盈利能力和综合实力。公司一贯倡导"以人为本"的管理理念,奉行"事业留人、感情留人、待遇留人"的人才观,重视人才的引进和培养,造就了一支具有团结拼搏、风雨同舟精神的素质良好、业务精通的员工队伍。

公司建立了规范的企业管理制度，具有丰富的管理经验，是浙江省第一批取得交通部安全管理体系"符合证明"和实施 NSM 规则的航运企业。公司先后被评为 2004 年度全国百强上市公司，2005 全国服务行业 500 强企业，是浙江省企业"守合同重信用"AAA 级单位，浙江省交通系统建设"平安交通"先进单位，树立了规范经营、业绩稳定、诚实守信、发展前景良好的市场形象。企业的核心竞争力不断增强，走出一条创业、守业、精业、强业的企业可持续发展之路。

公司主营业务为沿海、内河（长江）货物运输、国际远洋运输和交通基础设施、交通附设服务设施的投资。

该公司组织机构，如图 1 所示。

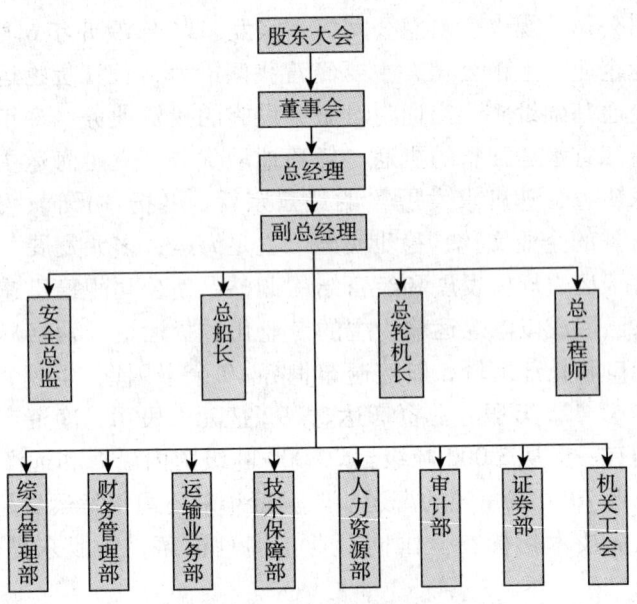

图 1　宏达海运股份公司组织机构

2008 年宏达公司的目标是要跨越 1 500 万吨货运量，总运力超 70 万载重吨。

二、侯总的办公室会议

2008年9月25日上午,总船长杨瑞来到侯总办公室。

杨瑞说:"侯总,我负责的我们公司以租赁方式承接北方煤港到浙江玉山电厂电煤运输业务、同时穿插经营到广东台山电厂和福建可门电厂的电煤运输业务及国际业务的一艘租船10月末合同就要到期了。今天早晨我得到一个消息:在境外市场上有一艘7万吨级的散装二手货船要转手出售,要价1 500万美元,这是那艘船的材料",杨船长一边说一边将材料递给侯总。"我觉得这艘船的运力大小挺适合接替我们公司租赁的要到期的这艘船的,而且这艘船7成新、要价也比较合理,我觉得我们应该把它买下来、扩大我们的自购船运力。这样在目前国内国际船舶运力紧张的环境下,我们扩大了自己的船舶运力就会减少受船舶租赁商的牵制。"杨船长继续说着。

侯总想了想说:"投资1 500万美元购船……,这样吧,把公司的几位老总叫来我们一起商议商议。"

侯总拿起电话,对秘书小陈说:"小陈,你去把林副总、运输业务部的陈总、财务部的王总叫到我办公室来,就说我找他们研究点事。"

小陈说:"好的,侯总。"

一会儿,林副总和其他人等陆续来到侯总的办公室。侯总说:"大家随便坐吧,把大家叫过来是想听听大家的意见,俗话说三个臭皮匠还顶个诸葛亮。杨船长你先说吧,把你的想法再跟大家说一遍。"

杨船长说:"事情是这样的……"

大家交头接耳商量了一会,财务部王东红老总,一位在公司任职20多年的老财务,最先发言:"我们租赁的要到期的那艘船主要经营北方煤港到浙江玉山电厂的电煤运输业务,同时穿插经营到广东台山电厂和福建可门电厂的电煤运输业务及国际业务。年运输收入可达9 824万元,年净利润2 806万元,年内部收益率12.63%。我们这条船的盈利能力是很稳定的、租赁公司是我们多年合作伙伴,之前也跟我打过招呼,可以继续按原租价承租。如果我们现在买船,一下子筹集1 500万美元,恐怕会有一定的难度,另外,10月份也快临近年底了,购船的话,公司的现金流也会遇到麻烦。我个人认为还是继续租赁比较合适。"

"我觉得这倒是一个非常好的机会,我们应该把船买下。"说话的是运输业务部的陈志伟经理,多年的风吹雨打造就了他快言快语、火爆子性格。陈经理喝了一口水继续说:"目前由美国次贷引发的金融危机已经开始遍布全球,很多国际航运公司的资金链都出现了问题,我估计出售该船的公司一定是资金遇到了麻烦才出此下策,如果我们能抓住这个机遇扩大我们的实力,倒是化危机为契机的好机会。"

侯总将目光转向林副总,说:"林总,您是怎么想的?"

林友彬,公司副总经理,今年43岁,美国纽约大学MBA毕业,是公司招聘的"海归"。

林副总扶了扶眼镜说:"我最近正在琢磨是不是利用金融危机,各家都在缩小业务之际来扩大我们的实力呢。侯总您不是常说登东山而小鲁,登泰山而小天下吗!做企业就是要有雄心和胆略。近两年国内和国际船舶运力紧张,尤其是我们江浙一带,外贸出口型企业为主的经济增长模式对船舶运输能力依赖度很高,这几年船舶租赁市场完全由卖方控制,租赁成本节节上升,很多船运公司都在想方设法自购船只扩大运力。刚刚杨船长的买船提议,应该说我是举双手赞成的。不过,我担心的是,即使我们有资金也不一定能买到此船。"

"为什么?"大家异口同声地问,并将诧异的目光转向林副总。

"因为,据我了解向境外购买船舶需逐级向市、省、部交通部门申报新增运力指标,向国家海事局、国务院机电办等相关部门办妥船只进口手续后方能购置,手续繁杂,按照我国政府目前的办事效率,等各种手续办妥,没有一个月时间是办不下来的,所以,我说,即使我们有足够的资金,公司恐怕也买不到船,那散装二手船岂不是别人的囊中之物!"

杨船长说:"林副总说的是呀,由于目前国内国际船舶运力紧张原因,该船在二手船市场上国内外买家肯定多,竞争激烈,咱们如果动作稍慢一步,该船可能就成了他人的囊中之物,我们要买的话还真得快点筹资快点出手。"

侯总转向财务部王总说:"如果我们买船,资金问题可以解决吗?"

王总说:"我个人认为,这场金融危机的影响深度和广度还都是未知数,现在很多外贸出口型企业都出现了资金回笼问题,从谨慎原则出发,我个人认为还是尽量减少投资,以避免对目前公司正常运转现金流造成影响。如果不租船而是购船的话，我们是不是可以采用融资租赁的方法，也就是说我们找一家实力雄厚的金融租赁有限责任公司，由金融租赁有限公司作买主，再由宏达海运公司与其签订散货船融资租赁合同。为了能顺利签订融资租赁合同，为买到此船争取到时间，我们也可以将公司另一艘相同价值的散货船抵押给金融租赁有限责任公司，并签订船舶抵押合同。"

"但是，即使资金解决了，时间问题还是存在啊！"林副总说。

"还有其他办法吗？"侯总巡视着在场的几位老总。

"我看，把证券部的董雄总请过来吧，看看他有什么高见没有。"财务部的王总提议说。

"对对，公司这几年快速发展，董总领导的证券部可是立了汗马功劳，怎么融资，当然是他的拿手菜了。"快言快语的陈总先表态了。

侯总拿起电话，对秘书小陈说："小陈，你把证券部的董总叫到我办公室来。"

一会儿，一位身体健硕的年轻人走进侯总办公室。他就是证券部的董雄经理，今年36岁，清华大学经济学博士，成功运作了公司的整体上市。在听完公司几位高管的意见之后，董雄思考了一会说："据我所知2005年8月，国家外汇管理局对各家银行出台了《关于调整境内银行为境外投资企业提供融资性对外担保管理方式的通知》，对境内银行为境外投资企业提供融资性保函不再实行逐笔审批制度，而是改为实行余额指标管理。将权力下放给各家银行，我们可以在该政策方面做做文章。"

"什么意思？你能不能说得再清楚一点。"快言快语的陈总一脸疑惑地追问。

董总说："我现在也没有成熟的想法，我想到的是如果我们买船，摆在我们面前的问题有两个：首先是时间问题，其次才是资金问题。林副总已经说过了，靠我们自己申请向境外购买船舶没有一个月的时间是办不来的。我的想法是我们能不能曲线救国，我们集团在香港不是有一个子公司吗，可不可以让这个子公司买入该船，待进口该船的相关手续完备后，再由集团公司向子公司原价购入，这样就可以赢得时间，那船就是我们的囊中之物了。"

"你说得是我们那个香港子公司——物华船务公司吧，它是去年才成立的，且总体资产规模较小，注册资本才900万元人民币，靠物华船务公司自己是没有能力购买该船的。"王总质疑地说。

"可不可以让物华船务公司在当地融资呢？"董总建议说。

"据我掌握的情况，香港当地金融监管要求很严，当地金融机构是不可能给注册时间短、总体资产规模较小的公司提供资金支持的，我看这个办法行不通。"王总坚持说。

"我们集团公司可以给海外子公司融资做担保啊！只要银行支持。"董雄坚持说。

会议室里突然安静下来，人们发现谁都不吱声了……

"在上个月，我参加过 Z 银行在深圳举办的内外联动营销会议，银行国际业务部的肖处长讲了跨境通套餐、外资筹建通套餐、融资性保函、备用信用证、福费廷等创新产品，有没有适应我们情况的产品和服务呢？我看我们还是请银行帮忙，把我们的问题和难点说清，请银行帮忙想出一个万全之策吧。"林副总提议说。

董总补充说："我刚才提到的国家外汇管理局新政，也是想到走银行境内外联动融资这条路，我同意林副总的建议。"

侯总思索了一会说："时间这么仓促，大家一下子也想不出什么好办法来，我看今天的临时办公会就到这吧，大家回去再好好想想。董总你到银行那边咨询咨询，争取最短时间拿出一个解决方案来。"

董总说："好的，我抓紧准备一份材料，下午就去银行。"

几位老总散去了。

侯总坐在办公桌前，还在冥思苦想……

案例使用说明

（一）教学目的与用途

1. 本案例适用于 MBA 及金融专业的研究生和本科生在学习《公司金融》、《信托与租赁》课程中的相关章节时使用，也适用于《战略管理》等其他工商管理类别的课程教学和管理培训。

2. 本案例的教学目的在于帮助学习者提高对融资性保函、融资租赁、内保外贷、金融产品创新、融资方式创新的认识。

（二）启发思考题

1. 在目前金融环境下你认为该企业应该继续租船还是自购船？临时办公会中提出的各种方案你认为哪个方案更好？你还能想到哪些可行的方案？

2. 如果你是侯总，你认为应该采用什么方案？采用该方案的利弊是什么？

3. 财务部王总提出的融资租赁方案有什么优势和劣势？根据当前的国际经济形势，你赞成她的方案吗？

4. 试对林副总提到的系列银行产品的适用对象、功能、特点以及具有的风险性进行分析。

（三）分析路径

教师可以根据自己的教学目标来灵活使用本案例，解决问题的方法可从该不该自购船入手，采用层层深入的方式，引导学生从企业发展战略角度、财务成本角度以及银行创新产品和国家外汇政策的角度来思考解决问题的方案。

1. 用SWOT分析法分析该公司组织的内、外部环境，组织发展的优势、劣势、组织面临的竞争角度分析公司应不应该自购船只，并进行防范风险分析。

2. 从企业成本角度和时间因素分析企业是采用融资租赁方式还是银行贷款方式（当期的汇率走势图见附件1）。

3. 从银行产品及定价以及2005年外管局出台相关政策（附件2）的深层意义角度来分析企业可以采用的方案。

4. 分析次贷危机（附件3）对该企业可能带来的影响。

（四）背景信息

2008年10月宏达公司从Z银行浙江省分行开出金额为1 500万美元、以Z银行香港分行为受益人、期限6个月的融资担保备用信用证，解决了企业购买海外二手船的时间难题和融资难题。

（五）关键要点

1. 无论是自购船还是融资租赁，企业能否在第一时间买到船是问题的核心，尤其是面对我国逐步国际化的企业经营模式更需要有国际化的战略眼光、用国际化的内外联动的解决方法。

2. 2005 年外管局出台相关政策,将商业银行融资性对外担保由逐笔审批改为实行余额管理的意义是国家鼓励企业境外投资。

3. 银行对外投资担保项下融资的基本流程(图2),是解决问题所必须掌握的知识点。

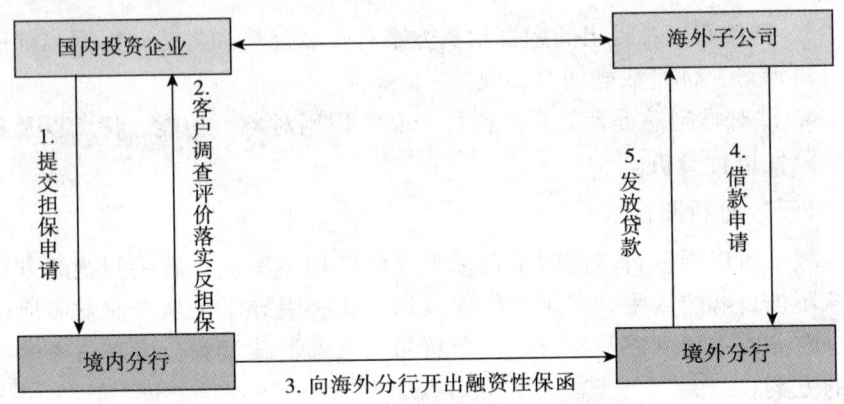

图 2　对外投资担保项下融资的基本流程

(六) 建议课堂计划

本案例可以作为专门的案例讨论课,在《公司金融》、《国际金融》、《信托与租赁》的课程中进行。如下是建议的课堂计划,仅供参考。

整个案例课的课堂时间控制在 50 分钟,可根据讨论的深度适当增减时间。

课前计划:在开展本案例前学生应该做好充分的准备,提前熟悉案例中所涉及企业的行业情况、银行各类产品情况。从国家政策和银行产品当中挖掘有助于决策的依据。教师留出启发思考题。

课中计划:简要的课堂前言,大致介绍一下本案例的相关背景,并要求大家根据案例材料进行深入的思考,重视对案例中国家政策和数据资料的使用。(5~10 分钟)

按所持观点或所扮演角色(如侯总,杨瑞等)进行分组,以 5 人组成一小组为宜,模拟案例中的办公室临时工作会议,按观点或角色进行讨

论。注重引导学生从不同角度,不同层次以及不同时间跨度上探讨该案例。(30~40分钟)

教师或学生点评,并归纳总结。(5~10分钟)

附录:

附件1: 2005年7月1日至2008年10月汇率走势图(图3)。

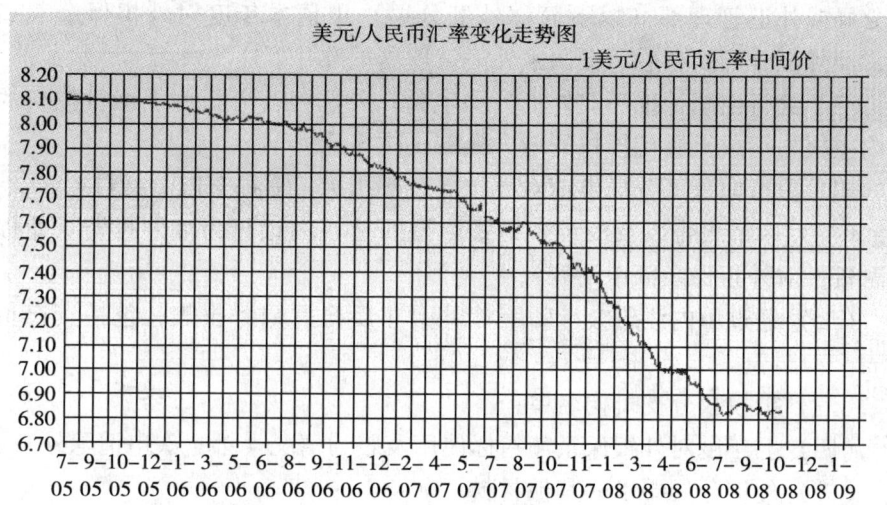

图3 汇率走势图

数据来源:中国人民银行。

附件2:

《关于调整境内银行为境外投资企业提供融资性对外担保管理方式的通知》。

为支持企业参与国际经济技术合作和竞争,促进投资便利化,解决境外投资企业融资难问题,根据《境内机构对外担保管理办法》及其实施细则(以下简称《办法》),国家外汇管理局决定进一步简化对外汇指定银行(以下简称银行)为我国境内机构在境外注册的全资附属企业和参股企业(以下简称境外投资企业)提供融资性对外担保的管理手续。现就有关问题通知如下：

一、国家外汇管理局对银行为境外投资企业提供融资性对外担保实行余额管理，并依据银行的外汇实收资本或营运资金、上年度对外担保及履约状况等指标按年度为银行核定余额指标。银行可在该指标范围内，自行为境外投资企业提供融资性对外担保，无须逐笔向国家外汇管理局及其分支局（以下简称外汇局）报批。

二、凡具有经营对外担保业务资格的银行，可向所在地国家外汇管理局分局或外汇管理部（以下简称外汇分局）申请本年度对外担保余额指标；经外汇分局初审后，报国家外汇管理局批准并下达。

三、银行由总行统一向外汇分局申请；外国银行分行由上级行授权的境内主报告行或上级行授权的境内分支机构申请。

四、银行向外汇分局申请对外担保余额指标，需提交以下材料：

（一）申请报告以及按统一格式填报的《境内银行为境外投资企业提供融资性对外担保余额申请表》；

（二）经过境内注册会计师审计的上年度合并财务报表，包括资产负债表、利润表；

（三）拟授权分支机构名单；

（四）上年度对外担保余额指标使用及履约情况（第一次申请除外）；

（五）外汇分局要求的其他材料。

五、国家外汇管理局为银行核定的对外担保余额指标不超过申请银行的外汇实收资本或合并的营运资金。对外担保余额指标可由银行总行（或主报告行）直接使用，也可以分解给经总行（或主报告行）授权的境内分支机构使用。银行将余额指标分解给境内分支机构使用的，由境内分支机构持授权和分解余额指标的总行（或主报告行）文件到所在地外汇局办理备案手续。

六、银行在余额指标项下提供的融资性对外担保应符合《办法》的相关规定，其对外担保余额、境内外汇担保余额及外汇债务余额之和不得超过其自有外汇资金的 20 倍；为一家企业法人的外汇放款余额、外汇担保余额（按 50% 计算）及外汇投资（参股）之和不得超过其自有外汇资金的 30%。

七、境外投资企业从银行取得融资性对外担保应具备以下条件：

（一）境外投资企业已在境外依法注册（包括境内机构在境外注册的全资附属企业和参股企业）；

（二）已向外汇局办理境外投资外汇登记手续；

（三）符合《办法》的具体规定。

八、银行为境外投资企业提供融资性对外担保后，按《办法》规定到所在地外汇局办理对外担保定期登记手续。

九、银行为境外投资企业提供的融资性对外担保如需履约，应到所在地外汇局按规定办理核准手续。境外投资企业的境内母公司或其他反担保人向境内银行提供的反担保履约不需外汇局核准；以境内反担保人的人民币资金对外履约的，由提供对外担保的银行凭反担保协议办理履约购汇核准手续。同一笔担保履约不得重复购汇。

十、银行应按本通知规定向外汇局报送信息，汇总本行系统余额管理项下对外担保逐笔情况，连同全口径的对外担保数据，填报《境内银行提供对外担保情况月报表》，于每月初5个工作日内报送外汇局。

十一、银行提供非融资性对外担保，仍按现行规定实行资产负债比例管理；境内银行为境外投资企业之外的客户提供融资性对外担保，仍按《办法》办理。

十二、外汇局对银行对外担保余额管理项下业务进行合规性检查。对超过核定余额指标提供对外担保、或者不按《办法》办理对外担保业务的银行，将根据《中华人民共和国外汇管理条例》及其他相关规定进行查处。

十三、本通知自2005年9月1日起施行。

请各外汇分局接到本通知后，尽快转发所辖中心支局和外资银行；各中资外汇指定银行收到本通知后，尽快转发所属的分支机构。同时，各外汇分局自文到之日起可受理本辖区内银行2005年度的申请，初审后报国家外汇管理局。

国家外汇管理局
2005年8月16日

附件3：次贷危机

次贷危机（subprime crisis）又称次级房贷危机，也译为次债危机。它是指一场发生在美国，因次级抵押贷款机构破产、投资基金被迫关闭、股市剧烈震荡引起的金融风暴。它致使全球主要金融市场出现流动性不足危机。美国"次贷危机"是从2006年春季开始逐步显现的，2007年8月开始席卷美国、欧盟和日本等世界主要金融市场，对国际金融秩序造成了极大的冲击和破坏，使金融市场产生了强烈的信贷紧缩效应，造成的危害已经向实体经济蔓延。次贷危机目前已经成为国际上的一个热点问题。次贷危机对中国经济的影响主要体现在三个方面：第一，次贷危机主要影响我国出口。次贷危机引起美国经济及全球经济增长的放缓，对中国经济的影响不容忽视，而这其中最主要是对出口的影响。2007年，由于美国和欧洲的进口需求疲软，我国月度出口增长率已从2007年2月的51.6%下降至12月的21.7%。第二，我国将面临经济增长趋缓和严峻就业形势的双重压力。美国次贷危机造成我国出口增长下降，一方面将引起我国经济增长在一定程度上放缓，同时，由于我国经济增长放缓，社会对劳动力的需求小于劳动力的供给，将使整个社会的就业压力增加。最后，次贷危机将加大我国的汇率风险和资本市场风险。为应对次贷危机造成的负面影响，美国采取宽松的货币政策和弱势美元的汇率政策。美元大幅贬值给中国带来了巨大的汇率风险。目前中国的外汇储备已经从超过1.9万亿美元减少到1.89万亿美元，美元贬值10%~20%的存量损失是非常巨大的。在发达国家经济放缓、我国经济持续增长、美元持续贬值和人民币升值预期不变的情况下，国际资本加速流向我国寻找避风港，将加剧我国资本市场的风险。

中国长安汽车集团并购整合之路①

[案例摘要] 本案例以我国当前汽车产业政策为背景,描述了中国长安汽车集团股份有限公司的并购重组过程,对并购背景、并购方式和过程、并购结果等多个方面进行了介绍,并提出了其可能面临的整合问题。

2009年11月10日上午10点,中国兵器装备集团公司(以下简称"兵装集团")、中国航空工业集团公司(以下简称"中航工业")在人民大会堂举行重组中国长安汽车集团股份有限公司签字仪式。至此,备受关注的中航集团汽车业务并入长安汽车一事终于尘埃落定,这也是汽车业中的首例央企重组案。中航工业以其持有的昌河汽车、哈飞汽车、东安动力、昌河铃木、东安三菱的股权,划拨给兵装集团旗下的中国长安汽车集团;兵装集团将旗下长安汽车集团23%的股权划拨中航工业。两集团重组成立新的中国长安汽车集团股份有限公司(以下简称"新长安"),兵装集团持股77%、中航工业持股23%。原重庆长安汽车股份有限公司董事长徐留平任中国长安汽车集团总裁、党委书记,全面主持新长安工作。②

新长安给徐留平带来了漂亮的规模起点,也留下了棘手的问题。面对两个强势股东,如何处理产业有效整合、战略互相协调、整合资金三大问题,是新长安面临的新挑战。而与之前的上南合并、广汽长丰并购相比,这项央企重组案例对于中国汽车业的裂变与整合大局而言或许更具现实示范意义。

一、新长安并购背景

中国兵器装备集团公司和中国航空工业集团公司作为中国著名的军工

---

① 本案例由中央财经大学会计学院09级博士生王秀丽编写,指导老师为王瑞华教授。案例资料来源于报刊新闻报道,作者未作掩饰处理。

② 何芳、徐锋:"中航170亿作价入股长安",《21世纪经济报道》,2009年11月11日。

集团，2009年双双入选《财富》世界企业500强。两大军工集团对中国长安汽车集团进行重组，是国防科技工业民品领域第一次大规模、跨部门、深层次合作，是央企之间汽车领域进行的迄今为止规模最大的战略重组。

重组前的中国长安汽车集团，是中国兵器装备集团汽车及零部件业务的专业化管理公司，于2005年12月获国务院批准成立，原名"中国南方工业汽车股份有限公司"，2009年7月1日经国家工商行政管理总局批准更名为中国长安汽车集团。

中国航空工业集团公司是由中央管理的国有特大型企业，由原中国航空工业第一、第二集团公司重组整合而成立。集团公司设有防务、运输机、发动机、直升机、机载设备与系统、通用飞机、航空研究、飞行试验、贸易物流、资产管理、工程规划建设、汽车等产业板块。

新长安汽车集团的此次并购重组在业界看来是意料之中的举动。目前，我国汽车业正处于一个关键时期，迈入千万辆级汽车大国之后，成为汽车强国已是我国汽车业的共同目标。工业和信息化部副部长苗圩表示，联合重组是适应产业结构调整的重要途径，也是我国汽车产业做大做强的必由之路。2009年，为了改变国内汽车产业过于分散的局面，做大做强汽车产业，我国出台的《汽车产业调整和振兴规划》[①] 提出了八大目标，其中一条目标是"兼并重组取得重大进展"，通过兼并重组，形成2~3家产销规模超过200万辆的大型汽车企业集团，4~5家产销规模超过100万辆的汽车企业集团，产销规模占市场份额90%以上的汽车企业集团数量由目前的14家减少到10家以内。《规划》鼓励一汽、东风、上汽、长安等大型汽车企业在全国范围内实施兼并重组。支持北汽、广汽、奇瑞、重汽等汽车企业实施区域性兼并重组。

2008年12月21日国务院总理温家宝视察长安，提出汽车产业必须通过重组，提升竞争力。2009年3月，温家宝视察长安后四个月，长安汽车被《汽车产业调整和振兴规划》列入扶持行列，成为中国第四大汽车集团。这推动了长安汽车的并购速度，在谋划资源整合时，与长安汽车具有相似的军工企业文化背景和发展过程的中航工业旗下的汽车板块，进入了长安汽车的视线。

---

① 2009年3月20日国务院办公厅发布《汽车产业调整和振兴规划》。

二、徐留平的新长安版图

2009汽车产业振兴规划中，长安与一汽、上汽、东风一起被列为国家重点支持在全国范围内兼并重组的四大企业集团，但究其规模和实力均逊于前三大集团。现在的重组为徐留平执掌的新长安打开了闪亮的起点，使一个布局更优、实力更强，更具市场竞争力的大型汽车企业集团应运而生，新长安产品谱系更加完善，战略布局更加优化。

重组后的新长安核心业务有6个板块，即微车、轿车、动力系统、底盘系统、商用车及专用车、汽车服务业（汽车金融、营销网络、汽车物流等），这6个核心业务初步形成整个集团的汽车产业链。

徐留平的新长安版图里，拥有全国的重庆、黑龙江、江西、江苏、河北、安徽、山西、广东、山东等9大整车生产基地，拥有21个整车工厂和27家直属企业，整车及发动机年产能力220万辆（台），并在马来西亚、越南、伊朗、乌克兰等国家建有海外基地，成为生产基地最广的中国汽车企业集团。

长安、松花江、昌河、东安为新长安的自主品牌。其中"长安"荣获中国"驰名商标"称号，品牌价值突破人民币212亿元（2008年）；此外，新长安还拥有众多的汽车零部件产品自主品牌。

新长安已实现与福特、马自达、沃尔沃、铃木等国际知名汽车生产商在乘用车和发动机领域的战略合作，以及与美国TRW、日本三菱、日本昭和、澳洲空调国际、英国GKN在汽车零部件领域的紧密合作。集团在全球30多个国家建立了自己的营销机构，产品销往70多个国家和地区。

对于徐留平来说，最大的意义在于规模增大后所带来的行业地位的提升。没有人怀疑，长安和中航汽车合并，受冲击最大和最直接的结果，是中国微车市场的竞争将由三家变两家。此前五菱以45%的市场份额占据国内微车老大，长安和中航汽车共拥41%的占有率，其余4%属于其他小品牌。是名副其实的三足鼎立局面。哈飞、昌河加盟之后，长安在微车领域有了与上汽通用五菱抗衡的实力。2009年前10月，长安微车销量为57.7万辆，上汽通用五菱则为84万辆，加上哈飞、昌河后，新长安的微车销量规模达到81万辆。行业集中度也从原来的78%增加到90%以上，这将是中国乃至全球汽车产业集中度最高的市场。

销量排名上,新长安很有可能超越一汽成为国内第二大汽车集团。合并中航汽车后,2009年长安汽车销量将达140万辆,昌河销量将达15万辆,哈飞也有28万辆,三者总量超过180万辆,接近200万辆,基本达到《汽车产业调整和振兴规划》中明确提出的培育"2~3家产销规模超过200万辆的大型汽车企业集团"目标。产销规模的扩大还会带来更多的政府鼓励。2004年版的《汽车产业政策》规定,市场占有率超过15%的汽车大集团,可以享有单独报批发展规划、预算等"特权"。

签约仪式上,新长安提出的具体发展目标是:2012年长安汽车整车销售超过260万辆,初步具备参与国际主流汽车市场竞争的能力;到2020年形成比较完整的产品系列,自主品牌进入高端市场,整车销售达到500万辆,向世界一流汽车企业迈进。

三、新长安如何"合为一家"

(一)内部整合疑问

以铁腕重组闻名的雷诺—日产总裁卡洛斯·戈恩有句名言,"没有重组成功的企业,只有合作成功的企业。"这句话同样适用于新长安。

共同的军工背景、同样的微车业务、政府的强力支持,这些是长安重组中航汽车业务的良好基础,但是对于规模更上一层楼的新长安,徐留平也有一系列的问题与挑战有待解决。

首先是品牌调整问题。整合后的新长安拥有长安、昌河、哈飞、长安铃木、昌河铃木等多个品牌,这些品牌是共存发展,还是强势品牌取代弱势品牌?虽然长安、哈飞和昌河都聚焦在微型车市场,产品结构类似,但品牌不同,各有独立的采购与营销渠道。当初同为中航系的哈飞、昌河之间推动联合采购与销售尚困难重重,何况如今分属两个母公司的三家企业,整合过程必定不轻松。目前昌河的采购成本占70%左右,长安在60%左右,集中资源固然理想,但牵动三家企业的切身利益。

其次是人员调整问题。由于新长安重组后中航工业集团只参股不参与具体运营,昌河、哈飞、东安动力的管理层势必会有较大变动。与上南合并、广汽长丰重组中的上汽、广汽强势不同,从新长安的两个股东身份来看,这并不是强弱联合,而是中国两大不同体系的重要央企组成的强强联合。而且从股比上来说,新中航23%的股权已经足够大,即使未来不参与经营，其发言权同样强大。

涉及更为广泛的问题还包括同样军工背景的大批工人的去留安置。由于企业多为国企军工转型而来，员工数量庞大且多数年龄偏大，要与合资企业等抗衡，需要注入年轻血液，如何实现有效的新陈代谢成为新长安必须直面的问题。

最后是财务问题。对于拥有多个上市公司且分配不均的新长安来说，"财务"方面涉及整合资金问题不会简单。整合势必需要大笔资金，仅以昌河汽车为例，作为亏损大户，其原有的上市公司平台已经失去，要想保留其品牌，实现稳定发展，注入整合资金不可避免，这笔资金从何而来？不同上市公司融来的钱如何分派？

（二）两家外方如何牵手

除了企业内部融合问题，还有合资外方如何继续牵手的问题。签约之前标致雪铁龙（PSA）与哈飞曾进行了长达五年的合作谈判，但新长安和PSA的具体合作前景仍有待来日的努力，要打动已经拥有长安福特与长安铃木两家合资企业的长安集团，PSA恐怕需要许诺更多的车型与技术，而非之前跟哈飞所谈的"只在轻型商务车领域合作"。

除此之外，还牵涉到日本铃木的中国整合计划。铃木近几年开始将合作重心转向长安铃木，并一直想推动昌河铃木、长安铃木与进口车三个销售网络的合并，无奈两家合资企业并不配合。昌河汽车并入长安汽车，铃木将会重新面临与新长安这一大集团的合作与协调。

新长安并购整合之路任重道远。要达到"合为一家"的程度，徐留平需要搭建的将不只是新长安的名字，更需要一个新的管理体系、更高水平的管理模式以及新的业务链条。①

案例使用说明

（一）教学目的与用途

本案例适用于《收购兼并》、《企业战略管理》课程的案例教学，适合

---

① 案例资料主要内容引自王秋凤、耿慧丽，《经济观察报》，2009年11月16日，汽车版"三问新长安整合"的相关报道。

管理专业的本科生、研究生，MBA 及 EMBA 学生阅读。

教学目标是通过此案例的学习讨论，引导学生通过研究案例来掌握企业"并购"理论，以提高实际操作的技能。

（二）启发思考题

1. 新长安并购的动因是什么？
2. 新长安并购后的整合管理问题是什么，如何制定整合战略？
3. 新长安整合之后，应如何进行品牌定位？未来的发展是多品牌并行还是强势品牌代替弱势品牌？
4. 从整合后的优势看，新长安核心业务发展方向是中高端汽车还是低端（微车、经济型）汽车？

（三）分析路径

企业并购是为了寻求资源互补，实现更大的规模经济效应，旨在全面塑造和提升企业的核心竞争力。本案例的分析路径应基于并购理论，针对案例发生的政策背景，分析并购双方的状况和并购过程，探讨并购动因，进行并购战略分析，以及研究如何解决并购后的整合管理问题。

（四）理论依据与分析

1. 并购含义。并购是兼并与收购的合称。广义的兼并，是指在市场机制的作用下，企业通过产权交易获得其他企业产权并企图获得其控制权的行为。狭义的兼并指企业通过产权交易获得其他企业的产权，使这些企业丧失法人资格，并获得它们的控制权的经济行为，相当于公司法中规定的吸收合并。所谓收购，则是指对企业的资产和股份的购买行为。收购和广义兼并的内涵非常接近，因此经常把兼并和收购合称为并购。

2. 并购动因理论。企业并购的动因较为复杂，往往难以区分，仅为某一单一的原因而进行的并购并不常见，大多数并购有着多种动因①：

（1）协同作用，是指两个公司并购后，其实际价值得以增加。其依据是当两个公司在最优经济规模之下运作时，并购后可以受益于规模经济。

（2）管理层利益驱动。管理层的并购动因往往是希望保持已有的市场地位并提高公司在市场上的统治地位。当公司规模发展得更大时，公司管

---

① 于春晖：《并购实务》，清华大学出版社 2004 年版。

理层威望随着提高,报酬也得以增加。

(3) 提高市场占有率。市场占有率的提高和利润增加之间存在着明显的相关关系。但只有在横向或纵向并购中,优势企业既增加了市场占有率、又达到了经济规模扩张,这一目的才能成立。

(4) 谋求增长。一个公司并购另一家公司的更深层次的动因可能是谋求增长。目标公司可能处于成长性行业,并购一个公司而获得增长可能要比在新的领域内开拓而获得发展耗费更小的成本和更少的时间。

(5) 获得专门资产。为了获得专门的资产也常是并购的动因。这种动因的并购在公司的产品或市场扩展得非常快,而专门知识相对缺乏的时候十分常见。

(6) 多元化经营。通过并购处于其他行业中的公司,实现多元化经营,可以增加回报,降低风险。

(7) 投机。该理论认为企业并购的主要原因在于目标公司的价值被低估。可以通过投机从高涨的并购市场上获得巨额的资本收益。

(8) 政府意图。严格地说,这算不上企业并购的动因,它只在一些特殊的经济政治环境中,或集权经济,或市场体制不完善的国家,出于一定的政府意图而使若干企业进行并购。虽然这一并购的原因在某些国家某些时期的并购活动中具有重要的作用,但从世界范围来看,这种情况并不常见。

3. 并购后的整合。并购后的整合,指当一方获得另一方的资产所有权、股权或经营控制权之后进行的资产、人员等企业要素整体系统性安排,从而使并购后的企业按照一定的并购目标、方针和战略组织运营。①

企业并购是一个复杂的问题,整合是企业并购后期的最后一个环节,本阶段主要是在完成产权交易后,收购企业开始对新购进企业实施快速整合,派驻人员、注入资金和管理,技术支持和文化整合等活动。并购能否达到预期的目标,能否在并购后产生企业协同效应,关键是目标企业进来以后的消化,因而并购后的整合是整个并购最终成败的决定性环节。在实际并购操作中,许多企业重视前期的目标企业评价与选择,对并购后的管理整合问题却没有给予充分的重视。这最终导致并购的实际效果与原来的

---

① 李道国:《企业购并策略和案例分析》,中国农业出版社2001年版。

并购目标大相径庭，出现许多问题。

（五）案例背景信息

在全球汽车巨头选择"瘦身"或选择退守之际，中国汽车业重组却迎来良机。2009年3月20日国务院办公厅发布的《汽车产业调整和振兴规划》正式实施，该规划确立了未来中国汽车业发展的两个坐标轴：以小排量、环保节能汽车为产品轴，以兼并重组为产业轴，共同推动中国从汽车生产大国步入汽车强国。

与以往不同的是，在《汽车产业调整和振兴规划》细则中点明了鼓励"四大四小"进行兼并重组：支持大型汽车企业集团进行兼并重组，支持汽车零部件骨干企业通过兼并重组扩大规模。其中，鼓励一汽集团、东风汽车、上汽集团、长安汽车（简称"四大"）在全国范围内兼并重组；支持北汽集团、广汽集团、奇瑞汽车和重汽集团（简称"四小"）进行区域性兼并重组。

此外，2009年2月24日出台的《企业国有产权无偿划转工作指引》，被业内视为汽车产业兼并重组的助推器。《指引》明确指出，国资委对央企和地方国企的重组主要集中在资源、能源、冶金、汽车、重大装备、商贸等行业。因此，《指引》发布带来了央企与地方国企以及跨区域跨省市并购重组的机会。《指引》出台后，同行业间或者行业上下游间央企并购地方国企和同一央企旗下不同区域的上市子公司之间重组将变得更为便利。

根据我国的入世承诺，今后几年内汽车整车和零部件进口关税逐步降低，国外整车进口成本相应减少，由于国外汽车生产的规模收益远远高于国内，所以国内必须通过扩大生产规模来降低生产成本，而产业间的并购重组则是快速提高生产规模的重要途径。

因此，在政策的推动下，中国汽车业"鼓励兼并重组"被提到至关重要的位置。新长安的诞生，不仅在汽车行业引起瞩目，更引发社会对于央企重组的高度关注。作为国民经济命脉的央企重组，被看成是我国进行产业升级与振兴，应对全球经济危机的重要举措，更是我国实现打造一批世界知名品牌和世界级企业的希望。

对于中国汽车业而言，新长安此次并购确实正在接近政府主管部门的构想，是贯彻落实国务院《汽车产业调整和振兴规划》的重要举措。两大微车企业的行业集中度从此前的78%增加至90%以上，涉及的生产资源资产规模大，区域范围广，对中国汽车产业调整和重组具有重要的示范作用和推动作用。

（六）案例关键要点

1. 关键点一：并购背景及并购动因分析。

新长安的并购结果是政府汽车产业发展政策的推动，新的产业政策使汽车业的发展预期变得明朗。这意味着，不论是基于产业政策，还是国际上汽车产业的整合规律，中国汽车业必须选择积极参与并购重组，扩大规模，提高竞争力。但是只有少数企业的并购行为在形式上属于企业战略发展的需要。

目前中国汽车行业的并购重组，并不是企业基于核心技术或者品牌的并购重组，而是在非完全市场机制下催生的并购重组。占据中国汽车市场份额较大的几大集团多为国有企业，频繁的并购行为是为达到集团指标和政府驱动力互相作用的表现，不是高层次的横向并购①，目的是为了在产量、销量或者其他方面满足集团化政策标准的需要。这种并购对于促进中国汽车产业发展意义有限。但是这种并购也许能够为下一步基于价值链的纵向并购②，基于塑造企业核心竞争力的并购奠定基础。

并购重组是陷阱还是馅饼，回望数十年的全球汽车业并购潮，"过"多"功"少，唯一成功的只有雷诺日产。而率先举起整合大旗的美国本土汽车巨头，都已经被拖入了濒临破产的泥潭，不得不四处抛售当初收购的海内外资产；2008年掀起汽车业重组大浪的德国汽车业同样难逃一劫，舍弗勒集团、保时捷集团相继告急，不得不向政府部门、工会或金融机构求救。

因此，对新长安的并购背景和并购动因进行分析，是探讨其并购风险和收益的前提。

2. 关键点二：并购后的整合策略。

并购后的整合是整个并购最终成败的决定性环节，决定并购能否达到

---

① 横向并购，指并购与被并购公司处于同一行业或其产品属于同一市场。

② 纵向并购，指被并购公司的产品处在并购公司的上游或下游，是前后工序或是生产与销售之间的关系。

预期的目标,能否在并购后产生企业协同效应。因此,采取什么样的整合策略,实现重组时一加一大于二的目标,并最终催生出世界一流品牌,才是新长安重组的重点和关键。

新长安面临的问题更为复杂。尽管重组双方在产品类型、文化背景方面有相似之处,但新长安不仅要管理 9 大整车生产基地、21 个整车工厂、27 家直属企业,年产 220 万辆整车及发动机企业,还要在人、财、物、产、供、销等全方面实现一加一大于二的目标。其复杂程度将远超过"上南合并"①,因为那次是强弱合并。

如前所述,并购成败关键在于整合的效果如何。并购后整合不完善,是许多并购和重组失败的主要原因。从全球汽车行业来看,真正兼并重组成功的案例不是很多,中国也类似。长安在自身资源紧张的情况下,怎样平衡各个品牌和企业的发展,既不影响长安现有的产品开发,又能够实现整个新长安的健康发展,将是一个巨大的挑战。不同的企业由于具体情况不同,不可能有一个统一的并购整合模式。并购企业的所有整合策略是围绕企业发展目标展开的,企业发展目标是企业整合的终极方向。因此,高度重视并购后的整合策略对于新长安是十分重要的。

(七) 建议课堂计划

本案例在教学过程中的时间安排可以为 3~4 学时左右。案例的教学计划可安排三个部分:

第一部分,进行案例分析,可指导学生按以下步骤进行:

1. 阅读案例,准确掌握案例事实与背景;
2. 分析案例,提炼案例所蕴涵的理论知识;
3. 应用理论,提出案例分析的要点;
4. 总结归类,形成案例分析的提纲。

第二部分,进行案例课堂讨论。

第三部分,撰写案例报告。

---

① "上南合并",指 2007 年 12 月 26 日上海汽车集团与南京汽车集团的控股方跃进汽车集团正式签署合并协议,为当时国内规模最大的汽车企业并购案。

（八）参考文献

1. 何芳、徐锋："中航170亿作价入股长安",21世纪经济报道,2009年11月11日。
2. 王秋凤、耿慧丽："三问新长安整合",《经济观察报》,2009年11月16日。
3. 21世纪网,划拨百亿资产中航联姻兵装组新长安汽车,http://www.21cbh.com/HTML/2009-11-10/153179_2.html。
4. 网易汽车版：兵装、中航重组 新长安汽车集团正式成立,http://auto.163.com/special/0008280U/08news_more.html。
5. 全球并购研究中心：《中国并购报告》,人民邮电出版社2008年12月版。
6. 李道国：《企业购并策略和案例分析》,中国农业出版社2001年版。
7. 于春晖：《并购实务》,清华大学出版社2004年版。

HY 钢厂 ABC 案例[①]

[**案例摘要**] HY 钢厂的卢总经理为了应对巨大的环境变化,决定努力降低公司的生产成本。但是由于公司成本核算方法的缺陷,公司不详尽的成本信息难以为降低成本的行动提供有效的支持。因此,卢经理邀请了咨询公司的专家,采用作业成本思想对本公司的成本核算系统进行改造。案例详细描述了 HY 钢厂建立 ABC 成本核算系统的过程,以及过程中遇到的问题和解决方法。最后案例中描述了 HY 钢厂 ABC 成本核算系统的实施效果。

一、降低成本战略受到阻碍

HY 公司的总经理卢总最近喜忧掺半,喜的是 HY 公司脱离了首都钢铁集团划转地方管理,公司成为了独立的经营单位,卢经理的地位明显提高了。忧的是,脱离了首钢以后,HY 公司的原材料供应得不到原集团的照顾,完全按照市场价格结算,这样 HY 公司失去了原来的经营优势。不得不提的是,HY 公司的产品的价格也完全受制于市场的价格,也就是说,上游的原材料价格优势失去以后,公司的经营开始变得非常艰难。

面对经营环境的巨大变化,卢经理召开了全厂中层以上干部大会,会议上人们一致认为,要想为公司求得生存,就必须有效地降低企业的生产成本。几个主要的生产车间和供应车间的车间主任也纷纷表态,表示要克服一切困难把各自的成本降下来。但是当大家真正讨论到应该降低多少成本,各个车间应该承担多少的成本降低任务,管理部门有没有降低成本的

---

① 本案例由中央财经大学会计学院 07 级研究生王大鹏编写,指导老师为中央财经大学会计学院刘俊勇老师。本案例是在 HY 钢厂实施作业成本法的真实案例的基础上经过加工改编而成。案例中涉及的企业及人物已作掩饰处理,所描述的事件是真实的事件。

义务的时候，意见就很难一致了，各个部门开始相互扯皮。因为摆在大家面前的成本报表没有办法告诉大家，哪种产品应该承担多少成本，哪个部门应该承担多少成本，哪种工艺应该承担多少成本，哪些成本是必须发生的，哪些成本是没有必要的，哪个部门在有效地利用资源，哪个部门在做无用功。经过一上午的争吵，卢经理感觉到，要想真正地实现降低成本的目标，就必须首先改善公司的成本核算系统，了解成本真实的形成过程。

二、寻找改善成本核算的方法

经过慎重的思考，卢经理聘请了咨询公司，对 HY 公司的成本核算状况进行了分析评价。经过分析，发现 HY 公司现有的成本核算系统，从以下几个方面阻碍了有效成本信息的提供：

（一）核算深度不够，成本归集不细致

成本核算只计算到车间，所以并不知道每个班组，每个工人承担多少成本，所以无法将成本降低任务落实到具体的操作单位。大部分料工费是按类别进行归集的，每一类别包括的内容和它们的消耗情况没有被反映出来。

（二）制造费用分配不合理

制造费用统一按照产品的产量进行分配，并没有注意到不同的产品在生产过程中的工艺差别。比如说：开坯和轧材的工艺路线存在较明显的差异。在轧制工段，轧材需要经过五架轧机，而开坯只需经过一架轧机。在精整工段，轧材和开坯需要的工序则完全不同。原有的成本核算方法忽略了这种差异，生产车间当月发生的制造费用全部按产量分配到了轧材与坯材，轧材与坯材成本存在着严重的扭曲现象。

（三）没有体现各个工序的料工费差异

在钢材轧制过程中，各个工序所承担的成本核算对于生产管理非常重要。工序成本信息决定着生产技术改进的成本目标。这一信息的缺乏导致没有办法从工序改进的角度上降低成本。

（四）分配辅助部门的方法不完善

现在，辅助生产部门的费用需要进行两次分配。第一次利用内部结算价格分配燃动、修理和委外费用，第二次通过产量把剩余费用分配到各车间。第一次的分配类似标准成本法，但缺少费用差异核算环节，差异的责

任和原因未能反映。第二次分配过于简单,消耗对象和消耗方式不同的费用采用了同样的分配方法和分配标准。分配结果的准确性和详细程度在一定程度会受到影响。

针对 HY 公司面对的问题,卢经理和咨询公司一致认为,作业成本法(activity-based costing,简称 ABC)是解决以上问题的有效办法。

三、实施 ABC 成本信息系统

(一)调整业务系统,采集成本数据

作业成本法是反映企业价值形成过程的成本核算方法,与整个生产过程环环相扣,节节相应,所以实施作业成本法的首要步骤就是调整业务系统,从而能够获得高质量的成本信息。由于原成本核算系统核算深度不够,成本信息不够详细,因此在采集成本数据的同时,咨询公司将核算从部门深入到班组,使得每个班组都可以生成自己的成本信息。

(二)确定成本对象

成本对象是各种消耗资源的最终承担者,是归集和分配成本的主要依据,也是成本控制、成本预测和盈利分析的关注对象。针对 HY 公司是专门从事钢材加工的制造企业,其产品服务类型比较简单,所以其成本对象主要是不同类型的产品。

(三)分析和确定生产经营过程消耗的"资源"

资源是为了完成工作而投入的具体的劳动者、劳动工具。咨询公司在 ABC 模型里定义了包括人员、建筑物、作业设备等在内的 9 大类共计 31 种资源(表1)。资源的定义是通过对企业生产过程的分析,将成本科目重新细分和归集形成的、直接对应于生产过程的结果。

表1　　　　红冶作业成本核算系统资源列表

编码	1	2	3	4	5	6	7	8	9
类别	人员	房屋及建筑物	机器设备—热工	机器设备—轧制	机器设备—精整	机器设备—天车	机器设备—钳工班	运输设备	电器设备

（四）认定生产过程中的"作业"

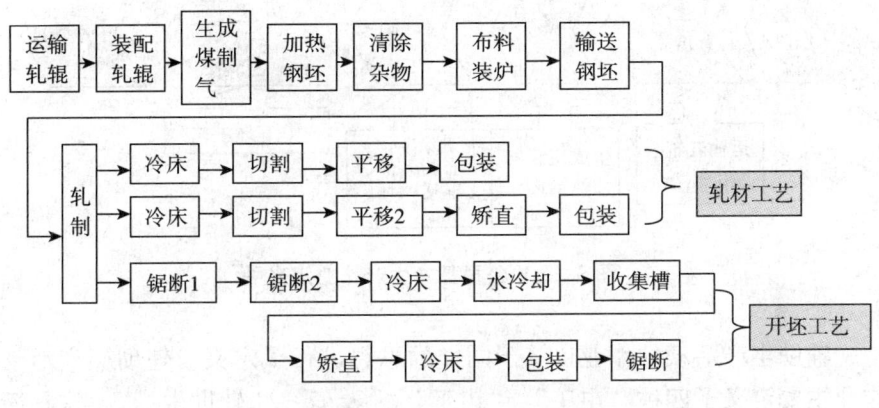

图1　HY公司基本生产过程示意图

从HY公司的主要生产流程图（图1）中可以看出，整个轧钢过程经过的工序、需要的活动非常多。是不是这些工序中的每一个步骤都要划分为一个作业从而一一去计量成本呢？咨询公司计算了一下：从70多个成本明细科目中细分出31种主要资源，而图中主要的活动有26项，再加本文中未能提及的主要辅助活动共100多项，然后分别把这些活动分配到20多个不同型号的产品中去，我们的信息处理量就达到了 $70 \times 31 \times 100 \times 20 = 4\,340\,000$ 条信息（如果再把资源具体到每一个实体资源，信息量又会翻几十倍）。这样的成本信息精细度和准确度必然很高，但是这样的信息处理量造成了很高的信息处理成本，完全按照这种思路，实施ABC的成本就远远地高过其所带来的效益。

为了在合同规定的咨询费用内实现ABC的应用，咨询公司对HY公司的价值形成过程、成本形成原因作了进一步分析。结果发现，由于HY公司的生产过程是流水线作业，工人进行的各种活动和机器采取的各种操作，都与整条生产线的工作时间密不可分，因此可以按照作业级别，基于生产线的分类定义作业。最终定义的基本生产活动中的作业如图2和表2所示，将同一系统的几个活动划分为一个作业。

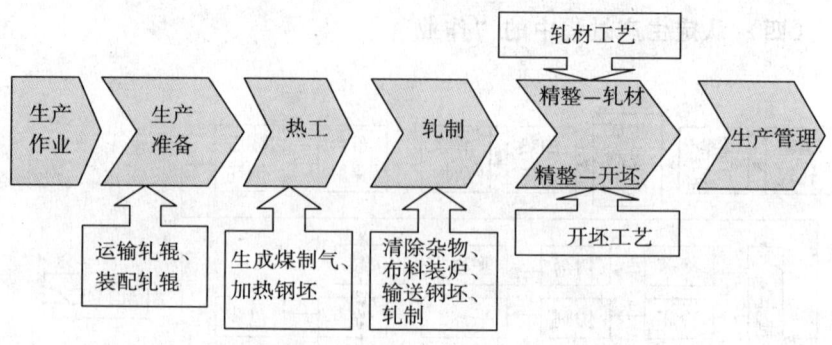

图 2　HY 公司基本生产作业定义图

辅助生产活动的作业也基于同样的思想进行了定义。辅助生产活动的作业主要定义了四种"电工"、"钳工"、"天车"、"辅助生产"。这种简单的作业定义显然没有办法将辅助生产活动的成本核算明显地精细化。但是卢经理认为介于实施非常精细化的 ABC 系统的成本非常高，对于辅助生产部门的核算，只要能够将其合理地分配到基本生产车间就已经足够了。辅助生产成本如何能够合理地参与到基本生产成本的核算中，在后面的成本中心设计中可以直观地体现出来。

表 2　基于生产线的分类定义作业

名称	类型	备注	性质
生产准备	生产作业	通用作业	批量级作业
热工	生产作业	通用作业	批量级作业
轧制	生产作业	通用作业	单位级作业
精整—轧材	生产作业	特殊作业	单位级作业
精整—开坯	生产作业	特殊作业	单位级作业
矫直	生产作业	特殊作业	单位级作业
电工	辅助作业	通用作业	单位级作业
钳工	辅助作业	通用作业	单位级作业
天车	辅助作业	通用作业	单位级作业
辅助生产	辅助作业	通用作业	单位级作业
生产管理	管理作业	通用作业	产品级作业

通用作业——所有产品都需要的作业

特殊作业——指只有部分产品才需要的作业

批量级作业——成本发生量与生产批数最相关的作业

单位级作业——成本发生与产量或工时相关的作业

产品级作业——完成每一类产品生产所需要的工作

（五）选择成本动因

成本动因是各项资源和活动被最终产品消耗的方式和原因。按照所分配的对象，成本动因可分为资源动因和作业动因。资源动因是对一项作业所消耗资源数量的计量。作业动因是成本对象对作业需求的频度和强度的计量。

根据HY公司的生产特点，体现单位作业与批量作业的区别，咨询公司选择了12种成本动因（表3）。

表3	动因名称
	作业中心产量
	作业中心工时
	作业中心轧制批数
	作业中心轧辊消耗
	作业中心燃料消耗
	作业中心电量消耗
	作业中心产品钢坯消耗
	作业中心外检废
	科目资源分配系数
	科目活动分配系数
	科目产品分配系数
	辅助作业分配系数

其中"科目资源分配系数"、"科目活动分配系数"和"科目产品分配系数"作为资源动因，分别用于将传统成本核算方法中各个科目的数字分配到ABC系统中的"资源"、"活动"和"产品"。比如"工资"和"福利费"科目可以直接分配到"人员"这一资源中；"煤制气"这一明细科目可以不经过"资源"直接分配到"热工"这一项活动中去；"直接材料"可以直接追溯到用于生产的产品。从某种意义上说，这三种动因是为了将传统成本科目和ABC算法相联系而设计的数字计算上的关系纽带。

（六）设计成本中心

HY公司目前拥有3个基本生产车间，同时还有动力，自来水，维修，库存，管理，质量监控，车队等将近20多个辅助生产单位。为了能够合理地归集各个部门的成本，咨询公司在原有部门划分的基础上，设计了图3所示的成本中心。

成本中心的合理设计，再辅以合理的分配标准，不仅仅便于成本的合理归集，更便于明确各个部门的成本责任。在作业成本思想的指导下，不同的辅助成本中心采用不同的分配标准把成本分摊到基本生产车间去。从前以"标准产量"作为单一标准的状况得到了明显的改善。

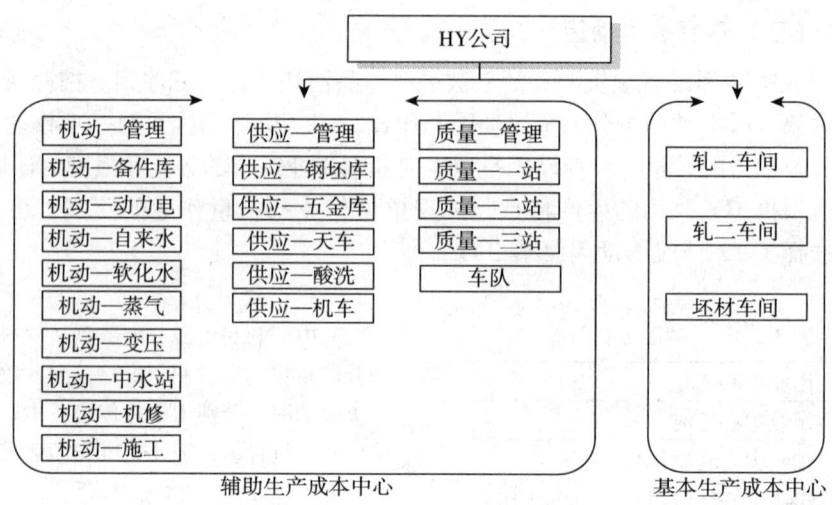

图 3　HY 公司成本中心划分图

四、实施效果

由于 HY 公司希望用最小的实施成本解决最关键的问题，所以系统实施的目标性非常强。整个 ABC 系统的设计都是针对 HY 公司成本核算中最关键的问题考虑的。新系统从以下四个方面改善了 HY 公司的成本信息。

1. 成本核算深入到了工作班组。核算单位的细化使得成本发生的原因更好追溯，成本降低任务更好分配。产品成本的计算也更加准确了。

2. 制造费用的分配更加合理，考虑到了不同工艺之间的差异。

车间开坯和轧材的工艺路线存在较明显的差异。在轧制工段，轧材需要经过五架轧机，而开坯只需经过一架轧机。在精整工段，轧材和开坯需要的工序则完全不同。原有的成本核算方法忽略了这种差异，生产车间当月发生的制造费用与人工费用全部按产量分配到了轧材与坯材，轧材与坯材成本存在着严重的扭曲现象。引入作业成本法之后，产品在工艺流程上的差异在成本计算过程中得到了充分体现，"不用不分、少有少分"的原则得到了充分体现，成本扭曲的情况得到了根本性解决。

表4列示了 ABC 系统实施以后对制造费用分配调整比较大的6种产品。从中可以明显看出来，"热轧扁钢"和"汽车扁钢"这两种产品承担了比实际更多的成本，而"弹簧扁钢"的成本则被低估了。这种改善对 HY

公司有很大的意义。根据这一成本信息，HY 公司可以通过重新调整产品定价或者重新选择主要产品，来避免个别产品带来的成本大量增加。

表 4　　　　　　　ABC 系统实施以后制造费用分配比较表

产品类型	原会计系统下的制造费用（元/吨）	ABC 系统下的制造费用（元/吨）	差异（元/吨）	差异率	产品分担制造费用占总制造费用的比重（原系统）	产品分担制造费用占总制造费用的比重（ABC 系统）
等边角钢	62.48	58.04	-4.44	-7.11%	27.20%	25.27%
不等边角钢	56.03	64.73	8.71	15.54%	19.35%	22.35%
热轧扁钢	88.48	62.55	-25.93	-29.31%	1.59%	1.13%
汽车扁钢	101.00	68.60	-32.40	-32.08%	32.57%	22.12%
弹簧扁钢	53.69	81.09	27.40	51.05%	19.28%	29.13%

3. 不同工序的料工费消耗差异得到了一定程度的反映。"作业"概念的引入，使不同工序上的成本得到合理的衡量和计算。

4. 辅助部门费用按作业量等多个标准进行分配后，各主生产车间承担的辅助费用得到了清晰的界定，杜绝了部门之间的扯皮。这为成本降低指标的制定奠定了基础。

五、向着成本降低的目标继续前进

经过实施 ABC 系统，卢经理感到成本信息确实比过去得到了很多改善，成本信息更加细化，制造费用分配更加合理，部门之间合作更加顺畅。但是卢经理深深地感觉到，成本信息的改善并没有为降低成本的目标带来非常直接的效果，在未来的工作中如何把生产成本降下来，仍然需要深入细致的考虑。

案例使用说明

（一）教学目的与用途

本案例适用于高级管理会计课程的学习，教学对象不受限制，无论是普通研究生还是具有工作经验的 MBA 学生均可使用。教学目标：通过案例使学生对作业成本法的原理、适用情况、实施难度和实施效果等问题有全面深刻的理解。

（二）启发思考题

1. 在 HY 公司所面临的内外部环境下，如果你是卢经理，你会选择哪些战略以谋求公司更好的发展？

2. 在既定的降低成本的战略选择下，如果你是卢经理，你会选择先通过 ABC 来改善成本信息，再安排成本降低任务的行动计划吗？你还有其他的途径来降低成本吗？

3. 如果你是卢经理，你对作业分类的合并有什么看法和评价？你会选择详细的分类，还是选择粗略的分类？为什么？

4. 有了 ABC 系统提供的优化成本信息，你有哪些方法来降低成本、增加收入？

（三）分析路径

以下分析是案例作者对案例的分析评价，作为分析思路的参考。本案例分析角度应提倡多维发散，不宜拘泥。

尽管 Chenhall（2004）总结了许多学者对作业成本法应用状况的研究发现，现在的美国大型制造业企业中大约有 50% 已经把作业成本法作为其成本管理方法，但作业成本法在中国仍然是一种新型的成本管理方法。尤其是在制造业中，作业成本法的实际应用仍然缺乏成功的典型范例。我们通过分析 HY 公司实施 ABC 系统得案例，应该可以得到一些启示。

HY 公司 ABC 系统的实施过程非常有特点。我们不能草率地说这一案例是成功或者失败的。首先，HY 公司在改善成本核算的设计中，很大程度上贯彻了 ABC 的思想，特别是在"动因"的理解上，体现出了 ABC 方法追溯成本发生原因的目的。这体现在对基本生产过程"作业"的定义中，以及辅助部门成本分配标准多样化的设计中。其次，ABC 系统的实施确实给 HY 公司的成本核算带来了改善，核算更加深入，分析更加广泛，责任更加明晰。从这两点来说，HY 公司是一个成功的案例。

但是从另一角度来说，这个案例有很多遗憾。HY 公司的实施计划一直受到实施成本和原有核算基础的巨大制约，以致"作业"的定义不能够细化。ABC 作为一种成本核算方法，其最终的目标是要走向 ABM——"作业管理"，即根据 ABC 提供的信息，分析"作业"是否增值，从而消除不增值作业，提升企业的活动效率。但是从目前 HY 公司 ABC 系统的精细化程度还不能实现有效的 ABM。这主要体现在，基本生产过程中"作业"只定义到了"工艺"的层面，没有定义到"活动"的层面，辅助生产和生产管理并没有进行细致的作业划分。没有精细的作业划分，就谈不上区分增值作业与非增值作业了。

此外，由于本案例中 ABC 系统对成本的重新分配只涉及了生产成本和制造费用，而没有涉及管理费用，因此对于成本降低这个目标而言，现有的 ABC 系统恐怕不能胜任。因为从案例中可以看出，在现有的工艺水平之下，生产成本和制造费用降低的空间已经不是很大了，即便成本信息变得更加真实，成本也不一定会按照预期降低。

（四）理论依据与分析

ABC 理论的介绍：

作业成本法是一种区别于传统成本计算方法的新的成本计算体系。它在成本核算中引入了作业的概念，通过作业把消耗的资源和最终生产的产品联系起来，以达到使成本核算过程与结果能够准确反映成本形成过程和结果的目的。

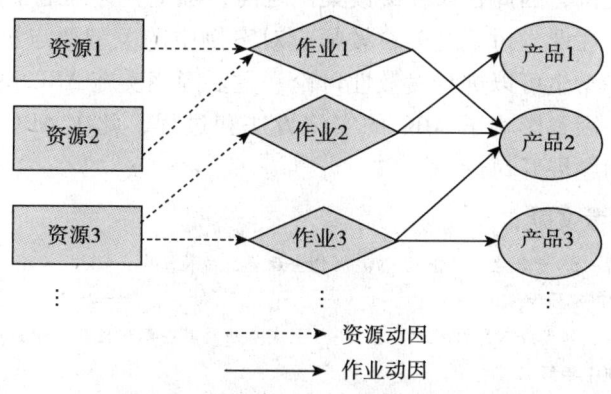

图 4　作业成本法原理示意图

由图 4 可以很直观地看出来，ABC 成本计算方法是通过"作业"将资源和产品联系了起来，"作业"引入的目的是为了合理地阐释成本发生的过程（或者说是资源与产品的因果关系）。在这一计算过程中关键的因素就是资源动因和作业动因，他们是构成资源与产品因果关系的纽带。传统成本会计采用的"产量"分配标准，就是一种动因，如果产品成本的变化与"产量"相关，"产量"就是非常合理的动因。而随着产品生产的复杂化和精细化，产量不再是唯一的动因，不同的作业会产生不同的成本动因，如果产品成本的变化与生产时间，或者是生产批量最相关，那么这两者就是合理的动因。所以 ABC 的精髓就是用合理的成本动因去计算分配产品或服务的成本。简单的过程描述就是"作业消耗资源，产品消耗作业"。

（五）关键要点

本案例的分析关键点在于：

（1）ABC 系统能否有效地支持成本降低的战略，ABC 系统对成本降低战略是否是必须的？

（2）ABC 对作业分类的精细程度是否有会影响到对成本降低战略的支持？

（六）建议课堂计划

本案例并不是典型的事件决策案例，而是对某一成本系统实施全过程的详细描述案例，因此建议在阅读案例之前，学生要详细地了解 ABC 的相关理论知识。在课堂讨论之前，教师应对案例中的关键要点进行强调。在讨论过程中，学生可以进行发散性讨论，主要围绕实施 ABC 系统的决策是否正确，哪些因素影响了 ABC 的实施方法和过程，此次 ABC 系统的实施是否成功等问题展开讨论。

（七）参考文献：

[1] 罗伯特·S. 卡普兰、安东尼·A. 阿特金森著，吕长江译：《高级管理会计》，东北财经大学出版社 2006 年 8 月版。

[2] 周海涛、刘大成、郑力、谭显春：作业成本法及其在制造业企业中的应用探讨"，《制造业自动化》，2004 年第 12 期。

[3] 刘希宋、方跃等著：《作业成本法——机理·模型·实证分析》，国防工业出版社 1999 年版。

九发股份上市十年的变故及其内部控制分析[①]

[案例摘要] 通过对九发股份上市十年尤其是自2004年发生的会计舞弊、披露虚假信息、出现巨亏、直到破产重组等变故背后的内部控制进行分析，洞察了这些变故背后的内部控制情况，深刻理解上市公司如果不建立和完善内部控制，终会滋生各种本应避免的事情，缩短上市公司有效的生命周期，这无利于资本市场的健康发展，建议所有的上市公司应当从控制环境、风险评估、控制活动、沟通和信息以及监督五个方面真正地构建完善的内部控制体系，建立一个主动识别、防范和应对风险的长效机制，促使企业持续经营并能够创造价值。

九发股份（600180）于1998年7月上市，是中国食用菌行业的龙头企业和唯一上市公司，也曾被称为亚洲地区最大的食用菌科研、生产、加工和出口基地。公司以往业绩尚可，但2006年突然出现巨亏，2007年情况进一步恶化。2008年10月8日，公司进入破产重组程序，同年11月6日起，股票停牌。2009年8月17日，33名投资人诉＊ST九发虚假陈述证券民事赔偿案件开庭审理。什么因素引发九发股份上市十年后惨遭破产重组以及民事赔偿官司呢？我们从内部控制的视角来分析。

一、背景资料

（一）改制上市

山东九发食用菌股份有限公司（以下简称九发股份）由山东九发集团公司作为主发起人，对其下属的全资子公司烟台九发食用菌有限公司进行股份制改组，并联合中国乡镇企业总公司共同发起，以募集方式设立的股

[①] 本案例由中央财经大学会计学院副院长李晓慧教授编写。案例资料来源于山东九发食用菌股份有限公司以及中国证券监督管理委员会公开披露的信息。

份有限公司。公司于 1998 年 6 月 8 日通过上海证券交易所公开发行社会公众股 3 200 万股（含内部职工股 320 万股），并于 1998 年 7 月 3 日在上海证券交易所上市交易。

（二）经营轨迹与主要财务数据

1998 年，九发股份通过了 ISO 9002 国际质量体系认证。2000 年，九发股份被农业部等国家八个部委审定为"国家首批农业产业化重点龙头企业"。2002 年，国家统计局公布的大型工业企业名单中，九发公司榜上有名。九发股份双孢蘑菇系列产品先后获得国家"绿色食品"标志和美国 FDA 认可，产品 95% 以上出口，被国务院发展研究中心市场经济研究所列为"中华之最"，同时也是亚洲地区最大的食用菌科研、生产、加工、出口基地。

1998～2009 年九发股份的主要财务数据如表 1 所示。

表 1　　　　　　　　九发股份主要财务数据

项目 年份	每股净资产（元）	每股收益（元）	每股现金含量（元）	净利润（元）	资产负债率（%）
2009 年 6 月 30 日	1.3143	-0.0005	-0.6903	-125 365.38	28.5
2008	1.31	0.18	0.65	-1 388 264 115.38	48.5
2007	0.9	-1.88	-0.04	-164 916 312.63	85.9
2006	3.12	-0.46	-0.314	44 172 510.70	61.7
2005	3.5955	0.171	0.5143	54 050 343.90	44.8
2004	3.858	0.2678	0.0795	56 622 670.11	46.0
2003	3.59	0.3015	0.1549	50 838 294.21	42.2
2002	3.29	0.33	0.0614	51 765 056.39	33.6
2001	3.195	0.349	0.3071	39 884 825.43	21.1
2000	3.57	0.3375	0.1064	31 130 157.77	18.0
1999	2.15	0.328	0.0242	38 155 798.68	28.5
1998	2.979	0.535	-0.242	20 367 324.11	13.8

（三）违规记录

1. 未及时披露公司重大事项和信息披露虚假或严重误导性陈述。2008年8月5日中国证券监督管理委员会（以下简称证监会）对九发股份以下违规事实进行处罚：

（1）虚假记载2005年和2006年九发股份向山东九发集团的关联公司签发银行承兑汇票23笔，金额720 000 000元，商业承兑汇票4笔，金额80 500 000元，共计800 500 000元，上述票据未记账。票据到期付款时亦不及时入账，且补记入账时，错误地冲减了短期借款、应付账款等其他科目，导致相关期间定期报告财务报表虚假记载。

（2）重大遗漏。首先，未按规定披露与其关联公司的资金往来。山东省烟台市牟平区正大物贸中心（以下简称正大物贸）实际上受九发集团控制，九发股份与其之间的往来属于关联交易。2005年九发股份与正大物贸关联往来发生额合计2 185 053 629.55元，2006年九发股份与正大物贸关联往来发生额合计883 687 344.86元。对上述关联交易，九发股份均未按照规定发布临时公告，也未在2005年和2006年定期报告中按规定披露。其次，未按规定披露重大担保事项。2005年和2006年，九发股份使用定期存单和土地房产证等资产为控股股东九发集团、关联公司烟台麒润投资有限公司等单位银行贷款提供担保，合计担保金额291 000 000元。上述贷款担保事项为重大担保事项，九发股份均未按照规定发布临时公告，也未在2005年和2006年定期报告中按规定披露。具体处罚包括对九发股份以及相关责任人警告并罚款，认定九发股份原董事长蒋绍庆为市场禁入者，十年内不得从事证券业务或担任上市公司的董事、监事或高级管理人员。

2. 未按时披露定期报告。2008年6月18日证监会对九发股份存在以下违规事实予以公开谴责：九发股份未能在法定期限内披露公司2007年年度报告。

3. 业绩预测结果不准确或不及时、未及时披露公司重大事项。2007年7月5日上海证券交易所对九发股份存在以下违规事实予以公开谴责：

（1）九发股份2006年度亏损11 578万元，但公司未在规定的期限内及时进行业绩预告。

（2）九发股份2004年形成大股东占款4 419万元，但公司隐瞒重大应披露事项，未及时履行信息披露义务，直到2006年年报才予以披露。

(3) 九发股份 2006 年审计报告揭示，公司 2004 年财务报告漏记其他应收款 18 000 万元、短期借款 14 000 万元、应付票据 4 000 万元；2005 年漏记新增其他应收款 34 595 万元，漏记应付票据 40 905 万元、银行存款 18 690 万元。公司财务信息披露不准确，不完整，不及时。

二、上市十年间出现的问题

（一）大股东对九发股份的资金占用

九发股份在 2007 年的年报中披露："截至 2007 年 12 月 31 日，山东九发股份公司的控股股东山东九发集团公司（以下简称控股股东）及其关联方占用山东九发股份公司的资金为 78 835.40 万元，截至审计报告日仍未收回；控股股东 2007 年内提出的重组事项因各种原因未能得以实施，截至审计报告日仍未形成解决上述资金占用的方案。"

据 2007 年年报披露，截至 2007 年年底，公司控股股东及关联方占用公司的资金余额为 78 835.40 万元，其中非经营性占用为 80 298.96 万元，经营性占用为 -1 463.56 万元。

（二）重大的会计差错

九发股份在 2006 年的年报中披露："2004 年及以前未入账运输发票 2 392 万元（会计差错）；由于存货中易拉罐存放的特殊性，很难实施盘点程序获得准确数据，因此结转成本是按当期出口罐头的重量估计耗用数量，由于估计偏差导致 2004 年少出库 1 674 922.48，2005 年少出库 3 897 485.86 元；2004 年公司漏计其他应收款 1 800 万元、漏计短期借款 1 400 万元、漏计应付票据 400 万元；2005 年漏计新增其他应收款 34 595.29 万元，漏计应付票据等科目。

（三）未经股东大会审议，私自转让股份

2008 年 10 月 29 日，九发股份破产重组的管理人状告烟台胜利投资有限公司、恒丰银行股份有限公司和烟台渤海制药集团有限公司。事由是九发股份于 2006 年 5 月 20 日与烟台胜利投资有限公司签订了股权转让协议，将九发股份持有的 5 000 万股恒丰银行股份有限公司股权以每股 1.30 元转让给烟台胜利投资有限公司，该转让行为未经公司董事会及股东大会审议批准，存在重大瑕疵，依法应属无效，九发股份管理人请求法院确认九发

股份与被告烟台胜利投资有限公司之间的股权转让行为无效。

（四）频繁更换会计师事务所

九发股份2004年报以前九发骋请的是烟台乾聚会计师事务所，2004年改由上会会计师事务所负责审计，2005年起又改由正源和信会计师事务所审计。九发股份2004～2006年的审计报告均为标准无保留意见，2007年是保留意见。

（五）存在重大的债务纠纷与担保事项

九发股份2007年的年报中披露：公司于2007年对账务进行清理时发现，存在应由公司承担的以前年度利息、佣金等。其中：2004年度贴现息16 213 212.23元、佣金8 170 291.68元；2005年度贷款利息16 288 919.08元、贴现息615 468.00元、佣金及税金4 026 506.17元；2006年度贷款利息33 103 743.45元、贴现息1 469 200.00元，担保费及房租8 564 664.77元。

根据九发股份公告的对外担保事项，近年来其主要的担保抵押事项如表2所示。

表2　　　　　　　　九发股份公告的对外担保事项

担保时间	获得担保方	金额（万元）	是否关联交易
2006年6月26日	烟台九发深海矿泉开发有限公司	6 044.9160	是
2006年6月26日	烟台麒润投资有限公司	1 500.0000	否
2006年3月30日	烟台市牟平区正大物贸中心	5 129.2380	是
2006年3月30日	烟台市牟平区正大物贸中心	5 129.2380	是
2006年3月16日	烟台麒润投资有限公司	3 150.3830	否
2005年10月10日	烟台盛佳铭投资有限责任公司	5 487.0407	是
2005年11月24日	山东武城凯运食品有限公司	2 000.0000	否
2005年9月29日	山东九发旅游有限公司	2 600.0000	是
2003年6月24日	山东九发进出口有限公司	6 577.5708	是

(六) 主业难以支持多元化的投资

九发股份主业是食用菌生产和销售，但公司一直致力于多元化扩张。由于食用菌生产基地的建设却滞后，九发股份的主业发展遇到"瓶颈"，多元化发展也因资金问题而难于实现其战略目标。如表3所示，1998～2008年间，九发股份经营活动产生的现金流量净额为351 751 758元，而每年的投资活动现金净流量均为负值，投资活动产生的现金流量净额为-478 235 805元，投资缺乏资金保障。

表3　　　　　　　　　九发股份现金流量情况表

项目 年份	经营活动产生的现金流量净额	投资活动产生的现金流量净额	融资活动产生的现金流量净额
2009.6	-173 267 626	98 329 470	0
2008	162 115 990	0	0
2007	-9 982 505	-1 081 432	-91 252 378
2006	-78 816 228	-10 775 648	54 673 631
2005	129 082 287	-87 294 297	-76 390 391
2004	19 959 485	-69 895 039	-17 041 085
2003	38 874 159	-133 271 548	229 140 673
2002	15 418 176	-75 476 064	156 235 659
2001	77 075 011	-171 235 418	-34 695 432
2000	22 259 166	-32 477 012	287 985 577
1999	4 614 468	-45 740 184	42 420 575
1998	-28 848 251	-97 700 645	168 809 241

(七) 破产重组

2007年以来，为解决上市公司的资金占用问题，九发股份与北京安捷联公司重组谈判，终未能达成协议。2008年9月、10月九发股份及其原控股股东山东九发集团因资不抵债分别被烟台市法院裁定破产重整。2008年12月31日*ST九发股份及破产重组管理人与中银信投资、牟平投资签订《协议书》，确定中银信投资、牟平投资为重组方或投资人。2009年5月

22日，九发股份的全部资产已经拍卖成交且管理人已收到全部价款，仅差将拍卖款分配给债权人。2009年6月1日，烟台市中级人法院出具（2008）烟破字第6-14号《民事裁定书》，确认重整计划已执行完毕。

2009年5月24日*ST九发发布《*ST九发重大资产置换及发行股份购买资产预案》称，拟以2.21元/股向南山建设定向增发5.28亿股购买南山建设的全部股权。此次收购拟采用非公开发行股票和资产置换相结合的方式，以上市公司拥有的烟台紫宸投资有限公司100%股权与收购人所拥有的南山建设100%股权等值部分进行置换，差额部分以上市公司向收购人非公开发行股票支付。该方案遭到了蔡海华等110名中小股东的强烈抵制。

三、上市十年发生变故的内部控制原因

尽管导致九发股份发生一系列问题的原因是综合的，但从企业内部控制角度我们分析其原因在于：

（一）控制环境为九发股份10年变故提供了机会

控制环境构成企业的氛围，是其他内部控制的基础。九发股份的控制环境存在的问题主要包括公司治理结构不合理、战略目标转移不当。

1. 2007年年底，九发集团作为大股东持有九发股份47.97%的股权，中泰信托投资公司作为第二大股东持有九发股份5.66%的股股权，其他股权散落在小股东手中。而烟台市牟平区国资局持有九发集团100%的股权，成为九发股份的实际控制人。九发集团作为控股股东，利用其对股东大会以及董事会的决策权的掌控，大量占用九发股份的资金。

据公司2009年7月15日和7月18日公告，九发股份独立董事邢晓英申请辞职，公司董事曲丽华、监事宋建鹏、朱文斋及高级管理人员刘昌喜分别申请辞去所担任的董、监事以及公司董事会秘书职务，这种治理层和管理层人员大量变动，从一个侧面说明了九发股份公司治理中审计委员会、独立董事以及监事的职能无法发挥其作用，九发股份公司治理结构严重失衡。

2. 战略目标的转移。10年时间，九发股份发展战略三次"转移"：由食用菌主业发展到涉足房地产，最后发展到多元化发展，主要涉足食用菌、进出口贸易、生物制药、饮料果蔬汁、房地产、其他行业等六大行

业。由于战略目标不明确，并且九发股份自身的管理素质、技术水平等无法与多元化发展目标相匹配，导致企业经营的失败。

（二）缺乏有效的风险评估机制，增大了九发股份经营管理风险

风险评估能够使企业及时识别、发现和应对经营管理中出现的任何风险，但如果企业缺乏风险评估机制，不仅会导致企业战略发展错位、也会增大日常经营管理的风险。九发股份十年发展中食用菌行业一直在苦苦支撑九发股份庞大的、长时间的多元化投资战略。正是由于九发股份缺乏对食用菌行业周期风险的评估，以及公司多元化战略发展的风险评估，直接导致九发股份经营管理风险增大。

（三）缺乏内部控制政策和程序，导致众多舞弊和欺诈事项发生

2006年出现未经董事会批准转让股权事项，直到破产重组清产资产时才发现；九发股份十年间出现众多的债务纠纷、担保抵押……凡此种种，印证了九发股份披露的"公司没有建立内部控制制度"的说法，也说明了上市公司由于缺乏有效的内部控制政策和程序，才导致众多舞弊和欺诈事项发生。

（四）缺乏有效的沟通与信息，影响决策者正确判断

有效的沟通与信息是公司健康发展的神经系统，如果企业沟通和信息不畅，最终会导致企业"全身瘫痪"的。九发股份2004年报表出现严重舞弊事项，直到2006年才发现；九发股份直至2008年6月28日才公布了2007年年报，成为沪市上市公司中唯一一家没有按时披露年报的公司；九发股份自2004年以来频繁地更换会计师事务所……。凡此种种，说明九发股份的沟通和信息不畅通，这不仅使管理者无法"先知先觉"地预防风险甚至在暗地里会增大风险，也使信息使用者无法知悉九发股份的实际状况并作出明智的应对。

（五）缺乏内外部监管机制，导致公司难以规范运行

首先，从九发股份存在重大的会计差错和频繁的相互担保情况来看，九发股份缺乏行之有效的内部监督机制，由于公司治理的不完善，审计委员会和监事会的监管根本不存在。其次，九发股份的违规行为没有得到监管者及时处罚，说明资本市场监管者对公司外部的监督弱化。再次，银行作为九发股份外部最大的利益相关者，在九发股份资产流动性逐年降低的

状况下，却逐步扩大对九发股份的贷款额度，这虽与九发股份是国资局控股公司的身份有关，但说明九发股份缺乏外部债权人的正常的制约。最后，九发股份2004~2006年的审计报告均为标准无保留意见，注册会计师不能及时发现和披露九发股份的错误和舞弊，说明外部审计监督作用也荡然无存。以上种种迹象表明九发股份的整个经营管理活动都处在失控状态，难以规范运行。

四、结束语

九发股份上市十年后变故虽是个案，但在中国资本市场上却具有代表性。许多学者从各个方面研究中国资本市场上市公司有效生命周期短的原因及其影响时，不能不正视内部控制对公司健康发展的作用。自2008年5月财政部、证监会、审计署、银监会、保监会五部委联合发布了《企业内部控制基本规范》，并规定自2009年7月1日起先在上市公司范围内施行后，建立和维护完善有效的内部控制已不是上市公司自己可选择的事情，而是上市公司必须而为的。我们从九发股份的案例分析中既看到了上市公司普遍缺乏完善有效的内部控制，也了解到如果上市公司不建立和完善内部控制，终会滋生各种本应避免的事情，缩短上市公司有效的生命周期，这无利于资本市场的健康发展，为此，建议所有的上市公司应当从控制环境、风险评估、控制活动、沟通和信息以及监督五个方面真正地构建完善的内部控制体系，建立一个主动识别、防范和应对风险的长效机制，促使企业持续经营并能够创造价值。

案例使用说明

（一）教学目的与用途

1. 教学目的。让学生洞察资本市场上市公司发展背后的内部控制问题，理解构建完善的内部控制体系的重要性、增进学生对内部控制五要素的感性认识、明白企业缺乏内部控制的后果以及从内部控制角度思考如何遏制上市公司会计舞弊、披露虚假信息、大股东占用、利润输送、出现巨亏等不良现象。

2. 案例用途。

(1) 在《会计与资本市场案例研究》课堂上,教会学生从上市公司的表现分析其背后的本质问题。

(2) 在《内部控制》课堂上,帮助学生理解内部控制体系构建的重要性以及如何促使公司从控制环境、风险评估、控制活动、沟通和信息以及监督五个方面运行有效。

(二) 分析路径

首先,老师指导学生从九发股份公告信息收集和汇总九发股份上市十年的种种变故;其次老师讲授《企业内部控制基本规范》以及内部控制基本原理;再次,要求学生根据九发股份的事实以及掌握的内部控制相关知识和原因,讨论分析九发股份上市十年变故的内部控制原因;最后,总结案例分析的启发和收获。

在整个案例分析中,老师需要启发学生对以下问题进行充分讨论:

1. 分析为什么九发股份所有的优势和荣誉集中在食用菌生产和加工上,投资却集中到多元化发展上?这种战略发展风险是什么?如何规避?

2. 分析什么样的控制环境为九发股份会计舞弊、披露虚假信息、大股东占用、利润输送、出现巨亏等提供了机会?

3. 分析导致九发股份上市十年就陷入破产重组境地的原因?并从建立完善内部控制的角度说明如何规避九发股份发展中的这些风险?

(三) 案例分析的理论依据和关键点

1. 内部控制框架。

20世纪70年代的水门事件和许多公司破产倒闭促使联邦政府开始关注内部控制问题。1977年,美国国会通过《反国外贿赂法案》(Foreign Corrupt Practices Act,FCPA),明确规定企业应当建立内部会计控制。在FCPA的影响下,企业将对内部控制的重视程度提升至法律层面,而且许多监管机构和职业团体也开始就内部控制展开研究,并发布许多研究成果。

1985年,美国注册会计师协会(AICPA)、美国会计学会(the American Accounting Association,AAA)、财务经理协会(the Financial Executive Institute,FEI)、内部审计协会(the Institute of Internal Auditors,IIA)和全美会计师协会(the National Association of Accountants,NAA)等会计职

业团体发起成立的全美反对舞弊财务报告委员会（the National on Fraudulent Financial Reporting, NFFR, 又称为 Treadway 委员会），并于 1987 年发表研究报告，呼吁所有公众公司的董事会和最高管理层、独立公共会计师及其职业团体、学术界、SEC 和其他监管机构以及相关立法机构共同致力于重塑财务报告过程。在 Treadway 委员会的倡议下，又成立了研究内部控制问题的发起组织委员会（Committee Of Sponsoring Organizations of The Treadway Commission）（以下简称 COSO 委员会）。1992 年，COSO 委员会发表题为《内部控制——整体框架》（Internal Control——Integrated Framework）的研究报告（以下简称 COSO 报告）。经过两年的修改，COSO 委员会于 1994 年提出对外报告的修改篇，扩大了内部控制的涵盖范围，增加了与保障资产安全有关的控制，得到了美国审计署的认可。与此同时，美国注册会计师协会全面接受 COSO 报告的内容，于 1995 年据以发布了《审计准则公告第 78 号》（SAS No. 78）：《在财务报告审计中内部控制的考虑》，取代了《审计准则公告第 55 号》。

COSO 报告认为，内部控制是一个受机构的董事会、管理当局和其他人员的影响，旨在为取得运营的效果与效率、财务报告的可靠性、遵循适用的法律法规等目标而提供合理保证的一种过程。它认为内部控制整体框架主要由控制环境、风险评估、控制活动、信息与沟通、监督五个相互关联的组成要素构成，这些要素从管理当局运营的业务中衍生出来，并整合在管理过程当中。

（1）控制环境（Control Environment）：构成一个机构的氛围，是影响内部人员控制其他要素的基础。包括员工的诚实性和道德观；员工的胜任能力；董事会或审计委员会提供的关注和指导；管理哲学和经营方式；组织机构；授予权利和责任的方式；人力资源政策和实施。

控制环境对构建企业业务活动的方式、目标制定以及风险评估会产生普遍深入的影响。它还影响控制活动、信息与沟通系统以及监控活动。这反映在内部控制的设计及内部控制的日常运营中。

（2）风险评估（Risk Assessment）：是管理层识别并采取相应行动来管理对经营、财务报告、符合性目标有影响的内部或外部风险，包括风险识别和风险分析。

所有企业，无论规模、结构、性质或所属行业，在其企业内部的所有层面都面临着风险。风险影响着每个企业生存的能力；影响着在其所属行业内的竞争；影响着企业的金融实力和积极的公众形象；影响着企业产品、服务和员工的整体质量。在实践中没有把发生风险的几率降至为零的方法，因此，管理层必须决定准备谨慎地承担多大的风险，并努力使风险维持在这些层面内。

（3）控制活动（Control Activities）：是确保管理层指令得到贯彻执行、对所确认的风险采取必要的措施，以保证单位目标得以实现的政策和程序。控制活动通常包括两个要素：政策要素，它描述应该做什么，政策往往通过口头传达；程序要素，它描述应该怎样做。政策要素是程序要素的基础。控制活动是企业努力实现其经营目标所采用的流程的一部分，它直接融入到管理流程中。

控制活动存在于公司各个层次和各个职能部门，一般包括：批准、授权、核实、调节、经营活动分析、资产安全性以及职责分工等方面。控制活动的形式一般体现为：业绩评价、信息处理、实物控制、职责分离等。

（4）信息与沟通（Information and Communication）：是指相关信息以某种形式并在某个时段被识别、获得和沟通，以促使员工采取一定的措施或行动来履行自己的职责。

它连接了内部控制体系整体框架的其他要素，是有效实施内部控制的保障，直接影响着企业内部控制的贯彻执行、企业经营目标及整体战略目标的实现。

（5）监督（Monitoring）：是一个评估内部控制系统在一定时期内运行质量的过程，企业可以通过持续性的监督活动、独立的评估或两者并用来实现这个过程。

在COSO框架中，内部控制的五要素来源于管理层经营企业的方式，这些要素间存在着协同和联合作用，形成了一个对变化的环境作出动态反应的完整系统。内部控制与企业经营活动紧紧相连，因为企业的基本目标而存在。如果把控制嵌入企业的基础结构并成为企业的一个重要组成部分，那么内部控制就会非常有效。在企业要实现的三类目标之间和实现这些目标所需要的内部控制构成要素之间存在着直接的联系。内部控制的所有构成要素都与每一类目标相关。从任何一类目标来看，只有所有的五个构成要素都存在，并且有效地发挥作用，才能确定经营的内部控制是有效的。

2. 上市公司内部控制实践中存在的问题。

（1）企业内部控制环境相对较差。由于上市公司所有权与经营权相统一，决策和经营管理的主观随意性较大。企业管理层往往对内部控制的重要性认识不够或者说不愿意建立和执行内部控制，前者是在于他们认为自己的经营足以保证财产的安全，而后者是受利益动机的驱使。上市公司管理层希望在获取最大利润的同时尽可能逃税，而完善的内部控制则会有效地防止这样的不合法行为。

（2）内部控制制度不规范。目前，虽然我国上市公司按照证监会要求都建立了内部控制体系，但其操作规范流程都较为粗放，缺乏统一的、详尽的、具有很强操作性的岗位操作流程。出现问题后常常是互相推卸责任，致使无法追究责任。而有些公司即使有内部控制制度，却不落实、不执行制度、不按制度考核，使其形同虚设，不能发挥其制约、监督作用。有些公司核算制度弹性过大，使信息的可比性较差，误导决策，造成重大损失。健全的规章制度和完善的操作流程是内控体系的重要组成部分，可以有效地防范风险。

（3）内部审计机构监督不力。我国内部审计机构最初是在政府的要求下建立起来的，企业并没有真正认识到内部审计的作用，以致内部审计机构并未真正发挥其作用。这主要表现在，第一，我国内部审计的功能仍然是查错防弊。只注重事后监督，不注重事前、事中的控制；只重视对财务报表的审计，而忽略对公司的管理现状进行分析、评价，并提出建议。第二，我国的内部审计机构往往实质上由管理层领导且与其他部门平行，因此独立性较差、权威性较差。第三，内部审计人员大多是由财会部门转来或由财会部门人员兼任，缺乏审计知识，特别是随着企业规模的扩大，业务的复杂化，内部审计人员很难满足需要。

（4）缺乏有效的风险管理。随着市场经济不断发展，上市公司现阶段面临更大的环境变化和生存风险，诸如市场风险、信贷风险、营运风险、声誉风险、技术风险等以及随着交易类型和工具的变化所面临的兼并收购、破产重组、电子商务等。企业应该建立可以辨认、分析和管理风险的机制，并确认高风险领域，以加强管理。但我国上市公司缺乏的就是这种机制，股东大会、董事会、监事会、经理层互相监督、制约的机制没有建立，董事会中没有风险评估委员会或形同虚设，造成在没有可行性论证的情况下随意决策。

德兰公司财务制度的重整[①]

[**案例摘要**] 德兰纺织有限公司是浙江省一个家族式企业,在经历了初期创业后面临着财务制度规范化的客观要求。2009 年,会计学硕士研究生邹雨应邀为该公司重整财务制度,本案例描述了邹雨在德兰公司遇到的各种问题,再现了财务整合过程中相关人员的种种表现及其矛盾冲突。

2009 年 7 月 14 日,酷暑时节,下午两点更是一天中最热的时候。杭州火车站,"呜——"的一声长鸣,T31 次火车终于缓缓停了下来。杭州,果然如报道所述是这个夏季里中国最热的几个城市之一,邹雨一下火车,就被一股热浪冲了个晕天黑地。不过,此刻的邹雨,却并没顾上找个凉快地儿歇上一脚,提着笔记本电脑,直接挤过嘈杂的人群,匆匆向距火车站不远的杭州东汽车站走去,登上了去往柯桥的汽车。柯桥,德兰公司的人在接她。

邹雨与德兰公司董事长杨启正的结识纯属偶然。汶川地震发生后,邹雨作为学生志愿者参加了某基金会组织的募捐活动,杨启正是邹雨接待的捐款方。相谈之下,杨启正很欣赏这个乐观开朗、思维活跃的年轻人,得知邹雨是某名牌大学会计专业的研究生,杨启正讲述了德兰公司财务上存在的问题,并诚挚地邀请邹雨到他的公司看看,为公司财务管理提些建议。邹雨认为这是一次很好的实践机会,也就欣然应允下来。

一、德兰公司及其财务部

柯桥位于浙江省东部富庶的宁绍平原,拥有亚洲最大的布匹集散中心——中国轻纺城,德兰纺织有限公司就诞生于此。说到德兰,必须得从

---

① 本案例由中央财经大学会计学院宗文龙副教授和会计学院研究生陈岚编写。本案例根据作者的真实经历改编而成,写作过程中隐去了当事公司和当事人的真实姓名。

杨启正谈起，这不仅是因为德兰由他一手创立，更是因为杨启正的人生经历与德兰的创立史，都带有着些许传奇色彩。

20世纪50年代，杨启正出生在江西省一个农民家庭，三岁时因患小儿麻痹导致两条腿严重萎缩，成了残疾。杨家有六个孩子，地少人多、生活困难。家里供不起他上学，杨启正就每天拄着拐杖走一个半小时的路到离家最近的学校旁听，学校领导知道情况后免去了他的学费，就这样，杨启正凭着自己顽强的毅力完成了从小学到初中的全部课程。

中学毕业后，杨启正不得不辍学谋生，师从当地一位裁缝师傅学手艺。二十岁出师之后借钱开了家裁缝店，因为手艺好价格公道，生意十分红火。但杨启正并不满足于一辈子做个裁缝，他想做更大的事情，于是带着自家兄弟和其他几个亲友共七个人，来到绍兴柯桥注册了德兰纺织有限公司，做起布匹贸易。刚到柯桥时候，他们一无资金、二无伙伴、三无市场，但他们一直坚信"天塌不下来，世间也没有过不去的坎"！七个人都是"股东"，人人都是"董事"加"业务员"。凭着这样一股子干劲，德兰的业务逐渐发展了起来，现在已经拥有员工近百人，业务范围扩大到杭州、上海、北京、南昌等地，年营业额近亿元。

德兰公司成立初期没有专门的财务人员，主要由杨启正的妻子隔三差五汇总一下收支流水，税款缴纳委托给税务代理人员。2009年2月份，德兰成立了财务部，由杨启正未来儿媳妇于晓红担任负责人，二十四岁的于晓红大专学的是计算机专业，此前没有接触过会计，在杨启正的要求下辞了保险公司的工作，来到德兰管钱管账。

除了于晓红，财务部还有两个人，刘芳与李晓灵。她们也没有受过专门的会计训练，每天的业务主要是报销和描述性的记录"流水账"，财务工作更多地不是会计而是统计。刘芳每天核对各销售部门的销售汇总表，与仓库出库单核对，经常发现两边数据不一致的情况，却时常不能追查到原因，因为这刘芳经常被于晓红批评，刘芳觉得很委屈，可又不知道为什么会出现这种情况。李晓灵的任务是每天核对各部门送过来的报销单，因为所有部门的报销情况都是她一个人负责，而每天的开支又非常琐碎，李晓灵每天都很忙，经常工作到很晚，有时甚至得把工作带回家，可她也经常被于晓红批评，说她在审核报销情况的时候很多不该报的也给报了。李晓灵觉得很无奈，因为签字同意的经常是杨启正的家里人，报销范围的限定根本不起作用,但这话她没说出来,觉得这根本就是杨家的公司,说了也没用。于晓红脾气很不好,经常为这些小事情在财务部办公室大发脾气,很多人都不愿意来财务部,觉得气氛太压抑。财务部成立已经几个月了,可公司的财务管理工作基本上没有什么实质性进展,要拿的数据经常拿不出来,她感觉不仅财务部两个人没有责任心,甚至其他几个销售部门的经理也经常跟她为难,觉得自己很孤独。

二、"谨慎"的财务经理

收到杨启正的邀请电话时邹雨还在北京,在了解了德兰的相关情况之后她觉得,德兰业务简单,几乎没有筹资和投资业务,从规模、营业额以及员工数量上来说都应该将其定位为小企业,自信凭着自己扎实的会计专业知识,为这样一个公司设计财务制度并不难。邹雨觉得在亲身前往德兰之前先设计出德兰财务制度的初稿,到时稍作调整。

参考了某些企业的财务制度后,邹雨从以下几个方面对德兰的财务制度进行了重整:

1. 机构设置与人员安排。财务部安排三个人,分别总账会计、明细会计与出纳,总账会计可以由财务负责人兼任。对各岗位做了职责范围规定,钱账分管、签字授权制度一一标明。

2. 会计核算。参考《小企业会计制度》,以人民币作为记账本位币,根据权责发生制的原则,采用借贷记账法;记账凭证选用通用记账凭证,账簿启用日记账、总账与明细分类账三种;参考《小企业会计制度》并结合德兰公司业务,设计了必要的会计科目。

3. 账务处理流程。将德兰公司的业务分为六个流程:销售与收款业务、采购与付款业务、委托加工业务、货币资金业务、工资业务和固定资产业务,每个流程都设计了严格的业务规范。

邹雨的到来给于晓红带去很大的安慰和希望,她其实早就觉得德兰的这种账务处理模式得改改了,可就是不知道怎么改。现在邹雨来了,她觉得有了一个商量的人。这天一大早,邹雨摆开笔记本电脑,开始跟于晓红沟通财务制度里有关职责分工的问题。

"晓红姐,有关财务部人员职责分配,考虑到德兰业务简单,目前规模也较小,我们可以不用增添人员,设置三个岗位就可以了,总账会计、明细会计跟出纳，而你，就可以兼任总账会计跟财务负责人，你看呢?"

邹雨正等着于晓红的回答，没想到她却突然看了看坐在对面办公桌的刘芳跟李晓灵，然后压低了声音对邹雨说，"我们出来一下。"

邹雨有些奇怪，但也只好默不作声地跟着于晓红来到了办公室隔壁的一个很僻静的储物间。

于晓红说："小邹，我觉得，关于财务制度这个事情，以后我们是不是应该私底下讨论？就别当着刘芳跟李晓灵的面了，有些东西让她们知道不太好。"

邹雨还没回答，于晓红接着说："你刚刚说的会计分工，其实银行存款跟现金我是不放心交给别人管的，你说，出纳能不能不交给她们做啊？"

邹雨："可是，会计分工的一条很基本的原则，就是会计与出纳不能同时兼任啊？"

于晓红："可我看其他很多小企业都是会计跟出纳是一个人啊？"

邹雨愣了一下，她知道，确实是很多小企业的会计与出纳是由一个人兼任的，她想说这样的话企业是存在风险的，又觉得这话对于晓红去说好像有点多余，于是干脆改了口，说道："你如果既做会计又作出纳也不是不可以，只是对你来说工作量可能会比较大。"于晓红听到说"不是不可以"显得挺高兴，"工作量大就大吧，毕竟是自己家的公司嘛。"她又压低了声音说："有时候自己家里人从公司拿钱其实也并不怎么方面让她们知道的，账面上最好能够别写那么清楚。"

三、"怕麻烦"的仓库主管

财务部职责分工与邹雨的财务制度初稿冲突了，但她却无力改变，只好尽自己的努力把其他方面做好。德兰没有会计核算制度，历史积淀下来的问题太多，所以邹雨觉得建账是德兰财务制度真正实施的基础，也是她下一步工作的当务之急。

要建账，首先得将各账户的期初额得弄清楚，可从德兰之前登记的流水账，邹雨根本得不到任何清楚的数据，如果要重新建账，那就必须得重新盘点德兰的资产负债情况。

这天，邹雨来到德兰存放布匹的仓库，找到了仓库的主管李强，一个二十三岁的小伙子，也是杨启正的外甥。邹雨问李强能不能帮忙组织几个人把仓库的布匹给清点一下，看每个品种都有多少米。

李强很惊奇的看着邹雨："你是在开玩笑吧，这么大的仓库，这么多布，盘到猴年马月啊？再说，我们电脑里面有一个大概的数据的。"

邹雨："可我们财务部现在建账需要一个比较准确的数据。"

李强："说得倒轻松，不是财务部的人盘是么？站着说话不腰疼。再说，就算这次盘清楚了，下次还是得乱，仓库发货收货是经常出错的。"

邹雨依旧不依不饶："出错的话我们自然会有相应的控制制度，可现在这个盘点是一定要进行的。"

李强："你不用说了，仓库的人每天工作都很累的，我这边真的安排不出人手。"

邹雨觉得李强简直是不可理喻，怎么能一句"经常出错"就不盘呢？无奈之下，她只好直接去找杨启正说这个事情。

杨启正深吸了一口烟，对邹雨说："小邹啊，这还真不能完全怪李强他们，我们的布匹销售实在是跟其他的产品有点不一样，每匹布的米数都是不一样的，而我们除了整匹销售之外还有相应的零售业务，布匹有两百多品种，每种的数据每天都在变，要盘的话确实是一个大工程。"

邹雨："杨总，我明白这是一个大工程，可会计制度要实行就必须得重新建账，而要建账这盘点工作就是必须的啊，不能说工作量大就不盘的，不然这财务工作真的没办法开展了。"

杨启正："没有其他办法了么？"

邹雨想了会："那要不然这样好了，每天盘十个品种，盘的过程中数据有变动的就做跟踪记录，到时候再调整账面额。只是这当中有个问题，在盘点过程中的一些记账工作都得集压到后面统一调整，不知道后面会出现什么问题，这也不是正统的建账做法。"

杨启正："那就这么办吧。"

从杨启正办公室出来，邹雨觉得心里有些空空的，感觉好像是自己一个人的改革一样。

四、"大闹螃蟹宴"的销售经理

周六的一天，杨启正家的保姆小周从下午两点就开始张罗了。因为在这天，杨启正邀请了高副总、财务部的几个人、第一门市部的部门经理来家里吃螃蟹，邹雨自然也包括在内。不过，吃螃蟹尚在其次，这次杨启正在家请客的最主要目的，是为了商讨产品的价格问题，这也是邹雨在会计制度中销售控制方面遇到的盲点。

德兰的第一门市部，是德兰第一个也是其最为重要的销售部门，其所在的位置是柯桥最大的纺织品交易区，后续成立的几个门市部的客户很多都是从第一门市发源而来的。现在担任第一门市部门经理的，是杨启正妻子的弟媳，德兰的人都唤她"舅妈"。一门市的对外销售，一直以来都是"舅妈"出马与客户经过多番讨价还价定下来的，每天早上，"舅妈"将前一天的销售汇总传真给财务部，由财务部的人做统计，之前业务量少，德兰也没有财务部，大家都已经习惯了从"舅妈"那里询问针对某客户的具体销售价格。邹雨认为，这样的话财务部太过被动，提议必须有一套比较合理的定价机制，不能这样随意定价，跟于晓红和杨启正表达了这个观点之后，杨启正决定帮助财务部与邹雨跟舅妈沟通一番。

不过此刻，舅妈看着满桌丰盛的酒菜，却是一动不动。

杨启正看了一眼舅妈，"怎么不吃呢？你平时不是挺喜欢吃螃蟹的么？"

"舅妈"语气有些冷，"我不饿，赶紧说正题吧，我回去还有事。"

饭桌上的人都愣了一下，明显地感到了"舅妈"的抵触情绪。杨启正有些不满，干脆也放下了筷子，看着"舅妈"说："既然这样，那我就先说了。门市部的价格，一直以来都是你一个人知道，现在既然有了财务部，我认为是不是应该由他们来掌握这方面情况……"

"舅妈"一下抬起头，打断了杨启正的话，"怎么就是我一个人说了算呢？我不是每天都有汇报每笔业务的单价么？"

于晓红接过话头，"不是，舅妈，是这样，你每天虽然说都有传真给我们前一天的销售汇总，但我们财务部只能很被动的根据你传过来的单价记账，我们现在希望能提前就掌握针对具体客户的销售单价，这样至少在以后的业务往来中也能有个参考……"

"舅妈"突然提高了音量，"我掌握价格怎么了？我从来没有在价格上面搞过鬼啊？我每天起早贪黑，门市部那几个小姑娘什么也不懂，全不都是我一个人张罗么？你们随便去查，我哪笔账出过问题了？"

杨启正道："我们没有人说你在搞鬼啊。"

"舅妈"全不理会,继续抱怨着,"我知道,你们就是怀疑我嘛,怀疑我虚报价格做假账,这么多年我容易么我?你以为我想管那价格啊,可卖货的时候不还得跟客户讨价还价么?这价格能不变吗?"说着说着眼泪都流了下来,"这会,我不开了!"拉开椅子直接冲出了门口。

杨启正一甩筷子,冲着门口吼道:"你不开?你不开明天就不要来上班了!"

大家面面相觑,螃蟹是吃不成了,邹雨感到有些莫名其妙,这才多大点事啊,舅妈怎么反应这么激烈呢?

五、没有"结局"的尾声

8月12号,天气一如邹雨刚来杭州时的炎热,在德兰呆了一个月,邹雨得返校了。

坐在火车上,看着不断倒退的风景,邹雨感到有些怅然若失,又有种解脱的味道。为德兰设计财务制度,这一路走来,几乎所有事情都出乎邹雨的意料之外,在她看来原本一些顺理成章的事情,在德兰却不能实施,管理层并不能给予足够的理解和重视,员工也不能理解,初稿做得很规范,却已经成了流于形式的东西。邹雨想,或许是德兰的员工素质太低,导致了她的财务制度不能很好施行,可真的只是这样么?说杨启正不懂财务导致现在的财务状况太过混乱,似乎也有些放马后炮的味道,杨启正身残志坚,邹雨是很佩服他的毅力的,所以她也很希望能够帮到德兰,可究竟应该怎么帮呢?

案例使用说明

(一)教学目的与用途

本案例适用于会计专业和非会计专业研究生教学,通过对案例的讨论,学生可以体会到管理环境决定管理方法和管理效果。每个企业所面临的员工素质差异、管理文化的差异、发展程度差异、治理结构的差异等,影响着管理方法的选择,同样的管理方法在不同的企业会产生不同的效果,管理者必须对这一问题保持清醒的认识。

（二）启发思考题

1. 如何为小型民营企业设计财务制度？设计过程中应该注意哪些方面？

2. 邹雨遇到了哪些问题？如果你是她，你该如何解决遇到的问题？（财务制度实施的有效性与企业具体环境息息相关）

3. 试分析财务制度与具体企业环境的关系。

（三）分析路径

1. 从分析公司的成长过程和相关人员个性等方面入手，了解家族式企业在组织结构、财务管理理念、员工素质等方面的特点。

2. 探究产生冲突的原因。可能的原因包括财务人员素质低下；管理者财务管理理念薄弱，不能对财管工作给予足够支持与投入；家族式企业各成员涉及利益冲突；公司各部门沟通薄弱、协调性不强，相互间不能充分理解与支持。这样的企业管理环境直接导致了财务制度不能有效执行。

3. 寻找解决问题的方法。管理者加强财务管理理念，加大对财务管理的人力等资源投入；各部门多多沟通交流，增强对财务制度的理解与配合。

（四）分析要点

改革开放以来，我国家族企业在发展过程中面临一系列的机遇，但同时也暴露出一些问题，特别是财务管理的不科学、混乱严重阻碍了家族企业的进一步发展。财务管理是现代家族企业管理的基础和核心，家族企业应当认真分析在财务管理方面的一些问题，强化财务管理的重要性，建立健全财务管理制度与监督控制制度。

1. 小型家族企业的管理环境。研究家族式企业与生俱来的特点可以更好理解其在财务管理方面的问题。首先，家族企业通常是有家族成员共同出资与经营，完成原始积累，这层关系必然导致各方一定程度的利益冲突。其次，家族企业大多带有"江湖气"企业一人说了算。有一种说法是"英雄式"管理，无论事情大小，无论是否在权责范围内，都要管，一管到底。他们认为：企业是我的，挣钱多少都是自己的，财务管理只是个形式，仅限于财务控制，在这样的认识下必然致使许多制度过于简单且流于形式，摆摆样子，甚至有些业主嫌麻烦，不愿建账；怕多缴税，不敢建账；缺乏专业知识，不能建账。致使财务管理处于混乱状态，给国家的税收造成损失，为自身的发展埋下了隐患。再次，财会人员素质低。基于对团体以外的人天然的不信任，在财务这一敏感部门，"忠诚度"成为用人的重要标志，无血缘、亲缘关系的财务管理能人很难进入家族企业参与到财务管理工作中。而且在实际情况中，很多规模小的家族企业，根本没有专门的财务人员，或者财务人员未经正规的专业培训，缺乏财务管理的能力，难以为管理高层提供有效的财务信息。管理者和财务工作人员不能随着企业的成长而成长，缺乏继续学习的能力和机制，创新能力递减，不能适应现代企业发展的需要。另外，按照财务管理的内容，在财务管理的各个方面都应该有其相应的监督制度，而家族企业的现状是在各个方面都缺少事前的控制和事后的监督，在财务会计上监督体制几乎是个空缺，老板自己或指派自家人做的账，本企业的人员谁会查呢？这种情况使得多数企业里仍然存在一些人集人、财、物管理于一身，阻碍财务工作的有效监督。

2. 家族企业财务制度设计要点。针对以上所提的家族企业在财务管理方面存在的"痼疾"，在设计或重整这类型企业财务制度的时候，一定要有针对性，结合企业的具体管理环境来进行设计或考虑，并制定相应的机制保证其有效施行。考虑关键点如下：

（1）取得管理者的足够支持。对管理者来说，首先一定要加强对财务管理理念，充分认识和了解到有效的财务管理对企业发展的重要性。只有这样，财务管理的设计者才有可能取得管理层足够的支持，并加强对财务管理制度设计的相关投入，这是设计出财务管理制度的基本保障。

（2）加强培训，提高财务人员素质。对财会人员应重点加强职业道德和财经法规的教育、增强责任心和敬业精神。会同财政、税务部门进行专业知识的学习，让财会人员持证上岗，使管理上一个新台阶。

（3）加大财务管理制度的执行力度。制定财务管理制度的目的是在财务工作中加以执行，所以加大执行力度是发挥财务管理制度作用的基础和核心。管理者要首先带头执行该财务管理制度，以身作则，在制度公布以后对员工进行详细的多层面的培训，加深员工对制度的理解和认识。同时，企业应该对制度进严格的考评和考核，并根据绩效进行必要的奖惩，从强制的角度去推动制度的执行。

（4）建立健全监督控制制度。首先，在设计企业财务制度时，根据制定的财务制度，在每一个环节都要有其相对应的监控制度来确保其更有效的执行。企业财务管理应加强资本预算、财务预测与决策，从过去的事后监督与反映转到事前控制，强调对企业生产经营活动的全过程进行财务控制。其次，企业在建立健全内部会计监督的同时还要尽快建立健全企业内部控制制度。因为内部控制制度是"纲"，而内部监督制度是"目"，纲举才能目张。内部会计监督制度只是企业内部控制制度的一个重要组成部分，不是全部内容，企业内部会计监督制度要真正得以贯彻实施，就必须有健全的企业内部控制制度来支持和保障。另外，记账人员与经济业务事项和会计事项的审批人员、经办人员、财物保管人员的职责权限应当明确，并相互分离、相互制约。职务分离是内部控制的重要手段之一，可以有效防止因权限集中、职务重叠而造成的贪污、舞弊和失误；职务分离是相互制约的前提条件，但同时也要赋予各职务岗位人员相应的职权，否则相互制约就是无效的。

（五）建议课堂计划

本案例计划课时 3 小时。学生应当在课前阅读该案例，课堂采用分组讨论的形式，每个小组讨论 20~30 分钟，然后提选代表发言时间，主要围绕"为什么是这样"、"如何解决"，给出可行性的建议。

基于平衡计分卡的亚新科运营系统

[案例摘要] 平衡计分卡是20世纪最伟大的管理工具之一,而平衡计分卡也从单一的绩效评价体系逐渐转变为全面的战略执行工具和闭环的企业控制系统。本文正是以卡普兰的最新阐述为起点,以亚新科工业技术公司为案例,较为全面地介绍了亚新科工业公司运营系统(AOS)的设计与实施,并设计了相应的教学计划,为相关学科的本科生、研究生和MBA提供教学素材。

一、亚新科工业技术公司简介

亚新科工业技术公司成立于1994年,是中国最大的独立的外资汽车零部件制造集团之一,年销售收入5亿美元以上,现有员工2.5万多人。公司在中国现有17家制造企业和52个销售中心;在美国、英国和日本各有1家分公司;在中国拥有900个服务站。公司主要产品包括燃油喷射系统、动力传动及底盘零部件、减振降噪产品等。公司85的客户群为国内客户;15%为国际客户,而国际客户主要来自美国、欧洲及日本。

二、亚新科公司主要的战略定位

1999年,亚新科制定了伟大愿景:建立一个真正的全球性公司,其独特之处在于它能够将中国与世界的精华融为一体,创建世界一流的汽车零

---

① 本案例由中央财经大学会计学院08级研究生王康编写,指导老师为会计学院刘俊勇和亚新科工业技术公司王皓。本案例基于亚新科工业技术公司实施平衡计分卡的真实案例改编,故事情节经过加工。

部件公司。而公司的使命是：致力于与客户一起开发新产品来满足中国以及全球不断发展的汽车市场的要求，同时利用在中国生产的成本和技术的优势，从而获得具备全球性竞争力的价格。

亚新科以汽车类型对市场进行了细分，主要的细分市场为重型车和轿车，公司同样也为不同的市场类型定义了不同的市场战略，对于重型车来说，最主要的就是继续巩固重型车市场，为中国和国际重型车客户提供服务。亚新科集团还期待着其中国的重型车客户及早打入国际市场，从而受益于由此带来的更广阔的市场前景；而在另一个细分市场，公司与中国知名的主机厂建立了非常愉快的合作关系，同时积极地帮助国际主要客户建立和扩大他们在中国的业务发展。

为了有效实现公司战略，亚新科于2008年以卡普兰的平衡计分卡为依托，开发了适合自己公司的运营系统（Asimco Operation System，以下简称AOS）。

三、亚新科运营系统

（一）实施背景

首先，亚新科工业技术公司总部设在北京，其十几家下属企业分别坐落在全国各地，公司性质有合资和独资，对于独资企业，总经理和财务总监均由总部派驻。合资企业中，总部会派驻财务总监（或财务代表）参与管理和控制，而总经理大部分是中方任命的。由于地域和合作方式的限制，运营控制是管理中的难点。为了能让各运营公司的行动和努力的方向都符合集团战略方向，同时更有效地规范各运营公司管理层的行为，使其行为和目标与集团目标相一致，集团考虑使用平衡计分卡来实现此目的。

其次，亚新科工业技术公的前身是亚洲战略投资公司，主要的工作重心在于帮助国外投资者管理在中国所投资的资产，以期通过资本运作的方式为国外投资者带来回报。所以当时整个集团最关注的是企业的经营结果和经营规模，考核指标多集中在EBITDA（息税折摊前盈余）、销售收入等。但对各企业的运营过程很少加以监控，导致很多企业只注重结果，而不注重过程。并没有在诸如质量提高，流程改进，采购控制，资金使用效率，人员安全等方面投入更多精力。其中有的方面给企业留下了惨痛的教训，例如在质量方面，公司曾经订购了一批螺栓，按照制作工艺的要求，需要有淬火的工序，但是供应商为了赶时间，没有对其中的一些淬火，而公司在购进时，也没有对产品严格把关便投入了生产。随着生产的完成，公司将货物运抵美国，但国外客户却发现了这一瑕疵，并要求亚新科对此批产品逐一检验。而这一过程历时近半年，花费百余万元，严重影响了公司的品牌。因此，随着总部的战略转型，公司的职能由以前单纯的投资型公司转变为经营管理型公司，对下属公司的关注也由单纯的利润回报转变为过程控制，这一转变促成了平衡计分卡的产生。

最后，以前各运营公司每个月向集团不同的部门上报各种类型的报表，然后集团每个部门会相应准备各种报告上报亚新科集团管理层。此种方式不仅上报人的工作量大，而且由于提供的信息繁杂，导致管理层浪费了很多时间在审阅信息上。此种方式在集团转型前问题不突出，因为那时总部只是个信息的接收者和汇总者，不需要给运营公司太多的反馈和指导。但是随着集团的战略转型，总部各部门参与下属公司运营的机会越来越多，在与各运营公司沟通的时候，需要有一套集团统一的指标体系，通过这套体系不仅为下属企业设定了目标，帮助总部人员直观快速地了解企业的运营状况，使集团总部人员与运营公司人员在沟通时使用共通的语言，同时还便于进行运营公司间的横向比较。

因此，AOS 在 2008 年 9 月实施之初，亚新科就为其明确了目的，即它是连接所有行动的纽带；它通过计划、实施、检查、纠正（PDCA①）提高公司的核心业务流程；它是集团沟通的工具。在明确了 AOS 的目的之后，下面将会详细介绍 AOS 的实施与内容。

（二）实施步骤

AOS 的实施必然会带来组织结构的改变，因为它是对于企业原有流程的变革。如果没有有效适应 AOS 的组织结构，必然会成为 AOS 推行的桎梏。因此，首先面临的是理念的变革。亚新科在推行 AOS 之前，对所有关键岗位的员工进行了多轮次、长时间的培训。其后，亚新科经过长时间的酝酿，组织结构也发生了一些变化，将架构逐渐演变为准矩阵式结构（图

---

① PDCA：全面质量管理工具，具体是指 Plan（计划）、Do（执行）、Check（检查）和 Act（纠正）。

1)，以有效地推行 AOS。

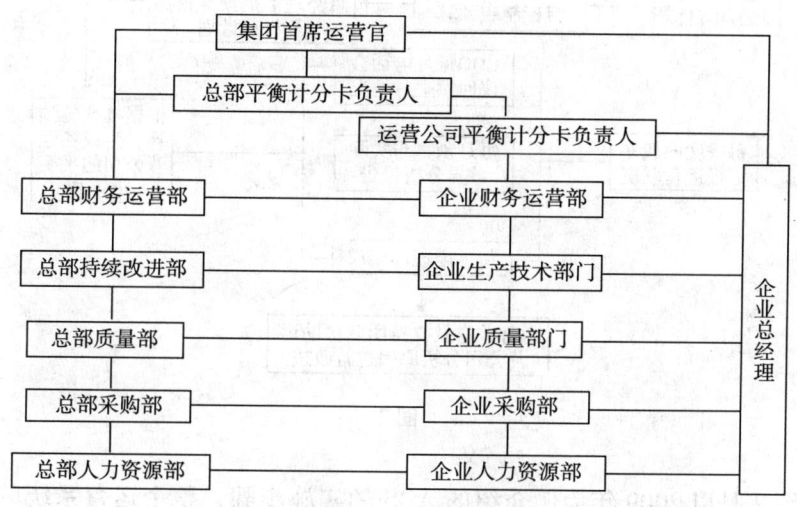

图 1 亚新科公司准矩式的架构

公司的首席运营官（COO）为 AOS 的总负责人，他主要负责有关 AOS 的发展战略和信息回顾。在其下一层级，有一平衡计分卡专业人士负责总部层面和下属公司层面平衡计分卡的具体实施与沟通。而在下属的战略业务单元（SBU, Strategy Business Unit），每个单元的总经理兼任 AOS 的负责人，而每个战略业务单元的各支持单元分别负责 AOS 的不同指标，并向本公司的总经理、总部相应支持单元汇报。当总部相应的支持单元获得反馈信息后，将会对信息进行有效归纳和总结，然后反馈到总部平衡计分卡负责人，而总部平衡计分卡负责人通过 Excel 进行整理，会将有效信息反馈到 COO，进而为 COO 作出战略决策提供依据。

图 2 展示的是亚新科 2009 年度 AOS 的实施路径。

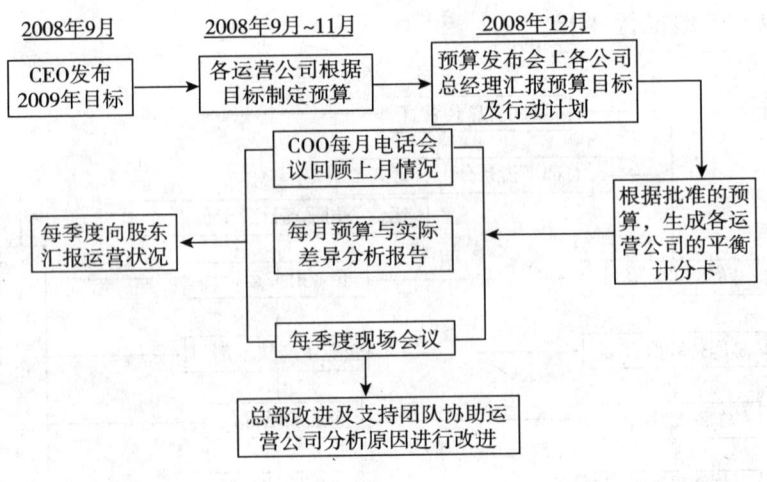

图 2

图 2 是以 2009 年为例介绍的 AOS 的实施步骤，整个运营系统的起点是在 2008 年 9 月份，CEO 会公布下一年的目标，然后，各公司将以参与制预算为主要形式，自下而上地汇报 AOS 各预算目标值，在 12 月份的预算发布会上，各公司下一年的预算目标将会被敲定，并进而生成公司下一年的平衡计分卡，即 AOS 各指标的目标值。进入下一年后，各公司将以每月的运营数据为实际观测值，根据预算与实际差异分析报告，上报总部，并实施滚动预算，不断修订下一期的目标值。对于集团来说，总部人员也会经常派出相关人员进行实地调查，以防止下属公司对 AOS 的各项指标进行主观性操纵。每月月末，战略业务单元将被要求提交报告，而后，COO 会与各公司经理进行电话会议，以求得下月的绩效改善。当每一季度结束后，将进行现场运营回顾会议，从中发现运营中的纰漏，并由总部的持续改进部和支持团队帮助战略业务单元带来流程和业绩的改善。季度运营会议结束后，公司的管理层将会把有效信息及时反馈给股东，以便于股东对于企业经营状况能够及时全面掌控。

（三）AOS 体系结构

亚新科的 AOS 主要是基于卡普兰的平衡计分卡体系设计，因此他将指标体系也划分为若干层面，例如：安全及法律法规、质量/服务/交货、产品开发/项目管理和财务层面等。公司在各层面分别设立了相关指标来衡量、评价和控制企业整体运营,并且通过各战略业务单元将总部层面的一级指标层层分解,逐步转化为二级指标,从而帮助集团有效地对战略业务单元进行管控。除此之外,亚新科为每个指标精确定义了含义和计算方法,例如,亚新科将事故率定义为运营公司休工次数,计算方法为事故的次数。这样通过总部规定,可有效地统一计算口径,保证各战略业务单元业绩横向的可比性。

在 AOS 中,首先是安全及法律法规层面,由于公司是传统的制造型企业,安全生产不容忽视,因此,亚新科将事故率作为关键绩效指标(KPI)进行业绩考核;在运营层面,节约成本、加速库存周转是企业在原有资产上获得更大收益的有效保障,因此,AOS 中的库存周转率也成为了其中的关键评价指标;在客户层面,亚新科的战略定位就是与客户一起开发新产品,因此客户满意度/投诉率的高低就直接决定了公司战略是否能够实现;在财务层面,股东要求投入的资本能够得到有效地回报,银行期望自己的风险不断降低,这都对公司的资产收益率提出了严格的要求(图3)。

针对 AOS 中的各项指标,均有相对应的负责部门,并且责任到人。例如,质量成本的控制是由质量部负责,主要负责人为质量部经理,他不但要对总部层面的数据负责,更要去监督相应战略业务单元的质量是否严格控制,二级指标是否得到了相应的完成。

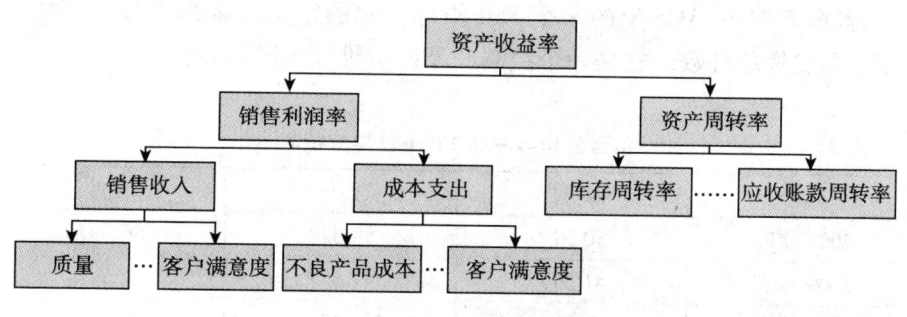

图3 AOS 下的资产收益率

因此,严格的责任体制与强有力的执行保证了 AOS 在亚新科全公司内的推广与实施。

四、AOS 在山西公司的实施

亚新科国际铸造（山西）有限公司（下文简称山西公司）是由亚新科工业技术有限公司、中信机电制造公司和美国卡特彼勒公司共同组建的合资企业，是中国目前最大的专业铸件生产基地之一，资产规模 78 800 万元，主要产品为发动机缸体、缸盖、飞轮、飞轮壳及齿轮箱盖，年生产能力超过 45 000 吨，主要客户有玉柴机器、东风、康明斯、重庆康明斯、卡特彼勒、三菱重工、日本小松、克拉克工业、上海柴油机股份有限公司和依维科。

山西公司使用总部进行详细定义的 32 项指标作为内部 AOS 的组成要素，并使用红黄绿灯三种要素定义预算与实际差异的情况，以客户 PPM 为例，具体实施如表 1 所示。

表 1　　　　　　　　　红黄绿警示

情况	颜色
实际执行情况 = 预算	绿色
实际执行情况 > 预算和已经有恢复计划	黄色
实际执行情况 > 预算和没有恢复计划和纠正措施	红色

客户 PPM 是 AOS 上的一个 KPI 指标，它的定义为客户拒收及退货零件总数/发货总件数，它是一个控制产品质量维度的滞后指标。

表 2　　　　　山西公司客户总 PPM 差异分析表

月份	一月	二月	三月
2008 实际	50 917	59 328	56 597
2009 预算	41 377	41 377	41 377
来材检查退回数量	866	939	1 096
掉队退回数量	0		
零公里退回数量	0		
使用数量	24 562	29 782	28 146
2009 实际	35 258	31 529	38 940

如表2所示，山西公司按照总部对于 AOS 的定义，将 PPM 中客户拒收及退回零件总数拆分成三项：来材检查退回数量、掉队退回数量和零工里退回数量，将其三项加总与实际数量相比，然后再乘以一个固定的产量系数，便得出某个月份的实际值。表 2 展示的是山西公司 2009 年第一季度的数据：以一月份为例，计算出 PPM 为 35 258，预算值为 41 377，实际值＜预算值，故本月的产品质量控制较好。而在本月的计算结果得出后，通过滚动预算的方式，再对下一月份和后期的目标值进行修订。

五、忧 虑

在 AOS 实施的过程中，企业管理层发现了许多问题，例如总部进行财务分析时，发现有一家子公司的废品率非常低，但是销售利润率也非常低。因此，公司便派人进行检查，检查人员进入工厂后，便发现了奇怪的现象，既然废品率非常低，为什么首先看到的却是现一卡车一卡车的废品。随后，便对公司的负责人员进行询问，通过调查他们发现了废品率低的原因：此家公司使用分步结转法进行成本核算，当某一步骤出现废品时，他只将此步骤的损耗计入废品，而不包括已完成工序的成本。这就大大降低了废品率，但是销售利润率却无法提升。可见，指标定义的准确性至关重要。此外指标设计缺乏科学性，下属对指标具有主观操纵、数据分析量大等等问题都在困扰着管理层。那么管理层应该如何对系统进行调整，调整的具体方向又该是什么呢？

案例使用说明

（一）教学目的和用途

本案例适用于高级管理会计课程的学习，教学对象不受限制，无论是普通研究生还是具有工作经验的 MBA 学生均可使用。本案例希望达到以下教学目标：

1. 帮助学员了解平衡计分卡导入是一个系统工程，需要企业高层、各部门的有效协同。

2. 帮助学员了解平衡计分卡各指标的选取需要与战略挂钩，并精确定义、全员推广。

3. 帮助学员了解平衡计分卡是将财务指标、非财务指标有机融合的综合绩效评价体系。

（二）启发思考题

1. 平衡计分卡的导入是否需要高层支持？如何支持？
2. 本案例中各项指标是否与战略匹配？如何实现有效匹配？
3. 本案例中非财务指标是否能够有效支撑财务指标，为何支撑？
4. 本案例中的 AOS 是否是一个闭环系统，闭环系统的优点有哪些？
5. 如何实现 AOS 与激励机制的对接？
6. 本案例中的 AOS 系统还有哪些不足，如何进行改善？

（三）教学安排与分析路径

1. 课前准备阶段。

任课老师应该事先搜集 2008～2009 年汽车零配件行业的背景资料，包括该行业的主要竞争厂商、潜在进入者、替代品、供应商、客户的基本情况以及金融危机下该行业的主要风险控制点，帮助学员形成对该行业的感性认识。

其次，任课老师应该事先与学员进行有效沟通，邀请 2～3 个有着相同或者相近工作经验的学员进一步描述该行业的具体情况，从而可以对这三个公司进行横向比较。

2. 课堂讨论阶段。

（1）平衡计分卡的导入是否需要高层支持？如何支持？

在分析这个问题以前，任课老师应该介绍一个没有企业高层支持而最后导致平衡计分卡半途而废的案例，然后引导学生从以下几个方面进行分析：

从战略层面上，平衡计分卡的设计与实施需要与企业战略有效耦合，而企业战略的制定是企业最高层对于公司内外部环境综合研判的结果，是企业在未来较长时间内追求的目标与开展各项工作的纲要。因此，平衡计分卡中各项指标的确定，目标值的修正、行动方案的实施均需要高层的解释与支持，因为只有他们才能对公司的未来走向有着精准的把握。

从组织协同层面，企业高层的积极推广，可以有效地帮助部门之间整合资源，消弭分歧，逐步淡化部门边界，使企业的运转更加面向流程化，从而带来组织结构的进一步优化。而且，高层的支持可以为各级员工传递一种信号，表明平衡计分卡的导入是组织面对外部环境的一项深刻变革，使下属员工体会到危机感和紧迫感，进而促使平衡计分卡能够有效地导入企业，并逐渐成为企业员工的行为准则。

在本案例中，AOS 的主要负责人是企业的首席运营官（COO），他不仅能够调动企业各部门员工的积极性，而且帮助企业各部门有效衔接，使得支持单元到下属子公司之间充分协同。而在 COO 之下，招聘了专门负责 AOS 实施的管理人员，因其在公司金字塔的较高端，可以有效地减少各部门的沟通壁垒。因此，AOS 实施的第一年，就实现了在所有战略业务单元的全面推行与绩效改善，这与企业高层的支持有着密切关系。

（2）本案例中各项指标是否与战略匹配？如何实现有效匹配？

公司战略是组织未来三到五年的远景规划，主要包括愿景、使命和价值观，而平衡计分卡中各项指标的选取应该充分体现公司的价值取向和战略定位。为了实现各项指标与战略有着较高的耦合度，导入战略地图这成为了不可或缺的一环。战略地图是描述组织价值创造战略的四层面模型，为管理团队提供一种组织发展方向的语言。他将平衡计分卡四个层面的战略指标看成一系列的因果关系。

在此问题讨论中，任课老师应该要求每个小组按照自己的理解画出亚新科的战略地图，并标注出相应的战略主题，然后对战略地图上的各个指标进行明确定义，然后每组派一名成员去展示自己组的战略地图，并由其他三个小组进行点评指正；

最后，由任课老师列示 AOS 上的一些指标，并由各小组讨论指标设置是否合理，是否与战略充分匹配。

（3）本案例中各层次的指标是否能够相互支撑，如何支撑？

本问题主要引导学员理解平衡计分卡是一个综合绩效评价体系，平衡计分卡中的各项指标可以按照两个标准进行分类，其一是将指标分为财务指标和非财务指标；其二是将指标分为领先指标和滞后指标，其中领先指标大多为非财务指标，它发生于企业的运营过程中，主要的来源是各项关键节点的数据，它具有一定的指向性，而滞后指标大都发生在事件期末，主要表现为财务数据，也就是大多地集中在平衡计分卡的最高层面——财务层面。领先指标是滞后指标的基础,非财务数据为财务数据提供支撑。令股东满意的财务数据是企业综合运营的结果,因此,企业运营过程中,管理层对于非财务指标的关注将会直接或间接影响到财务目标是否能够达成。在亚新科的 AOS 中,可从以下几方面思考。

第一,关注非财务数据对于财务数据的支撑作用,例如,设计了客户投诉率等指标衡量已有客户的忠诚度,从而保证收入的持续性;设计供应商进货批次合格率,保证供应链的稳定性,持续的节省成本。因此,亚新科 AOS 已经逐渐演化成为一个综合的绩效评价体系。

第二,在各项指标中,由于企业对财务数据普遍使用,所以指标的定义也较为成熟。但是非财务指标的定义是否准确直接关系到管理控制系统是否能够上下协调,贯彻执行。亚新科从总部开始推行,对于32项指标的含义、计算公式、考核办法、是否为 KPI 均进行了定义,通过将这一体系自上而下的推广,可以有效地解决指标目标值的可获得性,而且一定程度上杜绝了下级公司对于指标的主观性操纵,保证了 AOS 实施的真实性与可比性。

第三,目标值设定合理与否不仅关系到员工薪酬,还关系到组织的既定目标能够实现。因此目标值,尤其是 KPI 目标值设计的是否合理,关系到管理会计控制系统是否能够有效运转,但是在 AOS 中,某些指标的目标值设计还需斟酌,我们还是以 PPM 为例,2009 年 2~4 月的实际值与预算值如表 3 所示。

表 3　　　　　　　　山西分公司 PPM 预算完成情况

月份	二月	三月	四月
2009 年预算	41 377	41 377	41 377
2009 年实际	35 258	31 529	38 940
(实际-预算)/预算	-14.8%	-23.8%	-5.9%

从表 3 中,我们发现山西分公司不仅达到了 PPM 的预算目标值,而且均超额完成,但是可以观察到,三月份的实际值超出预算值23.8%,这有可能说明三月份的质量控制较为严格,如果是这种情况,四月份的目标值

就应该适当进行调整，但是从表中可以看到四月份的目标值没有修正；那么另外一种情况就是预算目标值设计的较为容易，从而为下级建立松弛创造了条件，因此，为指标设定合理的目标值是管理控制系统能否有效运行的必要条件。

针对以上三个问题，任课老师可以要求各小组研讨这些指标的准确定义，然后挑出具有支撑关系的指标，并说明支撑关系的具体内容，而对于没有支撑关系的指标提出相应的改善方案。最后，再由各个小组提出各项指标的目标值的来源，并说明原因。

（4）本案例中的 AOS 是否是一个闭环系统，闭环系统的优点有哪些？

在卡普兰教授提出的平衡计分卡中，阐述了六个阶段的思想，即制定战略、规划战略、组织协同、规划运营、监控和学习、检验和调整。并将其作为一个持续循环，从总部延伸到公司各层级，而上一级的规划战略的完成恰好又是下一级制定战略的开端。而最后对战略的检验和调整又是下一个循环的起点。

亚新科在实施 AOS 的过程中，结合 PDCA 工具，提高其核心业务流程。并将 AOS 作为整个集团的沟通工具，此外从 AOS 的形成过程中，我们也可以看出 AOS 是一个闭环管理的过程，管理层会通过经营运营分析会发现过程中存在的问题并进行修正，但是有一点注意的是，在 AOS 中，没有对战略的调整和回顾，因此这是 AOS 在设计过程中的一个重要问题。

这一个问题主要是引导学员理解平衡计分卡是一个闭环系统，它是一个战略执行的重要工具，该问题主要通过学员们对于 AOS 进行深刻讨论，从中发现闭环系统会给企业带来什么优势，如何进一步提升企业的控制运营水平。

（5）如何实现 AOS 与激励机制的对接？

激励机制既是保证平衡计分卡被全员接受的重要前提，也是平衡计分卡推行的重要风险点，其中激励方法主要包括内在激励和外在激励，而在目前，大多数企业使用较多的是外在激励，而外在激励最为重要的是薪酬方案的设计，一个较好的薪酬方案可以为全体员工带来极高的斗志和凝聚力，从而带来组织业绩的大幅提升，反之，则会打击员工积极性，将组织带向深渊。

可以由各小组根据 AOS，设计相应的薪酬方案，并解释薪酬方案的具体内容。

（6）本案例中的 AOS 系统还有哪些不足，如何进行改善？

任课老师可以从以下几个方面引导学生，进一步对 AOS 进行思考：

• 在 AOS 系统的指标体系中，是否囊括了企业的关键流程，各项流程的关键节点是否均有指标体现，例如企业如何控制其财务风险。

• 目前亚新科的 AOS 均以 EXCEL 为呈报载体，每期由战略业务单元呈报于财务运营部后，人工统计，这不仅加大了总部层面的数据统计量和工作量，而且非常容易产生统计误差。并且统计数据为事后呈报，这就为总部的有效管理带来了挑战。因此，设计一体化的信息系统，不仅能够节省人力物力，而且为实施有效的管理控制创造了条件。请思考 AOS 系统在亚新科的全面推行，是否由强有力的信息系统支持？

• 目前亚新科并没有将 AOS 系统推广到全体员工，那么如何使得全体员工接受 AOS，如何将 AOS 与企业文化全面对接，使其内化成为全体员工的共同价值观，这都是需要进一步拓展深化的问题。

（四）理论依据与分析

平衡计分卡认为，传统的财务会计模式只能衡量过去发生的事情（落后的结果因素）但无法评估组织前瞻性的投资（领先的驱动因素）。在工业时代，注重财务指标的管理方法还是有效的。但在信息社会里，传统的业绩管理方法并不全面的，组织必须通过在客户、供应商、员工、组织流程、技术和革新等方面的投资，获得持续发展的动力。正是基于这样的认识，平衡计分卡方法认为，组织应从四个角度审视自身业绩：学习与成长、业务流程、顾客、财务。

（五）关键要点

1. 平衡计分卡是一个财务指标与非财务指标相互联系的管理会计工具，不仅能够有效地衡量绩效，而且能帮助企业转变为战略中心型组织；

2. 平衡计分卡是一个闭环的管理会计控制系统。

教育考试机构财务管理方案的设计[①]

[**案例摘要**] 教育考试机构属于"自收自支"型事业单位,通常包括各级各类教育考试中心、教育考试院、招生办公室等。这类机构既承担着高考、中考、自学考试等国家政策性考试的组织工作,同时,也参与社会性教育培训以获取发展资金。传统的事业单位财务管理制度在高度市场化经营面前表现出相对滞后性,探索一套符合自身管理特征的风险管控方法,成为转型过程中教育考试机构亟待解决的问题。

2006年夏,新疆乌鲁木齐金融大厦会议室,我受邀为全国教育考试系统的财务人员讲解会计准则,8月份的新疆连空气中都散发着水果的美味,培训活动圆满成功。就是在那次会议上,我结识了L处长,国内某考试院的财务处负责人。

我是一名高校教师,现任职于国内某著名大学的会计系,多年来一直关注事业单位的财务问题。新疆授课结束大概2个月后的一天,一个陌生的外地电话号码执著地闪烁在我的手机屏幕上,我犹豫了一下还是接通了电话。

"你好,是××教授吗?我是×考试院的L啊,在新疆您给我们讲过课,我还向您请教了一些问题……"这次通话掀开了我与L处长交往的历史,也就因此有了本文的故事。

一、××考试院情况介绍

在与L处长的谈话中得知,他所供职的考试院承担着本省高考、中考、自学考试的组织工作,属于"自收自支"型事业单位。考试院五年前从原主管单位分离出来,包括高考管理处、自考管理处、公开发行刊物编

---

① 本案例由中央财经大学会计学院宗文龙副教授编写。

辑部,以及财务、科研、人事等部门,在编人员近百人。

随着国家事业单位改革,考试院职能正逐步从单一的政府服务型转向社会服务型。目前,考试院下属有两家全资子公司,一家专门从事某国际品牌证书的培训,另一家负责开发国内少儿外语培训。两家子公司的年收入逾千万元人民币,是考试院主要收入来源。

他打电话给我的意图,是希望我能给予他们一些完善财务管理方法的建议。考试院脱胎于政府机构,传统上沿用事业单位的管理办法,财务管理中暴露出历史积弊:

1. 受计划经济的影响,人们往往认为教育考试机构是非营利机构,资金完全由国家下拨,因此财务管理中忽视成本管理、以收付实现制替代成本核算,成本控制观点不强,管理效率缺乏。

2. 落后的财务管理方法产生了管理上的漏洞,下辖单位出现"小金库"、甚至贪污腐败等违法犯罪情况,严重损害了教育机构的社会形象,给国家带来损失。

3. 收费政策执行不统一、收费渠道不畅通。

4. 预算管理薄弱,急需探求新的法人监督机制。

随着市场化经营业务的扩展,考试院决定强化服务意识,加强运行风险监控,并拟在"十一五"期间扩大考试院办公场所,建设独立、保密性更好的"命题基地"。在这个背景下,财务处希望建立一套规范、科学的管控制度,以系统解决当前存在的问题,并从长远上保证考试院财务健康发展。

在与考试院领导、财务处相关人员的多次座谈,以及实地考察、分析财务文件后,我对该考试院有了初步的了解。考试院领导非常重视财务,财务上各类制度基本完整,考试院整体财务状况较好。需要解决的主要问题是:如何将财务管理实践上升到理论高度,建立一套整体框架;如何加强对下属单位的监管,以保证考试院资金安全;怎样发挥财务的绩效管理功能,提高考试院资金使用效益,等等。

经过一年多的反复交流,我们一起形成了"以财务战略为导向、以权责清晰的财务管理体制为基础、以资金管理为核心、以预算控制为手段"整体解决方案,主要内容如下。

二、考试院"十一五"财务发展规划

(一)"十一五"财务工作面临的形势

"十一五"期间是我国发展的战略机遇期,是落实科学发展观、全面建设小康社会、完善社会主义市场经济的重要时期,也是深化教育体制改革、全面实施素质教育、建设学习型社会的重要时期。

在科教兴国和人才强国战略的指引下,在完善社会主义市场经济的改革主导下,在WTO教育服务日益开放的背景下,教育考试迎来新的发展机遇期。未来五年,考试院将逐步向专业化考试与评价服务机构转型,以提供安全、规范、公正的考试与评价服务为目标,建设命题基地和组建教育考试与评价研究院。

为实现考试院"十一五"战略构想,需要树立政治意识、大局意识、责任意识、法规意识和服务意识。

(二)"十一五"财务工作的主要任务

1. 加强学习,认真贯彻执行国家的财经政策。财务部门要认真学习国家的方针政策,坚决落实教育部的各项财务规定。要时刻认识到对内代表考试院当家理财、对外代表教育部整体形象的双重社会角色,既要搞好内部财务筹划、提高资金使用效益,又要严格执行国家财经政策、优秀通过国家审计。

2. 强化风险意识,提高考试院内部控制水平。健全内部控制是防范风险的重要保证。寻找风险点,采取有效的防范措施;健全财务制度,将风险管理制度化;狠抓落实,将风险管理融入日常工作。财务部门还要广泛宣传,与其他业务单位积极协调,创造良好的风险管理环境。

3. 落实考试院战略,保障各项建设资金需要。在维护考试院财务健康发展的前提下,研究确定科学的资本结构;既要立足于自力更生,又要善于利用债务融资;要广开资金供给渠道,变单一依靠自有资金(或财政投资)为多种形式融资,提高资金保障能力。

4. 完善规章制度,奠定财务健康发展的基础。整理现有规章制度,对照国家相关规定以及现代企业制度的内在要求,建立一整套资金筹措、资金营运、成本控制、收益分配、信息系统以及财务监督制度。清晰界定财务与会计之间的关系，明确会计工作的确认、计量与报告功能，突出财务的资金管理功能。以国家财务、会计规定为第一层次，以考试院的财务、会计制度为第二层次，以各项具体工作的指导意见为第三层次，积极探索、不断完善，全面建设保障考试院财务可持续发展的制度基础。

5. 规范财务工作，树立良好的服务形象。合理定位财务工作在考试院价值链发展中的作用，提高财务工作的"增值功能"。树立服务形象，以严格的制度和明确的权责为保障，让财务工作成为"领导放心、群众满意"的部门；财务要积极配合各部门的工作，做到想人所想、急人所急，以促进考试院整体管理水平的提高为己任，在协助兄弟单位的建设中实现自身的价值。

（三）"十一五"财务目标的实现措施

未来五年，财务部门要建立和完善全面预算管理，以现金流管理为核心，有效营运资产，控制成本费用，加强财务监督和财务信息管理。

1. 理顺财务管理体制。明确考试院、下属单位（特别是独立经营的子公司）的财务关系，建立科学的法人治理结构；明确决策的规则、程序、权限和责任，建立科学财务决策制度；要建立财务决策回避制度，对管理者个人与考试院利益有冲突的财务决策事项，相关管理者应当回避；明确出资人、经营者及其他相关人员的管理权限和责任，按照风险与收益均衡、不相容职务分离等原则，控制财务风险。

2. 有效营运资产。建立内部资金调度控制制度，合同的财务审核制度；建立固定资产购建、使用、处置制度，保障国有资产的保值和增值。

对外投资要遵守法律、行政法规和国家有关政策的规定，符合考试院发展战略的要求，进行可行性研究，按照内部审批制度履行批准程序，落实决策和执行的责任；对外担保应当符合法律、行政法规及有关规定，按照内部审批制度采取相应的风险控制措施，并设立备查账簿登记，实行跟踪监督。

3. 控制成本费用。建立成本控制系统，强化成本预算约束；实行费用归口、分级管理和预算控制，建立必要的费用开支范围、标准和报销审批制度；清晰界定日常管理费用的开支范围，对属于个人性质的消费，如娱乐、健身、旅游、商业保险、证券、股权、收藏品、物业管理费等支出不得由考试院负担。

4. 建设信息系统。以预算控制为手段，以资金流量管理为核心，通过软件更新与系统升级，实现"事前、事中与事后"全方位的信息管理。

5. 实行财务监督。完善内部审计制度，落实审计责任，建立、健全内部财务监督制度；明确财务责任的处罚措施，采用对主要责任人进行罚款、警告、限期整改，直至触犯法律、移交相关司法机构。

三、考试院的财务管理体制

（一）考试院财务管理体制现状

财务管理体制，要解决"谁来管"、"管什么"以及"怎么管"的问题。对于教育考试机构来说，历史上形成了"条块分割"的特征。

首先，教育考试机构在性质上属于"自收自支"的事业单位，要接受国家监督，服从事业单位统一管理。

其次，每个具体的考试机构内部，会形成"总部"与"下属单位"这样的集团关系。

这种体制下的教育考试机构具有双重身份，既是监督者也是被监督者。其财务管理问题，要从两个层次来分析：第一、作为被监督者，如何按照教育部门的要求完成财务工作，我们称之为"国家——考试机构"层次；第二、作为监督者，如何搞好对下属单位的管理，我们称之为"考试机构——下属单位"层次。

在"国家——考试机构"层面上，教育考试机构的财务问题主要集中在如何贯彻、执行国家统一的财务制度，接受上级机构的审计监督和纳税检查等，是"执行人"财务。

在"考试机构——下属单位"层面上，教育考试机构的财务问题集中在如何搞好对下属单位的财务控制和监督上，是"出资人"财务，这个层面的财务管理问题，是当前教育考试机构需要关注的焦点，也是财务风险集中的焦点。

（二）考试院内、外部环境分析

1. 考试院面临着激烈的外部竞争。随着中国加入WTO的承诺逐步兑现，国外众多考试机构如美国的ETS、ACT、College Board，英国的剑桥大学考试委员会、澳大利亚的ACER、EAA等机构纷纷抢滩中国，考试院事业也面临着严峻挑战。

2. 考试院内部管理面临挑战。一方面，考试院承担着高等教育入学考试的重任而日益被社会各界关注，下属单位的任何差错都将损害考试院对外整体形象；另一方面，下属单位经营过程中已经显现出一些问题，比如对外担保合同、资金管理等。

3. "十一五"规划需要强有利的资金保证。

（三）建立集权型的财务管理模式

集中型财务管理体制，具体分为资金管理、财务人员管理、财务管理制度。

1. 财务人员管理。总部对下属单位的财务控制，首先保证对下属单位财务人员的绝对领导。比较常见的方式是会计人员委派制，包括财务总监委派制、总会计师委派制以及财务一级核算等具体形式。

我们认为，集权型的财务管理体制，向下属单位委派财务总监是相对简单的办法，其弊端是容易产生财务总监与总经理之间的矛盾；在条件成熟情况下，财务一级核算是最彻底的集权手段，这需要人事、业务等各环节的协同。

2. 预算管理制度。预算管理是将集团内部各层级有效联结起来的一种管理方法。预算管理通常以集团发展战略为起点，将长期战略目标转化为短期可操作的目标指标（比如利润指标），按照目标形成的价值链条，再层层分解。由于集团内部工作实际上就是围绕着特定目标的一系列作业的集合体，因此，通过预算这种方法，就将集团内部各单位的工作与集团战略目标联系起来，实现了目标分解和过程控制。

3. 资金管理制度。资金管理是财务管理的主线，资金集中管理是集权管理的核心。尽管人们对这种管理手段看法不一，但一个不争的事实却是，无论集团采用集权或是分权管理，资金集中管理都已经被越来越多的组织所采用。

四、考试院资金集中管理

（一）资金集中管理的优势

从企业发展过程看，在分权化经营成为当今主流的同时，各大跨国集团公司纷纷在资金管理上选择了"集权",形成管理中的悖论。如果对这一有趣的现象进行深入分析,不难看到其中的道理:分权经营的背后,是总部以资金为纽带,保证核心控制力。就好比放风筝,奥秘全在一条"看不见的线"上。

集中管理的好处在于:方便了资金的内部融通,降低了外部融资成本;便于总部集中调配使用资金,有效利用下属单位资金"浮游量";集中管理的最大好处在于总部可以控制下属单位资金使用,这种控制不是干涉,而是"你的钱、我看着花",以保证资金使用符合总部要求。

(二)考试院资金集中管理方案

目前考试院所属单位办公地点相对集中,集中管理信息传递成本低。实行集中管理,不改变下属单位(尤其是子公司)的资金使用权,但增加对其使用状况的监督。

根据业务量的多少结算中心可以设置在总部财务处,也可以单独作为一个部门。资金集中管理后,要注意防范由于资金集中而引发的风险集中问题,结算中心需要设置相互牵制的组织结构,一般包括计划信贷、结算、稽核信息与综合管理等部门。

1. 计划信贷部。负责对外筹资、内部贷款管理和资金使用计划的统筹管理。

2. 结算部。负责办理各成员单位之间各种往来款项的结算,办理内部贷款手续,提供内部结算对账单,监督成员单位资金使用的合法性,管理各种商业票据,代发成员单位的工资。

3. 稽核信息部。负责监督资金计划执行情况,检查下属单位资金流量和流向,管理结算中心的计算机设备、软件、信息和网络。

4. 综合管理部。负责结算中心文秘与接待工作,后勤保障工作,劳动人事管理,制定结算中心部门、员工考核办法以及激励方案,核算结算中心的成本与费用。

五、考试院的预算管理

(一)考试院预算管理现状

《教育部关于建立健全直属事业单位经济责任制加强财务管理的通知》

（教财〔2002〕20号）中指出：

"各单位应根据国家法规的有关规定，制定科学、规范的单位预算管理制度。单位预算一经正式确定，就应成为其经济工作的'指挥棒'，必须按管理层次将组织收入、控制支出的权利和责任落实到岗位、落实到人，各司其职，各负其责，无论哪个层次上出现问题，其上一级必须及时财务措施予以解决并追究相应层次有关人员的责任。"

考试院财务处应根据院年度事业发展计划和接受其他部门委托、院自行开发服务、考试项目等工作编制考试院年度财务预算、部门财务支出预算、考试院预算外资金年度收支计划、考试院基金收支计划等，并按照规定保送考试院主任办公会和教育部审核、批准。

财务预算一经确定，一般不予调整。如国家政策或考试院事业计划有较大调整，对财务预算影响较大，确需调整时，由部门提出调整预算原因，并与财务处核定调整预算额度、明确经费来源后，报考试院主任办公会审定。收入预算调整后，相应调整支出预算。

（二）预算管理的内容

完整的预算管理包括预算目标的设定、预算执行、预算结果的考核与评价。

1. 预算管理的目标。现代预算管理，强调以战略为预算起点，将销售预测融入战略目标之中，从而将短期目标与长期目标有机地结合起来。完整的预算应包括经营预算、筹资预算和资本预算，经营预算着重于生产环节，筹资预算保证资金使用量，资本预算则突出长期投资项目的规划。

2. 预算的执行。预算管理体现"先算后干"的意图，将经营目标规划为数字和金额表示的可操作性方案，然后分析实际执行数与预算数量之间的差异，在经营过程中不断调整，保证预计目标的实现。

3. 预算结果的考核与评价。预算管理集事前规划、事中控制与事后检查为一体，涵盖采购、生产、销售、管理等各部门，全过程、全方位地调动组织的所有人力、物力和财力，推动组织运行目标的最终实现。预算决非财务部门一个人的事情，预算应由事业总部最高管理层组成预算管理委员会，指导、组织和检查整体预算情况；在预算委员会的领导下，事业总部的财务部门可以设置预算办公室，负责预算的上传下达；下属单位配备预算执行机构，负责具体操作预算。

（三）完善考试院预算管理的设想

1. 强化预算管理制度。通过预算管理实现教育考试机构财务控制，预算管理要贯穿财务工作的主线，围绕预算的制订、执行、评价和考核，实现财务服务于事业的目的。

2. 提升预算机构的地位。在考试院设立以主任为核心的预算管理机构，作为预算编制、执行和考核的最高管理机构，保证预算执行的权威性。对考试院内部的各个部门，尤其是独立经营的下属法人单位，要强化预算对风险控制的作用。

3. 创造预算管理的实施环境，培育预算管理的人文氛围。预算管理并非悬在头顶的"达摩利斯之剑"，应认识到预算是将考试院事业发展长远目标与近期目标结合并实现风险有效控制的工具，变被动执行为主动参与。

4. 健全考试院日常活动财务控制制度，围绕内部风险控制完善各个运行环节的执行标准手册，包括内部控制基本制度、内部审计操作指引、投资内部控制、信息技术内部控制、成本费用内部控制等。

六、总 结

该套方案完成后，我们在考试院内部进行了广泛的讨论，总体得到上下各级人员的肯定。意见集中在：

1. 对子公司的管理，考试院领导认为不宜管得"太死"，以免损害了子公司的经营积极性；

2. 对资金集中管理，下属机构认为不利于灵活开展业务需要，况且，资金集中以后，万一总部出现财务问题，岂不是放大了风险？

3. 对于高考之类的政策性考试，关键要保证不出问题，实行费用预算管理，一旦影响了高考谁能得起这个负责？

我早预料到会出现这样的意见，财务管理经常涉及权责的重新分配，甚至会影响到各方现行利益。建立科学的财务制度，不但需要有完善的构思，还必须要得到核心管理人员的支持，这一点在转轨型组织中尤为突出。L处长同意我的观点，我们都认为应该找到合适的时机再推行财务改革，现在能做的，就是不断将科学的理念渗透到日常管理中，逐步实现财务上的战略目标。

案例使用说明

(一) 教学目的与用途

本案例详细介绍了某教育考试机构财务管理方案的设计思路,通过学习本案例,可以培养学生综合运用财务管理方法的能力,尤其是从宏观角度把握财务管理的思路,将学习中的分散知识点串连成整体框架。

学生应该在掌握了财务管理基本内容基础上,再讨论本案例。

通过本案例的学习,可以达到的教学目标包括:

1. 财务管理是组织管理的重要环节,在服务组织发展战略、控制组织运行风险、配合组织绩效考评等方面发挥巨大作用。

2. 财务管理目标是财务管理的逻辑起点,应基于组织的整体战略定位财务管理的战略,并在分析组织当前状态的前提下,设定近期财务管理目标,将长远战略与短期管理有效结合。

3. 财务管理应突出管理关键点,在生命周期理论指导下,结合组织现实状态,寻找关键问题,以此为核心设计财务管理制度。

4. 有效发挥预算管理作用,将预算与风险管理、预算与内部控制、预算与绩效评价结合起来,发挥财务的事前、事中、事后的管理作用。

(二) 启发思考题

1. 在对下属机构的管控上,有哪些基本类型?如何结合组织特征选择合适的模式?

2. 如何协调总部与下属机构的关系,既能发挥下属单位管理积极性、又能达到总部有效管理的目标?

3. 对于下属单位的资金运用,总部可以采用什么样的监督方法,如何保证对下属单位的财务控制?

4. 组织财务发展战略应包括哪些方面,如何设计中长期财务发展战略?

5. 如何保证预算功能的有效发挥?

6. 事业单位与企业相比,财务管理中的难点和重点是什么?你是如何看待文化在组织管理中所起到的作用?

(三) 分析路径

财务管理的解决方案,关键在于客观分析组织内、外环境,结合组织

所处发展时期,设计具体管理方法,具体可以参考以下思路:

1. SWOT 分析:分析组织的内、外部环境,组织发展的优势、劣势、组织面临的竞争,作到"知己知彼"。

2. 财务管理整体框架应包括财务发展战略、财务管理体制、财务管理方法、财务监督体系,考核与激励,设计财务管理制度时应前后衔接,通盘考虑。

3. 财务管理应考虑组织的财务管理环境,如文化、历史沿革,并树立"持续改进"的理念。健康的财务管理系统并非一朝一夕完成的,要逐步实现、持之以恒。

4. 财务管理并非万能的,要给予财务科学、客观的定位,财务不能脱离现状,不能"食洋不化",不能太超前于组织整体管理水平。

5. 一切财务管理制度的推行,得到组织的最高领导支持、被大多数员工接受是至关重要的。

(四)理论依据与分析

1. 集团型组织的管理模式。

(1)"集权型"管理模式。总部对下属单位实施严格的管理控制,政策由总部制订,下属单位是决策的执行者,下属单位没有自主权。这种管理模式对应着"精英"思想,它认为总部汇集着管理精英,比下属单位更高明,是一种计划经济的实质。

集权制的管理模式有利于聚合集团的资源,充分贯彻总部的管理意图,对实现集团战略目标有充分的保障;但集权制要求总部管理者有很高的素质,并且集团具有快速、及时的信息传递系统,保证总部的意见可以准确地传递到下属单位。集权制在发挥了整体管理协同效用的同时,也削弱了下属单位管理者适应变化的能力和决策能力。

(2)"分权型"管理模式。产生于市场高度竞争的背景,与"集权"模式上传下达的"金字塔"式多链条管理相比,分权模式提倡缩短管理链条,将组织结构"扁平化";分权经营着力培养下属单位的自主能力,下属单位可以贴近市场最前线作出决策,以适应瞬息万变的竞争形势。

分权制的好处是可以减少信息传递的链条,下属单位根据市场变化快速反映。在下属单位权利得以强化的同时,引发了局部利益与总体目标之间的矛盾。分权制下会不可避免地出现下属单位利用自身的信息不对称优势损害集团整体利益。所以，对于采用分权制管理模式的集团，如何经济、有效地控制下属单位，成为重要的课题。

（3）"折中型"管理模式。"折中型"管理模式实际上是上述两种方法的融合，或者说是集中下的分权（分权基础上的集中）。因为实践中并不会有绝对的集权或是分权，绝大多数企业都会在两种管理体制下寻找平衡点，因此，准确地说，"折中型"并非独立的第三种管理体制，它实际上更应该称为管理体制的现实状态。

实践中，"折中型"模式通常采取总部圈定下属单位的权利范围，并通过监督和业绩评价检查下属单位完成任务的情况。这种方法试图调和集权型与分权型的优缺点，理论上是最佳状态，但操作中不易区分总部与下属的权利和义务。比如，总部管理者经常会以非制度规定的形式越权干涉下属单位管理，这就使得对下属单位的评价变得无法客观。

2. 财务战略的类型。财务战略可能是主导型的、也可能是独立型的，可能是稳健型的或是风险型的，或者是程序型、例外型的。常见的财务战略分为：

（1）扩张型财务战略。它是以实现组织资产规模的快速扩张为目的的一种财务战略，为了实施这种财务战略，组织往往需要在将大部分乃至全部利润留存的同时，大量地进行外部筹资，更多地利用负债。随着企业资产规模的扩张，也往往使企业的资产收益率在一个较长的时期内表现出相对较低的水平。扩张性财务战略一般会表现出"高负债、高收益、少分配"的特征。

（2）稳健型财务战略。它是以实现组织财务绩效的稳定增长和资产规模的平稳扩张为目的的一种财务战略。实施稳健型财务战略的企业，一般将尽可能优化现有资源的配置和提高现有资源的使用效率及效益作为首要任务，将利润积累作为实现企业资产规模扩张的基本资金来源，为了防止过重的利息负担，这类组织对利用负债实现企业资产规模和经营规模的扩张往往持十分谨慎的态度。所以，实施稳健型财务战略的企业的一般财务特征是"适度负债、中收益、适度分配"。

（3）防御收缩型财务战略。它是以预防出现财务危机和求得生存及新的发展为目的的一种财务战略。实施防御性财务战略，一般将尽可能减少现金流出和尽可能增加现金流入作为首要任务。通过财务削减分部和精简机构等措施，盘活存量资产，节约成本支出，集中一切可以集中的人力，用于组织的主导业务以增强企业主导业务的市场竞争力。"低负债、低收益、高分配"是实施这种财务战略的企业的基本财务特征。

3. 预算管理及其特征。预算是涵盖未来一定期间内所有经营活动过程的计划，是企业最高管理当局为整个企业及其各部门所预定的目标、策略及行动方案的正式的、数量表达；即用财务数据和统计表格所表达（或确定）的企业经营计划或目标。预算管理即利用预算这一主线对企业内部各部门、各种财务和非财务资源进行计划、控制和考评等一系列活动，是有效提高管理水平和管理效益的管理模式。

集团管理的核心问题是将下属各二级经营单位及其内部各个层级和各位员工联合起来，围绕着集团的总体目标而运行，即所谓整合。本文所述预算管理，是以事业单位总部为管理主体，由下属法人单位参与编制并执行、以强化事业单位控制为目标的内部管理手段。预算管理作为控制手段，在企业集团管理中已经被广泛应用。尽管实务界对预算管理的作用褒贬不一，但预算管理依然是迄今为止被最广泛应用的财务控制手段。

（1）总部作为战略筹划者，根据市场环境与集团战略提出集团的战略目标；

（2）采用上下结合式预算编制模式，强化预算审批权；

（3）重点审核各子公司及二级单位的业务预算，对获准通过的业务预算进行全方位监控；

（4）加强对各子公司及二级单位预算执行情况的评估与考核；

（5）注重信息的及时反馈和严格控制预算调整。

（五）课堂计划

使用课堂学时：4学时。

1. 教师可以先大概介绍该事业单位转轨现状，然后启发学生如何构建一套完整的财务管理方案。

2. 学生在阅读本案例后，可以对比自己的设计方案，分析本案例的优、缺点，并给出改进建议。

3. 课堂讨论：对于此类转轨时期的组织，如何结合管理环境推进财务管理改革？

东方公司年报审计中风险评估和计划审计工作[①]

[**案例摘要**] 按照中国注册会计师执业准则的要求，注册会计师在对上市公司的年度财务会计报告进行审计时，必须要了解被审计单位环境，识别和评估审计风险，并在此基础上计划审计工作。本案例通过所给出的资料模拟了上市公司审计时所获取的资料，要求通过这些资料进行风险分析和评估，并拟订出审计计划。

2006年10月，健豪会计师事务所接受委托对东方动力股份有限公司2006年年度财务会计报告进行审计。2007年1月作为临时提拔的项目经理，刘健需要在进入外勤工作前计划审计工作。经过阅读相关资料、与有关人员讨论，刘健了解到许多情况，但由于刘健刚升职为项目经理，之前没有负责过审计计划的制定，所以不明确在编写审计计划前应做哪些工作，不知该如何编写审计计划。拿着到手的资料，刘健觉得自己像一个有着万贯家财却不知如何应用的孩子。夜深人静时，他又一次梳理自己所获得的材料，把自己所获得的材料分为以下四个部分：

（一）东方动力股份有限公司的基本情况

东方汽车动力股份有限公司（以下简称"公司"或"本公司"）是经中国航空工业总公司批准，由东方发动机（集团）有限公司（以下简称"集团公司"）独家发起、采取募集方式设立的股份有限公司。经中国证监会批准，公司于1998年9月10日通过上海证券交易所交易系统以"上网定价"方式公开发行人民币普通股8 200万股，并于同年10月14日在上海证券交易所正式挂牌交易。

东方动力股份有限公司的经营范围为：汽车发动机、变速器及其零部

---

① 本案例由中央财经大学会计学院赵雪媛教授编写。

件的开发、生产、销售；制造锻铸件、液压件；购销汽车（不含小轿车）。主要产品有微型汽车发动机、变速器及微型汽车发动机相关零部件。

（二）2006 年度未审会计报表情况

通过与东方动力股份有限公司的 2006 年度未审的资产负债表、利润及利润分配表及现金流量表的情况如表 1、表 2 和表 3 所示。

表 1　　　　　　　　　　　资产负债表

编制单位：东方汽车动力股份有限公司　　　　　　　　　单位：万元

项目	2006 年 12 月 31 日	2005 年 12 月 31 日	项目	2006 年 12 月 31 日	2005 年 12 月 31 日
流动资产：			负债及股东权益：		
货币资金	56 287.03	60 864.22	流动负债：		
短期投资			短期借款	38 000.00	4 000.00
应收票据	55 964.42	22 500.03	应付票据	38 419.93	33 170.395
应收股利	1 907.39	1 773.25	应付账款	46 454.50	44 814.93
应收利息			预收账款	231.01	415.32
应收账款	56 897.17	51 945.96	应付工资	2 744.49	2 744.49
其他应收款	871.26	759.63	应付福利费	3 028.35	2 852.39
预付账款	266.61	139.19	应付股利		3 235.00
应收补贴款			应交税金	285.30	435.48
存货	32 576.55	31 034.82	其他应交款	20.82	20.03
待摊费用	19.43	29.13	其他应付款	23 595.67	19 418.11
一年内到期的长期债权投资			预提费用		
其他流动资产			预计负债	1 465.11	1 545.66
流动资产合计	204 789.87	169 046.23	一年内到期的长期负债		2 000.00
长期投资：			其他流动负债		
长期股权投资	31 101.15	24 936.53	流动负债合计	154 245.18	114 651.81
长期债权投资			长期负债：		

续表

项目	2006年12月31日	2005年12月31日	项目	2006年12月31日	2005年12月31日
长期投资合计	31 101.15	24 936.63	长期借款		
其中：合并价差			应付债券		
其中：股权投资差额			长期应付款		
固定资产：			专项应付款		
固定资产原价	168 906.86	162 334.02	其他长期负债		
减：累计折旧	98 054.72	87 464.18	长期负债合计		
固定资产净值	70 852.14	74 869.84	递延税项：		
减：固定资产减值准备	1 166.63	1 166.63	递延税款贷项		
固定资产净额	69 685.51	73 703.21	负债合计	154 245.18	114 651.81
工程物资			少数股东权益（合并报表填列）		
在建工程	8 786.79	8 287.34	所有者权益（或股东权益）：		
固定资产清理			实收资本（或股本）	46 208.00	46 208.00
固定资产合计	78 472.30	81 990.54	减：已归还投资		
无形资产及其他资产：			实收资本（或股本）净额	46 208.00	46 208.00
无形资产			资本公积	85 644.32	85 831.22
长期待摊费用			盈余公积	17 122.93	16 754.80
其他长期资产		77.00	其中：法定公益金		8 377.40
无形资产及其他资产合计		77.00	未分配利润	11 219.90	12 527.57
递延税项：			外币报表折算差额（合并报表填列）		
递延税款借项			股东权益合计	160 195.14	161 321.59
资产总计	314 440.31	275 973.40	负债和股东权益总计	314 440.31	275 973.40

表2　　　　　　　　利润及利润分配表

编制单位：东方汽车动力股份有限公司　　　　　　　　　单位：万元

项目	2006 年	2005 年
一、主营业务收入	213 663.43	225 466.90
减：主营业务成本	195 754.57	199 225.25
主营业务税金及附加	634.82	850.90
二、主营业务利润（亏损以"-"号填列）	17 274.05	25 390.75
加：其他业务利润（亏损以"-"号填列）	1 348.95	1 681.78
减：营业费用	5 267.59	4 050.50
管理费用	14 495.16	16 244.99
财务费用	1 284.01	1 230.19
三、营业利润（亏损以"-"号填列）	-2 423.76	5 546.84
加：投资收益（损失以"-"号填列）	7 236.76	3 808.04
补贴收入		
营业外收入	147.23	231.19
减：营业外支出	1 231.20	239.11
四、利润总额（亏损总额以"-"号填列）	3 729.02	9 346.95
减：所得税	47.77	892.18
减：少数股东损益（合并报表填列）		
加：未确认投资损失（合并报表填列）		
五、净利润（亏损以"-"号填列）	3 681.25	8 454.76
加：年初未分配利润	12 527.57	10 384.56
其他转入		
六、可供分配的利润	16 208.82	18 839.32
减：提取法定盈余公积	368.12	845.47
提取法定公益金		845.48
提取职工奖励及福利基金（合并报表填列）		
提取储备基金		
提取企业发展基金		

续表

项目	2006 年	2005 年
利润归还投资		
七、可供股东分配的利润	15 840.69	17 148.37
减：应付优先股股利		
提取任意盈余公积		
应付普通股股利	4 620.80	4 620.80
转作股本的普通股股利		
八、未分配利润（未弥补亏损以"－"号填列）	11 219.89	12 527.57

表3　　　　　　　　　　　现金流量表

项目	2006 年	2005 年
经营活动产生的现金流量		
销售商品、提供劳务收到的现金	143 227.24	238 879.07
收到的租金		
收到的增值税销项税额和退回的增值税款		
收到的除增值税以外的其他税费返还	580.87	
收到的与其他经营活动有关的现金	925.90	460.80
现金流入小计	144 734.00	240 032.66
购买商品、接受劳务支付的现金	140 102.33	173 442.55
经营租赁所支付的现金		
支付给职工以及为职工支付的现金	14 054.05	12 750.57
支付的所得税款		
支付的增值税款		
支付的除增值税、所得税以外的其他税费	7 007.53	
支付的其他与经营活动有关的现金	13 027.61	9 755.84
现金流出小计	174 191.52	205 085.03
经营活动产生的现金流量净额	－29 457.52	34 947.63
投资活动产生的现金流量		
收回投资所收到的现金		

续表

项目	2006 年	2005 年
分得股利或利润所收到的现金	1 773.25	0
取得债券利息收入所收到的现金		0
处置固定资产、无形资产和其他长期资产而收到的现金净额	1 580.95	77.88
收到的其他与投资活动有关的现金		0
现金流入小计	3 354.20	391.77
购建固定资产、无形资产和其他长期资产所支付的现金	4 007.72	12 747.20
权益性投资所支付的现金	1 500.93	0
债权性投资所支付的现金		0
支付的其他与投资活动有关的现金		0
现金流出小计	5 508.65	12 747.20
投资活动所产生的现金流量净额	-2 154.45	-12 355.42
筹资活动产生的现金流量		
吸收权益性投资所收到的现金		0
子公司吸收少数股东权益性投资收到的现金	38 000.00	
发行债券所收到的现金		0
借款所收到的现金		4 000.00
收到的其他与筹资活动有关的现金		0
现金流入小计	38 000.00	4 000.00
偿还债务所支付的现金	6 000.00	5 000.00
发生筹资费用所支付的现金		0
分配股利或利润所支付的现金	4 965.23	0
子公司支付给少数股东的股利		
偿付利息所支付的现金		0
融资租赁所支付的现金		0
减少注册资本所支付的现金		0
子公司依法减资支付给少数股东的现金		
支付的其他与筹资活动有关的现金		0
现金流出小计	10 965.23	8 045.39
筹资活动产生的现金流量净额	27 034.77	-4 045.39
汇率变动对现金的影响		
现金及现金等价物净增加	-4 577.19	18 546.82

（三）报表附注的重要信息

1. 应收票据（表4）

表4　　　　　　　　　　　应收票据

票据种类	2006年12月31日	2005年12月31日
银行承兑汇票	159 644 199.08	25 000 275.58
商业承兑汇票	400 000 000.00	200 000 000.00
合计	559 644 199.08	225 000 275.58

注：(1) 2006年12月31日应收票据余额较2005年12月31日增加334 643 923.50元的原因主要是本年客户以票据方式结算增加所致。

(2) 公司2006年12月31日将恒飞汽车股份有限公司2006年12月19日开具的2007年6月19日到期的2亿元商业承兑汇票进行贴现，贴现金额为195 940 000.00元。

2. 应收账款（表5）

表5　　　　　　　　　　　应收账款

账龄	2006年12月31日			2005年12月31日		
	金额	比例（%）	坏账准备	金额	比例（%）	坏账准备
1年以内	595 261 076.89	99.30	29 763 053.84	527 035 569.22	95.12	26 351 778.46
1至2年	2 459 373.46	0.41	245 937.35	1 113 584.98	0.20	111 358.50
2至3年	801 524.25	0.14	120 228.64	8 644 368.73	1.56	1 296 655.31
3至4年	716 272.55	0.12	143 254.51	12 983 230.08	2.34	2 596 646.01
4至5年	8 528.00	0.00	2 558.40	56 106.75	0.01	16 832.02
5年以上	193 266.27	0.03	193 266.27	4 249 384.46	0.77	4 249 384.46
合计	599 440 041.42	100.00	30 468 299.01	554 082 244.22	100.00	34 622 654.76

注：(1) 本年收回南京微型车厂5年以上应收账款411.2万元。

(2) 2006年12月31日、2005年12月31日均无应收持有公司5%以上股份的股东单位款项；

(3) 2006年12月31日余额中欠款前五名单位的金额合计为584 268 482.49元（2005年12月31日为522 144 802.38元），占应收账款2006年12月31日余额的比例为97.47%（2005年12月31日为94.24%）。

(4) 2006年12月31日一年以内的应收账款中应收恒飞汽车股份有限公司货款4 000万元已质押给中国银行哈尔滨平房支行，取得借款4 000万元，自2006年12月30日至2007年4月29日。公司将其持有的北京方正东方稀土新材料有限责任公司27%的股权转让给东方发动机（集团）有限公司（股权转让协议于2006年6月16日签订），股权转让价款1 000万元，本次转让已经北京普丰资产评估有限公司评估,并出具了京普评报字〔2006〕第 025 号评估报告,评估值为 1 033.78 元。

3. 短期借款(表6)

表6　　　　　　短期借款

借款条件	2006 年 12 月 31 日	2005 年 12 月 31 日
担保借款		20 000 000.00
信用借款	140 000 000.00	20 000 000.00
质押借款	240 000 000.00	
合计	380 000 000.00	40 000 000.00

注:短期借款增加系公司对流动资金的需求增大;质押借款中 200 000 000.00 元以未到期商业承兑汇票贴现,40 000 000.00 元以商业发票贴现取得。

4. 主营业务收入(表7)

表7　　　　　　主营业务收入

种类	2006 年度	2005 年度
微型发动机	1 882 354 843.51	2 109 455 206.93
微发配件	66 427 849.29	70 447 055.66
其他	187 851 678.45	74 766 695.95
合计	2 136 634 371.25	2 254 668 958.54

5. 关联方交易

(1) 采购(表8)。

表8　　　　　　采购

项目	2006 年度	2005 年度
原材料		
哈尔滨东方发动机(集团)有限公司	13 413 699.73	129 023 453.76
哈尔滨东方机电制造有限责任公司	108 746 416.29	102 225 412.80
哈尔滨东方力源活塞有限公司	11 715 699.43	10 984 656.71
哈尔滨东方华孚机械制造有限公司	45 414 961.74	

注:自 2005 年 7 月起公司自行采购原材料,故通过哈尔滨东方发动机(集团)有限公司购入金额大幅减少。

(2) 销售（表9）。

表9　　　　　　　　　　　　　　销售

项目	2006 年度	2005 年度
产成品		
恒飞汽车股份有限公司	1 284 748 813.52	1 339 663 806.64
江西春河铃木汽车有限责任公司	100 693 764.96	165 516 886.37
江西春河汽车股份有限公司合肥分公司	337 310 528.48	392 512 809.45
哈尔滨东方汽车发动机制造有限公司	94 556 330.05	22 238 942.83
自制半成品		
哈尔滨东方发动机（集团）有限公司	16 793 012.54	10 959 251.8

（四）管理层的讨论与分析

审计人员通过与被审计单位管理层进行讨论，获得了管理层对企业2006年度经营情况的说明如下：

1. 报告期内经营情况。2006年，在经历了两年的平稳增长以后，受居民收入增长及小排量汽车优惠政策的影响，汽车行业再度呈现快速增长，产销双双突破700万辆。公司主配车厂——恒飞汽车和春河汽车的汽车总产销量也有不同程度的增长，但增长的主要车型为经济型轿车，而两厂主配公司发动机的微型客、货车均没有同步增长；另外，公司微发产品其他外部市场的开拓虽有进展，但还尚未形成经济批量，以致2006年公司主营产品——微型汽车发动机的产、销量未能实现年初制定的全年37万台的奋斗目标。

在国内经济型轿车市场强劲增长的拉动下，本公司参股36%的东方汽车发动机制造有限公司生产的4G1、4G9系列发动机销售量大幅增长，使本公司投资收益同比增长了90%。

2006年，公司共生产微型汽车发动机（含变速箱）311 470台，同比增加0.33%；销售301 785台，同比下降4.97%；实现销售收入21.37亿元，同比下降5.24%；实现净利润3 681.25万元，同比减少56.45%。

2. 对公司未来发展的展望。

（1）分析公司所处行业的发展趋势及公司面临的市场竞争格局等相关

变化趋势及对公司的可能影响程度。公司所处的汽车行业已成为国家的支柱产业，近年来一直保持着较高的增长速度，国内汽车市场的发展潜力在国际上极为看好。尤其是本公司所从事的节能、环保、小排量汽车产品，又受到国家发展政策的重点关注，随着燃油价格的不断上涨，小排量汽车产品的市场前景将更为广阔。

（2）未来公司发展机遇和挑战，发展战略等以及各项业务的发展规划

①机遇：国家深入贯彻落实建设资源节约型、生态友好型社会的发展方针，将推动经济的持续快速发展。汽车性能的不断优化、国内人均可支配收入持续较快增长、城镇居民私人轿车需求增势强劲，以及新农村建设助推汽车消费等有利因素，将拉动整个汽车行业继续增长。国家产业政策大力提倡和鼓励发展低能耗、低污染的小排量汽车、节能环保型汽车的使用政策，也为我们的发展提供了广阔的空间。

②挑战：各跨国公司及国内大型企业不断涌入微车市场，老竞争对手的发展势头也咄咄逼人，使得微车市场争夺日益激烈。各汽车企业生产能力的迅速提高，汽车行业产能过剩、供大于求的情况愈来愈严重，价格大战也必将愈演愈烈。中国汽车平均利润率已经降到全球平均水平，汽车制造企业面临全方位削减成本的巨大压力。另外，商用车企业向乘用车领域转型、汇率升值、市场对资源配置的基础性作用力度加重等因素，将使汽车生产企业面临更加激烈的市场竞争。

③公司发展规划及战略：坚持技术合作和自主开发相结合，广泛开展国内国际合作，发展节能、环保型发动机产品，实现汽车发动机产品的优化和升级，在小排量发动机领域做大、做强。

④2007年度经营目标：实现发动机销售34万台。

（3）公司未来发展战略所需的资金需求及使用计划，以及资金来源情况。为完成公司2007年度经营目标，预计需投资1.8亿元，主要用于固定资产更新改造。资金来源将主要依靠企业自有资金。

（4）对公司未来发展战略和经营目标的实现产生不良影响的所有风险因素以及已（或）采取的措施

①市场风险。由于公司客户相对稳定，发动机的销售主要取决配套企业的销售情况。随着小排量汽车竞争日益激烈，市场格局可能会发生新的变化。

对策：公司除继续稳定现有配套关系外，将不断开发新的市场，扩大市场占有率。

②原材料风险。2006年以来，公司主要原材料铁、铝等原材料价格不断上涨，对公司业绩产生一定影响。

对策：公司将继续通过长期订单的方式化解原材料上涨的风险。

③产品及技术风险。随着越来越严格的汽车行业标准的出台，如果企业不能及时完成技术更新，将被市场淘汰。

对策：公司将通过与国外汽车开发公司联合开发的方式，尽快开发新产品，做好技术储备，应对新技术的挑战。

整理完资料，刘健感觉自己肩膀上的担子更加重了，东方动力2006年的业绩并不如计划好，从报表和其他资料来看所存在的风险不会少。作为项目经理，如何识别并控制审计风险是他的职责，他得尽快作出审计工作的安排了……

案例使用说明

（一）教学目的和用途

本案例用于 MBA 学员对审计课程的学习。通过对本案例的分析，使学生能够熟悉审计准则 1211 号《了解被审计单位及其环境并评估重大错报风险》及 1231 号《针对评估的重大错报风险实施的程序》的内容，熟悉注册会计师对风险识别及计划审计工作的步骤和内容，应用审计准则的要求分析和解决实际问题。

（二）启发思考题

1. 按照审计准则 1211 号《了解被审计单位及其环境并评估重大错报风险》的要求，注册会计师应通过哪些程序、从哪些方面识别重大错报风险？

2. 按照审计准则 1231 号《针对评估的重大错报风险实施的程序》的要求，注册会计师对识别出来的风险应如何应对？

3. 根据案例所给资料，你认为东方动力公司年度报表的重大错报风险主要有哪些？年度报告审计的重点审计领域在哪里？

4. 根据案例所给资料，如何确定东方动力公司的审计重要性水平？并如何进行分配？

5. 作为项目经理，刘健应如何进行审计风险控制？

6. 审计计划的内容包括什么？

（三）案例分析要点

1. 初步风险评估。审计人员询问了东方动力的管理层和其他人员，分析了公司历年的销售收入、毛利率、利润等指标的变动情况，实地查看了东方动力的生产车间和仓库，阅读了董事会相关资料，了解了东方动力的业务流程和相关内部控制，项目组进行了必要的讨论，认为：鉴于东方动力2006年经营业绩出现较大滑坡，一些重要的报表项目有大幅度的变动，故将审计风险暂定为"高"。

2. 重要性水平的确定。

（1）确定报表层次的重要性水平。

根据主营业务收入的0.5%计算：

$213\ 663 \times 0.5\% = 1\ 068$（万元）

按净利润的5%计算：

$3\ 681 \times 5\% = 184$（万元）

按照两者取小数的原则，将报表层次的重要性水平定为184万元。

（2）确定账户层次的重要性水平。选择资产负债表中的资产账户作为分配基础，初步决定按照各项资产账户余额在总资产中比重进行分配（表10）。

表10

项目	资产余额	占总资产比重	分配的可容忍误差
货币资金	56 287	17.9	5
应收票据	55 964	17.8	20
应收股利	1 907	0.61	1
应收账款	56 897	18.09	50
其他应收款	871	0.28	5
预付账款	266	0.08	3

续表

项目	资产余额	占总资产比重	分配的可容忍误差
存货	32 577	10.36	30
待摊费用	19	0.01	1
长期股权投资	31 101	9.89	35
固定资产	78 472	24.96	33
其他长期资产	77	0.02	1
资产合计	314 440	100	184

3. 重大错报风险较高的审计领域。

（1）对外投资及投资收益。东方动力报告投资收益7 237万元，占长期投资账面价值的23.3%，比上年度增加90%。当年营业利润为亏损，仰仗投资收益才使扭亏为盈，而且当年的投资收益并没有实际获得现金流入，因此，应在审计时特别关注。

（2）销售收入的真实性。2006年年末，东方动力的主营业务收入为213 663万元，应收账款净额为56 897万元，应收票据余额为55 964万元，二者合计111 861万元，占当年主营业务收入的50%意识，当年的经营活动现金流入仅有143 227万元，而且在当年的收入中相当大的比例（85%）来自关联方交易，审计时应当特别注意销售收入的真实性。据调查，主要客户为恒飞汽车股份有限公司，购买了产成品的60%，约大约近20万台发动机，有关资料显示，该公司生产"松花江"系列微型汽车，年生产能力达15万辆。数据上有一定差异，需要进一步调查了解。

（3）应收账款及坏账准备计提。2006年年末，东方动力应收账款净额为56 897万元，比年初增长了4 951万元，年末应收账款余额占当年销售收入的26.6%，是当年净利润的15.4倍。考虑到企业应收账款周转率的大幅下降和应收账款金额的巨大，审计时应特别关注应收账款的真实性和坏账准备计提的合理性。此外还应关注应收票据形成的原因和回收的可能性。

（4）主营业务收入和主营业务成本的配比。比较东方动力2005年和2006年销售毛利率，可以看到2005年毛利率是11.3%，2006年为8.1%，在没有明显外部因素的前提下出现大幅变动,应重点关注收入和成本的配比原则的遵循情况。

(5) 企业现金流与财务风险的关注。2006 年东方动力经营活动产生的现金流量为 −29 457 万元,投资活动产生的现金流量为 −2 154 万元,筹资活动的现金流量为 27 035 万元,即公司的现金来源主要为借入资金,基本上都是将商业汇票贴现和抵押贷款取得,资金周转非常困难。计算流动比率为 1.33,速动比率为 1.12,而且公司全部负债为流动负债,均要求在未来一年内偿还,说明公司的财务风险非常大。审计时应特别关注偿债风险和持续经营风险。

(6) 投资资产的处置。2006 年东方动力向母公司转让北京方正东方稀土公司 27% 的股权,该资产账面价值为 1 702.68 万元,评估价值为 1 033.78 万元,年初起至出售该资产日为公司贡献净利润 45 万元,实际出售价格为 1 000 万元,但是没有现金流入。因此,审计时应关注该项关联交易的真实性、合理性以及相关披露情况。

(7) 新旧会计准则的衔接。由于 2007 年起上市公司要求执行新会计准则,审计时应关注与新会计准则执行可能引起变化项目的关注,如固定资产等减值准备的计提和转回等情况。

(四) 课堂计划

1. 本案例的资料应该提前发给学生,并应提示学生研究案例相关企业的行业背景和当时的宏观经济环境,了解行业基本数据。

2. 使用本案例时应将学生分组,要求每组分别进行讨论,形成文字资料,并采用 PPT 形式进行展示和交流,互相点评,从而达到预期目的。

3. 时间安排:

时间安排为 100 分钟。

预读　学生在上课以前先要对案例进行阅读,并查阅相关的理论知识和相关企业的案例。

分小组讨论 (60 分钟):上课后请每个小组代表发表本组意见。

小组辩论 (30 分钟):针对每个小组的不同意见,由同学发表看法,进行讨论。

老师总结 (10 分钟):老师总结时重点要说明理论的应用情况。

(五) 补充说明

使用本案例的目的是帮助学生熟悉计划审计工作阶段，并且能够结合案例资料进行必要的分析，编写出符合要求的审计计划。本案例还可以增加一些条件用于其他目的，如说明本次审计是首次接触被审计单位，因此在签约之前需进行风险评估和控制，要求学生评估承接审计项目的风险。本案例也可以告诉学生这是一个被注册会计师发表了无保留意见审计报告的公司，要求学生分析审计质量和审计意见的恰当性。

北京城市可持续发展能力综合评价[①]

[**案例摘要**] 城市可持续发展是现代城市发展的必然趋势。北京作为我国的首都,其可持续发展能力如何对全国具有较重要的示范作用。本案例通过采用统计综合评价方法,选择经济、社会和环境三个方面对北京市的可持续发展能力作出了评价。

城市是现代文明的标志,是体现社会先进生产力的平台。城市发展水平集中反映了国家综合实力、政府管理能力和市场竞争力,从而成为现代社会广泛关注的焦点。改革开放以来,随着我国综合国力的迅速增强,城市化的进程正在逐步加快,城市的发展取得了可喜的成绩。但城市的发展在创造巨大经济社会价值的同时,也面临今后能否可持续发展的挑战。

北京作为我国的首都和人口超过千万的特大型城市,今后城市发展将在一个较长的时期内持续面临水资源、能源及土地资源紧缺等突出问题,以及人口不断增长集聚带来的资源与环境压力。对此,必须按照科学发展观要求,从城市人口、经济、环境、资源等多方面综合评价可持续发展能力入手,正确认识北京城市发展的现状和未来方向,着力转变经济增长方式,将生态优先和建设生态健康城市的思想贯穿于城市管理的各个方面,以促进北京市实现在今后相当长一段时期内的可持续发展。

一、北京市经济、社会、环境的可持续发展现状

即将过去的"十一五"时期,正是北京市落实"新北京、新奥运"战

[①] 本案例由中央财经大学统计与市场调查研究中心李连友教授和红牛维他命有限公司张慧芳编写。

略构想、全面实施国务院批复的《北京城市总体规划（2004年—2020年)》、在全国率先基本实现现代化、构建现代国际城市基本框架的关键时期。多年来，在党中央、国务院的关怀和全国人民的大力支持下，在北京市委和市政府的正确领导下，经过全市人民的不懈努力，北京市的经济和社会发展取得了令人瞩目的成绩。

首先，在经济方面，从1996年到2008年，北京经济建设取得了引人瞩目的成就，现价生产总值已由1996年的1 789.2亿元增长到2008年的10 488亿元，增长了4.86倍。人均现价GDP也由1996年的14 254元增长到2008年的63 029元，增长了3.42倍，按年平均汇率折算，人均GDP已达到9 075美元。与此同时，经济结构调整取得显著成效，三次产业结构由1996年的4.2:39.9:55.9演变为2008的1.1:25.7:73.2，已接近发达国家或地区的水平。

其次，在社会发展方面，2008年底北京市常住人口1 695万人，比1996年的1 259.4万人增长了34.6%，年均增长2.66%，其中，户籍人口1 229.9万人，比1996年的1 077.7万人增长了14.12%，年均增长1.09%。人口规模居世界各国首都的前列。北京人口数量与流动人口的持续增加，对城市的基础设施、城市的资源环境形成了巨大压力。2008年，北京市全年城镇居民人均可支配收入达到24 725元，比上年增长12.4%，扣除价格因素后，实际增长7%；农村居民人均纯收入10 747元，比上年增长12.4%，扣除价格因素后，实际增长6.5%。城镇、农村居民消费恩格尔系数分别为33.8%和34.3%。年末城镇居民人均住宅建筑面积28.74平方米，农村居民人均住房面积39.4平方米。北京作为国家首都，科技基础好，教育资源丰富。

最后，在生态环境方面，截至2008年末，北京城镇绿化覆盖率达到43.5%，城镇人均公园绿地面积13.6平方米。全市污水处理率达到78%，其中城八区污水处理率达到93%。全市生活垃圾无害化处理率达到95.4%。北京单位GDP废水、废气和固体废弃物的排放，从1996~2007年大体呈现下降趋势。工业废水达标排放率逐年上升，到2007年达到97.42%。但是下降幅度已经趋缓，工业废气排放量连续几年还呈现增加的趋势。

二、北京进一步发展面临的挑战

经过多年努力,北京市尽管在经济、社会和环境等各方面都取得了可喜的成绩,但今后要做到可持续健康发展却面临着巨大的挑战。具体包括:

第一,城市资源经济问题。我国城市资源供给量的普遍短缺,加之城市资源利用效率的低下与环境恶化严重性的态势,已成为我国城市可持续发展的最大挑战之一。尤其是北京,面对城市规模不断膨胀,土地供给短缺、水资源匮乏、交通拥堵、住房紧张等等,对北京的可持续发展都是严重的挑战。

第二,城市社会问题。北京市人口规模不断扩大、流动人口不断增多,由此引起的社会治安等问题,不断增大城市治理的难度;人口老龄化程度不断提高,使社会保障负担越来越重;就业压力不断加大,收入分配差距日益扩大,贫富悬殊。

第三,城市生态问题。如同世界各地一样,北京的城市化发展过程也伴随着自然生态朝着强烈的人工建造环境方向发展,造成城市生态系统结构失衡、质量下降等,资源消耗和环境污染加剧等许多问题。

目前正值编制北京"十二五"规划时期,面对上述挑战,北京市相关部门该如何通过综合评价得出相应结论并作出决策呢?

案例使用说明

(一) 教学目的与用途

本案例可用于"统计学"中有关综合评价理论与方法的学习。通过分析该案例,可以引导学生学习和掌握综合评价理论、方法和步骤,提高学生针对商务与经济活动中的具体问题,运用统计综合评价的方法进行分析,并得出相应结论,为相关决策提供依据。

本案例对于提高MBA学员、统计专业硕士研究生综合评价能力,帮助其掌握可持续发展理论、综合评价理论和方法、构建统计指标体系的方法等具有一定的启发性,有利于培养学生在掌握一种统计评价方法的同时，将其很好运用到实际中的能力。

（二）启发与思考

1. 假如你是北京市某一相关部门的领导或工作人员，你是怎样看待北京市近些年所取得的成就和所面临的挑战的？

2. 如何采用统计综合评价理论和方法对北京的可持续发展能力作出评价？

3. 针对北京市可持续发展能力综合评价结果，你会得出哪些结论？

4. 通过对北京市可持续发展能力综合评价，你有哪些政策建议？

（三）分析路径

1. 掌握评价对象相关理论和背景资料。统计综合评价作为一种常用的评价方法，它首先需要掌握评价领域的相关理论，以及对具体评价对象作深入的了解和分析。

本案例是对城市可持续发展领域的有关问题作综合评价。所以，在没有具体评价以前，要启发学生首先对什么是可持续发展？什么是城市可持续发展等有关理论进行综述，以便为后面将相关理论、概念转化为评价指标奠定基础。

其次，本案例是对北京可持续发展能力所做的综合评价。因此，要启发学生对北京市经济、社会及环境等方面的发展状况有很好的了解。

2. 对北京可持续发展能力综合评价的方法与步骤。

（1）根据城市可持续发展理论选择并构建评价指标体系。

①构建指标体系的原则。

第一，系统性原则。城市可持续发展涉及经济、社会和环境三个大的方面，构建评价北京可持续发展能力的指标体系，应当遵循系统性原则，从经济、社会和环境三个方面选择有关代表性指标，并将它们有机地联系起来。

第二，目标性原则。可持续发展既是一个理论问题，更是一个如何实现发展目标的实践问题。在构建评价北京可持续发展能力指标体系时，应当根据北京市的可持续发展目标来指导具体行动。

第三，可操作性原则。选出的评价指标应该具有可比性、可获得性、定量性，各个指标之间既要有联系，但其相关程度又不能太大。

第四，定量和定性相结合的原则。在可持续发展所涉及的多方面问题中，有些可以用数量变化来反映，有些无法用数量指标来反映，如土地质量，自然风光好坏，环境优美等，为此，需要研究并设计一些定性的指标来反映。

②指标体系的结构。根据可持续发展的内涵和构建指标体系的原则，结合北京市的实际情况，将可持续发展指标体系分为经济可持续性、社会可持续性和环境可持续性三个子系统组成最高层次的第一级指标体系。相应采用"经济可持续性指数"、"社会可持续性指数"和"环境可持续性指数"分别用符号 A 表示；二级指标选取了 13 个指标要素，分别用 B 表示；三级指标是最基层指标，共选取了 35 个指标，分别用 C 表示。这样就构成了北京城市可持续发展指标体系的三个层次（图 1 和表 1）。

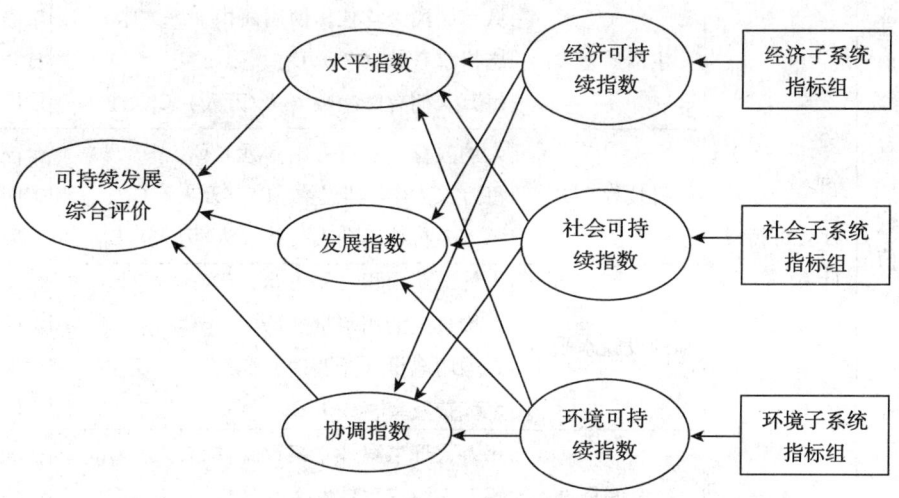

图 1　城市可持续发展评价流程

表1　　　　　　　　北京市可持续发展能力评价指标结构

一级指标	二级指标	三级指标	
可持续发展综合评价值	经济可持续性 A_1	经济规模 B_1	GDP（亿元）C_1	正向
			人均GDP（元/人）C_2	正向
		经济速度 B_2	GDP增长率（%）C_3	正向
			社会固定资产投资率（%）C_4	正向
		经济结构 B_3	GDP中第二产业贡献率（%）C_5	负向
			GDP中第三产业贡献率（%）C_6	正向
		经济繁荣 B_4	人均社会商品零售总额（元）C_7	正向
			人均地方财政收入（元）C_8	正向
			社会劳动生产率（元/人）C_9	正向
		经济外向 B_5	进出口总额（亿美元）C_{10}	正向
			实际利用外资数额（亿美元）C_{11}	正向
	社会可持续性 A_2	人口指数 B_6	人口密度（人/平方公里）C_{12}	负向
		生活质量 B_7	城市居民人均住房使用面积（平方米）C_{13}	正向
			恩格尔系数（%）C_{14}	负向
			每万人拥有医生数（人/万人）C_{15}	正向
		科技教育 B_8	人均教育事业费支出（元）C_{16}	正向
			每万人大学毕业生数（人/万人）C_{17}	正向
			每万人科技活动人员数（人/万人）C_{18}	正向
		基础设施水平 B_9	人均道路面积（平方米）C_{19}	正向
			人均日生活用水量（kg/日）C_{20}	正向
			人均用电量（千瓦时）C_{21}	正向
			燃气普及率（%）C_{22}	正向
		社会安全 B_{10}	每万人刑事案件立案数（件/万人）C_{23}	负向
			每万人治安案件发生数（件/万人）C_{24}	负向
			公共安全支出占财政支出的比重（%）C_{25}	正向
	环境可持续性 A_3	生态环境建设 B_{11}	城市绿化覆盖率（%）C_{26}	正向
			人均公共绿地面积（平方米）C_{27}	正向
			环境治理投资与GDP比值（%）C_{28}	正向

续表

一级指标	二级指标	三级指标	
可持续发展综合评价值	环境可持续性 A_3	环境污染 B_{12}	工业废气排放量（亿标立方米）C_{29}	负向
		工业废水排放量（万吨）C_{30}	负向
		工业固体废弃物产量（万吨）C_{31}	负向
		生活垃圾清运量（万吨）C_{32}	负向
	环境治理 B_{13}	工业废水处理排放达标率（%）C_{33}	正向
		工业废气净化处理率（%）C_{34}	正向
		城市污水处理率（%）C_{35}	正向

③收集指标数据。依据前面构造的指标体系，通过历年《北京统计年鉴》、《中国统计年鉴》、《中国城市统计年鉴》、《中国能源统计年鉴》以及北京市统计局网站、国家统计局网站等权威网站收集相关数据（原始指标数值见附表）。

（2）对指标进行标准化处理。评价指标体系中的各种指标自具有不同的量纲，需要对其进行标准化处理以消除不同量纲的影响。

评价指标一般分为正指标和逆指标两类。正指标是指其数值与系统整体状态呈正相关关系，如GDP增长率、社会劳动生产率等。逆指标是指其指标值与系统整体状态呈负相关关系，如人口密度、恩格尔系数等。本案例通过求各指标的均匀分布累计概率函数对指标进行标准化处理。

设有 m 个决策指标 A_j （$1 \leq j \leq m$），n 个待评价方案 B_i （$1 \leq i \leq n$），n 个方案的 m 个指标构成的矩阵 $X = (x_{ij})_{n \times m}$，即"决策矩阵"，这两类指标的标准化方法如下：

当评价指标为正指标时，$y_{ij} = \dfrac{x_{ij} - \min\limits_{1 \leq i \leq m} x_{ij}}{\max\limits_{1 \leq i < m} x_{ij} - \min\limits_{1 \leq i \leq m} x_{ij}}$ （$1 \leq i \leq n$, $1 \leq j \leq m$）

当评价指标为逆指标时，$y_{ij} = \dfrac{\max\limits_{1 \leq i \leq m} x_{ij} - x_{ij}}{\max\limits_{1 \leq i < m} x_{ij} - \min\limits_{1 \leq i \leq m} x_{ij}}$ （$1 \leq i \leq n$, $1 \leq j \leq m$）

这样，无量纲化后的决策矩阵为 $Y = (y_{ij})_{n \times m}$

式中，i 为年份，j 为指标数，x_{ij} 为第 i 年第 j 个指标的原始值，y_{ij} 为 i 第年第 j 个指标的标准化值，$\min\limits_{1 \leq i < m} x_{ij}$ 和 $\max\limits_{1 \leq i < m} x_{ij}$ 分别表示第 j 个指标历年的最

小值和最大值，经过指数标准化处理后的数据，其数值范围为 0~1，其中，1 表示分析时期某年的某项指标相对于其他年份同一指标来说处于更为优良的状态；0 表示处于更糟的状态。显然，Y 的值越大越好。标准化结果如表 2、表 3 和表 4 所示。

表 2　　　　　北京市经济可持续性指标标准化数据

年份	C_1	C_2	C_3	C_4	C_5	C_6	C_7	C_8	C_9	C_{10}	C_{11}
1996	0.0000	0.0000	0.0000	1.0000	0.0000	0.0000	0.0000	0.0000	0.0000	0.0000	0.0000
1997	0.0379	0.0536	0.2157	0.6612	0.0794	0.0819	0.0887	0.0479	0.0429	0.0067	0.0906
1998	0.0776	0.1107	0.0980	0.9536	0.1693	0.1724	0.1751	0.0904	0.1077	0.0073	0.1877
1999	0.1174	0.1625	0.3725	0.3363	0.1905	0.2026	0.2409	0.1308	0.1465	0.0306	0.3107
2000	0.1814	0.2245	0.5490	0.0000	0.2222	0.2457	0.2517	0.1669	0.2108	0.1241	0.3333
2001	0.2540	0.2900	0.5294	0.0263	0.8307	0.8534	0.3229	0.2389	0.2843	0.1357	0.4175
2002	0.3360	0.3774	0.4902	0.1079	1.0000	0.9957	0.3814	0.2929	0.4078	0.1418	0.4660
2003	0.4276	0.4696	0.3922	0.2384	0.4444	0.5517	0.4947	0.3268	0.4668	0.2396	0.5081
2004	0.5647	0.6108	1.0000	0.0853	0.2328	0.4009	0.6176	0.4225	0.5930	0.3998	0.5825
2005	0.6739	0.7097	0.5490	0.0025	0.7778	0.8578	0.7037	0.5183	0.6905	0.5886	0.6958
2006	0.8027	0.8226	0.7451	0.2321	0.9630	1.0000	0.8279	0.6408	0.8116	0.7879	0.8317
2007	1.0000	1.0000	0.8431	0.1719	0.7831	0.8491	1.0000	1.0000	1.0000	1.0000	1.0000

表 3　　　　　北京市社会可持续性指标标准化数据

年份	C_{12}	C_{13}	C_{14}	C_{15}	C_{16}	C_{17}	C_{18}
1996	0.9540	0.0000	0.0000	0.9763	0.0000	0.0000	0.0000
1997	1.0000	0.0833	0.1835	1.0000	0.0560	0.0679	0.0300
1998	0.9874	0.1759	0.3481	0.8225	0.0944	0.0539	0.2439
1999	0.9582	0.3179	0.4494	0.8402	0.1505	0.0619	0.2917
2000	0.6862	0.5864	0.6519	0.7633	0.1886	0.0240	0.3827
2001	0.6318	0.6759	0.6582	0.7515	0.2641	0.0739	0.3255

续表

年份	C_{12}	C_{13}	C_{14}	C_{15}	C_{16}	C_{17}	C_{18}
2002	0.5356	0.7485	0.8101	0.4793	0.2969	0.2176	0.3893
2003	0.4519	0.8133	0.9430	0.4970	0.3642	0.3992	0.4381
2004	0.3556	0.8688	0.9114	0.5207	0.4509	0.6028	0.5910
2005	0.2427	0.5864	0.9367	0.5621	0.5286	0.8204	0.8443
2006	0.1339	0.9537	1.0000	0.6331	0.6659	0.9741	0.9644
2007	0.0000	1.0000	0.9114	0.0000	1.0000	1.0000	1.0000

表3（续1）　　北京市社会可持续性指标标准化数据

年份	C_{19}	C_{20}	C_{21}	C_{22}	C_{23}	C_{24}	C_{25}
1996	0.1746	0.6751	0.0000	0.0000	1.0000	0.8742	1.0000
1997	0.0845	0.4645	0.1246	0.1781	0.9867	0.7711	0.0000
1998	0.0859	0.6980	0.1821	0.3699	0.2988	0.9091	0.5041
1999	0.0000	1.0000	0.2668	0.6027	0.3802	1.0000	0.2893
2000	0.0282	0.7487	0.3195	0.9041	0.2544	0.9079	0.4793
2001	0.3676	0.7716	0.3485	0.9315	0.3225	0.6935	0.0744
2002	0.4958	0.0000	0.4468	0.9452	0.4127	0.2034	0.8678
2003	0.7127	0.9315	0.4992	0.9589	0.4334	0.5153	0.5620
2004	0.8028	0.7030	0.6290	0.9863	0.2278	0.0000	0.5702
2005	0.9155	0.7995	0.7685	1.0000	0.1154	0.1773	0.9504
2006	0.9437	0.7563	0.8838	1.0000	0.0251	0.2949	0.7603
2007	1.0000	0.6599	1.0000	1.0000	0.0000	0.3926	0.1653

表4　　北京市环境可持续性指标标准化数据

年份	C_{26}	C_{27}	C_{28}	C_{29}	C_{30}	C_{31}	C_{32}	C_{33}	C_{34}	C_{35}
1996	0.0000	0.0000	0.0000	0.9518	0.0075	0.7954	0.4043	0.0000	0.1111	0.0000
1997	0.1020	0.0000	0.0303	0.8275	0.0000	0.7393	0.3803	0.1080	0.0000	0.0145
1998	0.2449	0.1786	0.1515	0.8803	0.1253	0.3960	0.3628	0.4583	0.0000	0.0236

续表

年份	C_{26}	C_{27}	C_{28}	C_{29}	C_{30}	C_{31}	C_{32}	C_{33}	C_{34}	C_{35}
1999	0.3163	0.2143	0.2424	0.9450	0.3386	0.6436	0.3285	0.6862	0.2222	0.0691
2000	0.3367	0.4821	0.3333	0.8803	0.5103	0.7162	0.0583	0.9104	0.1122	0.3309
2001	0.5714	0.5536	0.7576	0.9683	0.5801	0.7261	1.0000	0.9716	0.4122	0.3782
2002	0.7551	0.6607	0.8485	1.0000	0.6890	1.0000	0.9585	0.9856	0.4778	0.4327
2003	0.7857	0.7857	0.7879	0.9821	0.8613	0.5611	0.6029	0.9983	0.6456	0.5255
2004	0.8878	0.8036	0.6061	0.8936	0.8784	0.1749	0.3597	0.9892	0.7389	0.5945
2005	0.8980	0.8929	0.8182	0.7404	0.8741	0.4191	0.2191	1.0000	0.8989	0.7491
2006	0.9490	0.8929	0.8788	0.2317	0.9638	0.0000	0.2150	0.9982	0.9944	0.9564
2007	1.0000	1.0000	1.0000	0.0000	1.0000	0.2673	0.0000	0.9735	1.0000	1.0000

（3）确定各项指标的权重。确定权重的方法分为两类，一类是主观赋权法，评价者对指标的重要程度给出人为的评价，通常采用综合咨询评分的定性方法。另一类是客观赋权法，即根据各指标间的相互关系或各项指标数值的变异程度所提供的信息来计算相应的权重。

本案例将立足客观赋权法，采用均方差赋权法和变异系数赋权法所得权重的算术平均值作为各可持续发展指标的最终权重，对北京市历年可持续发展能力进行客观、综合评价。即

$$w_k = \frac{w_{k_1} + w_{k_2}}{2}$$

式中，w_k：各可持续发展指标的最终权重；w_{k_1}：均方差赋权法权重；W_{k_2}：变异系数赋权法权重

①均方差赋权法。在多指标决策与排序中，各指标权重的大小取决于在该指标下各方案属性值的相对离散程度。若各方案在某指标下属性值的离散程度越大，该指标的权系数就越大，反之，该指标权系数应越小。为此，假定每个指标 A_j（$j=1, 2, \cdots m$）为一随机变量，各方案 B_i（$i=1, 2, \cdots n$）在各指标下经过无量纲化处理后的属性值为该随机变量的取值，反映该随机变量离散程度的指标可用均方差表示，故此可用均方差方法求得多指标决策权系数。

均方差决策法是反映随机变量离散程序的最重要也是常用的指标。其基本思路是以各评价指标为随机变量,各方案 B_i 在指标 A_j 下的标准化的属性值为该随机变量的取值,首先求出这些随机变量(各指标)的均方差,将这些均方差归一化,其结果即为各指标的权重。对于标准化后的指标该方法的计算步骤为:将标准化后的决策矩阵记为 $Y = (y_{ij})_{n \times m}$,首先应用公式 $E(A_j) = \sum_{i=1}^{n} y_{ij}$ 求得随机变量的均值 $E(A_j)$;其次计算指标集 A_j 的均方差:$\sigma(A_j) = \sqrt{\sum_{i=1}^{n} [y_{ij} - E(A_j)]^2}$;最后求出指标集 A_j 的权系数 w_j,$w_j = \sigma(A_j) / \sum_{j=1}^{m} \sigma(A_j)$。

②变异系数赋权法。如果某项指标的实际数值能够明确区分开各个参评样本,说明该指标在这项评价上的分辨信息丰富。为提高综合评价的区分效度,应给该指标以较大的权数;反之,则反是。基于上述认识,可根据各指标的变异信息量的大小来确定权数。将标准化处理后各指标的变异系数进行归一化处理就可得到各指标的权数。

要客观反映北京市可持续发展能力的发展状况,就必须对各项评价指标的作用程度有一定的区分。而变异系数方法确定权重就可以突出各指标的相对变化幅度。具体做法是:对于数据 $A_1, \cdots A_n$,记,$\bar{A} = \frac{1}{n} \sum_{i=1}^{n} A_i$,$\sigma_A = \sqrt{\frac{1}{n-1} \sum_{i=1}^{n} (A_i - \bar{A})^2}$,$v_A = \sigma_A / |\bar{A}|$ 即为 $A_1, \cdots A_n$ 的变异系数。

对于所选指标 $x_1, x_2, \cdots x_n$,如果用 v_n 表示 x_n 的变异系数,$j = 1, 2, \cdots n$,则相应的指标权重为:$w_j = v_j / \sum_{j=1}^{n} v_j$。

对于多层结构的评价体系,可以利用下层系统指标的均方差或变异系数,按比例确定对应于上层系统的权重 W_j 数值。

在前面两种方法中,已经分别计算了各个指标的均方差 $\sigma_{(A_j)}$ 和变异系数 v_A,对下层系统的每类指标的均方差和变异系数值求和,分别记作 R_k 和 V_k($k = 1, 2, \cdots$),进而得到全部指标均方差和变异系数的总和分别为 $R = \sum_{k=1}^{3} R_k$,$V = \sum_{k=1}^{3} V_k$,相应子系统的权重分别为 w_{k_1}

$=\frac{R_k}{R}$ 和 $w_{k_2}=\frac{V_k}{V}$。

通过计算，各项指标的权重如表5所示。

表5　　　　　　　　北京市可持续发展评价指标权重表

指标		三个子系统分开计算			三个子系统综合计算		
		均方差赋权法权重	变异系数赋权法权重	平均权重 (w_j)	均方差赋权法权重	变异系数赋权法权重	平均权重 (w_j)
经济可持续发展指标	C_1	0.09045	0.09524	0.09284	0.02779	0.03496	0.03138
	C_2	0.08978	0.08753	0.08865	0.02759	0.03213	0.02986
	C_3	0.08170	0.06653	0.07411	0.02510	0.02442	0.02476
	C_4	0.09940	0.12271	0.11105	0.03054	0.04504	0.03779
	C_5	0.10290	0.08513	0.09401	0.03162	0.03125	0.03143
	C_6	0.10485	0.07951	0.09218	0.03222	0.02919	0.03070
	C_7	0.08569	0.07906	0.08238	0.02633	0.02902	0.02768
	C_8	0.07999	0.09720	0.08860	0.02458	0.03568	0.03013
	C_9	0.08957	0.08860	0.08908	0.02752	0.03252	0.03002
	C_{10}	0.09336	0.12702	0.11019	0.02869	0.04663	0.03766
	C_{11}	0.08231	0.07148	0.07690	0.02529	0.02624	0.02577
	累计	1.00000	1.00000	1.00000	0.36709	0.30726	0.33718
社会可持续发展指标	C_{12}	0.07585	0.06522	0.07053	0.03000	0.02434	0.02717
	C_{13}	0.07437	0.06514	0.06976	0.02942	0.02431	0.02686
	C_{14}	0.07204	0.05507	0.06356	0.02850	0.02055	0.02452
	C_{15}	0.05887	0.04476	0.05182	0.02329	0.01670	0.02000
	C_{16}	0.06222	0.09141	0.07681	0.02461	0.03411	0.02936
	C_{17}	0.08418	0.11691	0.10054	0.03330	0.04362	0.03846
	C_{18}	0.07167	0.07772	0.07470	0.02835	0.02900	0.02868
	C_{19}	0.08449	0.08982	0.08715	0.03342	0.03352	0.03347
	C_{20}	0.05481	0.03984	0.04733	0.02168	0.01487	0.01827

续表

指标		三个子系统分开计算			三个子系统综合计算		
		均方差赋权法权重	变异系数赋权法权重	平均权重(w_j)	均方差赋权法权重	变异系数赋权法权重	平均权重(w_j)
社会可持续发展指标	C_{21}	0.06726	0.07337	0.07031	0.02661	0.02738	0.02699
	C_{22}	0.07803	0.05244	0.06523	0.03087	0.01957	0.02522
	C_{23}	0.06966	0.09323	0.08144	0.02756	0.03479	0.03117
	C_{24}	0.07381	0.06533	0.06957	0.02920	0.02438	0.02679
	C_{25}	0.07275	0.06974	0.07124	0.02878	0.02602	0.02740
	累计	1.00000	1.00000	1.00000	0.37316	0.39558	0.38437
环境可持续发展指标	C_{26}	0.10610	0.09980	0.10295	0.03032	0.02492	0.02762
	C_{27}	0.10312	0.10272	0.10292	0.03078	0.02680	0.02879
	C_{28}	0.10374	0.10349	0.10362	0.03097	0.02700	0.02898
	C_{29}	0.09160	0.06342	0.07751	0.02734	0.01654	0.02194
	C_{30}	0.10648	0.10041	0.10344	0.03178	0.02619	0.02899
	C_{31}	0.08311	0.08311	0.08311	0.02481	0.02168	0.02324
	C_{32}	0.08903	0.11724	0.10313	0.02657	0.03058	0.02858
	C_{33}	0.10520	0.07461	0.08990	0.03140	0.01946	0.02543
	C_{34}	0.10936	0.12544	0.11740	0.03264	0.03272	0.03268
	C_{35}	0.10226	0.12976	0.11601	0.03053	0.03385	0.03219
	累计	1.00000	1.00000	1.00000	0.25975	0.29715	0.27845

（4）求解经济、社会和环境系统综合评价值。可持续发展能力系统是一个多层次的复杂开放的系统，其子系统及各要素之间相互依存、相互制约，各子系统对承载力的贡献都同等重要，具有不可替代的功能和作用，因此，需要将多个指标综合起来，从而得出综合评价结果。目前，指标的综合多采用加法合成法和乘法合成法，本案例采用加法合成法，即加权平均法，所以，本案例中可持续发展能力指标等于各下级指标评价指数之和，进而得到各系统可持续发展能力的综合评价值，即系统指

数：$X_i = \sum_{j=1}^{m} y_{ij} w_j$，其中 y_{ij} 为指标的标准化值，w_j 为指标的权重，m 为各系统指标的个数。

城市可持续发展是在发展水平、发展速度和发展协调性三个方面都能达到最优的发展，在城市发展的每一时刻都存在着发展水平状态、发展速度状态和发展协调状态。为反映这些状态，本案例应用包括水平指数（Level Index）、发展指数（Development Index）和协调指数（Coordination Index）等相应指标描述城市经济、社会、环境发展的水平、速度和协调状况。

①水平指数（LI）。水平指数可以用来衡量城市可持续发展的水平状态，它是衡量城市发展系统结构和功能的综合指标。各指标标准化后的取值范围在0和1之间。如果城市发展系统中经济状态和环境状态都比较好，那么其值则相对的高；反之，则相反。其计算公式为：

$$LI = W_1 \times Ec + W_2 \times Sc + W_3 \times En$$

其中，LI 为水平指数；W_i 为三类指数的权重（$i=3$）；Ec、Sc 和 En 分别为经济可持续指数、社会可持续指数和环境可持续指数。通过对该指数的考察，可以看出城市可持续发展总的趋势和方向。

参照国内外有关专家研究成果，本案例按照正态分布设计了6个分级标准来描述区域可持续发展程度，并给出相应的评语，具体分级标准如表6所示。

表6　　　　　　　　可持续发展水平指数的分级标准

分级	综合得分	基本评语
Ⅰ	0.85 < LI	可持续发展能力很高
Ⅱ	0.70 < LI ≤ 0.85	可持续发展能力较高
Ⅲ	0.55 < LI ≤ 0.70	可持续发展能力一般
Ⅳ	0.40 < LI ≤ 0.55	可持续发展能力较差
Ⅴ	0.25 < LI ≤ 0.40	可持续发展能力很差
Ⅵ	LI ≤ 0.25	可持续发展能力极差

②发展指数（DI）。如果城市是朝着可持续方向发展，其经济变

化、社会变化和环境变化速度快，则称其发展的可持续性强；若发展速率慢，则称其发展的可持续性弱；若发展速率为负，则称其为不可持续性。为此，本案例设计了发展指数来衡量北京市各要素可持续发展的快慢。

如果用经济可持续指数（Ec）、社会可持续指数（Sc）和环境可持续指数（En）分别来衡量各要素的发展水平，经标准化处理后，其各值的变化范围分别在 0 到 1 之间，即各要素的变化总是在最差状态（其值为 0）和最佳状态（其值为 1）之间变化。设 $X_1 = \sqrt{Ec_1^2 + Sc_1^2 + En_1^2}$，$X_2 = \sqrt{Ec_2^2 + Sc_2^2 + En_2^2}$，式中，$Ec_1$、$Ec_2$ 分别为不同时期经济可持续指数，Sc_1、Sc_2 分别为不同时期社会可持续指数；En_1、En_2 分别为不同时期环境可持续指数。

这样可以得出发展指数（DI）为：

$$DI = \begin{cases} (1.732 - X_1)(X_2 - X_1) & X_2 > X_1 \\ X_1 / (X_2 - X_1) & X_2 < X_1 \\ \text{趋向于} \infty & X_2 = X_1 \end{cases}$$

DI 所表示可持续发展特性的现实意义为：a. 当 DI > 0 时，表明城市的发展具有可持续性。DI 越来越大，表明城市发展的可持续性越强，城市的发展是科学的和合理的。b. 当 DI < 0 时，表明城市的发展不具有可持续性。如果 DI 越来越小，这意味着城市的发展越来越偏离可持续发展的方向。c. 当 DI→∞ 时，表明城市的发展处于停滞状态，介于可持续性与不可持续性之间。

③协调指数（CI）。协调指数是衡量城市可持续发展协调状态的指标。其计算公式为：

$$CI = \frac{X + Y + Z}{\sqrt{X^2 + Y^2 + Z^2}}$$

式中，$X = Ec_2 - Ec_1$，$Y = Sc_2 - Sc_1$，$Z = En_2 - En_1$，$-1.732 \leq CI \leq 1.732$（即 CI 的最小值为 -1.732，最大值为 1.732）。

CI 的具体意义为：a. 当 $1 \leq CI \leq 1.732$ 时，表明城市的经济增长、社会进步和环境保护都朝着可持续发展方向演进，处于强可持续发展状态。b. 当 $0 < CI \leq 1$ 时，表明城市的经济增长、环境保护和社会进步中某一要

素由于各方面的原因发生恶化，但这种情况可以被其他要素的发展所弥补，处于弱可持续发展状态。c. 当 $-1.732 \leqslant CI < 0$ 时，表明城市的经济增长、环境保护和社会进步中某些要素由于各方面的原因发生恶化，同时这种情况不能被其他要素的发展所弥补，处于不可持续发展方状态。d. 当 $CI = 0$ 时，表明城市处于停滞可持续发展状态。

北京市 1996～2007 年经济、社会和环境三个子系统可持续发展综合评价的各项指标数值如表 7 所示。

表 7　　　　北京市 1996～2007 年可持续发展能力综合评价表

年份	经济指数（Ec）	社会指数（Sc）	环境指数（En）	综合指数	水平指数（LI）	发展指数（DI）	协调指数（CI）
1996	0.11105	0.37856	0.19540	0.23819	0.23187		
1997	0.13578	0.33693	0.18985	0.22864	0.22392	-0.13323	-0.46078
1998	0.20927	0.37851	0.25476	0.28771	0.28342	0.05369	1.68990
1999	0.19859	0.42797	0.37117	0.33541	0.33125	0.07324	1.22268
2000	0.21458	0.45315	0.43880	0.36936	0.36552	0.06093	1.47191
2001	0.36837	0.45814	0.61363	0.48753	0.47180	0.21598	1.43243
2002	0.44391	0.48594	0.75931	0.54757	0.55047	0.28481	1.49616
2003	0.40627	0.59016	0.74392	0.57113	0.57039	0.07895	0.45764
2004	0.47898	0.58097	0.69332	0.57777	0.57785	-0.01793	0.14501
2005	0.60240	0.65917	0.75670	0.66690	0.66757	0.47102	1.66391
2006	0.75921	0.71560	0.73792	0.73596	0.73733	0.72656	1.15951
2007	0.86211	0.67276	0.75609	0.75927	0.76316	1.35866	0.69268

（5）对综合评价结果进行分析。

①对社会进步、环境支持、经济发展和综合指数的分析。由前面的计算结果，我们可以得出北京市 1996～2007 年可持续发展变化趋势如图 2 所示。

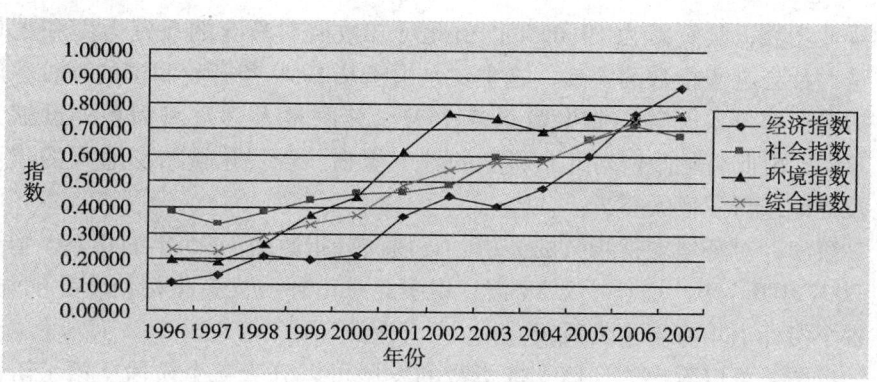

图 2　北京市 1996~2007 年可持续发展变化趋势图

第一，对经济发展指数的分析。经济发展指数由 1996 年的 0.111 增长到 2007 年的 0.862，增长了 6.8 倍，是三个指数中增幅最大的指数，说明北京市的经济发展进步较快。经济发展指数 1996 年在三个指数中位居末席，此后便以趋于稳定的高速增长态势向上发展，评价期末已在三个指数中位居首席。如此巨大的变化表明，1996 年以前北京市的经济基础相对薄弱，经过 10 多年的发展取得了可喜的进步。

在指标值的变化方面，GDP 增长率长期稳定在较高水平，使其对经济发展指数的贡献达到 7.41%。此外，进出口总额指标对经济发展指数的贡献在 10% 以上。

第二，对社会进步指数的分析。社会进步指数由 1996 年的 0.379 增长到 2007 年的 0.673，增长了 77.6%。由图 2 可以看出，北京市的社会进步指标变化幅度相对较小，发展形势较为平稳。

从 1996 年到 2002 年，北京市的社会发展状况可以用"高起点、稳步发展"来概括。在评价的起点年份，社会进步的指数值在三个指数中位居第一，之后到 2006 年就一直以十分稳定的增长态势逐年增长，只有 2007 年有所下降。且在 2000 年之前长期在三个指数中保持第一，直到 2000 年才被高速增长的环境发展指数超出。说明北京市作为首都，其社会服务的功能较为完善，这与北京市的城市职能是完全吻合的。

从具体指标的变化来看，对社会进步指数贡献最大的指标是每万人大学毕业生数,其贡献为 10.05%,由此可知政府对教育的投资力度和人口质量对社会进步指数的贡献,这主要是由于从 1999 年开始我国的高校普遍扩招,使每万人大学毕业生数迅速上升。其次是人均道路面积,贡献为 8.72%,由此可见政府对北京科学的城市规划、现代化城市交通网的建设以及为此进行了巨大投入。

第三,对环境支持指数的分析。环境支持指数由 1996 年的 0.195 增长到 2007 年 0.756,增长了 2.88 倍。说明北京市环境支持指标值变化明显,在各个指标上均有不小的成绩。

由图 2 可以看出,环境支持指数的发展可以分为三个阶段。第一阶段为 1996~2002 年,环境指数发展较为迅速,在 2001 年时超过社会发展指数而位居三个指数的第一位;第二阶段是 2002~2004 年,这一阶段环境指数有所下降,究其原因是 2003 年和 2004 年城市建筑增加,工业发展速度加快,导致工业废气、废水和固体废弃物的排放量都比前期大为增加;第三阶段是 2004~2007 年,这一阶段环境支持指数逐渐上升,表明政府加大了对环境治理的力度。

在具体指标变化上,工业废气净化处理率和城市污水处理率对环境指数的贡献较大,分别为 11.7% 和 11.6%,可见工业废气和城市污水的处理对环境支持指数具有较大的影响。

第四,对综合指数的分析。综合指数由 1996 年的 0.238 增长到 2007 年的 0.759,增长了 2.19 倍,除了 1997 年比 1996 年有所下降外,其余年份北京市可持续发展能力都是逐年提高的。

从总体上看,北京可持续发展能力呈现出不断增强的趋势,但仍然存在应注意的问题。北京市的经济发展正处于快速上升期,社会子系统可持续发展已进入了良性循环,而环境子系统的可持续发展能力并不令人满意。

②对可持续发展水平指数、发展指数和协调指数的分析。由前文的计算结果,我们可以得出北京市 1996~2007 年可持续发展水平指数、发展指数和协调指数变化趋势图,如图 3 所示。

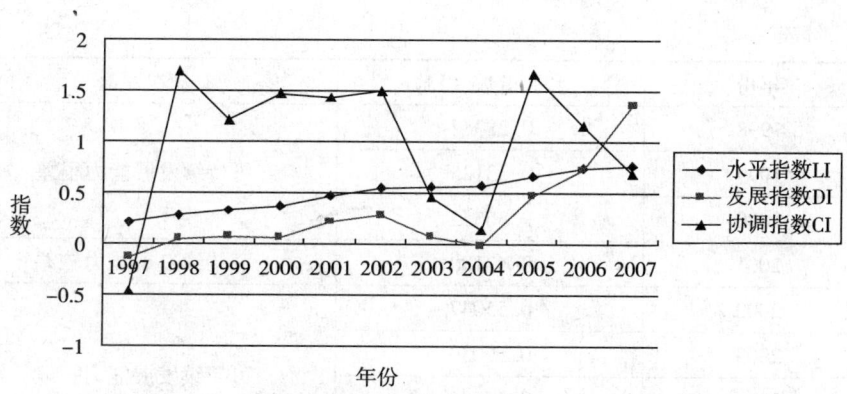

图3　北京市可持续发展水平指数、发展指数和协调指数变化趋势图

第一，对可持续发展水平指数的分析。从北京市1997~2007年城市可持续发展水平指数的发展趋势可以看出，北京市可持续发展系统结构和功能的稳定性逐年增强。1997年北京城市可持续发展水平指数为0.224，经过11年的发展，到2007年北京城市可持续发展水平指数达到0.763，其中经济、社会和环境可持续发展指数分别为0.862、0.673和0.756，可见，经济水平相对于社会和环境水平而言较高。

根据可持续发展水平指数分级标准，可以得出基于水平指数的北京历年可持续发展能力，如表8所示。北京在1996~1997年的水平指数都在0.25以下，属于可持续发展能力极差的阶段，1998~2000年稍有提高，但也是可持续发展能力很差，2001年为较差，一直到2002年可持续发展能力才开始达到一般水平，2006年和2007年可持续发展能力逐渐提高，属于较高阶段，但还是没有达到可持续发展能力很高阶段（LI > 0.85）。

表8　北京市1996~2007年基于水平指数的可持续发展能力

年份	水平指数（LI）	基本评语
1996	0.23187	可持续发展能力极差
1997	0.22392	

续表

年份	水平指数（LI）	基本评语
1998	0.28342	可持续发展能力很差
1999	0.33125	
2000	0.36552	
2001	0.47180	可持续发展能力较差
2002	0.55047	可持续发展能力一般
2003	0.57039	
2004	0.57785	
2005	0.66757	
2006	0.73733	可持续发展能力较高
2007	0.76316	

第二，对可持续发展发展指数的分析。从北京1997~2007年城市可持续发展发展指数可以看出，北京市的发展总体上呈现可持续性，但也出现个别年份具有不可持续性的现象。由图3可以看出，从1997~1999年发展指数由1997年的负值不断增长，城市朝着可持续发展方向前进。此后，北京市可持续发展发展指数有起有落，可持续发展速度有快有慢，可持续性时强时弱，其中，2002~2004年一直处于下降状态，2004年下降到 -0.0179，城市发展呈现不可持续性。2004年以后，随着经济的恢复，发展指数呈现快速的增长。总体来看，北京市的发展是较为科学和合理的，但具有不稳定性，说明北京市可持续发展规划水平有待提高。

第三，对可持续发展协调指数的分析。从北京市1997~2007年城市可持续发展协调指数发展趋势可以看出，北京可持续发展协调指数在 -0.461 和1.690之间徘徊，大多数年份都在1.0以上，说明北京市可持续发展协调指数总体上呈现可持续发展性，尤其在1998年和2005年出现两个高点，呈现强可持续发展性。从1998~2002年，协调指数都大于1，北京城市的发展具有强可持续性，但是到2003年和2004年协调指数分别下降为0.458和0.145，这两年城市的发展呈现弱可持续性，2005年，协调指数又增加到1.664，此后逐渐下降到2007年的0.693。可以看出北京城市可持续发展在强可持续性和弱可持续性之间交替变化。

（6）提出实现北京可持续发展相应的政策建议和措施（略）。

（四）关键要点

通过上述案例的教学与讨论，让学生取得以下收获：

1. 让学生充分认识到，对任何经济、社会领域某种事务的综合评价，都必须首先建立在对该事务相关理论的了解和掌握上；

2. 掌握综合评价的基本方法和步骤。其中，最重要的内容是评价指标体系的构建、指标标准化处理、各项指标的赋权方法；

3. 学会针对评价结果作出全面科学的分析。

（五）参考文献

[1] 刘晓辉、陈忠暖、刘妙容："区域可持续发展指标体系研究述评"，《资源环境与发展》，2008年第3期，第17～20页。

[2] 华红莲、潘玉君："可持续发展评价方法评述"，《云南师范大学学报》，2005年第3期，第5～70页。

[3] 毕星等："我国城市可持续发展评价指标体系建构的误区与改进"，《自然辩证法研究》，2005年第9期，第85～88期。

[4] 徐琼瑜、王祥荣："城市功能及其可持续发展问题"，《城市发展研究》，2001年第4期，第46～50页。

[5] 徐中民、张志强、程国栋："可持续发展评价指标回顾"，《中国人口、资源与环境》，2000年第4期，第60～64页。

[6] 戴淑燕、黄新建："可持续发展协调度的评价方法分析"，《科技与管理》，2004年第6期，第22～27页。

[7] 中国21世纪议程管理中心：《可持续发展指标体系的理论与实践》，社会科学出版社2004年版。

[8] Caniels, Marjolein C. Strategic niche management: towards a policy tool for sustainable development [J]. Technology Analysis & Strategic Management, 2008 (3): 245-266.

附录

附表1　　　　　　　　经济可持续性指标原始数据

年份	C_1	C_2	C_3	C_4	C_5	C_6	C_7	C_8	C_9	C_{10}	C_{11}
1996	1 789.2	14 254	9.0	49.01	42.3	52.6	8 429	1 198	24 473	293	19.8

续表

年份	C_1	C_2	C_3	C_4	C_5	C_6	C_7	C_8	C_9	C_{10}	C_{11}
1997	2 075.6	16 609	10.1	46.31	40.8	54.5	9 746	1 693	27 601	304	22.6
1998	2 376.0	19 118	9.5	48.64	39.1	56.6	11 028	2 132	32 328	305	25.6
1999	2 677.6	21 397	10.9	43.72	38.7	57.3	12 005	2 549	35 152	343	29.4
2000	3 161.0	24 122	11.8	41.04	38.1	58.3	12 164	2 922	39 845	496	30.1
2001	3 710.5	26 998	11.7	41.25	26.6	72.4	13 222	3 665	45 205	515	32.7
2002	4 330.4	30 840	11.5	41.90	23.4	75.7	14 089	4 223	54 205	525	34.2
2003	5 023.8	34 892	11.0	42.94	33.9	65.4	15 771	4 573	58 511	685	35.5
2004	6 060.3	41 099	14.1	41.72	37.9	61.9	17 596	5 561	67 711	947	37.8
2005	6 886.3	45 444	11.8	41.06	27.6	72.5	18 874	6 550	74 823	1 256	41.3
2006	7 861.0	50 407	12.8	42.89	24.1	75.8	20 716	7 816	83 655	1 582	45.5
2007	9 353.3	58 204	13.3	42.41	27.5	72.3	23 271	11 525	97 390	1 929	50.7

附表 2　　社会可持续性指标原始数据

年份	C_{12}	C_{13}	C_{14}	C_{15}	C_{16}	C_{17}	C_{18}	C_{19}	C_{20}
1996	767	13.82	46.6	50.2	1 488.4	36.9	139.3	4.74	237.3
1997	756	14.36	43.7	50.6	2 114.5	40.3	142.5	4.10	229.0
1998	759	14.96	41.1	47.6	2 543.7	39.6	165.3	4.11	238.2
1999	766	15.88	39.5	47.9	3 170.0	40.0	170.4	3.50	250.1
2000	831	17.62	36.3	46.6	3 595.9	38.1	180.1	3.70	240.2
2001	844	18.20	36.2	46.4	4 439.6	40.6	174.0	6.11	241.1
2002	867	18.67	33.8	41.8	4 805.9	47.8	180.8	7.02	210.7
2003	887	19.09	31.7	42.1	5 557.4	56.9	186.0	8.56	247.4
2004	910	19.45	32.2	42.5	6 526.2	67.1	202.3	9.20	238.4
2005	937	17.62	31.8	43.2	7 394.5	78.0	229.3	10.0	242.2
2006	963	20.00	30.8	44.4	8 928.4	85.7	242.1	10.2	240.5
2007	995	20.30	32.2	33.7	12 661.7	87.0	245.9	10.6	236.7

附表2（续一）　　　社会可持续性指标原始数据

年份	C_{21}	C_{22}	C_{23}	C_{24}	C_{25}
1996	2 202.6	92.7	10.4	125.4	7.48
1997	2 443.3	94.0	11.3	161.8	6.27
1998	2 554.4	95.4	57.8	113.1	6.88
1999	2 717.9	97.1	52.3	81.0	6.62
2000	2 819.7	99.3	60.8	113.5	6.85
2001	2 875.6	99.5	56.2	189.2	6.36
2002	3 065.6	99.6	50.1	362.2	7.32
2003	3 166.7	99.7	48.7	252.1	6.95
2004	3 417.4	99.9	62.6	434.0	6.96
2005	3 686.9	100.0	70.2	371.4	7.42
2006	3 909.5	100.0	76.3	329.9	7.19
2007	4 134.0	100.0	78.0	295.4	6.47

附表3　　　环境可持续性指标原始数据

年份	C_{26}	C_{27}	C_{28}	C_{29}	C_{30}	C_{31}	C_{32}	C_{33}	C_{34}	C_{35}
1996	33.2	7.0	0.3	3 071	37 571	1 115	483.0	23.50	89.00	21.2
1997	34.2	7.0	0.4	3 342	37 786	1 132	490.0	31.70	88.00	22.0
1998	35.6	8.0	0.8	3 227	34 196	1 236	495.1	58.30	88.00	22.5
1999	36.3	8.2	1.1	3 086	28 085	1 161	505.1	75.60	90.00	25.0
2000	36.5	9.7	1.4	3 227	23 164	1 139	583.9	92.63	89.01	39.4
2001	38.8	10.1	2.8	3 035	21 165	1 136	309.3	97.27	91.71	42.0
2002	40.6	10.7	3.1	2 966	18 044	1 053	321.4	98.34	92.30	45.0
2003	40.9	11.4	2.9	3 005	13 107	1 186	425.1	99.30	93.81	50.1
2004	41.9	11.5	2.3	3 198	12 617	1 303	496.0	98.61	94.65	53.9
2005	42.0	12.0	3.0	3 532	12 740	1 229	537.0	99.43	96.09	62.4
2006	42.5	12.0	3.2	4 641	10 170	1 356	538.2	99.29	96.95	73.8
2007	43.0	12.6	3.6	5 146	9 134	1 275	600.9	97.42	97.00	76.2

研究案例篇

〈研究報告〉

固执的宜家[①]

[**案例摘要**] 世界家居用品领先企业宜家,创立于瑞典,形成了体现北欧风格的经营理念:"提供种类繁多、美观实用、老百姓买得起的家居用品"。它的目录营销、家具展示厅、平板包装、有限服务构成了基本的经营战略,并在斯堪的纳维亚和世界上很多国家获得了成功。但是,它进入中国以后遇到了不少的挑战。无论是商场选址、产品定位,甚至低价战略、扩张速度,都成了人们诟病的对象。当然,宜家也作出了一些本土化的改变,但鲜明的国际化战略选择并没有动摇过。宜家是否需要针对经济快速增长的中国作出更多的战略调整呢?

2008年4月的一天,北京四元桥附近的宜家家居商场周边车水马龙、熙熙攘攘,伴随着和煦的阳光,进出商场的人们的脸上绽放着灿烂的笑容。这一切似乎给宜家北京商场搬迁两年来引发的争议划上了一个句号,似乎也给宜家进入中国10周年庆典献上了一份厚礼。

然而,当我们揭开宜家绚丽的面纱,仔细审读这个在全球24个国家和地区拥有253家商场和127 800名员工、年销售额212亿欧元的全球领先的家居用品零售企业的时候,尤其是考察宜家在中国的发展轨迹的时候,我们仍然能够发现许多值得我们思考的问题。

一、关于宜家家居

宜家家居是一家总部位于瑞典的跨国公司,是全球领先的家具和家居用品的零售商。

宜家家居1943年创建于瑞典,它的创始人英格瓦·坎普拉德出生在瑞典南部的斯莫兰,在小村庄阿根纳瑞附近的一个名叫爱尔姆特瑞的农场长

---

① 本案例由中央财经大学商学院柴庆春副教授编写。

大。当他开办一个销售钢笔、钱包、相框、桌布、表、首饰和尼龙袜等折扣商品的商店时，就用他的名字的第一个字母 I 和 K，加上他成长的农场和村庄的名字的第一个字母 E 和 A 组成了他的商店的名称 IKEA——宜家。1948 年，宜家开始销售家具，这些家具由当地的地处林区的家具制造商生产，家具朴实、实用，而且价格低廉，因此受到顾客的欢迎，反响积极。从此，宜家便专注于家具产品的经营。

20 世纪 50 年代，是宜家快速发展并形成一贯的经营理念的时期。1951 年，第一本宜家目录册诞生了，宜家看到使用商品目录册可以在更大的规模上拓展家具的销售。1953 年，宜家开设了第一家家具展厅，顾客能够在选购宜家家居用品之前就能看到和触摸这些产品。这对于顾客是一次新奇的体验，对于宜家这是一个成功的创新，这种创新让宜家在与主要竞争者的价格战中获得了优势，宜家把它的低价格产品的功能和质量清晰地展示给顾客，让人们明智地选择物有所值的产品。1956 年，宜家开始自行设计家具，并采用平板包装的方式运输和贮藏家具，让顾客自行组装自己选购的家具。这也是在同主要竞争者竞争的过程中产生的竞争对策，这些对策让宜家的产品富有创新的设计、经过改进的功能和更低的价格。

如果说商品目录册让宜家看到了规模销售的商机，家具展厅是在宜家经营理念形成的发端，那么，自主设计、平板包装和自行组装则构成了宜家经营理念的基石。时至今日，这些诞生于 20 世纪 50 年代的做法仍然是构成宜家核心竞争力的实质内容。现在，宜家把它的经营理念概括为"提供种类繁多、美观实用、老百姓买得起的家居用品。"

经过 60 多年的发展，宜家广泛地实践它的经营理念，并把它复制到了全球的许多国家。截至 2008 年 8 月，宜家在全球 24 个国家和地区拥有 253 家商场，有 127 800 名员工为它工作，年销售额达到 212 亿欧元。

二、宜家的国际化

成功地在瑞典本土市场经营了 20 个年头之后，宜家决定进军海外市场。1963 年，宜家在挪威奥斯陆开设了瑞典以外第一个宜家商场。这是非常明智而且坚实的海外扩张的第一步。挪威与瑞典同处斯堪的纳维亚半岛，相近的文化、相似的市场，使得宜家得以顺利地在另外一个国家的市场复制它的商业模式。其后几年的时间里，宜家相继在斯堪的纳维亚地区开设了 7 家商场，员工超过了 1 000 名。

1973 年，宜家把国际化的步伐迈出了斯堪的纳维亚，这一年，斯堪的纳维亚以外第一个宜家商场在瑞士苏黎世开业。到这时，英格瓦·坎普拉德已经在瑞典本土经营了 20 年，在本土以外的斯堪的纳维亚地区经营了 10 年。30 年的积累，让宜家确立了一个明确的商业模式，而且这个商业模式被证实可以在海外市场上成功地复制。事实证明，宜家在瑞士获得了成功。

是到了迈出更大一步的时候了。1974 年，在苏黎世宜家商场在开业一年之后，位于德国第一个宜家商场在慕尼黑开业了。在瑞士的成功为宜家迅速扩展到德国铺平了道路。现在，德国是宜家最大的市场。

之后，宜家以更加迅速的步伐，行进在国际化进程的道路上。1975 年，宜家进入澳大利亚，1976 年进入加拿大，1977 年进入奥地利……在接下来的 10 年时间里开设了 20 家海外商场，宜家商场遍布欧洲和亚太地区。

进军美国对于宜家来说是一次大的挑战。在 1985 年开设首家美国宜家商场之前，宜家曾经感到过犹豫。富足的美国人是否需要廉价但实用的宜家家具？一贯的、并不迁就的经营理念和商业模式是否能够被美国人接受？宜家能够给美国带来什么？对于这些问题，宜家并没有确切的答案。但是，宜家在美国同样获得了成功，美国人同样需要物美价廉的家具。

在美国的成功，让宜家坚信自己的经营理念和商业模式可以在全球范围内复制，并且获得收益。这时，宜家在全球已经拥有 60 家商场和超过 10 000 名的员工。

如果说 20 世纪 90 年代是宜家国际化进程快速发展的时期，那么进入 21 世纪，宜家的国际化就可以用飞跃来形容。1993 ~ 2002 年的 10 年间，宜家在全球新开设了 69 家商场，2003 ~ 2008 年的 5 年间，宜家开设了 112 家新商场。截至 2008 年 8 月，宜家在全球总共拥有 253 家商场。各个时期宜家开设新店的数量以及宜家全球商场的分布如图 1 和图 2 所示。

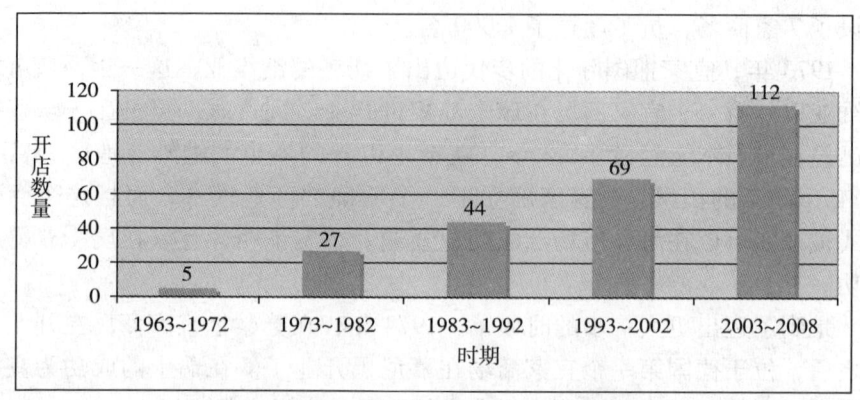

图 1　各个时期宜家全球扩张开店数量

（资料来源：宜家官方网站 www.ikea.com.cn）

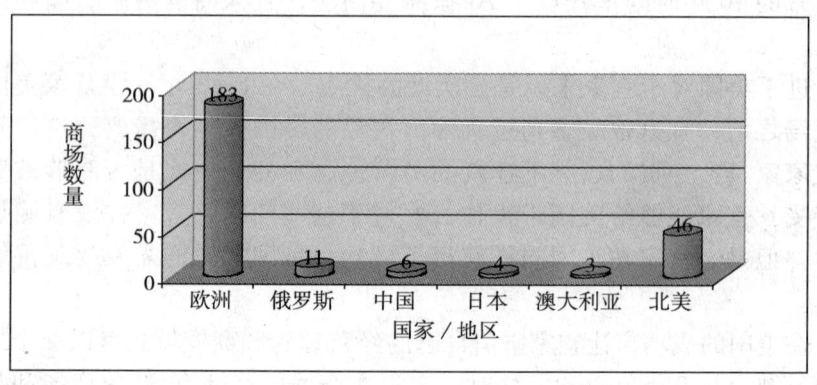

图 2　宜家全球商场的分布

（资料来源：宜家官方网站 www.ikea.com.cn）

三、宜家在中国

1998年，在北京北三环路边上，宜家在中国的第一家商场开业了。黄蓝色相间的标识，在周边灰土土的建筑群中显得鹤立鸡群，诠释着它的与众不同。开始的一段时间里，人们对于这个如此鲜明的商店还不熟悉，但是很快人们便喜欢上了这个既像展示厅又像游乐场的地方。每到周末商场里总是人满为患，周边的道路也总是堵车。在宜家积极考虑把北京的宜家商场搬迁到更为偏僻、但却充满潜力的居住社区的时候，宜家上海商店也在2003年开业了。2005年，宜家广州开业，2006年宜家成都开业，宜家北京搬迁到望京社区。2008年，在中国的第一家宜家商场开业10年后，宜家突然迈出了一大步，这一年有两家宜家商场同时在中国开业。虽然，宜家拥有两百多家商场，但是在同一国家同一年内开设两家商场的情况并不多见。

其实，宜家对于中国并不陌生。早在1973年，就开始了从中国采购产品的实践，并且从中国的采购规模一直稳步增长。2001年，宜家在中国的采购量占其全球采购份额的14%，2004年到达20%，目前，中国是宜家最大的采购国，21%的宜家商品来自中国的供应商（图3）。

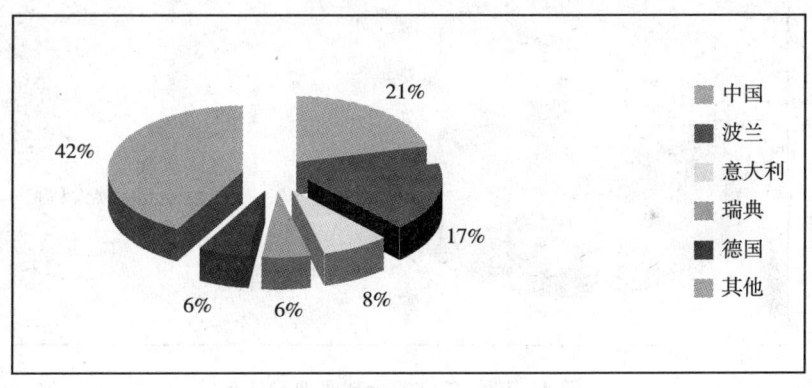

图3　宜家全球采购前5位的国家

（资料来源：宜家官方网站 www.ikea.com.cn）

四、宜家面临的挑战

从2002年宜家北京商场开始策划搬迁起，针对宜家的各种议论就没有停止过。1998年宜家在北三环马甸桥开业的时候，那一带还算不上繁华，但却是一个很有潜力的地点。经过几年的发展，随着一些大卖场相继开业，那一带终于演变成为了繁华的商业区，可是宜家却要远离它，搬迁到偏僻难找的郊区。虽然，望京社区同样充满潜力，但是毕竟还没有形成成熟的商业氛围，远离城市中心，交通不便。有人建议说，老店务必保留，否则那些对店址和品牌有着先入为主观念的消费者将会流失。也有人认为搬迁本来就为商家大忌,加之此次是由市内搬迁到郊区,有悖于中国人的购物习惯,尤其在望京地区公交系统还不十分健全的情况下,可能更容易丢失京城西南两个方向的一部分顾客。

然而,宜家对这些建议置若罔闻。2006年4月,毅然关闭市区的商场,新商场在望京开业。当新商场显得有些冷清的时候,曾经的热心人士甚至有些幸灾乐祸。甚至把宜家在中国利润微薄归咎为宜家的我行我素。事实上,截至2008年财政年度(宜家的财政年度从9月1日到翌年8月31日),在中国经营了10年之后,中国市场营业额不足全球营业额的1%。宜家的80%以上的营业额还是来自欧洲(图4)。

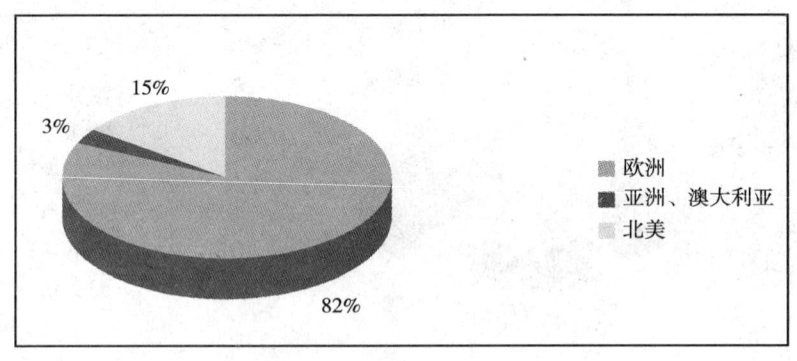

图4　2008年宜家全球营业额比重

(资料来源:宜家官方网站 www.ikea.com.cn)

对于搬迁,宜家有自己的主张。回顾宜家的海外拓展轨迹,可以发现他们总是先在市区中心开设一月小规模的商店,以此来熟悉和了解市场,感受当地的商业环境,摸索当地消费者的消费偏好和习惯,在积累了一定的经验之后,再在郊区有发展潜力的地方买下地产,开办大规模的商场。

除了搬迁这样异乎寻常的举动,人们还发现更多的宜家的固执行为。宜家多年来一直尝试尽快融入中国市场,以扩大宜家的目标群体,满足更多中国消费者的需要。但是,对于还没有进入汽车生活时代的中国人来说,交通不便的商场,肯定会失去那些没有汽车的消费者,即使对于有车一族,去一趟偏居城市一隅的望京也不是一件轻松的事情。对此,宜家的解释是靠近了一部分消费者，自然也将远离另一部分消费者。言外之意，宜家并不打算为所有消费者服务。

宜家的有限服务，也是人们诟病的地方。如今几乎所有商家想方设法做好各种无偿服务，以期通过服务水平获得更多顾客。然而，宜家则坚持我们不可能独自做到创造更美好的日常生活，奉行"我们做好我们该做的，你做你分内的事情"的商业理念，把家具安装和送货服务都列为非标准服务。当然，人们可以通过有偿的形式利用宜家提供的第三方服务。有分析人士认为，宜家的这种营销方式是与北欧昂贵的劳动力和休闲的生活方式息息相关的，在中国显然并不畅行。一方面由于受消费水平的限制，大部分中国家庭并没有私家车，自行搬运商品并不方便，更重要的是大多数消费者对家具拼装并不在行，因此他们更愿意接受质量一般却拥有良好售中和售后服务的商品。但是面对消费者的消费习惯，显然宜家一直并未理会，即使如今因为搬迁到郊区而增加了服务的范围和项目，但是作为"低价"战略一部分的"有偿服务"却始终不肯摒弃。

更值得思考的是，中国经济近年来快速发展，是世界上发展速度最快的经济体。家居市场随着经济的发展和人们追求更高的生活水平，呈现快速发展的态势。但是，宜家在中国的扩张速度却非常缓慢。从1998年开设第一家中国商场以来，10年间才仅有6家商场，这还包括2008年刚刚开业的2家店。对比一下其他跨国家具企业，就可以发现宜家的步伐有多么缓慢了。截至2006年，百安居在中国拥有59家商场，家得宝拥有12家（包括收购家世界）。

以稳妥的步伐开拓国际市场，其实也是宜家所坚持的一贯作风。宜家走出瑞典用了20年的时间，走出斯堪的纳维亚用了10年。宜家1985年就在美国开设了第一家商场，但是到了2000年美国也只开了一家宜家，之后到2005年，才陆续开了另外5家店。从图1中，我们或许可以发现，宜家秉承的就是瑞典的传统的生活方式。

一个小的细节，也许最能够说明宜家坚守一贯做法的固执。在中国宜家商场里，宜家却采用的是英文单据。面对使用汉语的广大消费者，面对消费者无休止的抱怨，宜家充耳不闻。技术发展了今天，转换中文单据的成本已经微不足道了，无关乎其低成本战略。宜家似乎通过固执来证实它在坚持自己的国际标准化战略。

当然，宜家也在作出一些本土化的妥协。一直以来其战略定位的核心是以低价格提供有限服务，为普通大众提供"现代的，实用，仍不失美观"的商品。在北欧，宜家深受中低收入家庭所欢迎，定位于大众的家居用品提供商。不断创造低价格，走平民化的道路是宜家的精神。然而让宜家始料未及的是，进入中国的宜家竟然成了一个文化符号，俨然成为了白领消费的象征。所谓的低价战略，价格并不低。大多数中国普通百姓仍然很难承受宜家产品的价格。一度宜家成为了市民阶层看新奇的地方，他们来宜家主要是为了看看家居用品的最新款式而不是购买。

这种现象显然不是宜家预期的在全球的定位。因此，宜家试图通过进一步扩大在中国本土采购等措施来降低成本。在2006年宜家新品的一次发布会上，宜家中国区总裁杜福延介绍说，从2000年至2005年，宜家在上海店面的商品平均价格下降了46%，而同期销售额增长345%。

国际化还是本土化？是跨国公司面临的一个战略选择。针对宜家的固执，我们或许可以认为这是严格地执行国际战略。国际化战略是利用复制商业模式转移核心竞争力获得国际收益的一种有效途径。然而，固守国际化战略，忽视了各国消费者的多样性需求，降低了需求响应水平，降低了顾客服务水平，失去了部分消费者，企业扩张路径受到制约。我们能够期待着宜家在坚持国际化战略和本土化战略上找到一个平衡点吗？我们愿意看到一个地道的瑞典宜家，还是一个中国宜家？

参考文献：

宜家官方网站：www.ikea.com.cn

（德）容布卢行：《宜家创业史》，机械工业出版社2007年版。

"固执的宜家"，《经济观察报》CEO特刊，2006年6月。

汪若菡："宜家在中国开始新拼图计划"，《环球企业家》，2007年8月。

启发思考题：

1. 你认为宜家坚持"国际战略"的做法是成功的吗？
2. 你认为本土化和标准化是可以调和的吗？
3. 你认为面对中国消费者的抱怨，宜家应该怎样面对？

PPG 兴衰[①]

[**案例摘要**] 本案例描述了网络直销企业 PPG 的发展过程，重点介绍其商业模式、营销模式、创业团队、投资者关系等。本案例是以市场营销为主的综合案例，目的是让学员分析 PPG 的成功经验及失败教训，并提出改进和发展建议。

在瞬息万变的商业环境里，已经很少有人能想起 PPG 了，尽管这家企业曾经带给中国的制造企业那么多兴奋。作为中国服装 B2C 行业的先入者，PPG 曾经风光无限、创造了成长神话，然而一年多的时间里就迅速衰落，其中成败得失，令人感慨万千。

一、PPG 简介

PPG 全称批批吉服饰上海有限公司，成立于 2005 年 10 月，是一家以男士衬衫为主的互联网及目录销售公司。成立之初，PPG 即凭借"轻资产"的电子商务模式对中国传统衬衫零售渠道发起了猛烈冲击。以现代化的网络平台和呼叫中心为依托，配合先进的供应链和配送系统，PPG 省却了复杂臃肿的传统衬衫零售渠道。加上铺天盖地的广告宣传推广，仅仅一年多时间，PPG 便实现日销售男士衬衫 1 万多件（这个数字非常接近中国衬衫业老大雅戈尔集团的日销售水平。要知道，在中国实现日衬衫销售 1 万多件，雅戈尔集团靠着遍布中国的线下分销渠道整整花了 10 多年时间）。塑造成长神话，取得辉煌成绩的 PPG，自然引来了媒体和业界的广泛关注，我们看到关于 PPG 公司的一些私密信息也逐渐被曝光出来（表 1）。

[①] 本案例由中央财经大学 MBA2007f 班学生李航编写（现于大公国际资信评估有限公司就职）。本案例资料全部来源于公开资料。

表1	PPG 大事记
时间	事件
2005年10月	李亮创办PPG，切入男装衬衫直销领域
2006年、2007年	PPG获华盈、集富亚洲、凯鹏华盈注资5 000万美元
2007年	实施广告轰炸战略，在北京、上海等地全年广告投放2.3亿元，实现了日销售男士衬衫1万多件。塑造了成长深化，取得辉煌业绩的PPG引来了媒体和业界广泛关注
2007年11月	PPG的广告突然销声匿迹
2007年12月	PPG突然推出折价销售网站，业界推测其资金链出现问题
2008年3月	PPG高层集体亮相澄清多个欠款纠纷以及资金链断链传闻，并宣布获得三山资本3 000万美元投资
2008年9月初	PPG的COO黎勇劲卸任，进入土豆网担任高管
2008年10月	有消息称PPG获得美国百货1亿美元注资，但媒体认为不实。PPG与上海中润解放传媒有限公司、上海东杰传媒有限公司等多家广告公司存在财务纠纷，而公开信息显示与部分供应商的官司也一直悬而未决
2008年11月	"PPG创始人李亮携款潜逃"的报道被广泛转载，众说纷纭。李亮表示11月27日和媒体举行视频见面会，但在前一天由于公关公司终止合作而取消。有报导称PPG的投资方与李亮矛盾公开化，有意截断其与国内媒体的联系

二、PPG 创业者

关于李亮，他的完整履历并未对外公开。较为流传的一种说法是，李亮1974年生于上海，从高中起在美国生活，毕业于纽约大学，曾在美国邮购和网络直销服装公司 Lands End 担任过亚洲区采购部副总裁。1999年互联网创业高峰时期，李亮曾拿到软银集团孙正义100万美元投资，当时他开办了一家婚庆用品网站，并于2000年3月以1.6亿美元的高价将该网站出售。李亮从中获利6 000万美元，随即搬家至美国加州并攻读 MBA。2005年10月24日，李亮回到上海创建PPG。

对于风投界来说，李亮是一个突然蹦出来的没有"没有任何记录"的人。在很多人看来，其履历是一个经不起推敲的谎言。"在那个网络泡沫时代，别说赚了 6 000 万美元，就是卖了 2 000 万美元，大家都会知道，那时候我们都是这么走过来的，根本没听说过这事。"一位经历过那轮互联网泡沫的业内人士对曾对媒体表示，互联网行业有很多的融资谎言，不排除李亮讲了一个好听的假故事。

李亮自称拥有 18 台世界顶级名车、一辆停靠在黄浦江边的时速 42 节的豪华私人游艇。李亮身边许多人都认为，李亮是一个很疯狂的人。比如，有一次他得知法拉利举办一个活动，打电话要求参与，对方以李亮没有法拉利跑车为由拒绝，李亮一怒之下买了两辆法拉利。李亮也是个很爱享受的人，平时经常光顾豪华夜总会。一位被李亮拖欠工资的现任 PPG 高管曾对媒体表示，李亮本人特别聪明，但不太会做人，善于吹嘘和忽悠。跟供应商签订的很多合同都不执行，给合作伙伴的感觉是"永远不会信守诺言"。经常以"我今天不高兴"为理由，拒绝在给客户的还款合同上签字。2008 年年底 PPG 已处于无政府状态，没人管，只是李亮一直在遥控。

三、PPG 商业模式

PPG 的商业模式和戴尔的商业模式是相同的，只不过 Dell 卖的是电脑，PPG 卖的是男士服装。"我们既不是服装企业，也不是互联网公司，而是一家数据中心，甚至你可以认为是一家服务器公司。"李亮曾将 PPG 形容为衬衫行业中的戴尔电脑——直销经营模式。PPG 采用网络直销的创新商业模式，也就是将 PPG 品牌男装交给位于长三角地区的七家合作企业贴牌生产，PPG 负责产品质量的管理，然后通过无店铺的在线直销和呼叫中心方式，不通过传统的零售渠道，将产品直接交到消费者手里，从而最直接的结果就是降低了产品成本并减小了库存压力，在给企业自身减轻了负担、形成了优势的同时，也把真正的实惠留给了消费者（图 1）。

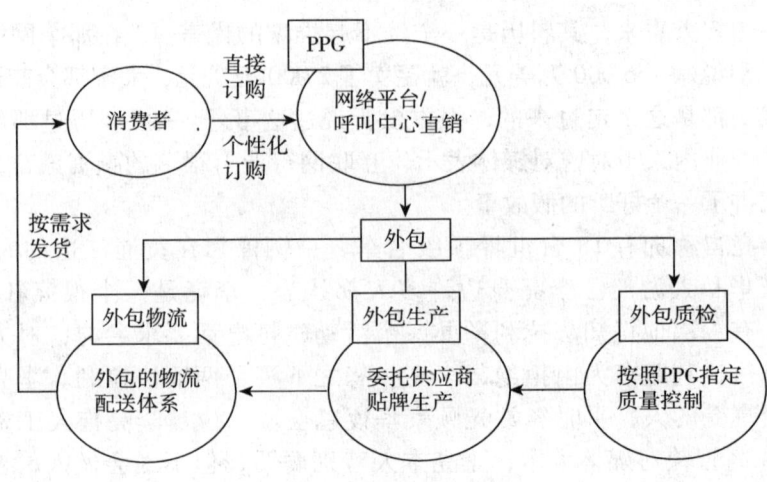

图 1　PPG 商业模式图

四、PPG 营销模式

(一) 产　品

PPG 产品首先确定为男士衬衣，之后向针织衫、礼包、男裤、领带等扩展，将目标市场定位于 25～45 岁之间的都市男性商务人士。这类目标市场有一定购买力，购买决策自主，逛街时间少，却经常接触互联网，注重形象，且愿意尝试新的生活方式。这类男性商务人士穿着最频繁的服装之一就是衬衣。衬衣有着市场规模大、款式比较稳定、产品较耐用、加工工序简单，适合外包生产、渠道商占有相当利润等特点。

PPG 宣称自己的产品为"1973 年起畅销全美的经典款式"。很多买过 PPG 产品的消费者曾抱怨服装颜色与宣传不符、面料较差，甚至有的免熨衬衫反而更容易起皱等。网络上对 PPG 衬衫本身质量的指责主要集中在三点，一是 PPG 衬衫袖口短，看上去特别不协调；二是下摆短，搭配西裤容易掉出来，有碍形象；三是版型宽，欧版的式样让身材偏瘦的人穿着特显肥松。

PPG 被媒体报道的五起诉讼中，有两起就是与供应商卓越织造、虎豹的纠纷。PPG 方面表示，供应商提供的服装尺寸不对、甲醛味道严重等质量问题是造成其与供货商货款纠纷的症结。不管最后诉讼的结果如何，这些有质量问题的衬衫已经大量流入顾客手中,给 PPG 带来了影响恶劣的口碑传播。但 PPG 并没有一个专门的产品部来解决这些问题,尽管后来请了一家第三方的质量机构来负责监控衬衫的质量,但似乎也没有完全解决问题。

而在 PPG 自身完全控制的方面,也不尽如人意。一些消费者抱怨说,PPG 订购是一种虎头蛇尾的消费体验:确定订单的过程非常专业,货到付款的方式比较方便,试穿时问题突显,客服烦琐令人失望,退换货的程序难以接受。

对产品质量以及购买全流程的服务质量的漠视或监管不力,让 PPG 饱受消费者诟病,这也导致了 PPG 虽然建立起了对第一批"俘获"的消费人群的数据库,却无法让他们成为活跃的回头客。

(二)价 格

PPG 省去了中间商利润环节,其全棉正装衬衣定价从 99 元到 229 元不等,针织衫和男裤定价都在 169 元到 199 元之间,比传统领域里的竞争对手雅戈尔、太子龙、乔治白等品牌定价至少低 20% 至 50%,在男装行业里处于中低价位水平。与此同时,PPG 通过各种广告传播媒介,展示其产品形象的层次感,展示高"性价比"特点。

(三)渠 道

传统服装企业营销渠道是基于企业所铺设的经销商、代理商、实体门店等多级渠道之上。服装行业的龙头企业雅戈尔,目前在全国设立了 100 多家分公司,开设了 300 多家自营专卖店,1 000 多个商业网点,一个覆盖全国以自营专卖店、大型窗口商场、特许专卖店和团队订购为主要营销方式和渠道的多元化营销网络体系已经形成,成为支撑雅戈尔品牌发展和参与国际竞争的有力武器(数据来源:雅戈尔官网)。

PPG 不用投资建制造厂,将生产、物流环节都外包出去,仅保留设计、质量监控和直销的功能,不开设任何一家门店,只通过邮购目录和网络直销衬衫。在 PPG,第一"销售场所"是产品目录和网站(www.yesppg.com 后改名为 www.ppg.cn),消费者通过网站和产品目录了解 PPG 产品的款式、颜色、面料等等。另一个最重要的渠道是 PPG 的呼叫中心。PPG 拥有约 300 坐席的呼叫中心。通过电话交流,PPG 可以直接询问顾客的详细情况，包括地域、年龄、消费习惯、职业等信息，这些都为市场部门进行分析预测，进而反馈到上游的生产采购提供了重要的后台支持。截至2007年年末，PPG目录销售占总收入的70%，但据David透露，北京和上海消费者从网络和呼叫中心购物的比例已经达到各50%。

"我们既不是服装企业，也不是互联网公司，而是一家数据中心，甚至你可以认为是一家服务器公司。"PPG的CEO、创始人李亮这样描述自己的企业。"我们是衬衫行业中的戴尔电脑。"

和传统服装企业的渠道相比，PPG的轻型渠道还有一个优势是，可以省去大量的库存成本。在线下实体门店销售服装时，每个零售端点总是会铺货以及备有适量库存，一个拥有庞大零售网点的传统服装企业，所有门店库存的总量是惊人的，以互联网和呼叫中心直销的模式却无需在线下的门店铺货，势必减少了PPG的库存风险，而库存的减少也被PPG精明地用来构建自己的特殊优势。

与此同时，国内多家服装企业相继投入到了网络直销的阵营。2007年7月，报喜鸟集团和宝鸟服饰公司投资的男装直销品牌BONO投入运营；2007年10月，与PPG类似的VANCL创立，并在一年多的时间内发展壮大，完成三轮数千万美元融资，发展成服装电子商务的第一品牌；2008年年初已有近30个服装网络直销品牌。

2007年12月17日，PPG突然推出了折价销售网站（www.ppgsale.cn和官方网站www.ppg.cn没有任何链接），在这里进行所谓的清仓大甩卖，PPG将原本售价高于99元的一系列衬衫和休闲裤以最低29元的价格出售。此举引起公众猜疑，认为原先PPG宣称的7天库存是假的或者PPG资金链出现危机。

（四）促 销

2007年之前，PPG的广告投放策略非常稳健，主要集中在《青年报》、《地铁风》等上海本地都市类、消费类媒体。这些媒体的读者群符合PPG的目标客户定位，客户转化率较高，效果很好。

2007年，PPG广告投入可谓挥金如土，在国内各主流报刊媒体动辄整版或半版的彩色广告，一刊登就是数月之久；在电视黄金时段也时常看到"YES! PPG"的广告，与此同时，PPG还采用了多种形式的全覆盖广告策略，除电视广告与媒体平面广告外，直邮杂志、网站、户外媒介等都不乏

PPG 的身影。2008 年 8 月，李亮对记着表示"毫不讳言，我们去年单广告费就花了 2.3 亿元，但我们近四个月就没有再投广告。"广告大户 PPG 今年会改变策略，将重点转向对公司的品牌宣传上。"我们将把广告费控制在销售收入的 10% 以内，而 2007 年，这一比例是 30%。"

众多周知，目前的广告市场是一个买方市场，诸多血腥拼杀的媒体对广告是求之若渴。以 PPG 这么大的投放量，完全可以拿到很低的价格。但事实上，PPG 的疯狂投放，操控不严，硬生生将一个"买方市场"做成了"卖方市场"。据了解，PPG 经由某些 4A 公司投放的广告，折扣极低，价格极高。也就是说，PPG 完全可以用近乎一半的钱就可以获得 2007 年全年的投放量。或者说，PPG 用足 2.3 亿元，完全可以支撑在 2008 年全年保持与 2007 年的投放力度。李亮在被曝"潜逃"后，也曾经在一家平面媒体上说，公司的某高管涉嫌从广告投放中收取数额极大的回扣。

PPG 的效仿者 VANCL 的 CEO 陈年表示"PPG 有 95% 的销售都来自于平面广告，这些平面媒体的广告太贵，此外，PPG 虽然也有网站，但是其并没有注重网络销售，也没有在相应的进行网络推广，其主要的销售依然来自电话销售。""VANCL 在网络投放的广告占所有广告投放的 60% 以上，而且最主要的销售渠道是我们的网站。"陈年称，发展到目前的规模，VANCL 在广告方面的投入不及 PPG 的十分之一。

2007 年 4 月 21 日，因为一笔 165 万元的广告欠款迟迟得不到偿付，上海中润解放传媒有限公司在上海某影响力极大的都市报 A16 版对 PPG 打出了一个整版的债务催收公告，PPG 同供应商之间的债务纠纷进入公众视野。公告声称，PPG 未依约按期支付广告款，并责令 PPG 立即付清所欠 165 万余元款项。截至目前，PPG 至少已面对四起广告纠纷。

五、PPG 的生产组织

PPG 首先整合了上游的成衣加工厂资源和面料商资源，PPG 将仓储系统、物流、采购和生产都用 IT 系统互联互通，信息在这个闭环的供应链里得以快速流转，一旦仓库发出缺货警报，采购部门会立即组织布料采购和生产。

PPG 也采用了一些手段来降低供应链管理的难度。比如，PPG 的衬衫多是暖色调，集中于主要的国际流行色彩，因此采购部门在进行布料采购时，可以给布料商规定特定的颜色标号，并事先就送到布料厂商手中，这样布料厂商可以根据采购部门常规的采购量生产并备好货，大大降低库存风险和供货时间。另外，商业模式设定时专注于男式衬衫，也让PPG的供应链压力大幅度减少。由于男装衬衫对花色、颜色变化不多，而且PPG衬衫的风格具有延续性，因此布料厂商提前生产的风险会远远小于女装备货的风险。当仓库衬衫库存处于低位报警时，信息在第一时间会传递到采购部门，再通过采购部门计算出布料需求后，将信息实时传递给布料供应商。

由于PPG对于布料颜色、质地等方面设定了范围，而且对布料生产量的信息是实时准确的，所以可以让布料供应商在PPG采购部门发出生产指令后，24小时之内直接将原料直接运送服装加工厂，而每家服装加工厂都会在96小时之内批量加工，然后将成衣运送到PPG的仓库等待打包发放。这样，对于大批量生产的布料，PPG就成功避免了设置仓库和布料积压的成本。另外，为了快速应对一些小批量生产，例如个性化定制业务，或者避免某款布料临时缺货，PPG设置了一个小仓库用于原料的临时补给。

距离是PPG在供应商选择上的一个要点。PPG目前一共拥有7个成衣供应商，除了在广州有一个休闲服供应商以外，其他6个供应商都分布在江苏和浙江一代，距PPG车程在一个小时之内。

PPG为了保证产品质量，将质量控制外包给第三方的质量监控公司SGS-CSTC。SGS-CSTC是该行业全球最大的企业瑞士通用公证行SGS与中方合资的企业，在中国服务的对象主要是受外国企业的委托，对中国企业出口订单进行质量监控，由于高昂的监控和检测费用，国内企业鲜有染指。SGS工作惯例是，最终由客户提出委托要求，但是委托要求是与费用相联系的，更高的产品质量要求、过大的产品数量、过多的检验检测环节与过高的质量监控成本之间的矛盾是产生多方之间分歧的根源。

2007年3月，PPG与卓越公司签订了委托加工服装的合约。当初合约规定，所有因供应商生产质量问题而被退回的服装，供应商应按该服装售价加上递送费用的总价值进行赔偿。卓越公司交货后，公司认为该衬衫缩水率严重超出双方约定标准，质量不合格产品数量达到万余件。双方对簿公堂，后庭外和解。卓越收回全部问题产品，同时赔偿PPG200万元人民币。PPG还与虎豹制衣存在诉讼鹫峰，原因为服装因尺寸不对（休闲裤比设计要求短了5公分）和甲醛味道严重等问题而被拒收。

六、PPG 与风险投资

自成立以来，PPG 累计获得三轮总值 3 600 万美元的风险投资，集富亚洲、上海华盈、凯鹏华盈以及三山资本等是其主要投资方（表 2、表 3）。另有媒体消息称，2008 年 8 月，PPG 获得美国某百货公司 1 亿美元的战略投资，但被认为消息不实。

表 2　　　　　　　　　PPG 获得风险投资统计表

时间	金额	股权	投资机构	投资人
2006 年 8 月	600 万美元	N/A	华盈创投、集富亚洲	汝林琪、黎勇劲
2007 年 4 月	1 500 万美元	22%	华盈创投、集富亚洲、凯鹏华盈	汝林琪、黎勇劲
2007 年 12 月	1 500 万美元	10%	三山	李山

表 3　　　　　　　　　风投商简介

风投商	典型投资项目
凯鹏华盈 KPCB	畅翔网、游戏学院、国韵生物、九钻网、晶能光电、联合汽车网
华盈创投 TDF Capital	玺诚传媒、康辉医疗、银河传媒、天利半导体、易查、东方般若、银河传媒
集富亚洲 JAFCO	和家网、蓝汛、土豆网、赢思软件、佰嘉通、赛维太阳能、捷开通讯、3G 门户、乙太光电、海辉软件、安博教育、CGOGO、亿动广告传媒、阿特斯、无限立通、玺诚传媒、阿特斯、博动科技、喷施宝

不过，据内部人士透露，PPG 实际吸引的风险投资仅仅只有第一轮的 600 万美元真正被用于公司的运营。第二轮投资去向则不太清楚了。而第三轮三山的 3 000 万美元，没有到账。

李亮曾经为 PPG 设计了一套快速套现的方案，主要为两种途径，上市或者直接卖掉。2008 年 3 月，李亮曾高调声称，在获得三轮风投之后，PPG 正着手准备赴纳斯达克上市一事。他给出的时间表是，"最快今年第四季度，最晚明年第一季度"。2008 年 11 月，李亮对媒体称，由于大环境的原因，PPG 的上市计划已搁置。

在行业内部人士看来，PPG 迟迟未能上市的原因在于，盈利状况不能达到要求。其还透露，李亮还曾在国内为 PPG 寻觅买家，均没有成行。"他不能按预想的快速套现，不想玩了，所以才有了那么多外界看起来不能理解的行为。"

但当资本市场低迷和竞争敌手纷起时，李亮选择了逃避，在美国一住就是半年。PPG 高管们也分崩离析，而李亮还是坚持通过电子邮件沟通，这令投资方认为这种行为"跟跑了没有什么区别"。2008 年年末，投资方和李亮的矛盾已经公开化，投资方不希望李亮出来说话，特别是释放出诸如"再次获得注资"、"正在美国力拓海外市场"此类信息。之前李亮原本有一封关于 PPG 危机的公开信，但最终没能与公众见面，这背后也是由于投资方的压力。

9 月 9 日，黎勇劲正式离开 PPG，进入土豆网担任高管。黎勇劲此前曾任 PPG 的投资方之一集富亚洲董事，他作为集富亚洲的代表在 2006 年 8 月为 PPG 引入第一笔投资，在 2007 年 4 月为 PPG 引入第二笔投资后黎勇劲本人由风险投资人转变成职业经理人加入 PPG。

"这哥们进去几周后才发现，之前 PPG 融资所提供的报表有问题，从去年 5~6 月份开始和李亮斗争，到今年 9 月，没有结果，最后走了。"知情人士透露，黎勇劲最后去了困境中的土豆网而没有回到集富亚洲，正是投资方对黎勇劲投资失败作出的"变相惩罚"。目前投资方对于 PPG 和李亮的态度是"认栽"，风投们私下对李亮的评价是"投资就是投入，投错了我们一点办法都没有"。

作为一家曾被视为"轻公司"典范的企业，PPG 与其创始人李亮一道经历了快速成长，又一同面对了诸多质疑。时至今日，在高管团队相继离开、竞争对手赶超的背景下，该如何解决 PPG 问题？

启发思考题：

1. PPG 兴起的外部因素和内部因素是什么？
2. PPG 衰败的主要因素是什么？模式的缺陷、营销的不力、管理者的因素、危机公关或其他？
3. 案例结束的时间点，或者当下时间点，你认为是否有可能重新将其经营好？试做商业计划书。

文理学院的岗位分级改革①

[案例摘要] 本案例真实客观地描述了某高校文理学院2007年实施岗位分级改革的艰难和混乱，以及该院的组织政治。对于管理学、组织行为学、战略管理、企业文化、组织领导力等课程的教学与学习，这都是一个经典案例。

一、案例描述

2007年，教育部向各高校下发通知，要求高校实行岗位分级改革，此次改革直接影响高校教职工的薪酬水平和岗位津贴高低。根据教育部文件精神，教育部直属的南方某"211工程"重点建设大学成立了由党委书记为组长、校长为副组长的岗位分级改革领导小组、专门的工作机构和学术评议委员会。为了拿出一个公平合理的改革实施方案、使改革顺利推进，校党委、校长办公会进行了多次研究、部署，方案出来后向全校教职工公开征集了修改意见，几易其稿，学校专门召开校职代会通过了该方案，整个方案的形成历时半年，最后以校（发）文件颁布执行。该文件对基础课岗和专业课岗的评审条件进行了区别，对前者的科研条件给予了倾斜，同时，将职称晋升方式分成直选和评选，前者的晋升条件高于后者，前者拥有优先权。文件还明确，具体的岗位分级改革由各学院根据学校的文件精神进行操作，学校只是对教职工的申诉进行复议。

学校文件强调，此次分级改革是一项十分严肃的工作，要求各学院严格按文件精神办理，宁缺勿滥，其中特别强调，科研成果的认定统一执行学校5年前已出台的规定。

---

① 本案例由中央财经大学商学院管理学博士、博士后肖海林教授编写。本案例的内容完全真实，但对单位名称和有关人员姓名进行了处理。

文理学院包括基础课教学岗教师和专业课教学岗教师，2007年共有3位副教授（甲、乙、丙）申请晋升教授四级岗，其中，甲是专业课教师，乙和丙是基础课教师。教师甲43岁，是学院历史上第一个具有硕士学位的教师，1998年起任副教授，原来也是从事基础课教学，为了支持学院学科建设，应学院的要求调整到了专业课教学岗位，这次是首次（一年一次）申报教授职称。教师乙57岁，专科学历，从事基础课教学，1997年起任副教授，这次是第三次申报教授职称。教师丙45岁，硕士，从事基础课教学，1998年起任副教授，这次是第二次申报教授职称。但学校只给了该学院1个教授指标。值得一提的是，该学院历史上每遇职称评审，教师们都愿意以基础课岗申报，即便他实际上工作在专业课岗，因为后者的难度更大。

第一次资格审查

按学校文件规定，甲达到了专业课岗的直选条件，乙和丙连基础课岗的评选条件都远远不够，因此，在学院第一次资格审查中，只有甲获得通过，理应顺利晋升教授，而志在必得的乙和丙均未能入围，乙和丙犹如当头一棒。

乙和丙在2006年都申请过晋升教授，当时丙的条件要好于乙，尽管两人本来都远远不符合晋升条件，但由于乙与院里的书记张和院长刘关系好，学院将乙推荐到了学校，丙当然不服，于是向校长作了反映，后来学校对乙的成果作了重新认定，全校职称评审会议否决了乙的申报，乙和丙最终都落选并由此结下了仇。乙在2005年进行了第一次申报，那时他的条件更差，在学院里连一票（共7位投票人）也没有得到，在院里就被淘汰。由于乙和丙因2006年相互拆台结下了仇，两人决定在2007年再度较量，但没想到不仅都不具备资格，而且冒出了甲，甲非常轻松地成为唯一合格者。不过，这一次的资格审查结果没有进行公示，因为乙和丙提出反对意见，同时书记和院长本来就不希望晋升甲。

第二次资格审查

如何才能既把甲搞掉又看起来能成立的理由呢？院领导和乙、丙均找校长反映，要求对基础课教师的晋升条件给予进一步倾斜，要求给文理学院增加一个教授名额，至少给乙和丙参评教授的机会，其中，丙为争取追加一个教授名额做了大量工作、贡献较乙大。由于文理学院历史上多次因职称问题争的不可开交、在学校早已名声在外，其所在学科在学校又是弱势学科，学校党委个别领导怕再出什么乱子、决定适当照顾，于是分管人事工作的党委副书记召集有关人士开会，同意由学院提出对期刊认定的临时调整方案，但要求被认定为重点核心的期刊首先必须是CSSCI来源期刊，报学校党委审定。

根据校党委的这一临时决定，文理学院党委授意院学术委员会在黄主席的主持下对期刊进行了调整，在调整为重点核心的期刊当中，只有三种期刊不是CSSCI期刊，它们是《写作》、《应用写作》和《演讲与口才》。调整后，原来1篇核心期刊论文都没有的乙，一下子出现了6篇重点核心期刊论文，因为他在原来连核心都不是的期刊《应用写作》上发表有6篇论文，原来只有5篇核心期刊论文的丙，一下子出现了5篇重点核心期刊论文，因为他在核心但不是CSSCI的期刊《写作》和《演讲与口才》发表有5篇论文。而甲没有在这三种期刊发表论文，甲发表有论文的期刊全部没有进行调升。因此，乙和丙都达到了评选条件（但仍没有达到直选条件）。

毕竟甲达到了直选条件，乙和丙只是达到了评选条件，前者高于后者。学院决定再次开会审查资格，并临时增加个人述职这一环节。在述职前的表态当中，甲表示自己是够直选条件的，另两个老师是通过临时改变规则才获得评选资格的，要淘汰的应是乙和丙当中的一个，述职应当只是乙和丙的事，但甲还是做了述职。乙的表态十分的诚恳，希望学院给他一个机会，并感谢院领导和老师们的关心，在述职的过程中几乎掉了眼泪，再加上连续三年申报、又快退休了，很是令人同情。丙的表态比较简单，请学院按规则办事。述职完后，学术委员会部分人士对甲的材料抠了整整三个小时，似乎实在找不到理由。突然间，一个老师提出看看学生网上打分，结果发现甲没有达到90分以上，由于学校文件规定直选者必须教学水平达到优秀，于是，由此认定甲不具备晋升资格，对乙和丙进行了公示。

第三次资格审查

甲认为荒唐，提出申诉，甲认为如果她不够直选条件，至少自动够了评选条件，因为直选的科研条件高于评选的科研条件，评选条件中的教学只需良好即可，如果说她不够条件，乙和丙就更不够条件。同时，学院以前出台的规定是，对于教学水平的衡量，不仅要看学生打分，还要看课程特点、教学改革、获奖等。甲多年来根据学院的专业调整，不断开出新课，还要给研究生开课，而且新闻学专业的学生由于未来职业的特点，对老师的授课通常比较挑剔。而乙和丙长期一直是开设面向全校非新闻专业本科生的应用写作这一门课程，年年简单重复。甲主持了多项教学改革课题，作为主讲教师之一的一门课程被评为学校优质课程，全院只有这一门是学校优质课程，而乙和丙，特别是乙什么都没有。但学院的解释却是，不够直选的，就不够评选。张书记事后劝说甲，如果只有一个名额，你就够资格了。于是甲向学校提出申诉，学校岗位分级改革办公室后来明确告诉文理学院，甲符合晋升资格条件，并且提出两个教授名额专业课一个、基础课一个。这样，学院被迫认为3人都够资格，就都进行了公示。

最后的结果

全校所有学院都是按照有多少名额就上报多少人，唯独文理学院多报了1人。到底淘汰谁？交由学校处理。同时，学校没有该学院的专业的教授评审权，校人事处决定邀请校外专家来学校对3人进行学术评议，结果甲排第一，乙排第二，丙排第三。

最后学院职改小组对三人进行投票表决。表决前刘院长曾告诉甲，尊重校外专家意见。第一轮表决时，张书记、刘院长却建议职改小组的老师们投票时应主要看综合表现，经投票，乙胜出，甲和丙均没能过半。休息了一天后，进行第二轮投票，刘院长说主要看校外专家意见，甲胜出，丙最终落选。学院和学校决定晋升甲和乙，乙成为学校历史上在职称评审中通过申诉翻盘成功的教师。

丙也不接受这一结果，也去申诉，因为他认为三人当中最不应该晋升的是乙，与乙相比，丙的科研和教学事实上都要明显强于乙。丙最终没能成功翻盘，但被定为副教授一级（按学校文件规定，丙只能定副教授二级，其他没有进行折腾的教师都是该什么级就什么级）。

领导的表扬与学院的反响

因为教授的评审，学院职称评审委员会的9位老师被迫多次开会，而且每次开会时间很长，书记院长都是对会议进行引导，参加会议的人有的出于严重私心或一味迎合院领导，有的出于公心，对这类会议前者乐此不疲，后者不堪忍受，有的教师中途公开离场退出投票，以示抗议。

在后来全院开大会时，院领导指出，这次岗位分级改革，有的教师顾全大局，不计较个人得失。

但是，很多教师私下的看法是，这样的领导真是让人看不上，当这样的领导真没意思。

二、背景信息

（一）派系斗争

文理学院具有派系斗争的传统，院领导直接参与和领导派系斗争。

文理学院是从中文教研室演变来的，经历了基础课部、人文学院和文理学院等阶段。在基础课部阶段，基础课部主任与教师黄（即现在的文理学院学术委员会主席）合得来，于是一直培养黄，并压制黄的竞争对手教师乔，后来乔博士毕业后就作为高层次人才被引进到上海某高校工作（此人到上海后3年就做了博导、他的一本新闻学专著获得了上海市哲学社会科学优秀成果二等奖，也是该学院第一个博士）。成立人文学院时教师黄就当了副院长，院长由校党委副书记兼任，书记兼常务副院长由一位外语教师担任。后来校党委书记不再兼任院长了，英语系又独立成院，剩下的人文学院，在中文教师的投票支持下，黄当了院长。但是哲学系主任不买黄的账、黄在院长职务上干得很不顺心，黄于是也要求将新闻与中文独立出来单独设院，于是成立了文理学院。那谁来当院长呢？此时有两个主要的人选，一是教师黄，一是新闻系主任熊，两个人由盟友关系变成了竞争关系。

在教师黄与教师乔竞争副院长时，熊私下联络各个老师投黄一票，于是黄当了副院长。投桃报李，黄当了副院长后一直对熊关心有加，在黄的一手提拔下，熊当上了新闻系主任。院里甚至传出，两人关系暧昧。但是，黄没想到熊是一个很有心计的女人，她只是利用黄一步步达到自己的目的。当文理学院成立后要选举院长时，熊认为机会难得，黄与熊便成了竞争对手。由于黄当院长时，一直挤压那些敢于直言的教师，而把自己的麻将友和亲信安排到了各种岗位，令多半教师反感。经选举，黄落选，成为学校历史上首位通过选举而丢官的院长，熊成了主持工作的副院长，院长空缺，由学校向社会公开招聘。黄与熊竞争院长职务时，两人私下大量进行拉票，自然，教师就要表态、被分成两派。由于教师甲不愿意介入这种权力之争，结果两边都认为她不是自己的人。但是，后来学院要申报新闻学硕士点，熊通知黄派的两位教师和教师甲参与申报材料的准备，黄派的两位教师拒绝参加，最后只有甲参加了，结果甲被认为是熊派的人。

可是，熊在主持工作的副院长职务上还没做几天，其许多行为让教师们反感，尤其是怀疑她把院里创收的钱装进了自己的腰包。于是黄联络黄派的教师，不断地给熊制造麻烦。同时，熊与张书记之间也出现了权力之争。这时，学校又招聘了院长人选刘，刘先在副院长职位上试用一年后转正为院长，客观上与熊形成了权力之争。刘当了院长后，很快就倒向了黄派，因为黄和张书记都与熊有无法调和的矛盾。最后，熊感觉大势已去，就调到上海某高校工作去了。熊一走，刘就开始对支持熊当院长的教师进行打击报复，对人事进行大规模调整。甲因为参加了熊主持的硕士点申报，也成了打击的对象，而不参加新闻硕士点申报材料准备的两名教师反倒获得重用，而且总是充当派系斗争的急先锋。

（二）申请者的性格与行为特征

甲为人比较直，是那种绝对不会拍马屁，也不善于察言观色的人，也不会为了一官半职趋炎附势，但肯定是一个明理、规则意思很强、不踩人的人。应该说，甲是学院历史上第一个硕士研究生，她来时，其他教师都是本科或专科，但由于其性格与行为的原因，很多机会总是不垂青她。

乙的性格和行为特点与甲正好相反，学历很低，一辈子就教一门应用写作课程。由于特别擅长把直接领导搞定，所以领导总是照顾他，甚至置规则于度外。其晋升副教授申报了四次才成功，前三次他本来均不够晋升条件，尽管有其他几位老师具备晋升条件，就因为他与领导的关系好，其他教师连参评的机会都不给，但每次把他报到学校，最后在学校的大评委会上被否决。轮到第四年，领导感到实在不能再压制其他教师了，结果其他教师很顺利晋升，乙继续寻找机会。

丙也是比较直率的人，但他敢于闹事，领导一般不敢欺负他，他也是被张书记和刘院长视为异己派的人。

（三）学校与学院的发展规划与激励政策

学校早在2000年就提出了"北有中国人民大学，南有××××大学"的发展目标。如今，高校之间的竞争十分激烈，因此，各高校都在拼命抓学科建设。而作为学科建设的基本构件是各类课题，特别是纵向课题；论文，特别是核心以上甚至是权威期刊论文；获奖，特别是省部级以上奖项。因此，校长在全校的大会上，要求全校师生要敬畏科研。学校还给各个学院下达了科研经费的指标。

文理学院拥有的几个专业在全国均处于明显的劣势地位，与学校的期待和学校定位的要求相差较远，每年在学校对各个学院进行的科研排名中总是列最后。院领导从主观上也希望学院快速发展，故也制定了科研奖励政策、学术出版资助政策。多年来，学院没有教师在权威期刊发表论文，学校下达的科研经费指标总是不能完成，2007年甲在二类权威期刊发表了一篇论文，被写进了学院向学校汇报的年终工作成绩总结中，甲的科研经费超过了其他教师之和。参加2007年教授职称申报的三位教师，甲的专著、论文、课题无论是数量还是从级别，均大大高于乙和丙。

启发思考题：

1. 如果最后的结果是甲没有成功，会对学院的组织行为带来哪些可能的影响？
2. 从战略管理的角度上讲，学校的做法和文理学院的做法存在哪些严重错误的地方？为什么？
3. 文理学院每年评职称都闹得不可开交，针对文理学院的历史和现状，你怎样从根本上扭转这一困局？
4. 你认为应当怎样才能建立文理学院书记和院长的领导力？
5. 你如何理解乙和丙本来不具备晋升条件却偏要进行申报的行为？而且，为什么乙还能成功？如果你是院长，且希望学院健康发展，你会怎样对待和处理乙和丙的教授职称申报行为？

公司变革环境下的团队建设[①]

[案例摘要] 本案例源自编写者的实际工作经历，以场景还原的方式讲述了在公司变革背景下，"矩阵"式组织结构中的L&X有限公司西北区业务团队的领导面对的一系列团队建设问题，主要包括岗位设置、领导力、沟通和协调以及激励问题。案例主要涉及公司流程中西北区业务团队的三个不同岗位和销售团队的两个角色，反映了他们之间复杂的相互关系和冲突。

电脑显示着已经快到晚上九点了，张君终于放下了电话，倒在椅背上，深深地松了一口气：终于接完了这个近两个小时的"投诉电话"。回想这倒霉的一天，她耳边满是抱怨的声音：上午严经理说客户的紧急订单由于她手下的实习生请病假而严重滞后；下午实习生小优找她说起几位经理给她带来的困扰和压力；最后是徐经理这个抱怨魏经理工作不尽心的电话。她陷入了深深的思索：问题究竟出现在哪里？该如何解决眼前的困境？

一、人物介绍

1. 王总监——能源交通行业处销售总监，向童副总裁报告。
2. 张君——西北业务处主管，分管西北分区的所有企事业单位客户，下辖13个内部业务经理和两个助理，向童副总裁报告。两年前从竞争对手跳槽加入L&X，工作能力很强，为人干练老道。
3. 徐经理——能源交通行业处外部客户经理，分管全国航空业客户，向王总监报告。在L&X工作十余年，对工作非常认真，能力很强，基本上一直能够超额完成任务，客户关系很好，非常熟悉公司内部各种流程。

[①] 本案例由中央财经大学管理科学与工程学院09级研究生刘静琳编写，指导老师为科研处副处长李桂君副教授，该案例由作者真实工作经历改编，其中公司名称、背景介绍以及案例涉及的人物姓名等内容均作了掩饰处理。

4. 严经理——能源交通行业处外部客户经理，分管全国石油业客户，向王总监报告。在 L&X 工作近十年，为人和蔼，包容力强，在公司内各部门间交际甚广，客户关系很好，主要关注于大量采购的投标，完全不了解公司内部有关流程。

5. 魏经理——西北业务处内部业务经理，分管甘肃省内所有企事业单位客户并负责徐经理的客户，向张君报告。一个多月前刚刚加入 L&X，以前是竞争对手的资深销售代表。

6. 小优——西北业务处业务助理，实习生，辅助魏经理和徐经理处理全国航空业客户的内部流程，并全权负责严经理的客户的内部流程处理，向张君报告。一个月前正式入职，签了为期五个月的实习合约。大学本科毕业生。

二、公司流程，流程团队与职能团队

案例涉及图 1 中的销售部门和业务部门两个环节（见图中斜体加粗部分），其中张君、魏经理和小优属于业务部门，而王总监、徐经理和严经理属于销售部门，张君和王总监分别是两个职能部门的领导。他们之间的关系如图 2 所示。

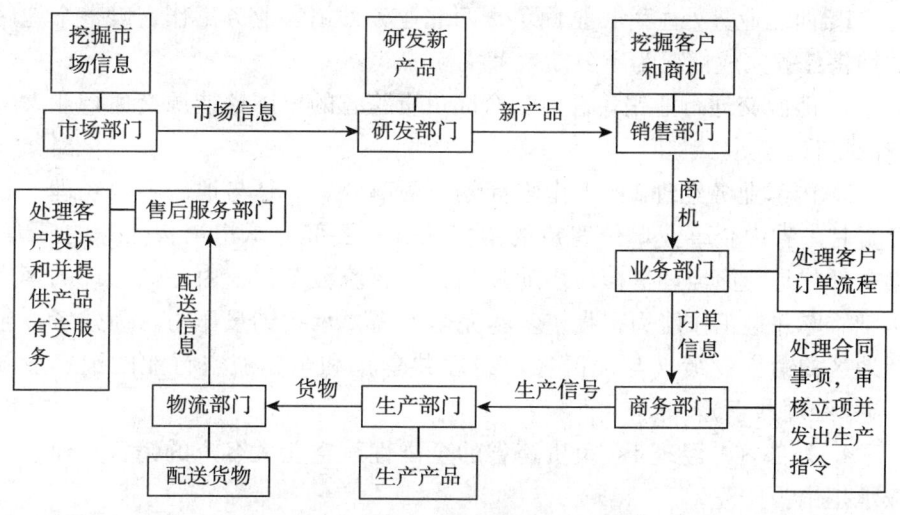

图 1　公司流程示意图

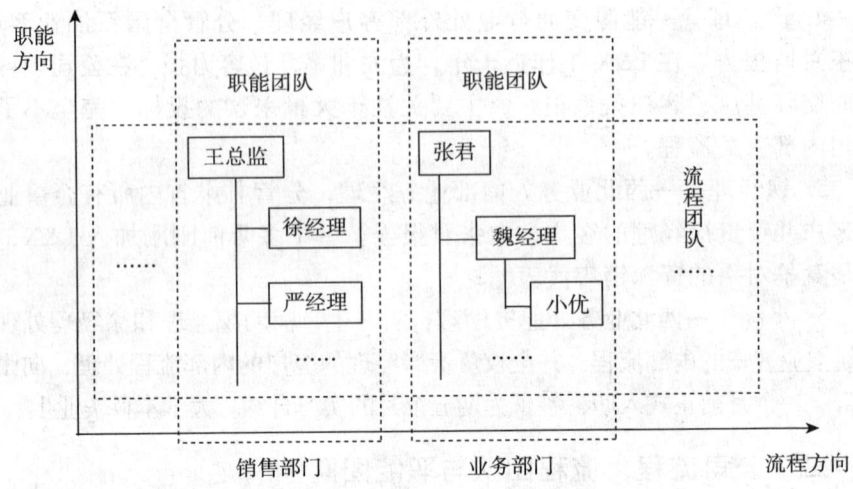

图 2　案例中的流程团队与职能团队

三、案例涉及的组织结构关系及各个岗位的职责

图 3 中斜体加粗的几个岗位与本案例有关，下面简述其主要职责：

1. 西北业务处主管：全面负责西北业务处销售业务工作，以整个地区的销售任务完成情况为主要绩效考核标准。

2. 能源交通行业销售总监：全面负责跨省的全国性能源交通行业大客户的销售。

3. 内部业务经理 1：工作职责分为两部分。一是与地区客户经理一起负责甘肃省内企事业单位客户的销售业务，要部分承担销售任务的压力；第二部分是与徐经理搭档，协助其完成内部流程工作，由于徐经理的客户基础雄厚并且工作能力很强，基本完全不需要承担销量压力。绩效考评包括地区的销售业绩（与地区客户经理共享）和全国航空行业的销售业绩（与徐经理共享）。

4. 外部客户经理 1：负责跨省的全国性航空业大客户的销售工作，全权承担销售任务。

5. 外部客户经理 2：负责跨省的全国性石油业大客户的销售工作，全权承担销售任务。

6. 业务助理实习岗：工作职责分为两部分。一是协助魏经理，处理徐经理客户的内部流程；二是协助严经理处理内部流程性事务，相当于与严经理搭档的内部客户经理。该岗位是实习岗，签订劳动合同，绩效考核的唯一标准是工作时间。

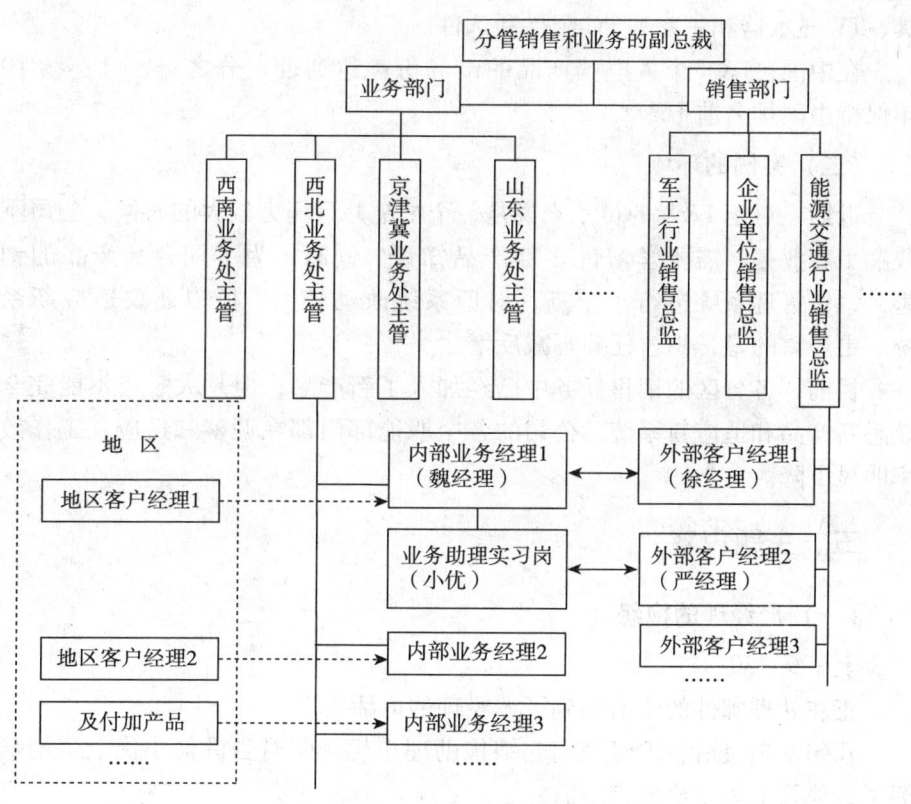

图3　案例涉及的组织结构关系图

四、背景介绍

（一）L&X 有限公司

L&X 有限公司是 L&X 集团中国区总部，负责中国区的所有业务。作为全球个人电脑市场的领导企业，L&X 从事开发、制造并销售最可靠的、安全易用的技术产品及优质专业的服务，帮助全球客户和合作伙伴取得成功。

L&X 在全球 46 个国家拥有分支机构，在 130 个国家开展业务，在全球拥有超过 20 000 名员工，年营业额达 110 亿美元。在全球范围内，L&X 为客户提供屡获殊荣的 T 笔记本电脑和 TC 台式机，并配备了 TV 软件工具、TV 显示器和一系列 PC 附件和选件。

在中国，L&X 个人电脑产品的市场份额达到近三分之一，已连续 10 年保持中国排名前十。

（二）案例的环境

近期，对于 L&X 的员工来说是一个忙乱并且压力较大的时候。公司刚收购了新业务，需要学习许多新产品知识。同时，为了配合新产品的销售，销售管理系统进行了更新，对原系统改动较大，所以还要适应新系统。更严重的是，销售任务不减反增。

目前，各分区的销售任务中已经加入了新产品，但是大家还不能完全熟悉新产品和适应新系统，公司的各个职能部门都在调整和适应，工作效率明显下降。

五、主题内容

（一）严经理的抱怨

上午 9：30

正在处理邮件的张君接到了严经理的电话。

几句寒暄过后，严经理问起销售助理小优，张君告诉他小优上午请病假了，他马上表示出些许不满：

"她昨天就没上班吧？昨天下午客户有一个很急的订单这周五之前必须到货，我答应昨天一定下单，结果一直都找不到小优，客户晚上气急败坏地找我下单。我人在上海投标，怎么下单啊？！都没法解释，好说歹说才拖到今天。刚给小优打电话，还是关机！你说这怎么办？"

张君听了，脑海中的第一个念头就是"这个严经理真太不了解公司流程了！"她觉得这不是小优的过失：

"这不能全怪这孩子吧，昨天我看她一直在发烧才让她回去的。而且这个单子是她走后来的急件，她也不能预料。再说了，多急的单子也得按程序来，半天是肯定完成不了的，你怎么就答应半天下单了呢？"

严经理听出张君话中对自己的不满和对小优的袒护，也感到自己刚才态度不太好，于是赶紧放缓声音："是这样，这个单子直接关系到下个月的大批量采购投标的成败，很重要，而且客户很急，所以我请王总监帮忙推进了，只要单子提上去很快就能批下来。我没有责怪小优的意思，只是我在上海没法进系统做立项，所以你看能不能找个人顶她处理一下这个事情？小魏可以吗？"

看严经理的态度缓和下来了，张君的火气也消了不少，但她知道不能让魏经理顶，她刚来公司，自己的事情还手忙脚乱的，而且她一点都不了解严经理的客户。所以她只能跟严经理解释并承诺等小优来上班了马上催她处理。

但是严经理并不满意，他担心小优下午再开始做来不及。

张君没有办法再推脱，只能做最后妥协——她帮严经理做立项，由小优后续跟进。

这下严经理终于满意了，不过他又提了另一件让人头疼的事：实习岗每次换人，工作交接都会出现盲区，导致延误；另外，跟客户的联系人变动太频繁，已经造成客户不满，并且带来了沟通成本的上升，所以他希望实习岗能够稳定一些。

这让张君又泄气又感同身受，她讲起她的烦恼和现实的困难："我也不想总换人呀，筛简历、面试、交接工作，我确实很烦。不过没办法呀，你想，学生的毕业实习就那么几个月，太长了人家干不了，想找个能长期干的吧，咱这又不是正式岗位，什么相关待遇都没有，差不多的人哪乐意长干呀？我招聘的时候已经尽量找能多干一阵的了。"

严经理想了想，提出了一个解决办法："那咱可以把它改成正式岗嘛！"

张君听了很无奈，她心暗自有些气恼严经理想法的简单：更改岗位设置哪是那么容易的事情，涉及方方面面。更何况现在公司正在调整，销售任务又这么紧张，谁有闲工夫管这事呀。于是她只能敷衍了几句，严经理这才挂了电话。

（二）小优的抱怨

下午 16：45

小优向张君汇报工作，结束后她却迟迟没有离开："张君姐，能跟你谈谈吗？"

张君看了看手中的销售分析报告，想了想，还是带小优找了一间会议室。

小优一脸为难："张君姐，我真的非常感谢你能给我这样宝贵的实习的机会，还不厌其烦的一点点教我，所以我一直都很努力，可……可是最近……"

小优欲言又止。"没事的，你有什么问题都可以直说"张君鼓励她。于是，小优终于打开了话匣："是这样的，张君姐，魏经理和徐经理，他俩总是让我左右为难。比如两周前，我整理销售资料的时候发现盖好了咱们公章的销售合同。按惯例，这样的合同应该寄回给客户的，但是我知道徐经理非常重视这个客户，不敢自作主张，于是问过了魏经理才寄的。谁知道第二天一早，徐经理就气冲冲的过来质问是谁捅了这个大篓子，说那项采购情况特殊，合同绝对不能寄。我当时很害怕，都不知道怎么办才好。"

张君想起徐和魏前一阵因为这事闹过矛盾，她知道这不是小优的问题，赶紧安慰她："这事我知道，不是你的错啊！"

小优更委屈了："恩，我也听到过徐经理和魏经理的争论。后来徐经理又单独找我，安慰了几句，话里话外说了好多魏经理的不是，还让我以后要机灵点，不能什么都听她的，有问题就直接问他。但是我想，我毕竟是魏经理的助理，越过她不太合适呀！当时我想，魏经理刚到公司，可能有所疏忽，但是最近似乎并没有改善。"

张君示意小优继续说下去。

"前几天徐经理整理了一张客户列表，要求魏经理跟客户联系一下，通知客户咱们这边的人员变动，更新联系信息。这事本来是让魏经理自己完成的，但是她一直没做。于是前两天徐经理找我，让我催着魏经理一起尽快把这事完成。我硬着头皮跟魏经理说过几次，但每次她都打马虎眼，不见行动。虽然我几次要求分担一部分，但是她似乎不太愿意我插手。后来徐经理就开始一直鼓励我"多干点"，魏经理又不让我做那些她认为没必要的工作,他们俩一个告诉我"万事要以顾客的需要为先",另一个又说"不能太惯着顾客"。我很为难啊!"

张君一听就明白了:魏和徐的工作理念不同,没法配合工作,小优夹在中间确实不好做。于是她给小优宽心:"恩,他俩之间一直都有问题。我能理解你的处境和心情。近期我也会再找他们俩沟通,你放心,他们俩都不会为难你,你做好你分内的工作就好了。"

小优听了如释重负地露出了微笑,不过很快又皱起了眉头:"对了,还有严经理,他是不是对公司的流程规定完全不了解呀?"

张君一听就想笑——就连这个刚来不久的实习生都发现了严经理的"糊涂"——但是她不能跟这个新来的孩子谈论老员工的问题:"恩,严经理是不太关注公司内部的流程,不过他与客户的沟通非常出色,与公司内各部门的来往也比较多,所以工作业绩一直不错。怎么了?"

小优恍然大悟:"那就难怪了。他总是让我做一些措手不及的事。就像刚才那个订单,他根本不清楚从立项到审批通过要多少时间,总是答应客户一些不能实现的要求。这次还好,他请王总监帮忙催着,以前像这种紧急订单他都直接让我发邮件催其他部门,我哪有那个立场和能力呢?还有,他经常让我做一些我完全不清楚的工作,娟子(小优的前任)走的时候也没提过。我问他该怎么做,他不但不知道,连我可以去问谁都不清楚,就叫我想办法在某个时间之前一定帮他解决。所以我经常感到压力很大。"

张君了解小优这种状况,以前的实习生也是一样。她给小优支招:"催订单这个事情你以后要跟他明说,让他出面,你再发邮件给各部门经手人。"然后又鼓励她道:"至于其他的杂事,你还是得自己解决,以前的实习生也都是这样。做新东西才能得到真正的锻炼啊!在寻求解决办法的过程中你能够熟悉公司内部结构、各种新流程并且认识许多其他部门的同事,这些都会对你有帮助。另外,如果实在不行,可以来找我。"

小优这下有了"主心骨",一下子轻松了:"恩,我知道了。我也知道严经理不会故意为难我。我会继续努力的!谢谢您!"

(三)徐经理的抱怨

晚上19:05

张君终于处理完了今天的事务,正收拾东西准备下班。

电话又响了。张君瞟了一眼，是徐经理。她挣扎了一下，还是无奈地拿起了听筒。

"小魏来了也差不多一个月了吧，怎么一直还没进入状态呢？"

张君一听就知道，徐经理又要"提意见"了。

她抱着一丝侥幸帮魏经理掩护："恩，小魏是有些慢热，不过看得出来，她的工作能力还是没有问题的。"

于事无补，徐经理"常规性"地先又一次表示了当初对魏经理的高期望，然后话锋一转，半玩笑的语气说道："不过小魏最近可是耽误了我的事呢！"

张君问及具体情况，徐经理的不满就像洪水一样一发而不可收拾："咳，倒也不是什么生死攸关的大事。前一阵那个寄错合同的事你也知道，那事就费了我不少劲才勉强摆平。现在，我让她跟客户联系一下，也就是打打电话，她答应得好好的，就是迟迟不见动啊！我知道她刚来，很多事情都需要梳理需要适应，我能分担的就尽量不麻烦她。我帮她把客户名单和联系电话都整理好了，她只需要按着表打几个电话，这用不了多少工夫吧？而且我也给了她足够的时间。你看，现在眼看就过了一个礼拜了，这期间我问过她几次，每次她都说正在打，可是现在大部分客户还不知道咱这边换人的事，还经常有人打电话给小李。你看这多不好的……"

张君知道必须打断他，于是她尽量抓住机会替魏经理解释。

但是徐经理不肯退让："她的这些困难我都知道。其他的事情无论怎么样我都能理解，也都会帮她解决。只是跟客户联系的事不能推啊！这事关咱们在客户心中的形象！你想，咱这边换人了，过个小半年才通知人家，首先就是对人家的不尊重。再者，人家有什么需要，照着以前的联系方式找小李，那边一说已经离职了，客户肯定得打电话找我。我肯定不能再推给小魏了，一是客户已经有不满情绪了，二是人家压根就不知道她是谁啊。这一来一去地耽误了不少工夫，而且回头客户习惯了直接找我做这些事，就不愿意再找她了，我就得天天在公司坐着不用出去跑业务了。"

张君不愿再争论这个问题，也不愿继续听徐经理"唠叨"，所以只好答应再催催魏经理。

但是徐经理并没有如她想象地结束这次通话，接下来的近一个钟头里，徐经理又或明或暗地给魏经理提了好多"建议"。张君听着这些"老生常谈"，只能无可奈何地应承着。

（四）张君的回忆

终于，电话那头说了"再见"，张君如释重负地放下电话，脑海中回放起这段时间以来的种种：

魏经理刚来公司，张君把她介绍给徐经理，两人都表示了合作的信心……

魏经理和前任的工作交接结束，张君与魏和徐一起总结，魏经理一个劲地抱怨前任留下的摊子太乱，徐经理表示了极大的谅解和安慰："不着急，慢慢来"……

前任销售助理实习生离职后，张君请徐经理和魏经理共同挑选下任销售助理……

魏经理正式开始工作的前半个月里，徐经理三天两头地找张君"投诉"，于是张君跟魏经理谈了一次。谈话中张君发现，魏经理由于知道徐经理这边的销售任务没什么问题，所以一直没有把他的事情放在优先位置，而是专注于自己的地区销售工作，并且，他们的工作理念尤其是对待客户的态度完全不同。对于销售助理小优，魏经理比较认可，就是觉得她太老实，徐经理说什么她都照做。

于是，混乱的状况产生了：魏经理和徐经理互不服软，徐经理"曲线救国"——拉小优作"同盟"，而魏经理也充当起小优的"挡箭牌"，经常帮小优挡掉一些她认为多余的工作，小优非常为难。

几次调解都没有取得实质性进展以后，张君只好一边尽量稳住徐经理，一边多提醒魏经理，同时叮嘱小优尽量分担部分工作。毕竟魏经理是她的团队成员，她专注于地区销售是和整个西北团队的利益要求一致的，以她的立场不好因为徐经理这个"外人"过于严厉地批评或者要求魏经理。

以后的日子里，魏经理依旧"我行我素"，徐经理的"投诉"不见减少，边上还有个"可怜"的小优，张君被夹在中间越来越难受……

张君脑海中的画面和话语逐渐交错重叠，变得无比杂乱：严经理、小优、魏经理、徐经理，各人有各人的立场，各人有各人的要求。怎样才能找到一个合适的平衡？怎样处理才能最大限度地避免摩擦？怎样才能保证在对各方公平合理的前提下最大限度的提升团队的整体工作效率？看来明天不会是轻松的一天了……

启发思考题：
1. 在严经理的抱怨中出现的两个问题应该如何解决？
2. 徐经理和魏经理之间的矛盾该如何解决？
3. 如何解决小优的"两难处境"？如何缓解严经理给她带来的工作压力？
4. 张君处理本案例中涉及的几次抱怨和冲突的方式和方法是否得当？她有没有实现有效的团队管理？

陈天桥与盛大网络①

[案例摘要] 本案例从陈天桥个人经历、创业历程、创业理念、公司商业模式、管理团队、资本运营等方面，对陈天桥及其创建的盛大网络进行了较为详尽的描述。

中国领先的互动娱乐媒体公司盛大互动娱乐有限公司（NASDAQ：SNDA）（以下简称"盛大"）于美国东部时间2008年9月2日晚公布了截至2008年6月30日的第二季度未经审计之合并财务报告。该财报显示：盛大在收入、利润、用户人数等各项指标均超出分析师预期，经营业收入增长48.4%，至1.22亿美元，大大超出华尔街预期。在盛大网络发布创新高的2008年Q2财报之后。花旗发布题为《二季度业绩强壮，强大产品线展示未来巨大希望》的报告。认为盛大第二季度业绩"强壮而无懈可击"（strong and clean），并且增长势头将延续。盛大优异业绩在行业内遥遥领先，在继续巩固市场第一的位置同时，市场份额也扩大到29%。盛大股价在29日纳斯达克大涨13.04%，达到39美元/股。这也是国内网游业唯一一家发布财报后股价上涨的企业。至此，盛大当之无愧地再一次坐上了中国网络游戏产业的第一把交椅，其掌门人"陈天桥"这一少年英雄亦顺理成章地成为了中国网游产业的领头羊。

一、陈天桥其人

1973年5月，陈天桥出生在浙江新昌县澄潭镇东坑坪，父亲是上海导航仪器厂的工程师，母亲是中学英语教师。由于母亲工作调动，陈天桥来到了上海，1990年从浦东洋泾中学考入了复旦大学经济系，曾任复旦大学校团委组织部长。1993年，陈天桥以上海市唯一的"优秀学生干部标兵"

---

① 本案例由中央财经大学管理科学与工程学院投资系栾华教授编写。

称号从复旦大学经济系提前一年毕业，进入了著名的上市公司——上海陆家嘴集团。之后，他又放弃了投身仕途的大好机会，来到一家证券公司。也就是在这里，他发现了网络的潜在前景。

1999年，26岁的陈天桥毅然决定辞职下海，加入.com热潮，他用筹集到的50万元人民币作为启动资金，创立了上海盛大网络发展有限公司的前身（上海盛大是其后来的名字），做网络动画，推出中国领先概念的图形化网络虚拟社区游戏"网络归谷"。随后，借网络泡沫的东风，成功从中华网融资300万美元。2001年初与中华网分手，盛大正式进军在线游戏运营市场。利用与中华网合作的"剩余价值"（约50万美元），于当年6月买下了韩国网络游戏《传奇》的运营权，开启大型网络游戏《传奇》公开测试序幕；2001年11月，《传奇》正式上市，并迅速登上各软件销售排行榜首。陈天桥的成功经历是短暂的：17岁上名牌大学，18岁入党，20岁以"优秀毕业生"提前毕业，22岁被任命为上海陆家嘴集团某子公司的副总经理，24岁成为陆家嘴集团公司董事长秘书。从26岁创业至今，不过短短数年时间，这个年仅36岁的年轻人率领他的创业团队，已经积累了数百亿的财富。而其本人30岁时身价已超过40亿元人民币，其后身价一路飙升，时至今日已然身处中国内地富豪榜的前列，被誉为"中国财富积累速度第一人"。

二、陈氏创意

（一）捕获商机

在经历了大多数公司都未能幸免的网络寒冬之后，陈天桥捕捉到了"网络游戏"——这个日后让盛大一鸣惊人的商机。陈天桥认为，网络游戏是实现互联网盈利的最好选择。他说："娱乐永远是人类的本能需求，网络游戏模拟了真实世界里的人际交流，帮助人们实现在现实中无法满足的需求。只要在网络上找到乐趣，用户就愿意付钱。"

2001年初，盛大开始运营韩国ACTOZ公司的网络游戏《传奇》。在陈天桥和他的团队的运作下，玩家人数像滚雪球一样迅速增长。目前《传奇》游戏注册用户数已超过8 000万，每天同时在线的人数已突破85万。而盛大引进的另外一款网络游戏《疯狂坦克Ⅱ》的注册人数也已超过1 000万，同时在线人数达到10万。盛大网络已经成为国内同时在线人数最多的网络游戏站点。

国际数据公司的统计表明，盛大当时占据了 2002 年中国网络游戏业 68% 的市场份额，成为世界第一大网络游戏运营商。也因为盛大，中国网络游戏市场从 2001 年的 3.1 亿元人民币飙升至 9.1 亿元人民币，增长率高达 187.6%。更让网络精英们眼红的是，仅 2002 年一年，《传奇》游戏就为盛大带来约 6 亿元人民币的收入，超过国内三大门户网站的收入总和。

（二）创业第一理念就是一个"变"

1999 年 9 月，当中国互联网信息服务行业刚刚开始发展时，陈天桥即投资建立 Stame.com 和当时中国最早的虚拟社区之一——"归谷"（Home Valley），注册用户数百万，创造了每日平均浏览量 600 万人次的卓越成绩。1999 年 11 月 28 日，"归谷"获中国知名 IT 杂志《大众软件》评选的"最佳创意奖"。

当人们还在代理模式下享受付费模式带来的欢乐时光时，当很多人还在对免费模式嗤之以鼻的时候，陈天桥"一意孤行"地大做起了免费游戏的文章。没有人会把自己还在赚钱的游戏"从零做起"，因为最难的是挣脱"惯性"和"惰性"。但是盛大闲不住，陈天桥更闲不住。陈天桥说，与其别人变，不如自己变；与其被动变，不如主动变；与其明天变，不如今天变。即使这种变化注定要经历大苦难。

（三）推陈出新，敢为天下先

2005 年底，盛大率先宣布旗下三款主力网络游戏免费运营，拉开了中国网络游戏历史上宏大的道具免费的序幕。一个季度下来，盛大的收入被打掉三分之一，股价跌到原来的三分之一，再加上溢价投资韩国 Actoz 公司的账面计提，报出了令业内震惊的 5 亿美元巨亏，这也是盛大上市以来唯一一个季度的衰退。外界的怀疑、批评甚至谩骂，围绕在盛大和董事长陈天桥的周围。但在巨大的压力下面，盛大并没有摇摆，陈天桥没有退却。盛大股票从低谷期的 12 美元又回到了 30 美元以上。

业内人士评价，盛大持续增长的秘密在于"小步快跑"的逻辑，总是不甘心现有的成功，先人一步把握市场的变化、用户的需求，然后靠强大的执行力去满足。从这个意义上说，盛大每次迈出的绝不仅仅是一小步，而是一大步。或许，已经跃上巅峰的盛大现在又开始往前跑了。时过境迁后，后人才看到盛大引发的这场免费革命有其更深层的含义。

（四）互动娱乐电子商务

陈天桥提出了发展互动娱乐电子商务的新理念，并加以实施。目前已经建立了国内交易额最高、分布最广、服务用户最多的互动娱乐电子商务平台；陈天桥在业界率先提出 EC 娱乐顾问概念，奠基了网络游戏运营企业的成功管理模式。在他的领导下，盛大网络已经形成了积极创新的团队和以客户为本的企业文化。

三、盛大管理团队

（一）盛大集团

董事长兼首席执行官，陈天桥，公司创始人。

首席运营官，董事，陈大年

陈大年自 1999 年 12 月与陈天桥共同创建盛大网络并担任公司董事，2008 年 4 月起担任公司首席运营官。此前，陈大年曾历任公司产品总监、副总裁、高级副总裁、资深副总裁等职位。创立盛大前，陈大年曾于 1996 年至 1999 年在星辉国际运输公司、海捷船运代理公司和金易网络公司任职。

总裁兼首席技术官，谭群钊

谭群钊，1999 年加入盛大。自 2006 年 6 月起担任公司资深副总裁兼首席技术官，并于 2008 年 4 月起担任公司总裁兼首席技术官。此前谭群钊曾历任公司研发总监、副总裁、高级副总裁等职位。加盟盛大前，谭群钊曾于 1996 年至 1999 年在华东理工大学洁净煤技术研究所担任助理工作。谭群钊毕业于华东理工大学，并取得化学工程学士学位。

高级副总裁，张燕梅

张燕梅，2005 年 1 月加入盛大。自 2005 年 8 月起被任命为公司高级副总裁，此前曾任公司（行政）副总裁职位，主管人力资源及企业文化建设。加盟盛大前，张燕梅曾于 1991 年至 2004 年历任索尼（中国）副总裁、索尼（中国）有限公司人力资源部长、索尼（美国）国际人事专家等职位，曾是索尼在华公司中唯一一位副总裁级中国籍员工。同时，张燕梅还担任北京外企人力资源协会理事、北京大学光华管理学院高级顾问等社会职务。张燕梅于 1985 年大学外语本科毕业后曾留校工作 4 年，1989 年赴美国南卡罗莱那州立大学学习并获得国际 MBA 学位。

首席财务官，吴兆莆女士

吴兆莆女士于 2007 年 10 月加入盛大，担任战略投资副总裁，并于 2007 年 11 月被任命为首席财务官。加入盛大之前，吴兆莆女士在全球领先的 TFT－LCD 制造商之一友达光电公司供职 5 年，主要负责财务规划与分析，投资者关系以及资本市场运营方面的工作。在此之前，吴女士曾任职于著名投资银行高盛（Goldman Sachs）和雷曼兄弟（Lehman Brothers），从事资本市场和投资银行部门的相关工作。吴兆莆女士拥有台湾大学政治学学士学位和哥伦比亚大学国际关系硕士学位。

首席投资官，朱海发

朱海发，2004 年加入盛大。自 2008 年 4 月被任命为首席投资官，此前曾相继担任盛大新业务中心副总监、用户平台中心总监、平台运营中心总监和投资中心总监。加入盛大之前，朱海发曾于 1996 年至 2001 年在上海科学院担任科技管理工作，并于 2001 年至 2004 年在 Nuovo Assets investment Ltd. 负责风险投资业务工作。朱海发毕业于复旦大学，分别获得复旦大学管理学硕士学位与文物与博物馆学专业学士学位。

首席信息官，米丹宁

米丹宁，2005 年加入盛大。自 2007 年 11 月起担任公司首席信息官，此前曾相继担任 SDS 事业部副总裁、SDO 事业部副总裁和公司助理总裁等职务。加入盛大前，米丹宁于 1993 年到 2005 年期间就职于北大方正集团，历任方正电脑公司总经理助理、方正科技集团运营本部常务副总经理、方正科技集团首席信息官等职。米丹宁毕业于北京师范大学，分别获得物理学学士学位和心理学硕士学位。

值得一提的是，唐骏曾于 2004 年 2 月就任公司总裁，于 2004 年 4 月就任公司董事。加入盛大之前，唐骏在 2002 年 3 月至 2004 年 1 月期间担任微软中国有限公司总裁，在 1998 年 1 月至 2002 年 3 月期间任微软亚洲产品支持与服务中心、微软全球技术中心总经理。2002 年唐骏在美国加州创建了软件娱乐公司 Intertex Company。唐骏曾于 1998 年获得微软比尔盖茨总裁杰出奖，2002 年获得微软最高荣誉奖。唐骏分别在美国，日本和中国获得博士，硕士和学士学位。

(二) 盛大游戏有限公司

盛大游戏首席执行官，李瑜

李瑜，2005 年加入盛大。自 2008 年 4 月起担任盛大游戏有限公司首席执行官，之前曾历任盛大集团资深副总裁、盛大集团副总裁、游戏事业部副总裁、商务发展中心总监、项目管理中心总监、测评中心兼策划中心总监等职位。李瑜曾于 2004 年至 2005 年在旅游商务网 Expedia 西雅图总部担任亚太区项目总监，负责管理中国、日本和澳洲的项目管理团队；1999 年至 2004 年供职微软，在其雷德蒙总部相继担任 Office、Windows 和 Xbox 创业团队的管理人员；1997 年至 1999 年在富达投资波士顿总部担任高级经理；曾于 1995 年起供职波士顿国际电讯公司。此外李瑜还在哈佛大学参与创建《中国哈佛评论》，并于 1998 年担任董事会主席。李瑜在北京大学获得心理学学士学位，并在美国俄亥俄州保林格瑞州立大学商学院获得统计和统筹学硕士学位。

盛大游戏总裁，凌海

凌海，2003 年加入盛大。自 2008 年 4 月起担任盛大游戏有限公司总裁，此前曾任公司高级副总裁。加盟盛大前，凌海曾于 1997 年至 2003 年担任创智世商网电子商务公司首席执行官兼总经理职位，1994 年至 1997 年担任泰克计算机系统集成公司副总经理职位，1992 年至 1994 年担任中国湘普电脑公司销售经理职位。凌海毕业于国防科技大学计算机科学与技术专业，取得学士学位。

盛大游戏首席制作人，张向东

张向东，2001 年加入盛大。自 2008 年 4 月起担任盛大游戏有限公司首席制作人，此前曾历任盛大游戏有限公司产品管理中心总监、盛大游戏有限公司副总裁、公司高级副总裁等职位。加盟盛大前，张向东曾于 1998 年至 2000 年任职于中华网，1997 年至 1998 年任职于深圳金智塔电脑软件公司。张向东毕业于大连轻工业学院，并取得化工系学士学位。

盛大游戏首席技术官，朱继盛

朱继盛，2003 年加入盛大。自 2008 年 4 月起担任盛大游戏有限公司首席技术官，之前曾历任网络安全部副经理和经理、技术保障中心总监、SDO 事业部副总裁、公司副总裁等职位。加入盛大之前，朱继盛曾于 2001 年至 2003 年期间担任金诺网络安全有限公司技术服务总监，于 2000 年至

2001 年在易趣网担任研发总监。朱继盛毕业于华东理工大学,并取得自动化控制系硕士学位。

(三) 盛大文学有限公司

盛大文学首席执行官,侯小强

侯小强,2008 年加入盛大。自 2008 年 7 月起担任盛大文学有限公司首席执行官。加入盛大前曾任新浪网副总编辑,先后分管新浪读书、房产、汽车、博客、视频等,其主管的新浪博客产生了较大的社会影响。侯小强毕业于首都师范大学文学硕士,取得清华大学经管学院在读高级工商管理硕士。

盛大文学总裁,吴文辉

吴文辉,2004 年加入盛大。自 2008 年 7 月起担任盛大文学有限公司总裁。吴文辉是起点中文网创始人之一,现任起点中文网总经理。在组建上海玄霆娱乐信息有限公司之前,就职于方正科技公司、朝华科技公司。吴文辉毕业于北京大学计算机专业,取得计算机学士学位。

盛大文学副总裁,商学松

商学松,2004 年加入盛大。自 2008 年 7 月起担任盛大文学有限公司副总裁。商学松是起点中文网创始人之一,现任起点中文网副总经理。在组建上海玄霆娱乐信息有限公司之前,就职于上海对外贸易学院。商学松毕业于华东政法学院经济法专业。

盛大文学副总裁,黄艳明

黄艳明自 2008 年 7 月起担任盛大文学有限公司副总裁。黄艳明现任北京晋江原创网络科技有限公司总经理,晋江原创网站长。在组建北京晋江原创网络科技有限公司之前,就职于优典科技、焦点房地产网。黄艳明毕业于河北经贸大学经济法专业,取得学士学位。

盛大文学副总裁,孙鹏

孙鹏自 2008 年 7 月起担任盛大文学有限公司副总裁。孙鹏于 2004 年创办红袖添香公司,现任红袖添香公司总经理。在组建红袖添香公司之前,就职于北京互联新网科技发展公司技术总监、北京互联天地信息技术公司内容总监。

(四) 盛大在线

盛大在线首席执行官,王静颖

王静颖女士,2002 年加入盛大。自 2008 年 4 月起担任盛大在线首席执行官，此前曾历任客户服务总监、副总裁、高级副总裁等职位。加盟盛大前，王静颖曾在 2000 年 12 月至 2002 年 5 月在获特满饮料有限公司担任客户服务经理，1996 年 7 月至 2000 年 12 月在玫琳凯化妆品有限公司担任客户服务总监。王静颖女士毕业于上海大学，并取得无线电技术专业学士学位。

盛大在线首席技术官，梁建武

梁建武，2002 年加入盛大。自 2008 年 4 月起担任盛大在线首席技术官，之前曾历任计费平台中心总监、公司 SDO 事业部副总裁、公司副总裁等职位。梁建武于 2002 年 2 月加入盛大并在 2005 年初组建公司计费平台中心。加入盛大前，梁建武曾于 2000 年 5 月至 2002 年 1 月就职于上海一家软件研发企业，从事技术开发与项目管理工作。梁建武 2000 年毕业于上海交通大学，并取得应用数学系学士学位。

（五）投资公司

资深副总裁，瞿海滨

瞿海滨，2000 年加入盛大。自 2005 年 8 月起被任命为公司资深副总裁，曾于 2003 年 7 月起担任公司高级副总裁，2004 年 4 月就任公司董事。在此之前，瞿海滨在 2002 年 9 月至 2003 年 6 月期间担任盛大网络副总裁，在 2000 年 2 月至 2002 年 8 月期间担任盛大网络业务发展总监。加盟盛大前，瞿海滨曾于 1996 年至 2000 年在上海复纬科技发展有限公司担任副总裁。瞿海滨毕业于复旦大学，并取得机械专业学士学位。

高级副总裁，陈念端

陈念端，2007 年 9 月加入盛大，并担任高级副总裁一职。在加盟盛大前，陈念端在中国营销、广告和品牌管理领域拥有超过 15 年的工作经验，他曾于 1995 年至 2007 年就职于世界著名广告公司——李奥贝纳广告公司，并于 2002 年至 2007 年担任上海李奥贝纳广告有限公司中国区董事总经理。在此之前，陈先生曾于 1993 年至 1995 年在中国香港灵智大洋广告公司任助理客户总监，并于 1990 年至 1993 年在和记电信公司市场部任职。2006 年，陈先生被中国广告协会评为年度 10 大广告经理人。2007 年，陈先生在全球品牌论坛年会上被评为中国品牌建设最具影响力广告推动人物。陈念端毕业于加拿大皇后大学，并取得电子工程专业学士学位。

四、引入风险投资

(一) 中华网的 300 万美元

1. 中华网——盛大的第一位"天使"

1999 年 10 月，陈天桥拿着炒股赚来的 50 万元和会做网站的弟弟拉了几个朋友，一起做了一家名字叫做 stame.com 的网站，主要从事当时还很时髦的网上娱乐项目，如虚拟社区、互动娱乐以及网络游戏。没过多久，这个网站便拥有 100 万的注册用户，但却叫好不叫座，整个公司的业绩为负数。如果没有新的资金注入，陈天桥只能打道回府。

靠着在证券公司和政府机构工作时建立起来的人际关系，陈天桥找到了中华网 CEO 叶克勇，一阵交流之后，叶克勇说："stame.com 我要定了，你带上签好的合同来见我。"就这样，陈天桥在 2000 年 1 月得到了中华网 300 万美元的风险投资承诺。

风险投资拿到了，但中华网认为，仅凭虚拟社区还不足以带来更高的浏览量，因此他们要求陈天桥改变盛大的经营方向。陈天桥决定做动画网站。"这样既可以带来投资方所需要的浏览量，又不会离网络游戏社区很遥远。"但还没有等到盛大网站盈亏平衡，网络业便开始走下坡路。

2. 志不同不相与谋——盛大与中华网分道扬镳

2001 年 5 月，中华网承诺投资盛大的 300 万美元中还有 100 万美元没有到账，而中华网已经开始质疑陈天桥。因为公司虽然有 100 万注册用户，但几乎没有一分钱的进账。眼看事业难以为继，陈天桥决定放弃网络动画，但是下一步做什么，他自己也没主意。

刚好此时韩国游戏开发商 We made 到上海来寻找合作伙伴，准备推广网络游戏《传奇》。在上海市动画协会的介绍下，We made 被推荐给了陈天桥。陈天桥拿到游戏，在大学的时候他本人就是个游戏高手，他自己先动手玩。尽管当时网速很慢，但曾是游戏高手的陈天桥一下子就被吸引住了，他看到了其中的市场前景。于是，陈天桥向中华网请示用 30 万美元做运营《传奇》的代理，希望中华网尽快将那 100 万美元投进来，但被网络烧钱泡沫吓怕了的中华网坚决不干。

可是，陈天桥知道自己真的是找到了一棵"摇钱树"——网络游戏的本质就是多人博弈，和赌场是类似的道理，开赌场做庄家，风险远不如赢面大。

陈天桥认为自己没有道理不赌这一把,他逼迫中华网至少按合同留下30万美元后分道扬镳。

(三) 软银亚洲的4 000万美元

1. 黄晶生与软银亚洲信息基础投资基金。

黄晶生,一个多数人都感到陌生的名字,他却是国内两大海外上市公司——UT斯达康和盛大成功的灵魂人物,没有他居中引线投资,中国企业要成为国际企业的脚步还要慢上许多。这位低调的风险投资家的眼光,却是来自于自己的创业失败经验……。

那一天,在软银亚洲投资基金(SAIF,以下称"软银亚洲")北京总部的办公室里,中国区董事总经理黄晶生毫不掩饰对软银投资盛大,获得十倍回报的骄傲。

软银亚洲是盛大上市引入的风险投资,而盛大除了缔造了中国科技首富陈天桥,软银亚洲就是这个神话第一受益者。2005年1月12日,也就是盛大收购新浪19.5%股份的前一周,软银亚洲将所持有的盛大股份转让给合作伙伴思科、软银亚太时,盛大的股价一直在40美元到44美元之间,依此计算,软银投资盛大已经净赚4.2亿美元,相当于34亿人民币。

这桩被喻为"中国IT业最成功的投资"背后,却有着一段不为人知的曲折故事。

2002年8月,当时盛大的财务顾问汇丰银行找到黄晶生,介绍陈天桥与他见面谈引入风险投资这件事。"那时,盛大已经找了几十家风险投资商看过,但是都没有谈成。"将近30个月后,黄晶生才娓娓道出当年的来龙去脉。

黄晶生说,软银亚洲刚接触盛大的时候,已经有不少风险投资商和盛大接触过,但都谈不拢的主要原因,在于这些投资机构单项投资额都控制在几百万美元,以分散投资的风险,所以,风险投资商的解决办法是几家联手投资盛大。

但陈天桥很迟疑,因为这是盛大的第一次融资,陈并不想一下子招来好几个风险投资商对盛大的未来指手画脚。不过,眼前的情景是,盛大如果不能成功引入风险投资,将会影响上市进程。

在后来不到两个月的时间内,盛大决定和软银单独达成4 000万美元的成交价码。当时，可以一子拿出4 000万美元的风险投资商的确不多，所以盛大愿意向软银亚洲投怀送抱，至于软银可以毫不怀疑盛大、作出投资决策的重要原因，则是软银拥有一个涵盖中国、韩国，贯穿亚洲市场的分析团队。

原来，软银亚洲在考虑投资盛大时，盛大正面临与韩国游戏提供商Actoz的版权官司。除了黄晶生，软银亚洲CEO阎焱、中国区合伙人周占雄以及韩国办公事的Dom Han，都在第一时间得到软银韩国办公室所提供的韩国游戏产业研究信息。软银团队得出的结论是，盛大即使失去了《传奇》，只要经营团队还在，盛大也会重新运营出下一个"传奇"。于是，就在其他三家与盛大签订框架协议的风险投资商开始观望起来的时候，软银亚洲对盛大的投资却在这一期间基本确定。

黄晶生说："当时投资盛大确实有很大风险，不过这让我们非常近距离地看清了这家公司、这个团队是怎么调动公司资源来应付危机的。他们半夜开会，我们也在那儿；他们给韩国人起草信函，我们也帮了忙。Actoz和We made来谈判，我们也有代表做调停。"

2. 三年收益1 400%，软银亚洲全身而退。

盛大上市后，SAIF一度持有1 350万股ADS，占股份19%。2004年，盛大对外发售2.75亿无息美元可转债。此中，盛大特意拿出7 500万美元回购SAIF持有的266.3125万股ADS，每股ADS的回购价为28.16美元。其次是盛大网络，用投资者的钱，"答谢"SAIF的支持。某种程度上，SAIF既是风险投资，也是战略伙伴，盛大能够上市，与SAIF也不无关系。盛大用7 500万美元回购了SAIF约266万股ADS。至今，SAIF仅持有约120万股的ADS。

盛大在纳斯达克上市后，从11美元的发行价一路起步，最高曾探到45.40美元。如果以这个价格测算，SAIF持有的1 350万股ADS对应身家高达6亿美元。这已是初始投资的15倍。说盛大是2004年全球新上市科技企业中表现最优异的；同时美国著名市场研究机构汤姆逊金融公司的报告也显示，去年在美国新上市的249家企业中，盛大是市场表现最好企业之一。2004年5月13日，盛大网络成功登陆纳斯达克，2005年7月软银亚洲撤出盛大，兑现5.6亿美元，从4 000万到5.6个亿，不到三年，投资收益高达1 400%。

五、收购韩国游戏公司

2004年11月29日,盛大宣布,正式与韩国网络游戏公司 Ac-toz Soft(下面简称"Actoz 公司")签订协议,以9 170万美元收购该公司约29%的股权,从而成为 Actoz 公司的第一大股东,拥有控股权。此次盛大收购韩国 Actoz 公司,是中国网络游戏行业诞生以来最大的一笔现金收购,实现了盛大这家网络游戏运营商与上游游戏内容供应商之间的战略联盟。

此次收购对盛大而言可谓意义深远,Actoz 公司拥有目前中国市场多款领先的网络游戏(包括《传奇2》、《传奇3》)的联合版权,盛大收购 Actoz 公司后,既彻底消除有关《传奇2》的代理权隐患,又为自己在韩国建立一个发展平台,从而可以整合韩国网络游戏资源,完善盛大的网络游戏产业链,为其打造"互动娱乐迪斯尼"的构想奠定基础。而对 Actoz 公司而言,此次选择盛大作为抛售股份对象,主要是看中盛大收购的价格,此次盛大收购 Actoz 公司的价格远远高于从流通市场购入的股票价格,而且盛大自2004年5月在美国上市后股市表现一直很不错,Actoz 公司相信,此次交易将会为公司带来较高的收益,为股东创造更多的价值。

Actoz Soft 公司在韩国网络游戏行业规模排名第三,是韩国领先的网络游戏开发、运营以及发行商,有很强的自主研发能力,拥有包括《传奇2》、《传奇3》、《A3》、《千年》等在内的目前中国市场多款领先的网络游戏产品的版权或代理权。同时,Actoz 公司也在韩国本地市场开发及运营网络游戏,其网络游戏已经进入了包括欧洲、日本、印度、泰国、新加坡、马来西亚以及中国台湾等海外市场。

参考文献:

1. 上海盛大网络发展有限公司主页 http://www.shanda.tom.en。
2. "收购韩国游戏开发商 Actoz 盛大7亿通吃《传奇》",载于《南方都市报》,2004年12月1日。
3. "分析:盛大与 Wemade 首度携手升级传奇",新浪网2004年12月23日。
4. "分析:盛大控股 Actoz 的醉翁之意",新浪网2004年12月1日。
5. "韩国媒体敲警钟爆内幕中国网游迟早要独立",赛迪网2003年9月8日。
6. "经验、理念融入盛大打造未来网上迪斯尼",搜狐网2004年2月9日。
7. "猎豹潜行 软银与盛大:谁成就了谁?",《互联网周刊》,2004年3月23日。

8. "当软银爱上盛大三年收益1 400%全身而退",《证券日报》创业周刊,2006年3月5日。

启发思考题:

1. 上海盛大网络发展有限公司的盈利模式或商业模式是什么?

2. 软银亚洲信息基础投资基金是个什么样的组织形式,其投资的范围是如何确定的?

3. 收购韩国游戏供应商在上海盛大网络发展有限公司的发展过程中的作用体现在哪些方面?

4. 软银亚洲信息基础投资基金投入4 000万美元主要看中上海盛大网络发展有限公司的管理团队?还是网络游戏的市场份额或发展潜力?

5. 分析软银亚洲实现的1 400%投资回报的主要原因有哪些?

旺季来临时的资源短缺问题[①]

[案例摘要] 案例真实再现了某家具有行业代表性，规模较大的物流公司在航运旺季来临时业务量突然增大，在资源短缺的困境下如何整合外部资源，优化操作流程，节省成本并最大限度地满足客户需求的经过。

时间：2004年6月

地点：物流公司T，港口城市P市

主要角色：T公司大客户部经理Lukas，大客户部操作主管Eric，客服人员

　　　　　S公司（提供集装箱卡车服务）老板张小姐

　　　　　H公司（大客户）

2004年6月20日，T公司大客户部与H公司的合同正式实施，至7月底为双方的试用期。客服人员安排就位，由大客户部操作主管Eric统一管理。

客服人员按照航线总共分派了4个人，分别负责东南亚澳洲，南亚中东，欧洲美洲及俄铁路运输。他们的日常工作如下：

√向船公司订舱。通常1~4个小时内收到《设备交接单》，用于提取吉柜[②]，证明定到舱位。

√订车。将《设备交接单》传真给车行，同时告知其装货时间，地点，派车数量等。

√登录T公司系统，每一票货的具体信息都要录入，通常需要10分钟/票。

---

① 本案例由中央财经大学MBA09级F班学生刘园编写，指导老师为贾晓菁博士、副教授。本案例是真实业务再现，为避免商业机密外漏而引发纠纷，所有数据及人称均作了适当修改。

② 货柜—集装箱，吉柜—空集装箱，重柜—装载了货物的集装箱，甩柜—重柜航行途中被卸在起运港和目的港中间的某个港口等待下一班船，会造成船期延误，延迟交货。

√装货的过程中要协调司机和发货台的操作，也是操心最多的环节。

√货物装船以后要在H公司和船公司之间传递单据签发提单。

√货物的在途跟踪，到达目的港后还要跟S车行和H公司对账开发票等工作。

在航运旺季，物流公司不缺货量，谁能拿到舱位谁是老大，普通客户愿意出高价抢舱位，这段时间普通客户是物流公司的最主要的利润源泉。淡季刚好相反，谁手里有货谁是老大，大客户常年稳定的货量可以帮助物流公司从船公司那拿到较低的运价。因此大客户成为物流公司度过淡季的重要粮草。由此看来，物流公司必须从大局出发，合理地配给有限的资源，平衡满足大客户与普通客户的需求，实现利润和货量的双赢，才能始终存在于当前的良性循环中。由于T公司是上市公司，利润对股价还有重大影响。

在Lukas带领下的大客户部，还没来得及享受胜利的喜悦便投入到紧张的战斗中来。试用期也是磨合期，准备得再充分也会面临各种各样的问题。Lukas把大部分精力转移到大客户来，Eric忙着完成中标后的各种余留"作业"，同时还要协调和监控日常操作。4个客服人员更是充实，稀里哗啦地讲电话，噼里啪啦地敲键盘，偶尔还得楼上楼下地跑财务部，寄快递等等。

大客户部的操作压力最先体现在拖车环节，4位客服人员平均每天总共花费近4个小时与S车行张老板通100个电话订车催车，还要用1.5小时60个电话询问司机什么时间到工厂，到了工厂还要问有没有装完货，每天都累得嗓子冒烟……

Eric看在眼里急在心里，这么做下去客服的压力太大了，而且忙中总会出乱子的。Eric有近6年的从业经验，他挤出时间研究过去拖车方面的历史数据，经过与H公司和Z公司的进一步沟通，逐渐了解H公司发货的一些规律和特点，H公司某些项目负责人提前告知新合同的大概立方数，Eric大概推断出未来1~2个月内的货量。接着，Eric把S车行张老板请来，彻底地分析，并列明未来拖车环节面对的沉重的工作量。最后，Eric提出在旺季与S车行实行"包车"操作，即从H车行中挑选车辆较新、司机素质相对比较高的10台拖车作为大客户部专用车辆，每台车以固定月租金结账，每天每台车工作不多于10个小时。S车行给这10台车安装GPS，

T公司客服人员能够通过电脑了解行驶动向。

张老板非常赞同这个方案，只是具体的包车价格Eric需要征得Lukas的同意，还不能立即签署《包车协议》。Eric把分析的数据和自己的想法讲给Lukas，Lukas非常高兴，当即拍板同意了这项举措。最终，T公司与S车行在双方平等自愿的情况下签署了针对旺季7、8、9三个月的《包车协议》。S车行立即对选中的10台车司机进行单独培训和教育，并告知司机们日常调度由T公司客服人员直接调配，张老板只做些辅助的记录性和协调性工作，2004年7月1日起正式实施。

一个月的试验和考察，证明包车这项举措给大客户部带来了诸多利益，前后差异如表1所示。

表1　　　　　　　　《包车协议》实施前后对比分析

	《包车协议》实施前	《包车协议》实施后	分析
订车	9：30am 客服A：H公司要走5*40GP到卡拉奇，周五开船，明天上午就要装货，有车吗？ 张老板：等下我看看……不行哦，明天上午都安排好了。有几台跑外地的车中午就能回来了，下午去装行不？ 客服A：不行啊，这货不出其他货就进不了库，上午必须得装车，张老板想办法吧。 张老板：我再找找车，你等我电话（挂断）。 10：30am 张老板：我把别人的货推到下午了，找来3台车，先去H公司装吧，跑回程装剩下2台和新加坡的吧 客服A：也只能这样了，谢谢张老板。 10：00am 客服B：张老板，H公司要走3*40GP到新加坡，货特别急下午就要装，赶快弄3台车来啊！	9：30am 客服A：张老板，明天上午做5个柜子到卡拉奇的，《设备交接单》传过去了，车一会儿就出发。 张老板：好的，我记下来了。 10：00am 客服B：张老板，下午要装3个柜子去新加坡，我看上午Dubai的货快装完了，就用那3台车回程装新加坡的货，你记录一下。 张老板：OK！	▷客服人员直接参与到10台包车的实际调配当中来，根据轻重缓急统筹计划包车装货顺序。 ▷客服人员第一时间了解车辆动态情况，省去与车行老板反复、低效的通话时间。 ▷省内中小型工厂多而分散，跑长途的车容易碰到迷路的情况，如果路上抛锚、遇塞车将更加棘手。调度很难控制长途运输的时间，调配中时常感觉鞭长莫及。包车以后10台车只跑P市港口—H公司工厂这条线路，对路况非常熟悉，大大提高了营运效率。 ▷遇到紧急发货的情况，客服人员在可支配的范围内调节运输内容，实在不够还可以临时从备用车队出高价调车，保证满足客户需求。 ▷车行老板的工作量减少了几乎一半，省下时间用来处理T公司普通客户的拖车业务。

续表

	《包车协议》实施前	《包车协议》实施后	分析
	张老板：哎哟，大小姐，又是十万火急的货呀。哪还有车啦，司机一天就睡5个小时哦。 客服B：拜托拜托，新加坡的项目重要，货赶不上船H公司要罚款的，我们浪费一个舱位损失好多钱啊，你知道这年头拿个舱位多不容易啊…… 张老板：去A市的车还在路上，B市车的迷路了耽误些时间，C市的车还没装完，D市的车排队加油呢……我真的变不出来车呀。 客服B：张老板，救命啊……		
运输过程	客服A：师傅，你在哪儿啊怎么还没到工厂？等着你装货呢。 司机：唉，＊＊路上塞车哦，我也没办法。（很可能司机还没出发，有些滑头的司机很会倒浆糊） 客服A：不对啊，刚才先到的那台车司机说今天特顺，一点儿都不塞车…… 司机：哎呀，我会尽早到的（挂断）。	客服A： （打开GPS软件的界面，10面小红旗旁边标注着车牌号，慢慢地在路上移动，车子走到哪了，速度多少一目了然）司机再也不敢以迟到找理由了。	GPS的使用大大减少了客服人员与司机的通话次数和时间，降低安全隐患，减少司机偷懒的机会，让烦躁的装货过程看起来井然有序，为客服人员节省更多宝贵时间用来关注其他工作内容。
进工厂	由于是从30台车中随机挑选到H公司装货，不可能每个司机对H公司的规则都很熟悉，经常因违规而被H公司门卫拒绝入内，增加了交涉和排队等候的时间。	10台车的牌号和司机信息都在公司门卫处做了备案，而且他们的相对素质要高，T公司还主动与门卫拉近关系，通常门卫都不会过分刁难。	平均可以节省等待时间20分钟/次/车。
装货	由于H公司有好几个发货台，即有时候一个集装箱要到几个地点装货才能走，新司机因不熟悉地形而迷路在厂里绕圈子。又因为集装箱卡车体积庞大，转弯掉头等动作难度非常大，存在较多安全隐患。	司机对工厂轻车熟路，加快了装货进程，而且也与发货台的装货人员产生了默契。	节省5分钟/次/车。

续表

	《包车协议》实施前	《包车协议》实施后	分析
携带报关文件	每票货的报关文件通常由最后装完那台车的司机带回码头车行调度那里,调度再委派人统一交给码头的报关行。新司机有时候会忘记文件,直接去跑别的活了。	每台包车司机都会记得携带报关资料,从未发生过遗漏现象。	为大客户部节省了日常的快递费用。通常上午下午各一次,总计节省RMB12元/天。不受快递收件时间限制,节约了文件传递时间。
结算	客服人员和车行每日都要统计时间/车牌号/装货地点/车型/压车费用①等,月底需要核对明细,非常费时费力。	车行和T公司每天记录装货次数,目的只是为了核算成本,便于适时调节包车数量。	通过计算,每台车每天跑3.5个来回即可平掉传统租车价格,而旺季里车辆平均每天运行4.5次。旺季包车为T公司降低运营成本作出了巨大贡献。
服务水平	客服A:您好! H公司项目负责人:请问迪拜的3台车怎么还没到发货台,现在在哪儿?什么时候到? 客服A:请稍等,我问一下一会儿回复您。(挂断)(给司机挨个打电话,#¥&*@@¥……%#,10分钟过去了) 客服A:不好意思,车子到***,还有15分钟就到工厂…… H公司项目负责人:怎么才到***,叫他们快点!	客服A:您好! H公司项目负责人:请问迪拜的3台车怎么还没到发货台,现在在哪儿?什么时候到? 客服A:稍等我看一下(打开GPS监控),第一台和第二台车正在**路口等红灯,第三台在他们后面200米左右,很快就到啦……	能够立即回答出客户所问,显示出T公司优秀的服务水平,提升T公司的服务形象。

新问题出现了——仓库满了

拖车问题基本解决之后,H公司签了一个孟加拉的合同,每周只能发1批货,每批50个40GP,大约3 000立方米②。同时这批货部分设备从供应商采购的,在库里组装,工程师调试以后再装车发运。H公司的仓库已

---

① 当拖车到场后4个小时未装货,给车行造成损失,一般会赔付一些压车费,属于额外费用。

② 1个40GP的内容积是76个立方米,假设实际每个40GP装60立方米的货物。

经不能满足如此大量的配件和成品设备的堆存,面临备件无法进库的困难局面。

航运业里,码头堆场给予货主7天的免费堆存期。例如,船开时间是7月10日,那么装满货的货柜(称重柜)最早可以在7月3日还码头,至船开前的这7天不收堆存费,也不收集装箱占用费(俗称"柜租")。如图1所示:

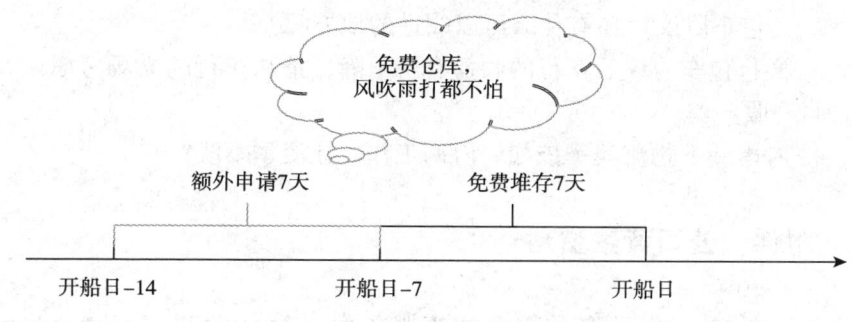

图1 码头堆场堆存期间示意图

解决方案

仓库的容量的不足对H公司来讲是件非常棘手的事情,临时找仓库需要向上级部门层层提交额外开支申请,一个流程走下来最少要一个星期,所以基本是不可行的。去哪儿找仓库呢?Lukas想出了一个非常妙的解决方法:T公司以大客户H公司的名义向船公司申请"起运港14天免堆期",即货柜可以从6月27日起陆陆续续还码头。这样,H公司组装调试完毕的成品设备可以立即装柜进港,船公司的集装箱相当于"免费的包装材料",而码头堆场俨然成为了"免费的仓库"。

对于船公司来说,这样的做法对他们也是有利的。因为旺季舱位极其紧张,假设一班船在P市港口只能承载500TEU,船公司放舱(预留舱位)给大客户100TEU以后才能将剩余舱位分给其他散客,万一最后大客户由于某种原因货物未备齐放弃装船,船司已经来不及再将这100TEU的舱位转卖给别人,因而就会发生100TEU的空仓,造成的损失是惨重的,更影响T公司的信用。如果客户能够早早地把货柜送还码头,顺利完成报关,也就能按计划装船。所以,柜子越早还进码头,船公司心里越踏实,收入也就稳稳地放进口袋，何乐而不为？

这个问题中，H公司，T公司和船公司三方实现了多赢，皆大欢喜。T公司大客户部全体员工团结一致，兢兢业业，不断发现问题又不断解决问题，积累了宝贵的经验，并得到H公司的肯定……

启发思考题
1. 在物流业竞争激烈的环境下，如何有效控制成本？
2. 《包车协议》还有什么可以改进的地方吗？
3. 实行包车协议后车行的收益有所下降，请从车行的立场考虑该如何增加自身收益？
4. 考虑一下物流淡季该如何协调工作，让淡季不淡？

附件：公司背景资料

T公司①是一家著名的综合物流服务商（简称LSP，Logistics Service Provider 的缩写），历史悠久的国有企业，且已经在中国香港成功上市。沿海地区是公司的核心战略区，公司通过加强这些地区的市场竞争力来巩固发展内陆地区的业务，形成能够辐射全国市场的物流王国。

T公司深圳分公司（以下简称T公司）是集团中最有活力的一支队伍，不久前从一家外资的竞争对手挖来一个年轻有为、精力充沛的Lukas先生担任销售经理兼大客户经理。他全权负责整个深圳分公司的销售工作，包括普通客户②和大客户，其中开发大客户是重中之重，忠实稳定的大客户为公司长期战略目标的实现起到至关重要的作用。

➢ 2004年6月初，经过几轮殊死搏杀，T公司最终中标H公司2004～2005年度海运出口，铁路出口货运业务，预计月平均货量1 100TEU③左右。同年，T公司还拿下了另一个大客户Z公司部分海运出口，铁路出口

---
① 这里隐去企业真实名称。
② 一般指货物流向单一，服务模式简单，公司规模较小的客户。
③ TEU 是海运业的常用术语，Twenty Equivalent Unit 的缩写，代表长度为20英尺（通常表示为20GP）的集装箱，也称国际标准箱单位，2×20GP＝1×40GP。通常一台集装箱卡车装载1×40GP 或 2×20GP，当20GP 数量为单数时，集卡也可以只装1×20GP。

货运业务。这样，仅大客户部的月平均货量就达到 1 500TEU，日平均货量 60TEU（以月工作 25 天计算）。

➢ H 公司和 Z 公司生产基地都在 P 城本地，距装货港码头 60~80 公里左右，往返一次 3 小时左右。

➢ H 公司对物流环节的运作效率控制异常严格，他们要求：从其他供应商采购来的组装配件到库后尽快完成组装配载，3~5 个工作日内必须出库。同时，H 公司却很少能够给 T 公司准确预告出货时间和数量，一旦发出装货指令，要求 T 公司 1~2 个工作日完成。相当于把大部分供应链运转效率上的压力转嫁给 LSP，T 公司必须全力以赴地满足 H 公司的需求，并且在资源分配上给予 H 公司优先权，否则将面临被罚款的损失或更换 LSP 的可能。

➢ 因欧美等国家圣诞节来临，对物品需求更加旺盛，我国航运业每年 7 月中旬开始迎来最繁忙的旺季，直至 10 月中旬结束。届时集装箱班轮运力供小于求，具体体现在提前半个月定舱都无法拿到舱位，即便上了头程船，也会因二程船爆舱而被甩柜。T 公司与船公司建立了长期的、良好的业务合作关系，因此旺季里船公司能够保证 T 公司相对稳定的、足量的舱位。

➢ 陆运方面，由于市场上拖车（集装箱卡车）数量有限，调配不力，旺季时经常遇到货已经备好但无法及时装车进港的情况，进而导致无法赶上预定的船期。而 H 和 Z 公司的产品月均出货量相对平稳，即不受淡旺季影响。在航运旺季时无疑给 T 公司带来沉重的拖车压力。

T 公司一共签约了 3 家当地拖车行，其中主推车行 S 共有 30 台拖车，每天往返于省内各地工厂和码头之间。S 公司的车辆同时为 T 公司大客户和普通客户服务，租车价格根据运输距离而定，如，A 市——P 市 RMB ＊ ＊ ＊/车/次，费用以月结为主。

H陶瓷有限责任公司运营管理案例[①]

[**案例摘要**] 本案例以H陶瓷厂运营管理为研究对象,通过对约束理论在H陶瓷厂成功实践的深入分析,梳理了H陶瓷厂在国家节能减排的号召下,有效利用约束理论,提高能源利用率、企业生产效率和利润效率,达到能源最优化,实现节能高效的过程。

H陶瓷有限责任公司的经理老王拿着责任书回到自己那宽敞明亮的办公室,心情无比的复杂,紧皱的眉头久久不能舒展开……H陶瓷公司是当地的生产大户,最近的几年间,随着房地产市场的不断增温火热,家用商用陶瓷产品也不短升温,市场需求日益扩大,呈现出产品供销两旺的局面,H陶瓷公司也凭借优质的产品质量,低廉的产品价格迅速成为市场中的一颗新星。

看到了火爆的市场前景,老王决定带领H陶瓷公司继续占领国际国内市场,追求利润的高速增长,在短短几年的时间,H陶瓷公司不断扩大生产规模,购买大批原材料,扩建厂房,扩充人员,从一个省内的小企业一举成为当地乃至全国的明星企业。但同时烦恼也随之而来,产品生产加大了,企业收入编好了,可企业的环保排污问题又称为了老王心中的一个疙瘩。

几年前,由于陶瓷厂乱排油污和建筑垃圾,镇里面上千平方米菜地变成了黑地,清澈的池塘成了黑水湖,池塘逐渐干涸,导致周围周边菜地无法灌溉。因为农田的土壤中混杂着众多建筑垃圾,多半是陶瓷厂剩下的陶瓷废渣和建筑边角料,农民种出来的蔬菜都不敢卖到市场上去。如今的菜地,更像一个垃圾场,只有农田的某个角落露出几棵蔬菜,让人感觉到这里曾是一片菜地。农民多次跑到厂里来闹事,说:自从陶瓷厂建厂以来,

---

① 本案例由中央财经大学MBA09级F班孙蕙雯编写,指导老师为贾晓菁博士、副教授。

周围的蔬菜长势就明显变差，尤其是陶瓷厂的釉料废水排入池塘后使得池塘水受到污染，村民已经不能用池塘水来灌溉蔬菜了，要求厂里给补偿！附近农民的多次举报，惊动了当地的环保部门，经过多次协商，厂里决定去咨询一些环保企业，寻求办法，解决企业的环保排污问题。可专家请到了，意见提出了，可到真正落实的时候，厂里又犯难了。专家给出的建议是：一个从根本解决的方法是以液化石油气取代煤炭与作为燃料生产产品，减少了对环境的污染。这个办法需要企业停产一段时间进行彻底改造，一劳永逸。另一个办法是在排污口处加装过滤系统，降低排除污水中的废渣和釉料废水。这个办法治标不治本，只能解决短时间的问题。

可是如果停产企业每天就要损失几十万的收入，手中的订单如果不能按时间交货又要承担更高的违约金……面对这样的情况，厂领导决定采取第二个办法暂时缓解一下企业的环保排污问题，等到合适的时候再彻底改造排污系统。

可是谁又能想到，以后的日子，企业的机器一天也没有停下来，订单越来越多，效益越来越好，污水越排越多，领导们再也不提彻底改造的问题了，只是向钱看，再向钱看了！

而2007年度节能减排目标责任书，像一块重重的石头压在老王的心头，这回政府可是下大力度去保护环境了。"就算是牺牲企业的利润也要把节能减排做到底。"市长的这句话让老王认识到不做不行了，不改不行了！改，一定要改，为了企业的长远发展一定要改！可是能不能不牺牲工厂的利益呢？能不能节能不减产？减排不减效呢？老王带着心中的疑问召开了厂节能减排研讨会，他想听取企业核心人员对于节能减排的想法以及措施。

在会上，大家达成共识，节能减排一定要做，一定要把企业的耗能降下去，同时尽量少地牺牲企业的损失。为了企业的长远发展，还有建立一套完整有效的环保机制，彻底改造企业的环保排污问题，让企业既环保又高效，再也不让附近的农民为了排污的问题来闹事了。会后，大家纷纷为企业节能减排献计献策，有效的提议和报告不断上交到老王的手上，其中一份有关生产运营的报告引起了老王的兴趣，这份报告是第一车间负责运营生产的小赵提出的。

具体内容如下：

应用约束理论进行我厂节能减排的基本思路

约束理论（TOC）是以色列物理学家、企业管理顾问高德拉特博士于20世纪70年代末期，在他开创的优化生产技术（OPT）基础上发展起来的管理理论。约束理论强调持续改善的程序，有五大核心步骤（Five Focusing Steps）：第一步，找出系统中存在哪些约束；第二步，寻找突破（Exploit）这些约束的办法；第三步，使企业的所有其他活动服从于第二步中提出的各种措施；第四步，具体实施第二步中提出的措施，使第一步中找出的约束环节不再是企业的约束；第五步，回到第一步，别让惰性成为约束，要持续不断地改善。

一、确定能源是否为系统中的约束资源

任何组织的业绩都受到各种约束条件的限制，若要提升业绩，就需要对各种约束进行管理。根据目前国际的能源形势以及我国的能源政策，能源将成为众多企业发展的瓶颈约束。在确定约束条件时，应该搜集各种资料，综合考察原材料、能源、人工、机器设备以及市场需求、法规政策等，对比其实际供应能力与实际需求量。如果受到多项约束的限制，则应在企业战略目标的指导下，考虑各项约束的实际影响力，慎重确定能源是否为当前的主要约束。当然，企业的约束资源不是一成不变的，而是动态转移的。当企业的能源约束通过改善加以解除后，再根据新的情况重新确定企业的约束条件。我厂在节能减排的大环境下，要充分降低标准煤的使用量，到2007年年底实现节能量5 720吨标准煤，煤炭的使用量成为约束条件。

二、充分利用能源约束

整个系统的效率是由约束资源的效率决定的，所以必须充分利用约束资源，使其效率达到最大。当能源成为企业的主要约束资源时，就要设法确保能源的及时供应和充分利用，制定降低或解除能源约束不良影响的策略。其他非约束资源的利用程度则不由其本身决定，而是由能源这一约束资源的利用程度决定。

三、基于能源约束制定生产流程

TOC从系统的整体效益出发，认为非约束资源并非利用率越高越好，相反，如果非约束资源追求百分之百的利用率，可能会给企业带来更多的在制品、更长的等待时间和种种浪费。所以，在能源约束条件下，应该以

能源约束为核心制定生产流程，生产流程中的其他环节都应该以能源约束为导向，即以能源约束为"鼓"，约束控制企业生产的节奏——"鼓点"。对于非约束资源，不能一味地追求单一资源的生产能力最大化，而忽视能源的约束；对非约束环节的绩效评估也应进行调整，应该激励个人或单位去做对整体有利的事情。

四、改善能源约束条件

一旦已经采取行动对能源进行最佳利用，为减少能源约束对组织经营绩效的制约，就需要着手实施持续的改善计划。如可以考虑采用新技术、新设备以及开发新能源、寻找替代能源等手段来解决能源约束问题。在决策时还应根据TOC，通过对完工效益、投入物和转化费用等指标的测算，评估这些手段的有效性。如果当前的能源约束解除了，则回到步骤1，重新确定系统约束条件。如此循环，以不断促进企业的持续改进。

我厂第一生产车间生产厂有两条流水线A、B，分别生产面盆、浴缸两种产品。目前市场对于这两种产品的月需求均为800个，假定未来市场需求相对稳定。生产面盆产品需要#1原料电力，生产浴缸产品需要#2原料煤炭，两种产品生产均需要煤能源。该车间有2个工人操作机器，每人每月工作160小时，每小时直接人工成本100元；当月运行费用为120 000元。两种产品当月的具体生产情况如表1所示。

表1　　　　　　　　　　产品资料

	面盆	浴缸
单价（元/个）	1 500	1 600
单位产品所需原材料成本（元/个）	500	450
单位产品所需能源成本（元/个）	400	600
人工（小时/个）	20	20
工资标准（元/小时）	10	10
当月生产量（个）	80	80

当月的实际能耗为80 000元，考虑当前节能减排的要求，计划下月节约能耗15%，即将能耗降低至68 000元。要求确定面盆、浴缸两种产品生

产的优先次序。

1. 当月获得的利润。

面盆单位有效产出 = 1 500 – 500 = 1 000（元/个）

浴缸单位有效产出 = 1 600 – 450 = 1 150（元/个）

有效产出总额 = 80 × 1 000 + 80 × 1 150 = 172 000（元）

利润总额 = 172 000 – 120 000 = 52 000（元）

2. 用传统计算方法确定下月两种产品生产的优先次序。由于浴缸的单位有效产出大于面盆，所以按市场需求优先生产浴缸80个，所剩能源20 000元（68 000 – 80 × 600），可生产浴缸50个（20 000 ÷ 400）此时产生的利润为：

有效产出总额 = 80 × 1 150 + 50 × 1 000 = 142 000（元）

利润总额 = 142 000 –（120 000 – 80 000 × 15%）= 34 000（元）

3. 用TOC确定两种产品生产的优先次序，并重新安排生产。

（1）确定约束资源。经过综合考察后认为，由于按市场需求量进行生产的能耗为80 000元，而企业计划期能耗仅为68 000元，无法同时满足80个面盆和80个浴缸的生产，因而将能源确定为约束条件。

（2）通过能源约束确定产品生产的优先次序。

面盆单位能源约束条件下的有效产出 = 1 000 ÷ 400 = 2.5

浴缸单位能源约束条件下的有效产出 = 1 150 ÷ 600 = 1.92

故应优先生产单位能源约束条件下有效产出大的产品面盆，但同时由于面盆的未来市场需求是稳定的，难以提高，所以应按市场需求量优先生产面盆80个，再安排剩余能源36 000元（68 000 – 80 × 400）生产浴缸60个（36 000 ÷ 600）。按此生产安排：

有效产出总额 = 80 × 1 000 + 60 × 1 150 = 149 000（元）

利润总额 = 149 000 –（120 000 – 80 000 × 15%）= 41 000（元）

由此可以看出，按TOC进行的生产安排，在节能指标的控制下，能够产生更大利润（表2）。

	正常	传统改进	TOC改进
面盆单位有效产出	1 000	1 000	1 000

续表

	正常	传统改进	TOC 改进
浴缸单位有效产出	1 150	1 150	1 150
面盆生产量	80	50	80
浴缸生产量	80	80	60
有效产出总额	172 000	142 000	149 000
利润总额	52 000	34 000	41 000

(3) 其他非约束环节配合能源约束的安排。由于浴缸生产规模降低到 60 个，其对于原材料的消耗也将减少，因而在原料的采购、供应等环节应加以调整，以防止过多的库存和资金占用。此外，对于生产浴缸的人工和机器的绩效考核也应加以调整。根据 TOC，追求非约束资源的 100% 使用反而会带来更大的浪费，所以此处的绩效评估系统应谨慎设计，以支持公司的全盘策略。

(4) 设法改善目前存在的能源约束。由于存在能源约束，即使按照 TOC 优化了能源配置仍然低于节能前的利润。所以，企业应该尽可能去改善能源约束条件，以减少其对组织经营绩效的制约。假定有两个技改方案：

①对流水线 B 进行改造，费用 100 000 元，可以使浴缸生产效率提高一倍，即单位产品的工时降低为 10 小时/个。

②对流水线 A 进行改造，费用 100 000 元，可以使面盆的能耗降低到 32 元/个。

运用 TOC 对方案进行评估：

方案一，虽然改造流水线 B 可以使浴缸的生产效率提高一倍，由 20 小时/个提高到 10 小时/个，但这只会增加流水线 B 和浴缸生产工人的闲置时间，并没有带来完工效益的增加和转化费用的减少，因而该方案应被否决。

而方案二，由于能够使企业的主要约束资源——能源的利用效率提高，当面盆产品的能耗降低到 320 元/个时，依据单位约束条件下的有效产出的比较，该企业仍应优先生产面盆 80 个，但剩余的能源生产浴缸的数量将增加到 70.67 个 [（68 000 - 320×80）÷600]，因而每月能够增加效益 122 700.05 元 [（70.67 - 60）×1 150]。又由于运行费用仍为 108 000 元（120 000 - 80 000×15%），则每月利润的增加额为 122 700.05 元，A 机器改造费用 100 000 元的还本期则为 8.15 个月（1 000 000÷122 700.05）。

因而方案二是可以接受的。由于当前的能源约束得以缓解，则重新回到步骤 1，确定新的系统约束条件，并重复上述过程。

目前我厂的主要目标是达成企业节能减排的目标，降低企业在生产中的煤炭使用量，达成国家的下达的在 2007 年年底节约 5 720 吨煤的目标。在这个变革的过程中，约束企业的瓶颈是能源的不足，而我们要做的是在节能的同时，不能减产，不能降低企业的生产利润。这就要求我们必须找出生产何种产品既能节能又能增效。我建议以我所在的车间为试点单位，实践我的想法，以检测分析研究的正确性。

总经理老王仔细反复地阅读了这份报告，他感觉小赵说的好像真的有道理，可是实现情况真的能向小赵提议的这样解决吗？这个方案可行吗？会不会再产生其余的问题呢？

附件 1：案例背景

1. 节能减排指的是减少能源浪费和降低废气排放。我国"十一五"规划纲要提出，"十一五"期间单位国内生产总值能耗降低 20% 左右、主要污染物排放总量减少 10%。这是贯彻落实科学发展观、构建社会主义和谐社会的重大举措；是建设资源节约型、环境友好型社会的必然选择；是推进经济结构调整，转变增长方式的必由之路；是维护中华民族长远利益的必然要求。

2. 2006 年以来，全国上下加强了节能减排工作，国务院发布了加强节能工作的决定，制定了促进节能减排的一系列政策措施，各地区、各部门相继作出了工作部署，节能减排工作取得了积极进展。但是，2006 年全国没有实现年初确定的节能降耗和污染减排的目标，加大了"十一五"后四年节能减排工作的难度。更为严峻的是，2007 年一季度，工业特别是高耗能、高污染行业增长过快，占全国工业能耗和二氧化硫排放近 70% 的电力、钢铁、有色、建材、石油加工、化工等六大行业增长 20.6%，同比加快6.6个百分点。与此同时，各方面工作仍存在认识不到位、责任不明确、措施不配套、政策不完善、投入不落实、协调不得力等问题。这种状况如不及时扭转，不仅2007年节能减排工作难以取得明显进展，"十一五"节能减排的总体目标也将难以实现。

3. 国家统计局的初步统计数据表明，2007年中国能源消费总量比2006年增长7.8%。2007年我国能源消费总量26.5亿吨标准煤，增幅略有回落，比2006年增幅下降了1.5个百分点。但同时，我国能源消费总量仍然庞大，节能减排形势依然严峻。

附件2：H陶瓷有限责任公司基本情况

1. <u>企业基本情况</u>。H陶瓷有限责任公司坐落于中国著名的陶瓷产区，总资产4亿元，员工6 000人。H陶瓷有限责任公司是1984年建成投产的大型二档企业，销售中国卫生陶瓷著名品牌——H品牌系列陶瓷，年产"H"牌卫生陶瓷500万件和与之配套的塑料配件、浴缸、洗浴房，是国家节水型坐便器定点企业。主打产品去年已出口到世界80多个国家和地区，全年出口额突破7 000万美元。公司总资产为4.35亿元，现有在职员工817名。2007年完成工业总产值37 946万元，工业增加值7 450万元，利税3 353万元。

2. <u>公司的能源管理概况</u>。公司的生产用能主要是电力和煤炭。电力从市供电局购入，公司各用电部门均执行用电计量，公司每月对各部门的用电量进行考核，实行节能奖惩制度。公司生产使用的煤炭，由供应部门按公司制定的《煤炭材料采购质量标准》进行定点采购，煤炭到货后，经质管部进行质量检验合格后由物流部计量验收及入库，并建有入库台账；使用前按《生产工艺管理规程》进行工艺处理达到生产使用要求后输送到分厂进行生产使用；公司每月对分厂也进行用能计量及考核，并实行节能奖惩制度。各分厂将用能计量、考核及节能奖惩制度细分到每个班组。

3. <u>企业"十一五"节能目标</u>。2007年年初，H公司根据国家节能减排工作的有关要求与市经委签订了"十一五"和2007年度的工业节能减排目标责任书，即公司"十一五"节能目标：到2010年年底实现节能28 600吨标准煤，2007年工业节能目标：到2007年年底实现节能5 720吨标准煤。

惠民连锁股份公司税收筹划方案①

[**案例摘要**] 惠民连锁股份公司属于商品流通企业,其商品采购、库存管理、商品销售活动贯穿于整个营业周期;商品流通业资金流通频繁、周期短,在商品价值实现过程中担当重任。该公司主要缴纳流转税和所得税,流转税筹划是其税收筹划的关键点,因此采取多种方法降低税基或减少流通环节,是降低其税收负担的主要手段。从流程角度分析,商品流通企业必须重视商品采购和商品销售两个环节开展税收筹划。采购环节的筹划重点是:进货渠道的选择、退货问题以及进货价格;销售环节的筹划重点是:销售形式的转化与选择、销售返利的筹划、运费、佣金等价外费用的筹划,兼营和混合销售行为的处理等。本文依据《企业所得税法》的要求对企业所得税进行相关筹划。

一、货物配送模式的税收筹划

(一) 货物配送视同代销处理

惠民股份存在大量的货物配送以及货物移送。货物配送,一般是指在集团连锁企业对下属的法人公司配送货物,在税务上按销售处理,计算销项税额。对于货物移送,一般是指对同一法人内部的跨区县的分店配送货物,在目前增值税分地域管理的体制下,也需要在税务上"视同销售"处理,计算销项税金。

对于现行惠民股份的移库及转让价格问题,处理的基本思路是把惠民股份对各分店的移库,以委托代销形式予以合理解决,即把货物配送全部确认为代销方式处理,而非把移送货物视同销售,这是合理的,能够得到税法的支持。但惠民股份公司总部要进一步完善其销售政策、销售合同和

---

① 本案例由中央财经大学税务学院蔡昌老师编写。

相关手续。

(二) 改进配送价格模式

对于配送价格问题，即惠民股份移送给各分店的商品按照其进价确认收入。这一处理不合理，违背了转让定价原则，很难找到配送价格如此确定的合理解释。我们提出以下处理方法：

［原补救方案］完善合同进行合理性解释或说明

为了说明配送价格问题，惠民股份与其子公司、分公司各签订一份合同——代销商品合同。合同中约定：具体结算价格按照供应商实际供货价格，若供应商有折扣或返利的，则也按供应商折扣后的价格结算。

在合同中，一定要约定委托代销的一揽子协议条款，包括其子公司、分公司帮助惠民服务客户、开展促销活动等，并强调惠民采取统一采购模式，一定区域范围内执行统一物流配送。

但是，上述方案仅为补救方案，我们认为：合理解决配送价格需要采取平价配送模式，具体方案如下：

［配送价格方案］惠民股份公司采取统一采购、统一配送模式。具体根据费用分摊和收入分配的处理不同，分为三种具体操作模式：

其一：平价配送、配送费分摊、采购返利分配。

货物配送按商品进价不加任何毛利配送结算，发生的配送费用由各子公司、分店、连锁店分担。集中采购所获得的供应商的返利，以及可能向其他各类供应商收取的进场费、广告促销费等，全部或部分予以均衡分配。

其二：平价配送、不分摊配送费、采购返利部分分配。

货物配送按商品进价不加任何毛利配送结算，而发生的配送费用不再由各子公司、分店、连锁店分担，而是全部由采购中心承担，同时收取的供应商的返利也只是分配一部分给子公司、分店、连锁店。

在这种平价配送模式下，采购中心所在的惠民股份公司总部所支付的配送费用都已经得到完全弥补，这是符合企业之间独立交易规则的。采购中心并不存在因为"统一采购"而转移利润。其实，这一配送模式对于采购中心来说，通过获取"返利"、进场费收入而截流或多或少的利润，能够实现一定程度的"灵活操纵"。如果存在不同地域所得税率差（譬如采购中心所在地所得税率低于外部总公司、分店、连锁店所在地的所得税率），则还能够获得更多的税收利益。

其三：加价配送、不分摊配送费、采购返利不分配。

采用这种配送价格模式，可以实现利润转移至采购中心所在企业，这既符合税务所谓的转移定价原则，又能更多地转移利润，可以考虑采用。但也要完善销售政策和相关合同。

（三）会计入账与税务处理的时间

为防止采购中心开出的配送增值税发票，下属法人企业或分店当月无法申报抵扣而推迟至下月，造成连锁集团产生垫税现象，可以采用以下方法处理：

将配送业务的会计处理期间调整为：上月21日至本月20日发生的配送业务，在30日前完成会计与税务处理。确保双方在本月内同时完成会计处理和实现税务抵扣。

二、特殊促销方式的税收筹划

（一）买一赠一（捆绑销售）

买一赠一（捆绑销售）属于一种特殊的促销方式，一般赠品不计销项税。税法认可商家的买一赠一（捆绑销售）不属于赠送行为，不对其视同捐赠征税。财政部、国家税务总局于2008年10月30日颁布的《国家税务总局关于确认企业所得税收入若干问题的通知》（国税函［2008］875号）第三款规定：企业以买一赠一等方式组合销售本企业商品的，不属于捐赠，应将总的销售金额按各项商品的公允价值的比例来分摊确认各项的销售收入。

买一赠一这种促销方式包括买A送A，买A送B两类。在会计处理时，"赠送"的B应当按照A、B商品的公允价值的比例来分摊A、B商品的销售收入。

（二）满M元送折扣券N

这种促销方式下，先按M开具发票，顾客再次购物K，可用折扣券代替现金使用。开票时，则按实际收银额（K−N）开票，并确认"销售折扣与折让"N。

（三）满 M 元送礼品

这种促销方式下，折扣是以实物形式兑现。合理的税收筹划处理如下：赠品赋予商品编码，售价设定为零。对购物满 M 元的顾客给予一件赠品并过 POS 机，则月末系统会自动将赠品的成本结转入相应的"主营业务成本"。

（四）积分返利

对顾客发放记名或不记名的会员卡或积分卡，每消费 n 元积 1 分，每积累 m 分可换取 s 元商品。这种促销是一种长期的手段，也属于折扣销售。连锁零售企业不能在会员制章程中表述为：积分给予返利或赠品。而应该按照以下两种模式操作以规避税务风险：

其一：积分给予购物打折。

其二：积分给予购物折扣，并凭积分领取折扣券，以折扣券冲抵现金。月末按折扣总额确认为"销售折扣与折让"。

（五）以旧换新

为避免增值税税负的增加，以旧换新最好采用"先退货后销售"业务处理。

如果以旧换新商品属于代销商品，零售企业仅仅是代理人角色，把供应商作为活动主体，可以避免增值税负担。

三、自用商品的税务处理与税收筹划

（一）办公和营业自用商品

筹划处理：无需计提销项税，也无需转出进项税。纳税人办公和卖场营业使用的办公用品、工具器皿、物料用品等，作为商品调拨处理，直接调减卖场系统库存。会计处理为：将库存商品按不含税成本贷方转入管理费用、销售费用等科目借方。

若办公领用价值高昂的电器设备（如空调、投影）等属于固定资产的库存商品，则应按购进成本作进项税转出，切忌按售价视同销售计提销项税。会计处理为：

借：管理费用（销售费用）

    贷：应交税费——应交增值税（进项税转出）

(二) 服务经营项目使用的外购商品

筹划处理：按购进价作进项税转出，切忌图简便将所有的"自用领购"按零售价处理，其结果是造成多缴纳进销差价部分的增值税。

(三) 福利、工程领用的外购商品

筹划处理：按商品调拨处理，同时按成本价计算进项税转出。

四、非卖场商品进项税抵扣额的税务处理与筹划

增值税进项税抵扣主要是卖场商品的进项税抵扣，但非卖场商品进项税的抵扣也非常重要，其中最大的项目是水电费。

(一) 能够抵扣进项税的费用支出

1. 水费、电费、燃气费、暖气费、外购燃油（外购动力、能源）①；

2. 工服、购物袋等物料费、工具器具费（外购低值易耗品和物料用品）；

3. 购物车、购物篮等工具②、器具和修理配件（包括采购低耗品、维护保养设备所耗用的零配件）；

4. 委托加工费和维修费（包括设备等固定资产的维修、软件系统的维护）；

5. 货运费用（包括商品采购运费和配送运费）。

(二) 一定不能抵扣进项税的外购商品或支出

1. 房产、装修工程支出；

2. 除加工修理和货运外的其他服务采购（例如设计咨询费、广告宣传费、招待费、差旅费等）支出；

3. 用于非增值税项目之外购品（例如兼营快餐、咖啡所耗之食品原料采购）支出。

---

① 零售企业的交通工具所用汽油，无论是用于送货还是办公，都是用于增值税的应税项目"商品零售"经营管理所必需的中间消耗，性质上属于外购动力与能源，应予抵扣。

② 购物用手推车、购物篮等实物都按固定资产的管理程序管理，会计核算和税务上按低值易耗品处理，进项税应予申报抵扣。

（三）办公耗用外购货物应当抵扣税

企业办公所耗用的办公用品（包括总机构和分店管理业务消耗的办公用品）、电力、热力等，取得的增值税发票进项应予抵扣。

（四）计算机硬件的检查维修、软件系统的维护与故障排除

这些也属于增值税的课税范围，应取得增值税发票申报抵扣。设备的维修与保养也与此类似，但房产及其附属中央空调系统的维修支出不能抵扣进项税。

五、进项税转出的税收筹划

（一）存货盘亏的进项税转出

分析存货盘亏的原因，不能凡出现存货盘亏一律转出进项税。如果由于进销存系统或员工操作不当造成存货盘亏，要进行检查，很可能由于仓库管理盘点不准、会计数据差错等原因造成，这属于"虚亏"，应查明原因后进行纠正，而不是做进项税转出。

（二）正常损失不必作进项税转出

商品正常缩耗、保质期过期处理、易碎品坏损等，属于正常损耗，不必作进项税转出。

（三）非正常损耗

管理不善造成商品盗窃丢失、大批变质报废、自然与人为灾害等，均属于非正常损失，须作进项税转出。

《中华人民共和国增值税暂行条例》实施细则第二十一条规定：非正常损失是指"生产、经营过程中正常损耗外的损失，包括：（1）自然灾害损失；（2）因管理不善造成货物被盗窃、发生霉烂变质等损失；（3）其他非正常损失。"

（四）返利的进项税转出

返利的本质是一种价格折让。《国家税务总局关于平销行为征收增值税问题的通知》（国税发［1997］167号）规定：自1997年1月1日起，凡增值税一般纳税人，无论是否有平销行为，因购买货物而从销售方取得的各种形式的返还资金，均应依所购货物的增值税税率计算应冲减的进项

税金，并从其取得返还资金当期的进项税金中予以冲减。应冲减的进项税金计算公式如下：

当期应冲减进项税金＝当期取得的返还资金×所购货物适用的增值税税率

《国家税务总局关于沃尔玛商业咨询（深圳）有限公司向供应商收取费用征税问题的批复》（国税函〔2000〕550号）规定：沃尔玛商业咨询（深圳）有限公司应一些生产厂家或供应商要求在商场内为其提供场地、服装和灯箱等进行商品的展示、广告宣传等各种促销活动以及制作条码等服务，并收取相应的场地和服务费用（促销费、展示费和条码费）。该公司取得的上述收入，不属于《国家税务总局关于平销行为征收增值税问题的通知》（国税发〔1997〕167号）第二条所称"因购买货物而从销售方收取的各种形式的返还资金"，应按"服务业"税目征收营业税。

《国家税务总局关于商业企业向货物供应方收取的部分费用征收流转税问题的通知》（国税发〔2004〕136号）规定：商业企业向供货方收取的部分收入，按照以下原则征收增值税或营业税：（1）对商业企业向供货方收取的与商品销售量、销售额无必然联系，且商业企业向供货方提供一定劳务的收入，例如进场费、广告促销费、上架费、展示费、管理费等，不属于平销返利，不冲减当期增值税进项税金，应按营业税的适用税目税率征收营业税。（2）对商业企业向供货方收取的与商品销售量、销售额挂钩（如以一定比例、金额、数量计算）的各种返还收入，均应按照平销返利行为的有关规定冲减当期增值税进项税金，不征收营业税。

当期应冲减进项税金＝当期取得的返还资金/（1＋所购货物适用增值税税率）×所购货物适用增值税税率

国税发〔2004〕136号文件以收费计算是否与销售量和销售额挂钩为判断依据，确定返利是征收营业税还是增值税。

综合上述关于返利的税收政策，我们认为，对于惠民股份公司返利问题的处理，要注意以下操作要点：规范采购合同和会计核算，采购合同的收费条款应按如下原则调整：

1. 折扣类收入（如折扣、折让）应予服务性收费（如进场费、物流配送）严格分开；
2. 服务性收费的内容要明确，并尽可能采用定额收费办法。

六、新《企业所得税法》下的税收筹划

（一）利用过渡性低税率政策筹划企业所得税

惠民股份公司属于经济技术开发区企业，2007年以前执行的企业所得税税率为15%，自2008年起开始执行18%的税率。2007年12月29日国务院《关于实施企业所得税过渡优惠政策的通知》（国发〔2007〕39号）规定：自2008年1月1日起，原享受低税率优惠政策的企业，在新税法施行后5年内逐步过渡到法定税率，即2008年按18%税率执行，2009年按20%税率执行，2010年按22%税率执行，2011年按24%税率执行，2012年按25%税率执行。原执行24%税率的企业，2008年起按25%税率执行。

对于惠民股份公司外区的子公司、连锁店等所在的地区，其企业所得税税率一般都执行25%。所以，在这种情况下，最好采用转让定价策略，把一部分利润留在税率较低的惠民股份公司总部。

（二）汇总纳税筹划企业所得税

《财政部、国家税务总局关于连锁经营企业有关税收问题的通知》（财税〔2003〕1号）规定：

1. 在省、自治区、直辖市、计划单列市内跨区域经营的统一核算的连锁企业，需要实行由总机构向其所在地主管税务机关统一申报缴纳增值税的，按照《财政部、国家税务总局关于连锁经营企业增值税纳税地点问题的通知》（财税字〔1997〕97号）的有关规定办理①。

2. 对内资连锁企业省内跨区域设立的直营门店，凡在总部领导下统一经营、与总部微机联网、并由总部实行统一采购配送、统一核算、统一规

---

① 《财政部、国家税务总局关于连锁经营企业增值税纳税地点问题的通知》（财税〔1997〕97号）对连锁经营企业同意申报增值税的政策如下：对跨地区经营的直营连锁企业，即连锁店的门店均由总部全资或控股开设，在总部领导下统一经营的连锁企业，凡按照国内贸易部《连锁店经营管理规范意见》〔内贸政体法字〔1997〕第24号〕的要求，采取微机联网，实行统一采购配送商品，统一核算，统一规范化管理和经营，并符合以下条件的，可对总店和分店实行由总店向其所在地主管税务机关统一申报缴纳增值税：（1）在直辖市范围内连锁经营的企业，报经直辖市国家税务局会同市财政局审批同意；（2）在计划单列市范围内连锁经营的企业，报经计划单列市国家税务局会同市财政局审批同意；（3）在省（自治区）范围内连锁经营的企业，报经省（自治区）国家税务局会同省财政厅审批同意；（4）在同一县（市）范围内连锁经营的企业，报经县（市）国家税务局会同县（市）财政局审批同意。

范化管理，并且不设银行结算账户、不编制财务报表和账簿的，由总部向其所在地主管税务机关统一缴纳企业所得税。

对从事跨区域连锁经营的外商投资企业，由总机构向其所在地主管税务机关统一缴纳企业所得税。

新《企业所得税法》规定，企业所得税的纳税人是具有独立法人资格的法人组织或机构，因此，分公司性质的连锁店不再独立缴纳企业所得税，可以和总部汇总纳税。具体的汇总纳税政策请参照《关于印发〈跨地区经营汇总纳税企业所得税征收管理暂行办法〉的通知》（国税发〔2008〕28号）。

（三）扣除项目的筹划方法

降低企业所得税的筹划方法是足额扣除，尽量降低应纳税所得额。主要筹划策略是增加扣除项目金额。

1. 工资薪金。新《企业所得税法》及其实施条例规定，合理的工资薪金允许据实税前扣除。

《企业所得税法实施条例》所称的合理工资薪金，是指企业按照股东大会、董事会、薪酬委员会或相关管理机构制订的工资薪金制度规定实际发放给员工的工资薪金。

《关于企业工资薪金及职工福利费扣除问题的通知》（国税函〔2009〕3号）还进一步规定：税务机关在对工资薪金进行合理性确认时，可按以下原则掌握：

（1）企业制订了较为规范的员工工资薪金制度；

（2）企业所制订的工资薪金制度符合行业及地区水平；

（3）企业在一定时期所发放的工资薪金是相对固定的，工资薪金的调整是有序进行的；

（4）企业对实际发放的工资薪金，已依法履行了代扣代缴个人所得税义务；

（5）有关工资薪金的安排，不以减少或逃避税款为目的。

2. 广告宣传费。不再区分广告费与业务宣传费，两者合并称为"广告宣传费"，其最高限额不超过销售（营业）收入的15%。

3. 业务招待费。按照实际发生额的60%扣除，但最高不超过销售（营业）收入的5‰。

4. 公益性捐赠。企业所发生的公益性捐赠，最高限额为利润总额的12%。

5. "五险一金"、补充养老保险、补充医疗保险。"五险一金"属于法定部分，不计算缴纳个人所得税，允许在企业所得税前扣除。补充养老保险、补充医疗保险分别在不高于工资薪金总额5%的范围内税前扣除。

6. 职工福利费、工会经费、职工教育经费。职工福利费、工会经费和职工教育经费扣除限额的分别是工资总额的14%、2%、2.5%。这里计算扣除限额的工资薪金总额是指企业实际发放的工资薪金总和，不包括企业的职工福利费、职工教育经费、工会经费以及养老保险费、医疗保险费、失业保险费、工伤保险费、生育保险费等社会保险费和住房公积金。属于国有性质的企业，其工资薪金，不得超过政府有关部门给予的限定数额；超过部分，不得计入企业工资薪金总额，也不得在计算企业应纳税所得额时扣除。

7. 劳动保护支出。凡是合理的劳动保护支出，都允许税前扣除。劳动保护支出具体指确因特殊工作环境需要为雇员配备或提供工作服、手套、安全保护用品、防暑降温用品等支出。

8. 经营租赁费。经营租赁费允许在税前均匀扣除。

七、关店的税收筹划

（一）迁移变更代替"旧店注销新店注册"

连锁零售企业关闭分店，如果并没有决心退出该城市，而仍有可能开设新店，则应当保留营业执照等全部证照，并不马上办理注销手续，保留分店空壳。待新店选址后，再将旧空壳分店的证照办理地址迁移变更和名称变更，则可避免新店注册等手续，节约时间和成本。

当然，如果一定要退出某区（县）的零售业，则关店注销不可避免，即必须尽快办理税务登记注销手续。

（二）注销时增值税的筹划

关店时注销税务登记需要经过税务局的检查程序。在关店税务清算时要注意有关增值税问题：

1. 大额留抵损失。首先确定分店注销前是否存在大额期末留抵进项税？若存在的话，分店税务注销后这些进项税就成为不能收回的损失。基本对策是可以考虑退货，但应该提前就作准备，而不能拖到马上要关店时才处理。

2. 库存的处理。当关店时有较大金额的库存商品，税务局必然要求企业在收回该库存时按照销售计提销项税，这样就会出现分店需支付大笔增值税款，而接受库存的总机构或者其他分店则须接受大额增值税进项发票。这时特别注意的是先不要到税务机关取消一般纳税人资格，否则当税务要求补提大额销项税额时却已经无法向总机构或其他分店开具增值税发票，而造成巨大税收损失。

（三）注销时企业所得税的筹划

零售分店如果独立核算，可能被认定为所得税纳税人，关店注销时要经过所得税清算程序。如果分店清算后亏损，则关店形成的全部损失，应当比照投资损失，允许在总机构的纳税申报表中申报扣除；如果分店清算后盈利，则需要独立缴纳企业所得税。当然，在有盈利的情况下，尽量做好拟注销分店的利润转移。

（四）关店的若干税收建议

1. 制定详细的关店计划。分店提前将关店计划通知财务部门，财务部门制定严谨周密的关店财务安排。
2. 财务部应该提前考虑库存的处理。退货或者开票转售都可以解决库存问题。一定要避免在关店时还存在大量的库存等待处理。
3. 先处理完增值税遗留问题才能注销一般纳税人资格。
4. 尽量使要关闭的分店形成巨额亏损，亏损由总机构利润进行弥补。一般形成分店亏损有很多办法：比如打折销售、增加店面广告费、人工费以及其他开支等。

其实，对于分店，也可以考虑不关，而是作为一个中转仓库对待。这样一方面可以不进行关店清算，避免许多意想不到的税收麻烦；另一方面，还可以继续利用拟关闭的分店增加费用、成本开支，拉平其他同地区分店的利润水平。当然，这时需要测算一下分店的定期损益大小，如果每月亏损过多，则一定考虑关店。

八、设立物流配送公司的筹划

（一）惠民股份公司的机构现状

惠民股份公司下辖 7 家子公司，分别为北京惠民商贸有限公司、湖南惠民商贸有限公司、山东惠民商贸有限公司、浙江惠民商贸有限公司、辽宁惠民商贸有限公司、青岛惠民商贸有限公司、成都惠民商贸公司，各子公司都分别拥有分店 5~8 家，华东地区还设有一个仓库。惠民股份公司还拥有海南、温州和西安 3 家分公司。对于上述公司的商品采购、物流配送等方面，还存在各种各样的问题。如目前采购中心的商品配送价格、费用分摊、配送模式欠顺畅，顾客服务中心的维修收入还存在界定不清问题，同时还涉及外区维修、安装收入的缴税问题等。我们建议惠民股份公司进行机构调整，成立新的公司完善其各项业务操作，相应降低其整体税收负担。

（二）设立物流配送公司的筹划

物流配送既包括货物从供应商仓库到零售企业的配送中心的周转仓库，再从配送中心周转仓库分配运至各子公司、连锁店的物流方式（简称"配送"），也包括货物从供应商直达各分店的物流方式（简称"直送"）。随着零售企业配送中心物流功能的扩展，还可以为其他企业或客户开展第三方物流。

物流配送服务，从流转的角度，可以分解为货物仓储、分拣、运输、装卸、搬移等服务。按现行税收政策，均属于营业税课税范围：其中货物运输和装卸搬运适用"交通运输业"税目，法定税率为 3%；仓储服务属于服务业，适用于 5% 的营业税税率。所以，物流配送业务需要分开核算不同税率的业务，从而可以享受分别按不同税率纳税的节税好处。

如果将零售企业的配送业务独立核算，其中的运输、装卸、搬运收入可以按照 3% 的低税率纳税，同时还可以获得运费 7% 的增值税抵扣。对于零售企业来说，可以通过一定的税收安排来减轻供应链的税负。关于物流配送企业的税收政策，请参照《国家税务总局关于试点物流企业有关税收政策问题的通知》（国税发〔2005〕208 号）和《国家税务总局关于物流企业缴纳企业所得税问题的通知》（国税函〔2006〕270 号）。

综合上述税收政策，我们建议惠民股份公司合理规划，成立一家物流配送公司，专司物流配送业务。这可能对惠民股份公司的业务拓展和长期战略发展大有裨益[①]。

---

① 当然，单独成立物流公司也有其缺憾：物流配送业务所耗用的工具器皿、包装材料、水电、汽油等支出所取得的增值税进项不能抵扣。

学术交流篇

案例教学的要素、过程与组织①

自20世纪90年代初MBA教育项目进入中国以来，案例教学已经成为工商管理教育的重要方法，被广泛应用到相关课程的教学活动中，甚至延伸到本科教育和基础教育中。然而，案例教学的实施需要具备诸多条件，否则难以收到预期的效果，甚至容易陷入"形似神非"的误区。本论文试图在回顾案例教学开展历史的基础上，通过对案例教学的要素、过程的分析，结合笔者多年从事案例教学和相关研究的经验，探讨案例教学的组织实施中需要注意的问题。

一、案例教学的历史

众所周知，案例教学（Case Method）始于19世纪70年代美国的司法教育，但真正在全球范围内产生影响则是在该方法被应用到工商管理教育之后。教学作为一种教学法进入MBA项目可以说是历史的必然，因为该方法具有深厚的心理学和哲学基础。

（一）案例教学的起源

尽管有些学者认为，案例教学的思想渊源可以追溯到中国的春秋时代和苏格拉底的问答法（杨光富、张红菊，2008），但美国哈佛大学被公认为案例教学的发祥地。1970年，哈佛大学法学院院长朗德尔（C. C. Langdell）开始尝试将"苏格拉底方法"（Socratic Method））引入法学教学活动中，但遭到了主流法学教育者的抵制。因为在当时，讲授和背诵是法律专业的主要教学手段，案例教学被视为对传统法学教育的挑战。幸运的是，受实用主义哲学思潮的影响，美国社会对新鲜事物的接受变得容易，案例教学的思路得到了时任哈佛大学校长的支持，得以在法学院开展并很快产生了较好的教学效果。案例教学在法学教育中获得成功的原因

---

① 本文由中央财经大学研究生部副主任周卫中副教授撰写。

主要有两个：一是形式新颖，学生的学习由被动地接受知识转变为主动应用，有效地提高了学习兴趣；二是法学这一学科拥有丰富的判例，为案例教学提供了有力的素材支撑。

继法学院之后，哈佛大学医学院从1910年前后开始尝试案例教学。医学院开展案例教学同样源于对传统教育的批判。哈佛大学医学教授亚伯拉罕（Abraham Fle×ner）在著名的《弗莱克斯纳报告》中，对传统的医学教育提出了尖锐的批判，主张通过病例的学习提高学生的实践能力。同法学院一样，医学院开展案例教学具有得天独厚的条件，也取得了明显效果。

从时间上看，虽然哈佛大学商学院的案例教学滞后于法学院和医学院，却在较短时间内取得了突出成就，使得案例教学作为一种教学方法在世界范围内产生了深刻的影响。这一过程中，两位学者的贡献功不可没，一位是哈佛大学商学院第二任院长多汉姆（W. B. Donham），另一位是柯普兰德（M. T. Copeland）。前者作为法学院毕业生，对案例教学有着深刻的体会，并将其前任盖伊（E. Gay）开展案例教学的构想落实到实践中；后者则组织力量在1919~1924年的5年间收集了不同规模、不同行业的2万余个案例，解决了工商管理领域案例教学缺乏素材的瓶颈。1921年，经商学院教授的投票，把商业院用的教学方法从"问题法"（Problem Method）正式定名为"案例教学"（杨光富、张红菊，2008）。

（二）案例教学的心理学和哲学基础

工商管理领域案例教学的开展已有百年历史，并且跨越政治体制、经济发展水平和文化差异的限制，成为各国MBA项目的重要教学手段。笔者认为，案例教学之所以有如此强的生命力，主要是因为自案例教学诞生之初就拥有深厚的哲学和心理学基础，符合高等教育发展的规律。

商学院的案例教学草创期与美国实用主义哲学诞生期重叠，事实上实用主义哲学代表人物之一的怀海德（A. N. Whitehead）与多汉姆等人有着密切的交往，其哲学思想对商学院开展案例教学产生了重要影响（坂井正广，1997a）。怀海德认为，工商管理教育的目标就是帮助学员应用相关领域知识的技术，而案例本身来自于管理实践，是一种"经过锤炼的知识"。无论是教师还是学生，都需要将知识当作应用的基础，"先学习，后应用"的学习模式从心理学的视角看是一种错误，学习过程中必然包括知识的应用（坂井正广，1997a）。怀海德对教育的理解得到了多汉姆的支持，从客观上推动了案例教学的开展。

此外，案例教学的普及与心理学的发展密不可分。心理学的发展经历了从行为主义到认知主义、构建主义，再到人本主义的过程，案例教学也在随着心理学的发展而进化。

（三）案例教学在我国的开展

部分研究者认为，"刻舟求剑"、"守株待兔"等故事深入人心，可以视为我国案例教学的起源。但是，案例教学作为一种教学方法进入中国是在20世纪80年代末开始的MBA项目，并逐渐延伸到其他专业学位教育、本科教育乃至中小学教育中。

目前，我国MBA教育中已经普遍开展案例教学，案例教学已经成为MBA教育中的一种重要教学方法。然而，案例教学还存在许多问题，主要表现在：教师对案例教学不熟悉，不少教师将"案例研究"（Case Study）与"案例教学"混淆，认为案例教学就是介绍案例；案例库建设滞后，尤其是缺少符合教学要求本土化的案例；高等学校"重科研、轻教学"的风气影响教师对教学的投入，对案例开发的重视程度不够等。

二、案例教学的要素

案例教学是一种以案例为素材、以头脑风暴法为手段、通过集体讨论完成知识构建的教学方法。笔者认为，案例教学需要具备以下5个要素，即案例、案例编写者、案例教学环境、主持人和参与者。

（一）案 例

俗话说，巧妇难为无米之炊。案例是案例教学的重要素材，案例库建设已经成为MBA案例教学工作的重中之重，而我国这一块相对薄弱。而用于案例教学的案例与案例研究中的案例具有本质区别，需要符合以下四个原则，即真实性、启发性、同步性和趣味性。

真实性是指案例必须来自于管理实践，以实际发生的真实事件为原型。案例可以根据知识构建的需要进行设计和安排，但不能违背真实性的原则。通常，编写者需要做大量的调研和访谈，以便全面了解事件的前后过程，避免听当事人的一面之词。

启发性是指案例需要根据知识点进行加工，并有意识地隐藏部分信息，如企业名称或当事人真实姓名等，使之具有一定的想象空间，便于参与者能够整理案例中的相关信息，并能够站在当事人的角度作出决策。

同步性是指案例需要与管理实践同步。管理学本身是一门经验科学，过去发生的经典案例能够为未来的决策提供参考，但由于经济社会形势的变化，部分案例可能是一定历史时期的产物，放在今天就失去了讨论的价值。因此，案例库需要及时更新，以保证素材的时效性。

趣味性是指案例本身需要具有一定的故事情节，以便提高参与者的兴趣。一个好的案例不仅要与所受课程的相关知识点密切相关，而且要有一定的故事情节，案例的"谜底"需要具备一定的巧妙性。只有这样才能吸引学生参与讨论，并帮助学生体验顿悟的过程。

（二）案例编写者

案例是由案例编写者根据实际发生的事件，在调查、访谈的基础上加工完成的。因此，案例编写者的角色至关重要。欧美商学院多设有专职的案例编写人员，与任课教师配合完成案例的编写工作。一个案例往往需要数月乃至数年的调研访谈并在课堂试用磨合，成本通常为10万美元左右甚至高达数十万美元。

在我国，案例编写者一般由任课教师兼任。任课教师编写案例的优势在于：熟悉教学内容，对知识点的把握比较到位；能够全面掌握案例相关信息并及时试用案例开展案例教学。与此同时，教师编写案例也存在一些局限性：一是教师的资源有限，不一定能够找到合适的案例；二是精力有限，如果调研不够彻底容易造成案例的片面性；三是教师自编案例往往忽略案例背景介绍、教学指导书等材料的编写，不利于案例的共享。

（三）案例教学环境

案例教学是一种以集体讨论为特点的教学法，对教学环境有一定要求。与传统的教学形式相比，案例教学要求学生成为参与者，需要学生能够面对面地进行交流。因此，教室最好是活动桌椅以便于根据需要调整摆放位置，而且黑板不应该集中在讲台，应根据实际情况分散在教室。

对于规模较大的课堂，也可以选择专用的阶梯式案例教室。案例教室通常设计成"U"字形，便于主持人在中间走动，以提高沟通效果。阶梯教室的桌子可以固定，但椅子最好能够活动，以便于讨论过程中同学与前后左右的同学进行交流。

案例教学对案例教室的设备并没有太多的要求，桌椅也可以根据实际情况因陋就简进行调整。但前提是保证参与者面对面的交流，并便于分组讨论。

（四）主持人

案例教学是教师与学生共同参与的教学组织形式，因此主持人和参与者成为案例教学的重要因素。主持人可以是任课教师，也可以是专业的案例教师，甚至学生熟悉案例教学的过程之后也可以出任主持人。案例教学过程中，主持人的角色非常重要（坂井正广，1997b）。一般而言，主持人需要做到：保持中立，讨论过程中不对任何一种方案进行评价；紧扣主题，适时提出问题；调动参与者的积极性，鼓励其积极发言；对参与者提出的意见和解决方案能够进行精辟的概括；控制发言时间和讨论的方向，避免部分参与者占用时间过多或发言跑题；如果出现参与者因观点对立而出现情绪化的言论时，应及时出面调解；讨论结束后对参与者的表现、解决方案进行点评，点评应以肯定和鼓励为主，多以建议的形式婉转指出不足等。因此，主持人的角色较为复杂，是信息发布者、是组织者、是导演、是调解人，是评论家。

（五）参与者

学生作为参与者，应该按照要求事先阅读案例并作适当记录，带着问题进入课堂。讨论开始后，参与者应在认真准备的基础上积极发言，发言要做到条理清楚，言简意赅，切勿随意发言，尤其应避免将讨论引入不正确的方向。参与者还要及时记录其他参与者（或小组）的发言内容。进入讨论环节后，提问解答过程同样需要条理清楚。当其他人提出质疑后，应当即进行回应，因为沉默代表没有信心或接受对方意见。当然，参与者在被问及较为复杂的问题时，可以通过确认对方提问内容等为自己赢得准备时间。

三、案例教学的过程

案例教学的过程因案例大小、教学目标而异，本节以大型案例为例对其过程进行说明。案例教学的过程比较复杂，按照教学活动的先后次序可以分为课前准备、课堂集体讨论、点评和提交案例分析报告等四个环节。

（一）课前准备

教师选定用于课堂讨论的案之后，将案例发给学生并布置学生进行课前准备。教师课前准备内容包括：甄选案例并仔细阅读背景材料，收集相关行业的信息，根据案例指导书的要求对教学活动进行设计，视需要准备相关资料和道具等。

学生的课前准备包括：认真阅读案例，把握案例中的主要信息和重要细节；对案例列出的思考题进行准备并作记录；站在决策者的立场提出解决方案，并对其他可能的解决方案进行评价等。

（二）课堂集体讨论

课堂集体讨论是案例教学的重头戏，组织的好与坏直接影响案例教学的效果。讨论大致上可以分为两类：一是根据案例的设问提出问题，引导学生进行讨论；二是要求学生站在当事人尤其是决策者的立场提出解决方案。前者的目的在于准确把握案例的相关信息，后者的重点在于锻炼学生综合运用理论知识解决实际问题。

为了准确把握案例的相关信息，案例一般都会设置几个问题。通常，除解决方案以外的问题都是为了帮助学生理解案例内容设计的，主持人可以用较短时间提出问题并引导参与者讨论。这一环节要求主持人对参与者的发言进行简要记录，形成共同的讨论基础。

提出解决方案是案例教学的核心。通常，该环节包括三部分内容：即提出方案、阐述理由和公开讨论。首先由参与者提出解决方案，此时不需要发言者对理由进行任何说明，否则会影响他人的思路。待确定不再有其他方案时，主持人可以让参与者自主决定次序依次说明理由。说明理由应该做到条理清楚，表达准确，并尽可能结合相关理论知识使用专业术语进行说明。理由陈述完毕后，主持人开始组织讨论，由参与者对其他方案中存在的问题提出质疑，内容包括对案例信息的误读；方案本身存在的问题；与理论、实践的矛盾等，受到质疑的一方应该立即给予回应。针对某一方案的讨论结束后，方可开始讨论下一方案。讨论过程中，主持人应尽量减少发言，工作仅限于安排发言先后次序、提醒发言者控制时间或对不理智行为的调解等。

值得一提的是，案例教学中的集体讨论不同于辩论赛，并不要求决出高低。通过头脑风暴法进行集体讨论的目的是让每一个学生都成为教学活动的参与者，并通过讨论强化学生对相关理论知识的理解和掌握。因此，讨论过程中主持人应合理分配时间，并争取参与者都能够得到发言的机会。对于少数不愿意发言的同学可以用试探的口吻提供发言机会，而对于表现欲较强的参与者则要对其发言时间和次数进行适当控制。

讨论结束后，主持人可以给出 5~10 分钟的时间要求不同小组对自身的方案进行修改和完善，并以适当的形式展示本组的成果。发布成果的形式可以是口头表达，也可以采用商务场景模拟等形式。笔者在一次有关国有企业人事冲突的案例课堂上，曾要求学生根据自己的想象力和创造性设计发布形式，公布董事长对处于矛盾双方的总经理和副总经理的处理决定。结果，同学们分别选择了饭店、高尔夫球场和董事长家进行模拟，尤其是选择到董事长家谈话的小组还专门设计了副总经理夫妇登门拜访董事长夫妇的场景，扮演副总经理夫人的女同学对表演非常投入，结果是声泪俱下，博得满堂彩。

（三）点　评

课堂讨论结束后进入教师点评环节，此时教师的身份已经由讨论的主持人转变为授课教师。点评的内容包括四个部分：一是对案例教学过程中出现的知识点和理论进行讲解，纠正学生理解不到位之处；二是对讨论过程中学生的表现进行评价，这也同样要求以表扬和鼓励为主；三是向学生介绍案例的"谜底"，即作为案例原型的企业在现实中是如何处理相关问题的；四是要求学生结合课堂讨论提交案例分析报告，并提出具体要求。

（四）提交案例分析报告

课堂讨论和点评的完成并不代表案例教学过程的结束，学生还需要提交案例分析报告。案例分析报告包括以下内容：前言、对案例企业存在问题的分析、解决方案、决策的理由、感想与建议等。

案例分析报告没有必要对篇幅进行严格限制，鼓励学生结合课堂讨论对案例教学的过程进行总结，有话则长，无话则短。不过，案例分析报告也有一些具体的要求：一是以课堂讨论为基础，结合讨论内容对解决方案重新进行梳理；二是理论联系实际，将相关理论知识运用到实践问题的解决中；三是条理清晰，没有必要长篇累牍地对具体细节进行说明；四是应该加上感想和建议，以便教师通过多次磨合完善案例、提高案例教学的组织水平。

四、案例教学的组织实施

如前所述，案例教学包括课前准备、课堂讨论、点评和提交案例分析报告等四个过程。事实上，课堂讨论过程中教师只需要担任主持人的角色即可。但这并不意味着案例教学工作的轻松，案例教学的效果取决于教学组织的水平。以下，结合案例教学的过程对组织实施中需要注意的问题进行归纳。

（一）案例的甄选

由于教学活动围绕案例来进行，案例的甄选至关重要。笔者认为，用于案例教学的案例需要做到三个匹配，即案例与教学内容的匹配、案例与管理实践的匹配、案例篇幅与教学时间的匹配。

案例教学是为理论教学服务的，旨在通过互动式的学习帮助学生理解相关知识点、提高运用相关理论知识解决实际问题的能力。因此，教师需要根据教学内容选择案例，明确案例能够覆盖哪些知识点，与其他知识点之间是什么关系。工商管理案例书籍众多，但真正能够用于案例教学的并不多见，需要教师仔细挑选。教学效果好的案例往往是任课教师亲自编写或参与过的案例，"拿来主义"的案例也许能够在课堂上进行介绍，但并不适合案例教学。

案例教学中的案例需要与管理实践同步。换句话说，案例中发生的事件要对今天的管理实践具有启发和借鉴意义。因此，教师在选择案例时需要注意两方面的问题：一是案例的时效性，即事件发生的背景是否出现变化，是否需要进行内容上的调整；二是案例的本土化，选择国外案例时需要考虑自身是否能够驾驭案例教学的全过程，学生是否具备相关的基础知识，案例对中国企业有多大的借鉴意义等。

最后是案例篇幅与教学实践的匹配。通常，大型案例教学的时间为2~4课时。在有限的时间内开展案例教学需要对案例进行严格挑选，既要防止空洞无物，又要避免信息超载。

（二）课堂讨论

课堂讨论环节中，教师作为主持人需要做到以下三点。

一是精心设计，合理分配。案例教学的课堂讨论一般需要回答多个问题并作出决策，因此对时间的控制非常重要。这就要求教师在课堂讨论时能够精心设计，合理分配各个流程的讨论时间，否则难以取得理想的效果。

二是保持中立，鼓励发言。笔者反复强调，课堂讨论是一种基于头脑风暴法的集体学习形式，不需要权威的存在，主持人应该保持中立的立场，任何带有倾向性的意见或评价都会对参与者产生影响，甚至限制参与者创造性的发挥。讨论过程中，主持人应鼓励参与者积极发言，尤其需要关注发言较少的参与者。

三是循循善诱，及时纠偏。高质量的讨论在于对过程的控制，主持人在保持中立立场的情况下，需要对讨论过程积极正确的引导。当讨论偏离主题时，需要及时予以纠正，使之回到正确的轨道。尤其是讨论本土案例时，参与者往往愿意介绍自身的工作体会，甚至谈及所在企业存在的种种问题。这本身对案例教学是有帮助的，但主持人应该适时控制类似内容的发言时间和讨论方向，避免部分参与者对其他人形成误导。

（三）点　评

点评环节中，主持人回归教师的角色。点评不宜过长，一般以10分钟以内为宜。当然，如果讨论过程中出现重要的理论错误，也可以花更多时间进行讲解。点评对教师的要求很高，内容包括相关知识点、对学生表现的评价等，需要教师进行精辟的总结，在肯定学生表现的同时巧妙地指出存在的不足和努力方向。但是，案例教学毕竟不是课堂教学，教师对相关知识点的讲解可以点到为止，通过推荐文献等做法鼓励学生课下进一步学习。

如果有条件，可以邀请企业的当事人在点评环节来到课堂与学生进行交流。笔者曾经多次邀请案例企业的当事人参与点评环节，学生反应热烈，提出了许多有价值的问题，企业家也表示很有收获。但由于时间等客观因素的限制，在操作上有一定难度。

（四）案例分析报告

案例分析报告既是学生对案例教学全过程的总结，也是教师评价学生的重要依据。第一次参与案例教学的学生对案例分析报告的要求并不了解，因此需要教师提出具体的要求和规范，可以向学生提供分析报告的范本。

最后，教师还需要对学生提交的案例分析报告进行反馈。最终的分析报告往往被当作平时成绩的依据提交教学管理部门，但教师不要忘了通过电子邮件等形式将意见反馈给学生，如果需要可以找时间与学生进行个别交流。

五、结 论

案例教学是一种以案例为素材、以头脑风暴法为手段、通过集体讨论完成知识构建的教学方法，需要具备案例、案例编写者、案例教学环境、主持人和参与者等要素。案例教学又是一个复杂的过程，包括课前准备、课堂讨论、点评和提交案例分析报告等环节，因此要求教师必须经过良好的训练，并且精心准备，真正实现互动式的集体学习。如果教师综合素质不高，没有经过严格的案例教学训练，会使理论和实践形成"两张皮"，容易陷入狭隘经验主义，就案例谈案例，上升不到理论层次；要么牵强附会成为理论注释，只不过起到活跃课堂气氛的效果，必然会影响到预期教学效果的实现（郭德红，2008）。

案例教学已经渗透到许多课程的学习中，其组织形式越来越多样化。教师可以结合教学内容和自身经历探索适合自己的教学组织形式，并在实践中逐步完善。笔者中学时代校园正门的一副对联很好地体现了案例教学的精髓，在此作为结束语与同仁共勉："枝绕藤，藤绕枝，枝藤并茂；教为学，学为教，教学相长"。

参考文献：

［日］坂井正广：《管理学教育的理论与实践》，东京：文真堂，1997年。

［日］坂井正广：《人、组织与管理》，东京：文真堂，1997年。

杨光富、张宏菊（2008）：《案例教学从哈佛走向世界——案例教学发展历史研究》，《外国中小学教育》，2008年第6期。

郭德红（2008）："案例教学：——历史、本质和发展趋势"，《高等理科教育》，2008年第1期。